Almut und Wolf Röse
Helmut Simon

Almut und Wolf Röse

Helmut Simon

Recht bändigt Gewalt

Eine autorisierte Biografie

Wichern

Die Zitate von Helmut Simon sind kursiv gesetzt und der neuen Rechtschreibung angepasst. Sie stammen, wenn nicht anders angegeben, entweder aus Helmut Simons teils unveröffentlichten »Lebensskizzen« oder aus den mit dem Autorenpaar geführten Gesprächen.

Bildnachweis:

© epd-Bild / Norbert Neetz, Umschlagklappe 1
Almut Röse, Seite 15, 111, 112, 178, Umschlagklappe 2
Familie Simon, Seite 27, 30, 55, 56, 69, 74, 77, 79, 101, 137, 226, 236, 243, 249, 253, 265, 269, 325, 332, 343, Umschlag

In wenigen Fällen konnten die Rechtsinhaber nicht ermittelt werden. Der Wichern-Verlag ist dankbar für Hinweise.

Umschlag: Almut und Wolf Röse unter Verwendung eines Fotos von Helmut Simon
Satz: NagelSatz, Reutlingen
Druck und Bindung: Freiburger Graphische Betriebe GmbH & Co. KG
ISBN 978-3-88981-338-1

Seneca: Die Philosophie soll einen festen Charakter bilden.

Die Philosophie lehrt handeln, nicht reden. Sie fordert, dass jeder nach seinen Vorsätzen lebe, damit nicht das Leben der Rede widerspreche und alle Handlungen eine Linie haben. Das ist sowohl die größte Aufgabe als das größte Kennzeichen der Weisheit, dass die Handlungen mit den Worten in Einklang stehen und der Mensch sich selbst überall gleich und derselbe sei.

Inhalt

Geleitwort von Wolfgang Huber 11

Haselnusstafeln und Weizenbier oder
wie es zu diesem Buch kam 13

Prolog »Lasst Euer großes Rühmen« 21

I Die Pastorale des jungen H.

Die Gnade der späten Geburt 27

Ein Stück Leben verschlafen 33

Geben statt kompensieren 38

Einsamkeit 42

Wir verwerfen die falsche Lehre 47

Minima 52

Ich will – oder ich werde Bauer 60

Wenn der Sandkasten zu klein wird 67

Es gibt keine Kriegsverbrechen –
der Krieg selbst ist das Verbrechen 82

Zwei Gefangenschaftsunfähigkeitsbescheinigungen 86

II Der Nihilismus entlässt seine Kinder

Eine neue Offenheit gewinnen 95

Ein Idol kehrt zurück 103

Karl Barth: Das authentische Leitbild 111

Intermezzo: Freitag, der Vierzehnte 121

Ein Flugzeugmotor, das Grundgesetz und
Freiersfüße 125

Bauer ade 140

Gerne Jurist sein 145

Hut ab vor Konrad Adenauer 153

Von schmutzigen Hemdkragen, Atomwaffen und
Halbstarken 159

Geschichten und Geschichte 170

Ein Hoftheater macht Platz 177

Vom Verfassungsschutz verdächtigt,
von der Stasi beschimpft 179

Ich bin Deutschland 185

Von Aufklärern und Revanchisten 189

Eine Urkunde en passant 193

III Im richtigen Leben angekommen

Wenig Sinn für die Kategorie des relativ Besseren 201

Don't let it be – oder mehr Demokratie wagen 206

Der Verfassungspatriot (**Grundrechte-Trilogie I**) 213

Fronten brechen auf, Fronten verschärfen sich 224

H. S. for president? (**Grundrechte-Trilogie II**) 228

Die Quick-Affäre und ihre Auswirkungen 235

»Ich bin schrecklich glücklich« 240

»Schmusen als Skelette« 246
Das könnte denen so passen 250
Eklat in Tutzing 255
Basel, die Zweite 264
Der Mann der Stunde 267
»Möchten Sie Richter vergiften am BVG?« 271
Irreversibel 274
Am Ende den Kollegen nicht in den Rücken fallen (**Grundrechte-Trilogie III**) 285
Der Kirchentag vor der Wende 305
Appell eines politischen Protestanten (eine Art Vermächtnis) 313
So denkfaul und angepasst wie wir oder: Ein Versprechen wird gebrochen 325
Ein sanfter Abschied 332
Kritik für den Staat 335
Zwischen Amor und Agape 340
Seine Zeit überleben 346

Epilog 359

Anhang I
Helmut Simon: Die drei Dimensionen 365

Anhang II
Helmut Simon: Das Vermächtnis 370

Anhang III
Helmut Simon: Freie Kirche im demokratischen Staat 386

Bibliografie (Auswahl) 401

Geleitwort

Nur ein einziges Versprechen hat er mir gegenüber nicht gehalten. Immer wieder kündigte Helmut Simon bei unseren allzu seltenen Begegnungen und Gesprächen während der letzten Jahre an, er werde mir seine Lebenserinnerungen zu lesen geben; doch jedes Mal, wenn ich ihn an diese Zusage erinnerte, meinte er, es sei noch nicht so weit, er wolle den Text noch einmal überarbeiten.
Sonst hatte ich ihn selten zögernd erlebt. Doch nicht er selbst möchte im Zentrum stehen; vielmehr will er ins Zentrum rücken, was ihm wichtig ist: der Frieden in unserer Welt, die soziale Gerechtigkeit, der demokratische Rechtsstaat. Doch zugleich gilt gerade von Helmut Simon, dass Leben und Werk zusammengehören. Die Herkunft aus einem bergischen Bauernhof, das Aufwachsen in der Zeit der Hitlerherrschaft, das Erleben des Zweiten Weltkriegs und der eigenständige, durch tiefe Zweifel hindurchführende Weg zum christlichen Glauben: All dies ist grundlegend für das Wirken eines öffentlichen Protestanten von beeindruckender Kraft und bemerkenswerter Ausstrahlung.

Ein Brief und eine Begegnung sind das Früheste, was sich in meiner Erinnerung festgesetzt hat – beides zu Beginn der siebziger Jahre. Der handschriftliche Brief ermutigte mich, an einem Thema zu bleiben, dem ich mich zugewandt hatte – nämlich dem Verhältnis von Kirche und Öffentlichkeit, also den Formen und Inhalten der öffentlichen Präsenz und wo nötig: der öffentlichen Einmischung der Kirche. Die Begegnung aber fand in den Albaner Bergen in der Nähe von Rom statt. Der Ökumenische Rat der Kirchen hatte zu einer Arbeitstagung eingeladen. Die Herausforderungen durch die wissenschaftlich-technische Welt waren das Thema. Helmut Simon, der maßgeblich an der Konferenz für Kirche und Gesellschaft in Genf 1966 und an der Vollversammlung des Ökumenischen Rats der Kirchen in Uppsala 1968 mitgewirkt hatte, kam zusammen mit seiner Tochter Beate zu einem Teil der Konferenz. Und ich wusste, dass ich einen väterlichen Freund gewonnen hatte.

Faszinierend erzählte er bei dieser Begegnung nicht nur von seinen ökumenischen Erfahrungen, sondern auch von seiner beruflichen Verantwortung. Warum es ihm so wichtig sei, dem Recht zu dienen und dem Rechtsstaat Gestalt zu geben. Was es für ihn bedeute, nach Jahrzehnten im Landgericht, im Oberlandesgericht und im Bundesgerichtshof zum Richter am Bundesverfassungsgericht berufen worden zu sein. In der Erfüllung seiner beruflichen Pflichten ließ er sich von niemandem übertreffen. Eben das gab ihm die Freiheit zu einem kirchlichen und gesellschaftlichen Engagement, das unvergleichlich war.

Als Hauptverfasser einer Denkschrift über »Aufgaben und Grenzen kirchlicher Äußerungen zu gesellschaftlichen Fragen« hat er dem öffentlichen Wirken der Kirche eine Grundorientierung gegeben, die über Jahrzehnte in Geltung stand. Der Kirchentagsbewegung hat er als zweifacher Präsident und langjährig Beteiligter seinen Stempel aufgedrückt. Ich durfte dabei eng mit ihm zusammenwirken. Noch immer beschreibt nichts sein Wirken besser als der Titel der ihm gewidmeten Festschrift: Ein Richter – ein Bürger – ein Christ.

Bis heute hat Helmut Simon mir seine Lebenserinnerungen nicht gegeben. Doch Almut und Wolf Röse konnten sie für diese Biografie benutzen. Sie zeichnet Helmut Simons Lebensweg ebenso nach wie sein Denken. Beides gehört zusammen.

Das nun vorliegende Buch ermöglicht eine Begegnung mit Helmut Simon, einem Zeitzeugen und Wegweiser. Es ist möglich, zu leben, was man sagt, und zu tun, was man denkt. Möge die Einheit des Lebens und des Werks von Helmut Simon viele Menschen ähnlich ermutigen, wie sie mich ermutigt hat – seit dem ersten Brief und der ersten Begegnung vor vierzig Jahren.

Berlin, Oktober 2011 Wolfgang Huber

Haselnusstafeln und Weizenbier oder wie es zu diesem Buch kam

Ein Samstagnachmittag im Frühsommer 2008. Die Luft ist lau und die Sonne bemüht sich, das Calciumdefizit in den Körpern der Menschen nach einem kalten, sonnenarmen Winter wieder auf Vordermann zu bringen.

Auf dem Oberdeck der Siebentälertherme in einem wunderschönen, aber vergessenen Kurort im Nordschwarzwald genießen wenige träge Körper auf unbequemen Liegestühlen die Aussicht auf Berge, sandsteinrote Felsen und das Mikadospiel der Düsenjets am Himmel.

Unterbrochen wird die entspannte Stimmung einzig durch eine in ihren Spitzen laut werdende Diskussion, die an einem abseits stehenden Tisch stattfindet. Dort sitzen zwei Damen und drei Herren, zwei der Herren schon seit Jahren weißhaarig, Würde ausstrahlend.

Sie trinken Kaffee, zwei ewig Unverbesserliche rauchen und – nein, das wäre nicht präzis beobachtet: nur vier von ihnen trinken Kaffee, vor dem fünften Diskussionsteilnehmer, dem wohl ältesten, steht ein großes Glas Weizenbier, an dem – wie auf der berühmten Afri-Cola-Werbung von Charles Wilp – das Kondenswasser als frische, das Sonnenlicht reflektierende Tautropfen herunterrinnt.

Zwischen bedacht kleinen Schlucken aus seinem Glas knabbert Helmut Simon, denn um ihn handelt es sich hier, an einer Haselnusstafel und sieht dabei um vieles zufriedener aus als so mancher, der bei cooler Musik zu einem kühlen Sauvignon frische Austern schlürft.

Er folgt konzentriert dem Gespräch, sagt seine Meinung kurz, aber bedacht, und lässt sich durch das Thema – es geht um eine Nachricht über eine große Lieferung Kalaschnikow-Gewehre aus finsterer Quelle an die Taliban, die Bundeswehr-Einsätze in Afghanistan und um das Buch »Der Drachenläufer« von Khaled Hosseini – nicht in seiner inneren Ruhe stören. Zu sehr sind seine sechsundachtzig Jahre durch eigene Erfahrungen und das Wissen, dass die Menschen aus der Geschichte nichts gelernt haben, obwohl sie gerade dies immer wieder vehement bestreiten, geprägt.

Ich glaube fast, ich habe meine Zeit überlebt. Helmut Simon sagt dies in einem Moment, in dem sich der jüngste der drei Herren und die ältere der zwei Damen wegen der Menschenverachtung der Taliban fast »in die Haare geraten«.

»Contenance, Contenance«, die eine der Damen versucht zu schlichten. »Lasst uns zum Aufguss in die Sauna gehen, das kühlt die erhitzten Gemüter.«

Aber der jüngste der Herren ist noch nicht fertig, vielleicht weil er das letzte Wort haben muss.

»Die Kalaschnikow ist die heiße Dusche für den Selbstmordattentäter.«

Aha, sagt Helmut Simon, offensichtlich hat ihm die Bemerkung gefallen, *schreiben Sie, ich meine, beruflich?*

Und so entstand durch diese Bemerkung Helmut Simons initiiert in dem jüngsten der drei Herren ganz ganz langsam und bei schönstem Wetter, zwischen Kaffee und einem Saunaaufguss, auf der oberen Terrasse der Therme in Bad Herrenalb die Idee zu diesem Buch.

Die vier Kaffeetrinker gingen zum Aufguss hinab, nur Helmut Simon wollte noch etwas verweilen, blieb zufrieden blinzelnd in der Sonne sitzen, vor sich das halbgeleerte Weizenbierglas und eine ebenfalls halb geknabberte Haselnusstafel. Von der Geburt der Idee konnte er noch nichts wissen.

*

Ein halbes Jahr, fünf durchgearbeitete Biografien, Unmengen von Kaffee später sowie nach stundenlangen Gesprächen mit meiner Frau und eingehender Beschäftigung mit seiner Person, sprach ich Helmut Simon an, ebenfalls in der Therme, diesmal nach einem Aufguss, auf der Treppe zum Saunagarten.

»Dr. Simon, ich würde gerne Ihre Biografie schreiben!«

Und dann kam es wieder, dieses Aha, das wir im Verlauf der später folgenden Gespräche noch so oft würden hören können.

Und was befähigt Sie dazu? Und weiter:

Ich glaube, das gibt nicht soviel her.

*

Sind es Eitelkeit oder Stolz auf vollbrachte Leistungen, die einen Menschen dazu veranlassen, seine Biografie schreiben zu lassen oder selbst zu schreiben?

Kann eine Biografie dem Leben und dem Werk eines Menschen jemals gerecht werden?
Wie objektiv kann oder soll eine Biografie sein?
Wie steht es – bei der Aura von Helmut Simon – mit seiner persönlichen Distanz, wie mit der persönlichen Erinnerung?
Wie ist ein Richter des Obersten Gerichtes einzuordnen?
Wie hat er sich in schwierigen Situationen verhalten?
Ist er ein Vorbild?
Hat er geliebt, geweint, gelitten, gelacht?
(Vom Stigma der Hofberichterstatter hatte er die Biografen jedenfalls gleich zu Anfang befreit, als er ihnen mitteilte, ihre Arbeit nicht bezahlen zu können.)

*

Mit einem Koffer voller Fragen erschienen wir zu unserem ersten Termin und mit demselben Koffer (ungeöffnet) und einem zweiten mit diversen Unterlagen – bücherweise Zeitungsausschnitte, Kassetten mit Interviews, Videokassetten, einer Auflistung von Lebensdaten, seinen Lebensskizzen sowie einem Versprechen, zu einem späteren Zeitpunkt aus seinem Tagebuch vorlesen zu wollen – kamen wir wieder zurück. Aber auch mit dem Vorbehalt, er sei sich in so manch einer Erinnerung unsicher und dem Versprechen, uns in die Arbeit nicht hineinreden zu wollen.

Der Biograf Wolf Röse und Helmut Simon bei einem Interview

Wohlwollend skeptisch waren wir von dem Ehepaar Simon in ihrer unprätentiösen Wohnung empfangen worden. Zwischen Büchern, Aquarellen und kleineren Skulpturen einigten wir uns darauf, dass wir das übergebene Material – *wenn Sie noch etwas brauchen, sagen Sie es* – durcharbeiten sollen. Außerdem würden wir einen Prolog schreiben, sollte dieser Helmut Simon gefallen, könnten wir mit unserer Arbeit beginnen.

*

Ein Jurist ist ein Jurist, ist ein Jurist!
Nein, das konnte nicht stimmen. Zwei Extreme: Auf der einen Seite Jacques Vergès, der skandalumwitterte französische Staranwalt (der unter anderem als Siebzehnjähriger unter de Gaulle gegen die Nazis kämpfte und später Klaus Barbie verteidigte), auf der anderen Helmut Simon. Beides Juristen mit ihrer eigenen Interpretation von Recht.
Wo ist der gemeinsame Nenner, wo liegen die Unterschiede? Wo kam Jacques Vergès her, wo Helmut Simon?
Ein Jurist ist nicht wie ein Jurist, ist nicht wie ein Jurist.
Seltsam, ist dann Rechtsprechung nichts weiter als ein bunter Strauß von Rechtsinterpretationen, je nach Umständen und/oder Geldbeutel?
Ist der Einzelne diesem Interpretationswust nicht gnadenlos ausgeliefert?
Kann man sich dann überhaupt auf die Rechtsprechung verlassen?
Wäre da nicht ein Kontrollorgan von Nöten?

*

Jeder der in diesem Land lebt, steht unter dem Schutz der Verfassung. Durch das Bundesverfassungsgericht stützt diese die Rechte aller Bürger unmittelbar.
Damit wird die Behauptung, dass wir in einem Rechtsstaat leben, mit Hilfe des Bundesverfassungsgerichts zur Realität, denn jede Person, jede Gruppierung, die sich in ihren Grundrechten bedroht fühlt, kann dieses Oberste Gericht anrufen, sogar gegen letztinstanzliche Erkenntnisse eines anderen ordentlichen Gerichtes.
Es schützt das Recht des Einzelnen vor der Macht, die Selbstzweck wird und bewahrt die Mächtigen vor der Versuchung, sich allein dem Zweckdenken (zum Beispiel Wirtschaftsinteressen) zu ergeben. Dies könnte auch als Aufforderung verstanden werden, nämlich:
Raus aus eurer kuscheligen Sofaecke, ihr obrigkeitstreuen Untertanen! Nehmt den Anspruch an! Werdet mündige Bürger! Habt den Mut, eure Freiheit zu akzeptieren und zu praktizieren!
Als Hilfsmittel dazu hat euch der Staat das Bundesverfassungsgericht zur Seite gestellt!

*

Zwei Wochen später hatten wir Helmut Simons Unterlagen ein erstes Mal durchgearbeitet.

Wenig Jugend, wenig Persönliches. Und die Ergebnisse seines Denkens – doch niemals der Weg, der Prozess, das Arbeiten an sich selbst. Hierauf würden wir uns bei unseren Fragen konzentrieren müssen.
Dafür Briefe über Briefe, allein sie würden Bände füllen. Von Johannes Rau, Jochen Vogel, Roman Herzog über Klaus Kinkel, Norbert Blüm, Willy Brandt, Manfred Stolpe, Björn Engholm bis hin zu Wolfgang Schäuble, Gerhard Schröder, Henning Voscherau, Rudolf Scharping, Fritz Pleitgen, Horst Engelhard und Helmut Schmidt, von Freunden und Kollegen des Bundesverfassungsgerichts und Bundesgerichthofs, von Hilfsorganisationen.
Die meisten der Briefe waren persönlich gehalten, voll des Dankes, manche handgeschrieben (zum Beispiel der von Roman Herzog). Was für ein Leben tat sich da auf!
Und Presseberichte über Presseberichte, zumeist positive Würdigungen, hier und da auch einmal harsche Kritik.
Immer wieder wird Helmut Simons Glaubwürdigkeit hervorgehoben, sein Vorbildcharakter für junge Menschen.
M. Reissenberger bezeichnet ihn im Begleitband zur Wanderausstellung »Fünfzig Jahre Grundgesetz« als den legendären einstigen Verfassungsrichter und in einer früheren Rundfunksendung wird Helmut Simon als »einer der größten Verfassungsrichter, die das Bundesverfassungsgericht in seiner damals bald vierzigjährigen Geschichte amtieren sah« gewürdigt. Wegen seiner öffentlichen, oft kritischen Äußerungen nannte ihn so mancher Kritiker einen Richter ohne Selbstbeschränkung und ein anderer, Henning Franke, eben wegen dieser Äußerungen das »enfant terrible« des Verfassungsgerichtes.
(Wäre dies nicht ein Titel für das Buch?)
Er wird als ein Mann mit ausgeprägten Überzeugungen, als eine der einflussreicheren Erscheinungen des Landes, als die auffälligste Persönlichkeit des Bundesverfassungsgerichtes, aber auch als Mensch von gewinnender Persönlichkeit geschildert, die offen gegenüber Kritik, aber auch resistent sei (gegen was?).
Helmut Kercher bezeichnet ihn 1987 in der »Süddeutschen Zeitung« als eine unverzichtbare Person der Zeitgeschichte und vergleicht ihn mit einer modernen Variante Nathan des Weisen.
Und da sagt dieser moderne Nathan im Hof der Sauna zu uns:
Ich glaube, das gibt nicht viel her.
Bescheidenheit und Demut gehören wohl zu seinen Charaktereigenschaften.

Würden wir es schaffen, uns in Helmut Simon hineinzuversetzen? Mit seinen schriftlichen Äußerungen jedenfalls gelingt es uns. Aber im Gespräch gibt er sich phasenweise zu routiniert, da bekommt man das Gefühl, manche Antworten hat er schon oft gegeben, manche Episoden sehr häufig erzählt. Sie wirken fast ein wenig abgeschliffen, obwohl er ein großartiger Erzähler ist.
War dies dann noch die Wahrheit? Oder eine Erinnerung, die sich im Laufe der Jahre in ihm verändert haben mag?

Doch seine Texte, die er uns übergeben hatte, sein Tagebuch, aus dem er uns vorlesen wollte, dürften sich nicht verändert haben. Seine wichtigen rechtspolitischen Elaborate und kritischen Aussagen. Aber auch hier gab es zumindest Missverständnisse.
Für die Sendereihe »Zeugen des Jahrhunderts« (ZDF) wurde Helmut Simon 1993 von Michael Albus nach seinem Leben, seinen Erinnerungen und seiner Arbeit befragt, und die daraus resultierende Sendung wurde in den Medien euphorisch gelobt. Helmut Simon jedoch war – wie er sich ausdrückt – nicht so recht zufrieden, da sich Herr Albus den rechtspolitischen Teilen nicht so recht gewachsen zeigte.
Und woran lag dies?
An Helmut Simon, weil er diesen Part einem Laien nicht vermitteln konnte? Oder an Michael Albus, weil er diesem wirklich nicht gewachsen war – oder am Schnitt, an der Konzeption der Sendung?
Ist der rechtspolitische Part für seine Biografie überhaupt von Nöten?
In diesem Fall würden uns Helmut Simons Lebensskizzen und die Briefe an ihn aus den verschiedensten Zeiten weiterhelfen, die ihn schließlich ebenfalls charakterisieren und dies zu Zeiten, als wir ihn noch nicht kennen konnten. Oder die Zeitungsartikel.

Ein Brief, den wir als einen der ersten lasen und der uns besonders gut gefallen hat, stammt von Richard von Weizsäcker, der mit Helmut Simon im Kirchentagspräsidium gearbeitet hatte und diesen Brief Anfang 1987 schrieb – eine kurz gehaltene Lebensleistungsbeschreibung über ihn aus dem Sichtwinkel des damaligen Bundespräsidenten:

»Lieber Herr Simon,

zu Ihrem Geburtstag gratuliere ich Ihnen von Herzen.
Mit einem unbestechlichen Sinn für Recht und Gerechtigkeit, persönlicher Autorität und klarer Sprache üben Sie seit über zwanzig Jahren das Richteramt am Bundesverfassungsgericht aus. Sie haben damit wesentlichen Anteil an dem hohen Ansehen unserer Verfassungsgerichtsbarkeit.
Vor allem haben Sie Ihr Augenmerk jenem Teil der jungen Generation zugewandt, der dem Staat skeptisch gegenübersteht und den es gilt, durch Aufrichtigkeit und Überzeugungskraft zur Mitwirkung zu gewinnen.
Sie haben ein Vorbild dafür gesetzt, über den richtigen Weg demokratisch zu streiten, Fehler freimütig zu bekennen, die Freiheit als einen Weg zur Wahrheit zu verstehen.
Ohne Scheu vor Kritik haben Sie sich mit eindrucksvoller Courage der Schwachen angenommen und als engagierter Christ für Frieden und Versöhnung gewirkt.
In herzlicher Dankbarkeit gedenke ich unserer Begegnungen, die ich oft als wegweisend empfunden habe.
Mit allen guten Wünschen bin ich in alter Verbundenheit,

Ihr Richard Weizsäcker.«

Helmut Simons Kommentar zu diesem Brief: *Solch freundliche Worte zum Auslaufen eines erfüllten Berufslebens mit hinreichenden Plagen und dunklen Stunden waren sicherlich wohltuend. Aber ich empfand sie eher als freundliches Geschenk; ich kenne meine Schatten nur zu gut, um solche Sätze allzu ernst zu nehmen.*
Auch »komische« Kommentare zu seiner Person konnten wir in den Unterlagen finden. Eine Anwaltskammer schrieb an eine andere Kammer im Rahmen eines verfassungsgerichtlichen Verfahrens:
»Dem Vernehmen nach hat Herr Dr. Simon eine unüberwindliche Sympathie für Randexistenzen und (unterdrückte?) Minderheiten. Das werden wir im Hinblick auf sein Lebensalter wohl kaum noch ändern können.«
Oder jene Bemerkung eines Kritikers, der bei gleicher Gelegenheit öffentliche Äußerungen Helmut Simons beanstandete und geradezu vorwurfsvoll hinzufügte:
»Es gehört sich einfach nicht, dass jemand, der so radikale Ansichten vertritt, nun auch noch persönlich liebenswürdig ist.«

Beim Zusammenstellen und Schreiben dieses Kapitels fiel mir die, wie ich finde, sehr materialistisch ausgefallene Definition von Immanuel Kant zu dem Wort »Demut« wieder ein, nämlich:
»Demut ist eigentlich nichts anderes als eine Vergleichung seines (des eigenen) Wertes mit der moralischen Vollkommenheit.«
Aber wer wagt schon, »moralische Vollkommenheit« zu definieren?
Demut kann nicht gewogen oder gemessen werden. Sie entspringt einem tief empfundenen Gefühl, nämlich der eigenen Liebesfähigkeit.
Und diese steht bei der Kant`schen »Demutsrelativität« völlig außen vor.
Wenn wir also hier von Demut sprechen werden, schließt dies die persönliche Liebesfähigkeit mit ein.
Sie ist in Helmut Simons Arbeit so stark vorhanden, so spürbar, dass sie fast greifbar wird.
Liebe (Agape) und Demut geben sich hier die Hand.
Und machen stark!
Stark genug für ein deutliches »Nein« zu den Nazis.
Stark genug, um aus sich selbst heraus seinen Weg zu finden.
Stark genug, um in einer Ehe nicht nur die guten Tage, nein, auch die schlechten Tage gut durchzustehen.
Stark genug für einen ungeheuren Fleiß, eine immense Produktivität.
Stark genug, trotz vielseitiger Anfeindungen, ein tief verwurzeltes Gerechtigkeitsgefühl auszuleben und zu artikulieren.
Stark genug, um sich für Minderheiten einzusetzen.
Stark genug, um im hohen Alter einen Neuanfang zu wagen und hoffentlich stark genug, all die Ehrungen für ein Lebenswerk zu ertragen.

Und in diesem Moment sehen wir ihn wieder vor uns, glücklich auf der Terrasse der Therme sitzend, mit Freude an seinem Weizenbier nippend, in der Hand die halbgegessene Haselnusstafel.
Er ist nicht zufrieden mit so manch einer Entwicklung in unserem Land und in seiner Kirche, aber er hat sein Zepter abgegeben, ist in die Rolle des Beobachters und Kommentators geschlüpft, weiß um sein Engagement, dessen Auswirkungen auf dieses Land und um seine Kämpfe darum.
Und er besitzt genug Eigenliebe, darauf stolz zu sein.
Was für einen Schlichter für Stuttgart 21 hätte Helmut Simon abgegeben!

Oktober 2011 — Wolf Röse

Prolog

»Lasst Euer großes Rühmen«

Wer im Herbst das Glück hat, den Rhein – Vater von Mythen und Sagen – von der Höhe eines nahen Berges zu betrachten, kann gegen Abend ein faszinierendes Schauspiel beobachten.

Aus den flussumgebenden Auen und den Talsohlen seines nahen Hügellandes aufsteigend bilden sich nach und nach scheinbar widerstandslos zarte weiße Schleier, die sich verwebend und verdichtend, wie nach einer kaum hörbaren Musik, beschützend über die Landschaft legen. Bis nur noch hie und da eine Turmspitze oder das Dach eines hohen Hauses, ein würdevoller alter Baum auf einer Erhebung oder die Überlandleitungen eines Energieversorgers aus einem Meer von Watte, einem Ozean der Stille herausragen.

Kaum noch dringt der ungesunde Lärm der Menschen zum Beobachter.

Auf dem Grunde des Wattemeeres ist diese Schönheit allerdings wenig präsent. Das Weiß ist einem undefinierbaren Grau gewichen. Laute, seltsam verfremdet, lassen das Orten ihrer Herkunft nicht mehr zu. Der Mensch, nur noch schemenhaft zu erkennen, bewegt sich unsicher, zu Fuß, auf dem Fahrrad, im Auto.

Wie an so vielen Herbsttagen am Rhein trifft dies auch auf den 5. November 1987 zu.

Der vielbeschäftigte Johannes Rau kämpft sich über den Rhein in Richtung Süden: Bonn, Bad Godesberg weiter zum Ortsteil Muffendorf, um im ehrwürdigen Kelternhaus einen Freund zu rühmen.

Dort ist es lampenhell und Live-Jazz begleitet.

Man hat sich bereits begrüßt, wiedererkannt und an der Anwesenheit der Anderen erfreut – Politiker, Pastoren, Richter, zwei, drei Journalisten von der »Welt« und der »Frankfurter Rundschau«.

Dann werden die Plätze eingenommen, an Tischen, nicht in Reihen. Die Gläser sind gefüllt, Rheinwein vielleicht oder Mosel, auch der obligatorische Orangensaft, nichts Spektakuläres.

Das Rednerpult klemmt am Fuße der Treppe des hohen alten Raumes, zu wenig Platz, viele Menschen. Die Musiker tauschen die Instrumente gegen gefüllte Gläser, die Redner können beginnen. Da betritt Johannes Rau lächelnd den Raum, die Hand zum Gruße erhoben.

Beifall, Lob für den endlich Gekommenen.
Am Tisch des Ehrengastes ist ein Platz reserviert, daneben Roman Herzog, Willy Brandt, gegenüber Helmut Gollwitzer.
Willy Brandt übergibt die für diesen Anlass gedruckte Festschrift (über 1000 Seiten, Dünndruck) ganz schlicht mit den Worten:
»Herzlichen Dank, gut, dass es Sie gibt.«
Dann betritt Johannes Rau das Rednerpult:
»Meine Damen und Herren, liebe Freunde, lieber Helmut Simon«, er spricht frei, die Brille in der Hand dient eher als dramaturgisches Mittel, »für mich, jemand der den Weg (»Wech«) von Helmut Simon mehr als drei Jahrzehnte nicht immer begleitet, aber oft gekreuzt hat, werden bei einem solchen Zusammensein mancherlei Erinnerungen wach.
Das sind keine Erinnerungen an festliche Veranstaltungen, sondern an lange Nächte, an Nächte, in denen wir zusammengesessen sind in der kirchlichen Bruderschaft im Rheinland, an Nächte in der Schinkelstraße 34 in Essen, im Hause Gustav Heinemanns, als damals politisch Heimatlose, als Leute im Verdacht der Sektenbildung, auch an lange Nächte in der späteren Zeit, in der wir eine politische Heimat gefunden und Wirkungsmöglichkeiten entdeckt hatten, und man könnte viel erzählen, von solchen, nicht nur nächtlichen, geselligen, freundschaftlichen Begegnungen, sondern auch von manch nachdenklichem Gespräch, sowie von mancher Unsicherheit der Argumente.
Was sollen wir jetzt tun, was ist jetzt gefragt, wo ist jetzt unser Auftrag, wo unsere Chance?
In all diesen Gesprächen war Helmut Simon jemand, der nachdenklich und der offen redete, jemand, der gelegentlich gegen den Strich der schon überkommenen Meinung Stellung bezog. Jemand, dessen Nachdenklichkeit bestimmt war von einigen Überlegungen, die ich jedenfalls als ein Nichtjurist und Nichttheologe auch in vielen seiner Schriften gefunden habe. Ich habe beim Herkommen die Quelle nicht prüfen können, aber ich erinnere mich an einen Aufsatz, in dem Helmut Simon dargestellt hat, dass wir nach 1945 die Freude über die (Wieder-)Erringung der Demokratie so gefeiert haben, dass wir (anderes) vergessen könnten, was wir nicht vergessen dürften.
Dass nämlich bis 1945 nicht nur eine Demokratie untergegangen sei, sondern der Rechtsstaat auch.

Es gab kritische Rückfragen des einen an den anderen: Was hast du getan, wie hast du das gemeint, was hast du da gemacht.
So ist diese Feier der Festschrift ein Anlass zu einem persönlichen Dank.
Die Pietisten im Oberbergischen – und ich weiß das, weil meine Eltern daher stammen und wir« – Johannes Rau schaut bei diesen Worten Helmut Simon an – »gelegentlich darüber reden, wie verwandt wir eigentlich sind, – jetzt das Wort von Karl Kraus: *an dem Wort Familienbande ist viel Wahres dran* – die Pietisten im Oberbergischen haben eine Ähnlichkeit mit den schwäbischen Pietisten, mit den Herrnhutern aus Dresden. Die lesen morgens die Losung. Und das ist nützlich.
Die Losung für heute heißt:
Lasst Euer großes Rühmen, denn der Herr ist Dein Gott, der es merkt und von Ihm werden Taten gewogen.
Erst habe ich gedacht, das kann man nicht zitieren, denn wir kommen ja zum Rühmen extra nach Bad Godesberg, aber dann habe ich gedacht, der letzte Teil ist ein Stück Biographie von Helmut Simon.
Denn von ihm werden Taten gewogen!
Du hast mitgeholfen, die Wirklichkeit in unserem Staat ein Stück zu verändern, dafür danken Dir viele, auch ich.«

Die Festschrift, mit der Helmut Simon an jenem Abend nach über 17 Jahren aus dem Amt eines Bundesverfassungsrichters verabschiedet wird, heißt:

Ein Richter
ein Bürger
ein Christ

Was war Helmut Simon für ein Richter, dass Roman Herzog über ihn sagte: »Für Sie hätte ich zur Not auch gelogen, aber es war wirklich nicht nötig.«
Was ist er für ein Christ, dass der damals scheidende Präsident des Evangelischen Kirchentages Wolfgang Huber das Karlsruher Gericht mahnte, den Geist Helmut Simons wach zu halten, und deshalb in Zukunft zu prüfen, ob es wohl ein abweichendes Votum Helmut Simons gegeben hätte, und in einem solchen Fall die getroffene Entscheidung zu überdenken.
Was für ein Bürger ist er, dass er in seiner Dankesrede aus der Schweizer Verfassung zitiert: *Die Stärke eines Volkes messe sich am Wohl der Schwachen*, und bekennt, dass er für den Rest seines Lebens an deren Seite und die Seite der Ohnmächtigen gehöre.

Wie wurde aus dem oberbergischen Bauernsohn der – wie viele sagen – wohl profilierteste Verfassungsrichter der Bundesrepublik?
Und warum nannte ihn ein Journalist das »enfant terrible« des Bundesverfassungsgerichtes?

Teil I

Die Pastorale des jungen H.

Die Gnade der späten Geburt

Die Lindenallee, durch die die Hebamme zu den Simons kam

Schenkt man dem Buch »Die Lebenszahl als Lebensweg« des amerikanischen Autors Dan Millman Glauben, so spielen die Quersummen von Geburtsdaten eine Rolle auf der Suche nach Charaktereigenschaften und bieten Hilfe bei der Suche nach möglichen Lebenswegen eines Menschen. Das Erstaunliche an seiner Theorie ist, dass diese oft auch auf diejenigen Menschen zutreffen, die dieselbe nicht kennen, erst später kennenlernen oder gar ablehnen.

Die erste Quersumme des Geburtstages von Helmut Simon ist die »16«, daraus resultierend die zweite: die »7«. Dan Millman interpretiert diese Zahlen folgendermaßen – die positive Gestalt:

Die »7« lässt auf Vertrauen und Offenheit schließen, auch Visionen lässt sie zu. Die »16« steht für Kreativität und Zuversicht, für Ideale und die Fähigkeiten, anderen zu vertrauen und Visionen in die Wirklichkeit zu übertragen.

Helmut Simon und seine Zwillingsschwester Ruth wurden am ersten Januar 1922 geboren, einem Sonntag. Dem Sonntag, an dem die jüdische Philosophin, Frauenrechtlerin und spätere Ordensfrau und Märtyrerin Edith Stein nach längeren atheistischen Lebensphasen zum katholischen Glauben übertrat und durch ihre Taufe in die römisch-katholische Kirche aufgenommen wurde.

Die Lebenszahlen, wie Dan Millman seine Quersummen nennt, teilen sich Ruth und Helmut Simon mit dem Pianisten Horrowitz, dem Komponisten Frederic Chopin und mit dem Schriftsteller Dostojewski.

Am 1. Januar 1922 war es noch dunkel, als ungewohnte Hektik im Hause der Simons die Schwestern Käthe und Elisabeth, genannt Lisa, aus dem Schlaf riss.
Unüblich, selbst für einen bäuerlichen Haushalt, in dem die Pflichten gegenüber den Tieren ein feiertägliches Ausschlafen nicht zulassen, war die an einem Neujahrsmorgen zu frühe Zeit für eilige Schritte auf der knarrenden Treppe, die Dielen, die wie stets unter der wechselnden Last der Tritte murrten, zu früh für schlagende Türen, aufgeregte Stimmen in der Küche, Geräusche, vom frühen Morgen verstärkt.
Die Hebamme, daran gewöhnt, mitten in der Nacht um den Schlaf gebracht zu werden, war bereits über die Provincialstraße, dann durch eine kurze aber prächtige Allee hundertjähriger Linden und über die alte Steinbrücke in den Weiler Ruh zum Haus der Simons geeilt. Bereit, sich der ersten wichtigen Aufgabe des Jahres zu widmen, war sie mit Vorbereitungsarbeiten beschäftigt.
Die Mädchen in ihrem Kinderzimmer rätselten, was das Ganze wohl zu bedeuten habe, als plötzlich helle, spitze Schreie durch das Haus hallten. »Hörst du Lisa, wie die Schweine quieken, wir bekommen Ferkel.« Käthe und Lisa waren erleichtert, endlich eine Antwort auf die Frage nach der ungewöhnlichen Unruhe gefunden zu haben.
Etwas beleidigt waren sie dann schon etwas später, als man ihnen ihre gerade geborenen Geschwister Ruth und Helmut zeigte und Vater Eduard die Geburt seines Sohnes mit den Worten: »Jetzt kann kommen, was will«, kommentierte.
Helmut war der Hahn im Korb und empfand das Heranwachsen mit drei Schwestern als völlig gleichberechtigt.
Die Geburt selbst verlief dank der Hebamme und der kräftigen Konstitution der Mutter, die immerhin bereits achtunddreißig Jahre alt war, unproblematisch.
Und so wuchsen die Zwillinge in dem zwölf Häuserfleckchen Ruh, nahe der kleinen Kreisstadt Waldbröl im Oberbergischen, in das Jahr 1922 hinein, etwa gleichweit entfernt von Berlin, wo in diesem Jahr eine Operette nach der anderen uraufgeführt wurde und die Gesellschaft in die »Goldenen Zwanziger« hineintanzte und München, wo weitgehend unbeachtet Bertolt Brechts didaktisches Lehrstück »Trommeln in der Nacht« zur Premiere kam, aber auch ein Adolf Hitler im sogenannten Buchdruckerhaus in der Schellingstraße, in der Franz Mark sein Atelier hatte, den ersten »Völkischen Beobachter«

drucken ließ, das Organ, mit dem er seine Propagandamaschinerie in Bewegung setzte.

*

Ein kleiner Junge liebt Vorbilder. Starke, gerechte, stolze, besonders schöne oder auch besonders hässliche, harte, gütige, unverletzbare Götter, die – und das ist wichtig – nicht allein von ihm, sondern auch von den anderen angehimmelt werden, den Kumpels aus der Nachbarschaft, den Klassenkameraden, den Geschwistern.
Und so kam es, dass in München viele Jungs in den 20er Jahren die mehr und mehr in Uniform auftretenden Nazis zu ihrem Vorbild machten, bewundernd an Straßenecken standen, wenn diese herrisch Passanten vom Gehweg scheuchten oder in vermeintlicher Stärke Zivilisten anpöbelten. So eine Uniform wollten sie auch einmal tragen, dazugehören, unverletzbar und stark werden und wirken.
In Berlin dagegen flanierten schöne Damen und Herren im schimmernden Frack, in seidenen Abendkleidern und wertvollen Pelzen vor den Theatern und anderen Vergnügungstempeln sowie in teuren Cafés, und trotzten so ihren Inflationsängsten.
Sie waren es, die vor den Augen der Jüngeren Bewunderung fanden.
Viel weniger spektakulär ging es da in Deutschlands ländlichen Gebieten zu. Die gesellschaftlichen Unterschiede waren nicht so drastisch wie in den Städten.
Da galt es schon fast als Privileg, als Tochter oder Sohn einer »freien« Bauernfamilie aufzuwachsen, fern von den Verführungen der Großstädte, aber mittendrin im schematisierten Denken der Pietisten oder einer unverrückbaren bäuerlichen Tradition.
Im Oberbergischen war dieser Pietismus, oder besser der Neupietismus, tief verwurzelt. Im Gegensatz zum klassischen Pietismus wurde zu Lasten karitativer und diakonischer Tätigkeiten mehr Wert auf die reine Lehre und Verkündigung gelegt.
Durch diesen Pietismus, aber ohne fragwürdige Vorbilder in schicken Uniformen oder glänzenden Gesellschaftsanzügen, durch ein Leben, in dem die Natur und die Arbeit auf dem Hof die Abläufe bestimmen, aber einem Kind auch Freiräume zum Spielen und Toben eingeräumt werden, wurde Helmut Simon geprägt.
Vorbilder waren ihm der verantwortungsvolle, hart arbeitende Vater und seine vitale und intelligente, aber auch eigenwillige Mutter. Er lernte die ersten Schritte des Lebens in einem Haushalt, in dem diese

den Ton angab und der Vater gutmütig auf Nachlässigkeiten reagierte. So konnte es durchaus vorkommen, dass Vater Eduard mittags müde, hungrig und durstig von der Arbeit kam, jedoch kein Essen auf dem Tisch vorfand – zu damaligen Zeiten fast eine Ungeheuerlichkeit.
Gutmütig, wie er war, bereitete er sich dann selbst ein frugales Mahl, einige Scheiben Brot, ein Glas Milch – und machte sich wieder auf zu seiner Arbeit, während sich Helmuts Mutter Lisette, genannt Setta, beim Lesen eines Buches nicht stören ließ.
Liebevoll schreibt Helmut Simon in seinen Lebensskizzen über seine Mutter: *Sie konnte beim Lesen die Zeit vergessen und meisterte ihre Aufgabe als Bäuerin eher genial.*
Dann allerdings musste Setta Gelesenes und Gehörtes auch weitererzählen. So wurde sie zum Beispiel für die Frauen des Weilers, wenn im Backhaus (Backhus) der große Ofen angeheißt wurde, und während des Backvorgangs Zeit für Gespräche bestand, oder wenn eine Nachbarin zum Telefonieren kam (das einzige Telefon des Ortes, ein altes Kurbeltelefon, mit dem man die Energie zum Telefonieren noch selbst erzeugte, hing bei den Simons) zu einer unerschöpflichen Quelle des Wissens. Sie hätte Politikerin werden können, so eloquent und überzeugend konnte sie formulieren.
Auch gingen im Haus alle Uhren falsch, bis zu zwei Stunden. Wie falsch, wusste nur Setta. Die ganze Familie war darüber verblüfft, doch Setta ließ es sich nicht nehmen, die Wächterin über die Zeit beziehungsweise über ihre persönliche Interpretation derselben zu sein.

Lisette (Setta) und Eduard

Helmuts Vater Eduard wurde 1880 in Puhl geboren, neun Jahre nach der Gründung des Deutschen Reiches und dem Sieg über Frankreich – ein Sieg, der die Deutschen in Euphorie gestürzt hatte und nach dem sich das Land stark und unbesiegbar wähnte. In den Tälern des bergischen Landes wie überhaupt in ländlichen Gegenden war allerdings von dieser Euphorie nicht allzu viel angekommen. Das Leben gestaltete sich hart, doch wenn das Wetter mitspielte, konnte man ernten, was gesät worden war und davon einigermaßen leben.

In den kleinen bäuerlichen Familienbetrieben war es allgemein üblich, dass der Sohn in den Familienbetrieb durch »learning by doing« hineinwuchs. Doch Eduards Eltern ließen ihren Sohn nach der Volksschule noch die Berufsschule besuchen – er lernte den Beruf des Landwirts von der Pieke auf.
Wie er seine spätere Frau Lisette (geb. 1884 in Ruh) kennenlernte, ist nicht verbürgt.
Vielleicht hat er sie in einer oder mehreren Gebetsstunden kennengelernt – Tanzvergnügungen waren bei den Pietisten verpönt – und sie haben sich danach heimlich getroffen? Die Weiler Puhl und Ruh liegen zu Fuß eine dreiviertel Stunde auseinander. Aber warum haben die Simons dann ein Geheimnis daraus gemacht, niemals darüber geredet? Jedenfalls heirateten sie im Jahr 1908. Das ist verbürgt. Und auch, dass Elisabeth 1910 und Käthe 1914 geboren wurden.
Doch für Eduard Simon war seine Familie nicht vollständig, wie damals wohl für jeden Landwirt in dieser Situation. Es fehlte der Sohn und Erbe.

Im Ersten Weltkrieg verschlug es Eduard Simon in die Schluchten des Balkans. Dort kämpfte er für einen Kaiser, den es bald – und ein Vaterland, das es so in Zukunft nicht mehr geben würde. Dort erlebte er auch die vielgerühmte und noch häufiger besungene deutsche Kameradschaft. Er war an Malaria erkrankt und als die Fieberschübe immer heftiger wurden, ließ man ihn während des Rückzuges einfach in einer Scheune zurück. Er musste sich später alleine durchschlagen. Aber wer weiß – vielleicht entging er so einem schlimmeren Schicksal?
Zuhause fehlte noch immer der Sohn und sein banges Hoffen währte nach Kriegsende noch weitere drei Jahre, bis endlich Sohn Helmut das Licht der Welt erblickte.

Er hatte noch einen weiteren Grund, sich über die Geburt zu freuen. In seinem elterlichen Zuhause – auf dem Hof in Puhl – residierte Helmuts regierende Großmutter und empfing an vielen Sonntagen die Familien ihrer zwölf Kinder. Wer von ihnen bereits einen eigenen Sohn hatte, brachte diesen mit, Töchter blieben weitgehend unbeachtet zu Hause. Fast 14 Jahre hatte Eduard darauf warten müssen, seine Mutter mit dem eigenen Sohn besuchen zu können. Jetzt endlich ging der langersehnte Wunsch in Erfüllung, er war gleichberechtigtes Mitglied im Kreise der Familie geworden.

Ironie des Schicksals: Es war dann die zweitgeborene Tochter Käthe, die später sein berufliches Erbe antrat, sich für ein Leben als Bäuerin entschied, den Hof übernahm und zusätzlich noch Hunde züchtete. Einen Boxer aus ihrer Zucht erwarb später die »Grande Dame« der Emanzipation, Alice Schwarzer.

Ein Stück Leben verschlafen

Woran erinnert sich ein Mensch, wenn er nach weit über 80 Jahren auf eine glückliche Kindheit auf dem Land zurückblickt?
Erinnerungen an häusliche Geborgenheit, an Spiele mit den Kindern des Weilers, an die Eltern und Geschwister, den Hund Ebbo, an Gerüche in der Küche, den Geschmack einer gerade hergestellten Wurst oder von Bratkartoffeln mit Speck, die seine Mutter zum Frühstück machte, an den Schuhmacher, der zu ihnen ins Haus kam, seine Werkstatt im Wohnzimmer errichtete und dort alle Schuhe reparierte, an Streiche und deren Bestrafung, das unmittelbare Erlebnis der Natur, an kleine Unglücke und dass dann doch wieder alles gut wurde.
Erinnerungen an heiße Sommer und die Unendlichkeit des Himmels sowie an das winterliche Stapfen durch Schnee. Aber auch an das erste Radiogerät seiner Eltern, das erste Empfangsgerät im Dorf.
In seinen Lebensskizzen zeichnet Helmut Simon mit seinem Bleistift all die Dinge nach, die man sich für die eigenen Kinder oder Nichten und Neffen so sehr wünscht – und die es in dieser Form eigentlich gar nicht mehr gibt.

Spielen bedeutete für den jungen Helmut Simon Leben. Spielen mit den Nachbarkindern und mit den Jungs, die deswegen aus Waldbröl nach Ruh kamen.
Sie spielten, während gedroschen wurde, sie tobten im haushohen und warmen, duftenden Heu, hinauf und hinunter, hinein in die Spalten, verstecken und gefunden werden – oder mischten sich unter die Herden der umherziehenden Schäfer. Meistens dabei: Hund Ebbo. Dann wieder klickern (Murmeln spielen) mit der Schwester oder verstecken in den Futtertrögen, während über ihnen die Mäuler der Kühe warm kauend wiederkäuend mahlten.
Und es fanden auch Wettbewerbe statt. Wer schaffte den weitesten Sprung über den Bach? Klar, dass dabei manch einer mit einem patschnassen Hintern nach Hause kam.

Oder sie versteckten sich am nahen Steinbruch hinter Büschen, wenn dort wieder einmal Zigeuner lagerten. Vor allem, weil die Mütter sie gewarnt hatten:
»Vorsicht, dass sie euch nicht stehlen, und macht die Türen ordentlich zu, dass sie nicht ins Haus können!«
Scheu beobachteten die Jungs deren so eigenartig anderes Leben: die bunte Kleidung, den glitzernd billigen Schmuck, die Wagen, denen schon von weit die vielen gefahrenen Kilometer anzusehen waren, die dunklen Haare. Dann atmeten sie in ihrem Versteck sehnsuchtsvoll und gleichzeitig voll köstlicher Angst den Duft mitgebrachter Ferne und sie erahnten vermeintliche Abenteuer, während die Zigeuner um ihr Lagerfeuer saßen, um sich ihr Essen zuzubereiten, miteinander zu reden, oder sich einfach nur aufzuwärmen.
Und als sie etwas größer waren und als ob sie den ersten Tarzan-Film bereits gesehen hätten: Nachlaufen in den Tannenspitzen.
Die zwölf Häuser von Ruh waren in den 20ern von vier Wäldchen umgeben – Helmut Simon beschreibt sie als *heimelig* –, zwei Laubwäldchen im Süden, zwei Nadelwäldchen im Norden.
Die Nadelwäldchen bestanden aus eng beieinander wachsenden Fichten oder Tannen, die deshalb so dicht gesetzt waren, damit sie schnell nach oben wuchsen, dabei aber schlank blieben. Die Stämme sollten später in den Städten zum Gerüstbau verwendet werden. Die Jungs von Ruh und aus Waldbröl nutzten diese Gegebenheit. Sie kletterten in die Bäume bis hoch hinauf in die Wipfel und brachten mit weichen, immer stärker werdenden Bewegungen sich und die Baumspitzen zum Schwingen und – sprangen in den Wipfel des nächsten Baumes, weiter und immer weiter, in 15 bis 20 Metern Höhe, verfolgen und verfolgt werden. Blessuren wurden männlich in Kauf genommen, ja, waren wahrscheinlich sogar eine Auszeichnung.
Es konnte schon sein, dass der ein oder andere dabei an einem Stamm hinab ins Rutschen kam, doch die stärkeren Äste weiter unten fingen einen immer wieder auf. Abgestürzt ist Gott sei Dank keiner.
Wie würden wohl heute solch sportliche Wagnisse genannt werden? Vielleicht »devil's hot top wood jumping«?
Jedenfalls hatten die Kinder miteinander und in der Natur einen Riesenspaß.
Sie atmeten den Duft der Lebensfreude und schmeckten ihre Freiheit. Aber Helmut lernte auch das Mithelfen auf dem Hof, das Hüten der Tiere, einen sauberen Schnitt mit der Sense, das immer wieder nötig

werdende Schleifen derselben und das hell tönende Dengeln. Er wuchs dadurch hinein in die Verantwortung für die auf dem Hof lebenden Tiere, für die umgebende Natur und für die vom Erfolg des Hofes lebenden Menschen.

Trotz der immer wiederkehrenden Malariaschübe und des manchmal einfachen Mittagessens arbeitete Vater Eduard hart. Helmut erkannte dies schon früh, erlebte aber auch, wie sein Vater trotz der vielen Arbeit immer wieder Nachbarn zu Hilfe eilte, wenn ein Tierarzt nicht zur Stelle war, oder aber die Nachbarn sich einen solchen nicht leisten konnten.

Er hatte im Laufe seines Lebens einen gewissen Schatz an medizinischem Wissen erworben, eine Mischung aus überkommener Erfahrung, Einfühlungsvermögen und eigenen Nachdenkens. Für die Nachbarn spielte es keine Rolle, wie oder woher Eduard sein Wissen erworben hatte.

Hauptsache er kam und half. Und niemals nahm Eduard Geld für eine solche Hilfeleistung an.

Eines Tages musste er sein Können auch am Hund Ebbo unter Beweis stellen.

Dieser war gerade damit beschäftigt, das Vieh über die Straße zu treiben, als ein damals nicht zu erwartendes Ereignis eintraf. Da brauste doch tatsächlich Ende der 20er Jahre – zu einer Zeit, als noch viele Straßen von Asphalt nichts wussten – ein einsames Auto durch das bergische Land, durchquerte den Weiler Ruh und stieß dort auf ein Hindernis in Form des Hundes Ebbo, der einfach nur seine Arbeit verrichtete. Das Auto, beziehungsweise der Motorkraftwagen, wie man damals sagte, erfasste diesen, schleuderte ihn zur Seite und fuhr weiter, einem nur dem Fahrer bekannten Ziel entgegen.

Was war schon ein Hund gegen ein Automobil, dieser bald weltbewegenden Innovation. Eben nur eines von vielen Hindernissen, die es zur Verwirklichung der Technisierung des »Deutschen Reiches« und später dann der ganzen Welt zu überwinden galt.

Helmut war Zeuge des Unfalls, eilte herbei, nahm den zitternden Ebbo sanft auf die Arme, trug ihn in die Scheune und bettete ihn ins weiche Heu.

Vater Eduard schaute sich die Bescherung an, stellte keinen gravierenden Schaden fest, verband die Wunden und schiente das gebrochene Bein.

Ebbo wurde dem ersten in Ruh erlebten Verkehrsrowdy zum Trotz wieder gesund, humpelte dann allerdings, war nicht mehr so ausdauernd, begleitete Helmut jedoch bald wieder auf seinen andauernden Streifzügen durch die näheren Täler und über Hügelkämme – auf dessen Wanderungen in und durch die Einsamkeit.

Ein Spiel, das er niemals gespielt hat, macht ihn noch heute traurig, denn beim Erzählen legt sich seine Stirn in Falten und die Unterlippe drängt die Oberlippe in Richtung Nase.
Ich war mit zwei Kindern aus Ruh zum Spielen verabredet, es war aber noch früh und so legte ich mich auf das Sofa und schlief ein. Ich schlief und schlief und als ich dann aufwachte, dachte ich, es wäre nur etwas Zeit vergangen, aber … es war schon fast Abend, die Zeit des Spielens war vorbei. Da hatte ich richtig ein Stück Leben verschlafen. Und dann kam auch noch eines Tages ein Nachbar auf mich zu, der sagte, ich sei ja wohl zu alt zum Spielen.
Ein Leben ohne Spielen war für mich damals unvorstellbar, allein die Aussicht darauf verleidete mir die ganze Zukunft. Der Nachbar jedoch hatte recht, die Zeit der Spiele war dann bald vorbei, nur mein immenses Schlafbedürfnis, das ist geblieben.

Diese Darstellung von Lebensmomenten darf keinesfalls darüber hinwegtäuschen, dass es sich bei den Spielen um ganz besondere Momente für Helmut handelte. Die Tage der Simons verliefen wegen der Notzeiten alles andere als spielerisch, ihr Leben und der Kampf darum war hart. Natürlich war auch Helmut in den bäuerlichen Tagesablauf voll eingebunden. Vor und nach der Schule, zwischen den Schularbeiten oder danach war seine Hilfe im Stall, auf den Feldern und im Wald gefragt.
Da galt es die Kühe zu füttern, den Stall auszumisten, die Tiere auf die Weide und zurück in den Stall zu bringen.
Und im Wald wurden die Bäume vorsichtig, aber auch zeitraubend so gefällt, dass keine Baumstümpfe, sondern Kegel übrigblieben, damit das Regenwasser ablaufen konnte, die Stümpfe vor Fäulnis bewahrt wurden und neue Bäume austreiben konnten.
Die gefällten Bäume mussten entastet, aufgeladen – und zu Hause mit der Kreissäge zerkleinert werden. So konnten die Weidepfähle, die die Simons immer wieder benötigten, aus dem Holz herausgesägt werden. Der Rest wurde dann zu Brennholz verarbeitet, dieses im Schuppen zum Trocknen aufgeschichtet, später ofengerecht zerkleinert.

Und zu den Erntezeiten (Getreide, Rüben, Kartoffeln, Heu, Äpfel, Birnen, Pflaumen) musste sowieso jedes verfügbare Familienmitglied mit anpacken.

Helmut erinnert sich auch noch gut an Kontrollgänge über die Weiden, wo er Maulwurfshügel einebnete, Kuhfladen zerkleinerte und auf der Wiese verteilte. Zum einen, um einem Verbrennen der Wiese entgegenzuwirken, zum anderen, um die Weiden zu düngen.

Unter diesen Bedingungen wurde Helmut größer, und während sich seine Muskeln durch die Arbeit stählten, entwickelte sich durch dieses fordernde Leben seine Fähigkeit, zäh um ein Ziel zu ringen.

Ich wurde zu einem starken jungen Mann und entwickelte die Devise: Allein ich will! Diese zog sich dann durch mein ganzes späteres Leben.

Ja, die Zeit der Spiele war so rar bemessen, jede Sekunde so kostbar, dass dies wahrscheinlich der Grund dafür war, weswegen sich Helmut Simon so gerne daran erinnert. Und auch daran, dass Vater Eduard für seine Schwester und ihn Spielzeuge, die sie sich nicht kaufen konnten, liebevoll mit eigenen Händen gebastelt hatte.

Geben statt kompensieren

Neue Konsumgüter – überteuerte Kredite – Aktienboom – noch mehr Kredite – Börsencrash, der Welthandel kommt zum Erliegen – Deutschland erklärt die Reparationszahlungen für unerträglich – weitere Kredite werden abgezogen – keine Kaufkraft, keine Neuinvestitionen – sechs Millionen Arbeitslose allein in Deutschland.

Wir schreiben das Jahr 1929.

Der wirtschaftliche Zusammenbruch sollte zu einer Schablone für den Zustand der freien Welt werden. Auch die schönen Damen und Herren, die in Berlin so ausgelassen die »Goldenen Zwanziger« gefeiert hatten, sahen sich ihrer Feiergrundlage entzogen – der Champagner war ausgetrunken, Austern, Kaviar und Trüffel waren aufgegessen.

Wie in den Vereinigten Staaten, so zogen auch in Deutschland auf der Suche nach bezahlter Beschäftigung Wanderarbeiter über das Land, klopften an die Türen der Bauernhöfe, deren Bewohner doch meist selbst von der Hand in den Mund lebten oder sogar ums Überleben kämpften.

Auch boten sie als Hausierer Haushaltswaren oder Pflegemittel zum Verkauf oder wenigstens im Tausch gegen Lebensmittel an. Helmuts Mutter Lisette schickte niemanden von der Türe, doch verschenkte sie lieber entbehrliche Lebensmittel an die umherziehenden Unglücklichen, als sich auf Tauschgeschäfte einzulassen.

Helmut Simon sagt dazu: *Sie verschenkte lieber, als zu kompensieren.*

Er erinnert sich auch an Nachbarn, die ihr ganzes Erspartes verloren hatten, weil sie für Kaiser und Vaterland Kriegsanleihen gezeichnet hatten, die nach dem verlorenen Krieg keinen Pfifferling mehr wert waren.

Die Simons litten noch aus zwei weiteren Gründen in diesen Notzeiten.

Trotz der Geldknappheit hatte die Sparkasse Vater Eduard als bekannten und zuverlässigen Kunden Kredite zum Kauf von Vieh gewährt,

das er, manchmal von weit her, teilweise sogar aus Ostpreußen, als Jungvieh kaufte und es über den Sommer auf »Fettweiden« großzog. Im Herbst wurden die dann großen und gesunden Tiere auf dem nahen Viehmarkt in Waldbröl verkauft.
Doch ausgerechnet in diesen Zeiten schlug wie aus dem Nichts die Maul- und Klauenseuche zu. Die Tiere starben oder mussten notgeschlachtet werden, ein ganzes Jahr hatte Eduard umsonst gearbeitet, war finanzielle Risiken eingegangen. Noch viele Jahre lang musste er den Kredit abstottern.
Außerdem war eine Bürgschaft, die Eduard gutmütig seinem Schwager gegeben hatte, fällig geworden. Also noch mehr Schulden für die Familie.
Doch Helmut Simon meint, dass es vielen Menschen noch deutlich schlechter gegangen war, sodass es nicht wundert, dass diese, von Versprechungen verführt, den Ausgang der Märzwahlen 1933, aus denen die NSDAP zusammen mit der DNVP (den Deutschnationalen) als stärkste Parteien hervorgegangen waren, frenetisch feierten. Noch heute sieht Helmut Simon die Hakenkreuzfahnen vor sich, die über den Oberbergischen Dörfern wehten, erinnert sich an die Begeisterung und riecht den Geruch der Freudenfeuer auf den nahen und fernen Hügeln.
Auch bekennt er sich in diesem Zusammenhang zu Streichen, die er noch vor dem Jahr 1933 zusammen mit seiner Zwillingsschwester gegenüber einer Nachbarin beging. Die Ärmste, die allein schon deshalb zu leiden hatte, weil ihr Vater, ein ehemaliger Regierungspräsident aus dem Rheinland, aufgrund seiner Mitgliedschaft im Zentrum inzwischen geächtet war, bezog ihre Milch von den Simons. Unter deren Milchkannen klebten Ruth und Helmut jedesmal fein säuberlich Hakenkreuze, bevor sie diese vor die Türe der Nachbarin stellten. Ja, auch die Simons hatten sich für kurze Zeit von der allgemeinen Begeisterung für einen Neuanfang unter den Nationalsozialisten und für deren Projektion auf ein besseres Leben anstecken lassen.
Doch ihr normales Leben änderte sich durch diese Wahlen nicht, weiterhin klopften Menschen an die Türe, baten um Almosen oder versuchten, etwas zu verkaufen. Weiterhin musste der fleißige Eduard um die Existenz seiner Familie kämpfen, weiterhin las Setta Bücher, wo sie ging und stand, und weiterhin versuchte das Ehepaar Simon, es trotz der Mangelzeiten ihren Kindern an nichts fehlen zu lassen.

1927 waren Ruth und Helmut als Erstklässler in die »Zwergschule« genannte Volksschule gekommen, in der ein Lehrer den Stoff für acht Klassen parallel unterrichtete.
Schönschreiben, Lesen, Heimatkunde und Singen – alles Fächer, in denen Helmut schnell unterfordert gewesen wäre, wäre da nicht der Schulstoff für die höheren Klassen gewesen, dem er erst zwangsläufig, doch bald begeistert zuhören konnte.
Da die Eltern von Ruth und Helmut zu dieser Zeit politisch noch den Nationalsozialisten zuzurechnen waren, wurden die Zwillinge vom SPD-nahen Einmannlehrkörper mit Herr und Frau Hitler angesprochen, dies forderte Sticheleien seitens der Mitschüler heraus, Prügeleien in den Pausen waren die Folge.
Doch Helmut Simon revanchierte sich. Es war seine Aufgabe, die Stöcke aus dem Wald zu holen, mit denen der Lehrer unaufmerksamen Mitschülern gerne mal »eins überwitschte«. Artig besorgte er diese, schnitt sie aber seitlich so an, dass dieselben bei Gebrauch sofort brachen.

*

Wie bereits im Prolog geschildert, ermahnte Wolfgang Huber das höchste Gericht, in Zukunft bei einer Entscheidung zu überdenken, ob es hierzu nicht ein abweichendes Votum von Helmut Simon gegeben hätte.
Dieser eben geschilderte kleine Akt zivilen Ungehorsams eines Schulbuben, dem bereits als Kind sehr viel an Gerechtigkeit lag, war der erste Schritt in diese Richtung. Sein erstes, durch den Akt des Einschneidens manifestiertes abweichendes Votum!
Seine Zwillingsschwester Ruth beschreibt ihren Bruder mit folgenden Worten:
»... er schien so gerecht, dass er zum Beispiel beim Aufteilen von Weintrauben in zwei gleiche Hälften immer die letzte durchbiss, wenn die Weintrauben von ungleicher Zahl waren, um so die vollendete Gerechtigkeit zu erzielen.
Auch unsere Mutter wurde eine sanfte Frau in seiner Nähe, ihr Temperament besänftigte sich wohltuend, Helmuts Gemütsruhe und Loyalität brachten dies spielend zustande.«

*

Im Großen und Ganzen besuchte Helmut Simon die Zwergschule gerne, sie machte ihm Lust auf mehr. Den Lehrer bewunderte er dafür, dass es ihm gelang, acht Schulklassen gleichzeitig zu unterrichten. Die Sticheleien – die ersten in seinem Leben, jedoch bei weitem nicht die letzten – hat Helmut Simon weggesteckt.

Einsamkeit

Während der Kindheit von Helmut Simon bestand eine seiner Aufgaben für das familiäre Gemeinwohl darin, auf dem Hof produzierte Waren nach Waldbröl in die Geschäfte zu bringen.
An einem sonnendurchfluteten Tag schickte ihn Mutter Setta wieder einmal mit zwanzig Eiern zum Bäcker, zu Fuß eine halbe Stunde hin und eine halbe Stunde zurück. Doch der Tag war so schön, der Wind so lau und die Natur so greifbar. Also ließ sich Helmut Zeit, beobachtete das Spiel von Schatten und Licht, das die Bäume, die Wolken und vereinzeltes Geäst auf den Boden zeichneten.
Auf seinem Weg kam er durch eine hohle Gasse. Hier wurde das Schattenspiel durch die näher tretenden Seitenwände spannender. Helmut verlor sich im Drehen um sich selbst. Den Kopf mal auf den Boden gerichtet, dann wieder ins Genick gelegt, vergaß er die Eier im Erleben seiner Begeisterung, drehte und wendete sich wieder und wieder – und dann geschah es: Die Eier purzelten zu Boden, schlugen auf, die Voraussetzungen für ein Omelette surprise schlickerten über den Boden. Nur fünf Eier blieben heil.
Vergessen war das Spiel der Schatten, der herrliche Tag, vergessen das Glück des Alleinseins. Vorsichtig nahm er die heil gebliebenen Eier vom Boden auf und trottete schuldbewusst in Richtung Heimat und hin zum befürchteten Donnerwetter.
Er kann heute den Zeitpunkt nicht mehr genau zuordnen, aber vielleicht war das der Moment, indem er anfing, sich seine Fragen zu stellen.

Woher komme ich?
Wo gehe ich hin?
Was soll ich auf der Erde?
Worin besteht der Sinn des Ganzen?
Was hält die Welt im Inneren zusammen?
Gibt es einen Gott, und wenn ja, warum greift er nicht ein?

Ist alles nur Zufall, und wenn nicht, woran erkenne ich die übergeordneten Zusammenhänge?

Helmut Simon war und ist ein nachdenklicher Mensch, der eine Meinung nicht leichtfertig äußert. Doch zur Nachdenklichkeit gehört zum einen die Fähigkeit, mit sich alleine sein zu können, zum anderen die Möglichkeit des Fragenstellens und gerade für einen jungen Menschen: das sich und andere Hinterfragen, das Wälzen von Problemen ... mit Freunden, der Familie oder im stillen Kämmerlein. Oder beim Kühehüten und den langen Streifzügen mit Hund Ebbo durch die Natur.
Nur können Kühe zwar wunderbar treu schauen mit ihren großen Augen und den ausladenden Wimpern, und manchmal hat es den Anschein, dass Hunde mit schräg gehaltenem Kopf verständnisvoll zuhören, besonders wenn sie dem Menschen nach einem wohlgefälligen Vokal auch noch die Pfote aufs Knie legen – aber Fragen beantworten, das können sie nicht.
Und so war der Hütebub Helmut, der Entdecker Helmut und der neugierige Junge Helmut allein auf weiter Flur und die Fragen, die aus ihm herausdrängten und ihn beschäftigten, wurden nicht weniger, sondern mehr.
Fragen, die die Eltern oder Geschwister nicht beantworten wollten oder konnten, Fragen, die Helmut sich nicht zu stellen traute. Dabei bestand doch ein so großes Grundvertrauen innerhalb der Familie, auch wenn Zwillingsschwester Ruth manchmal sehr verletzend formulieren konnte:
»Roll bitte deine Ärmel runter, deine Sommersprossen sind scheußlich.« (War Helmut damals mit als Makel empfundenen roten Haaren und Sommersprossen zur Welt gekommen, musste er letztere schließlich nicht auch noch zeigen).
Oder Mutter Setta wurde bisweilen impulsiv und jähzornig, kurz darauf war aber alles schon wieder vergessen.
Helmut Simon erinnert sich noch gerne daran, wie sehr er das Privileg genoss, abends nach getaner Arbeit mit einem Bein über Vater Eduards Knie am Tisch sitzen zu dürfen, ein Zeichen von körperlicher Nähe zum Vater in einer Zeit streng hierarchischer Erziehung und eines gefühlten elterlichen »fass mich nicht an«.
Aber weder die Religiosität der Eltern, noch der enge Pietismus (lat. pietas, Frömmigkeit, Pflichtgefühl) des Oberbergischen konnten ihm

helfen, denn dieser bekennt sich zur Irrtumslosigkeit der Bibel. Dem steht gegenüber, dass Pietisten gehalten sind, »ihr Inneres genau zu beobachten«. Und genau das hat Helmut Simon getan, insofern hat ihn der Pietismus geprägt. (Über den Pietismus hat Helmut Simon später gesagt, er wäre in Dogmen erstickt.)

Die gemeinsamen Bibelstunden allerdings weniger, eher abgestoßen hat ihn das *Gegeneinanderbeten* an deren Ende.

»Herr, sag dem Franz, dass er mit seiner Meinung irrt«,

»Herr, gib dem Karl die Weisheit zu erkennen, dass ich über das Problem mehr nachgedacht habe als er.«

Hier gab es also auch keine Antworten auf brennende Fragen.

Und es fehlte Helmut die im Pietismus gerühmte plötzliche Erweckung, sein einzigartiges »vom Saulus zum Paulus«-Erlebnis, der Donnerschlag der Bekehrung, der einmalig heilbringende Blitz von oben.

Dieses Erlebnis wollte einfach nicht kommen, obwohl Helmut es täglich erwartete, ja dieses Erleben von sich verlangte. *Doch Gott schwieg! Dabei hätte er es richten können!* Die von außen ersehnte Bekehrung, die zur Glaubensgewissheit führen sollte, fand einfach nicht statt.

Seitenlang setzte sich Helmut Simon in seinen Tagebüchern damit auseinander, wurde mit diesem in seiner Kammer zum einsamen Wolf, seitenlanges Plagen, das zu nichts führte, außer zu einer Verstärkung der inneren Qual. Im Übrigen sahen die Simons trotz ihres pietistischen Hintergrundes ihren Glauben und ihre Kirchenbesuche eher pragmatisch.

Unsere Familie hatte wenig Sinn für das Liturgische, es genügte uns, im Gottesdienst erst kurz vor dem zweiten Gesang zu erscheinen, dem Lied vor der Predigt.

An die Christmette nach einer Wanderung durch den Schnee oder an die Ostergottesdienste, die auf dem Friedhof unter dem Eindruck des frischen Grüns austreibender Bäume, blütenknospenreicher Büsche und der Pracht hellgelber Osterglocken abgehalten wurden – daran erinnert sich Helmut gerne. Doch schöne Erlebnisse beruhigen und erfreuen vielleicht das Gemüt, seine Fragen allerdings wurden dadurch nicht weniger. Kaum konnte Helmut Simon lesen, suchte er die Antworten in all den Büchern, deren er habhaft werden konnte. Doch das vorhandene Material genügte ihm nicht, sein Anspruch war zu hoch. Die Fragen an den Glauben und an die Welt, sein Wissensdurst konnten nicht befriedigt werden.

»Stumm schrie« der kräftige Junge in die Welt: *Niemand ist da!*
Wieder zog er über die Felder und Wiesen, durch die Täler und über die Hügel, Einsamkeit auch hier.
Dann, nach und nach, die schulisch bedingte Trennung von der Zwillingsschwester, die ihn so verehrte, und die schon früh in dem starken Bruder eine Führungspersönlichkeit zu erkennen glaubte. Nein, auch sie hatte seine Fragen nicht beantworten können, aber sie war ihm wenigstens nahe gewesen, ein stets präsentes »Alter Ego«, spürbar, fühlbar.
Wer weiß schon, was in Zwillingen vorgeht? Die gefühlte Nähe allerdings scheint bei allen gleich stark zu sein, für alle gleich wichtig, auch für Helmut.

Es kam zu einem Zwiespalt.
Einerseits empfand er die Einsamkeit, in die er mehr und mehr abdriftete, dadurch, dass seine brennenden Fragen nicht beantwortet werden konnten, immer mehr als schmerzhaft, ja sogar als Leiden. Andererseits suchte er auf seinen Streifzügen, die so ausgedehnt waren, dass der humpelnde Ebbo fast zusammenbrach, die Einsamkeit, um in Ruhe über seine Fragen nachdenken zu können. Doch bei diesem intensiven Denken, wie könnte es anders sein, stieß er natürlich wiederum auf neue Fragen.
Wäre nicht die Schule gewesen und die harte Arbeit auf dem Hof, wäre Helmut wohl in einen unaufhaltsamen Sog hineingezogen worden, einen Strudel der Verzweiflung, aus dem er nicht mehr herausgekommen wäre.
Die Gefahr hierzu sollte allerdings latent in ihm weiter schwelen. Mangels anderer Literatur las er »Die Ahnen« von Gustav Freytag und von Felix Dahn »Ein Kampf um Rom«. Doch hat jemals jemand in dieser Art von Literatur Antworten auf existenzielle Fragen gefunden?
Seine Welt war ihm zu klein geworden.
Unvergesslich ist mir, dem ehemaligen Hütejungen, der verlorene Ruf der Wildgänse auf ihrem Weg nach Süden und der Schrei der Bussarde, die während des Hütens über mir kreisten.
Nein, er kannte das Buch »Die wunderbare Reise des kleinen Nils Holgerson mit den Wildgänsen« von Selma Lagerlöf nicht. Aber er hätte der kleine Nils sein können, der dann – allerdings freiwillig – auf dem Rücken der Gans Martin zusammen mit den anderen Wild-

gänsen aus der Enge heraus zu waghalsigen Entdeckungen aufbrach.
Helmut wurde älter, neue Fragen klopften an:
Worin besteht die Bedeutung des »Deutschen Menschen«?
Was ist meine Aufgabe?
Können mir Politik oder Kirche bei meinen Fragen weiterhelfen?
Trotz des Grundvertrauens innerhalb seiner Familie gelang es Helmut nicht, zu sich selbst zu finden. Dazu war er zu jung.
Er kreiste um sich selbst, allerdings ohne zum Egozentriker zu werden, beschäftigte sich mit seinen Fragen, suchte die Antworten aber nie in sich.
Obwohl eine Hilfe von außen nicht zu erwarten war, noch nicht, gab er nicht auf, ging konsequent den Weg aller Fragenden, wich nicht zurück in seiner Sinnsuche, die ihn so schmerzte.

*

Mit seinen fünf heilen Eiern kehrte Helmut an diesem Tag nach Hause zurück und gestand das Vorgefallene – doch Setta schickte ihn mit dem verbliebenen Rest aufs Neue zum Bäcker. Nicht ihr sollte Helmut das Unglück gestehen, sondern der Bäckersfrau.
Also trottete Helmut wieder los, schleppte sein schlechtes Gewissen in Richtung Stadt. Doch es kam anders, als er es sich vorgestellt hatte, kein Zornessturm brach über ihm los. Die Bäckersfrau war so gerührt über Helmuts gestotterte Beichte, dass sie dem Jungen einen »Amerikaner« schenkte und ihn in Gnade entließ.

Wir verwerfen die falsche Lehre

In der Weimarer Verfassung hatten die Grundrechte mehr den Charakter von auszuführenden Programmsätzen als von klar formulierten, unmittelbaren Rechten. Ihre Schwäche zeigte sich zum Beispiel darin, dass diese vom Reichspräsidenten teilweise durch Notverordnungen außer Kraft gesetzt werden konnten, eine Möglichkeit, welche das NS-Regime schon bald nach seiner Machtergreifung nutzte.

Meine Jugend wurde durch die nationalsozialistische Machtentfaltung, durch Pietismus und Kirchenkampf bestimmt.
Innerhalb dieser Machtentfaltung versuchten die Nazis in ihrer erstickenden Politik der Gleichschaltung die sogenannten Staatsfeinde auszuschalten. Nach den Akten der Sicherheitspolizei waren dies: Kommunisten, Marxisten, Juden, Freimaurer, politisch Unzufriedene (Meckerer), die nationale Opposition, Reaktion, Schwarze Front, Wirtschaftssaboteure, Abtreiber, Homosexuelle, Hoch- und Landesverräter und last but not least politisierende Kirchen.
Wie in allen Diktaturen beanspruchten die Nationalsozialisten unbedingten Gehorsam, quasi eine »göttliche Verehrung«. Mit den »Juni-Morden« 1934 an Männern der innerparteilichen Opposition, aber auch an konservativen und kirchlichen Regime-Gegnern wollten sie ein Brandzeichen setzen. Doch zu diesem Zeitpunkt war die »Barmer Theologische Erklärung«, auch »Barmer Bekenntnis« genannt, bereits veröffentlicht.

*

Karl Barth, der große Schweizer Theologe, wegen seiner immensen theologischen Leistung auch »Kirchenvater des 20. Jahrhunderts« genannt, lehrte seit Anfang der 1930er Jahre Theologie in Bonn. Leise, vielleicht dadurch jedoch umso konkreter, betrat er die Bühne seines so ganz eigenen persönlichen Widerstandes gegen die Gleich-

schaltungspolitik des NS-Staates. Zwar schrieb er noch 1933 in der Schriftenreihe »Theologische Existenz heute«, deren Mitbegründer er war:
»Das Entscheidende, was ich heute zu diesen Sorgen und Problemen zu sagen versuche, ... besteht einfach darin, dass ich mich bemühe, hier in Bonn mit meinen Studenten ... nach wie vor, und als wäre nichts geschehen – vielleicht in leise erhöhtem Ton, aber ohne direkte Bezugnahme – Theologie und nur Theologie zu treiben.« Doch dies hat er recht bald als falsch erkannt.
Zurecht konnte Karl Barth 1964 rückblickend über die geschichtliche Einordnung des Barmer Bekenntnisses sagen:
»Faktisch ... hat diese Barmer Synode damals, ob wir es wollten oder nicht, auch ihre hochpolitische Bedeutung gehabt. Es war ja ein Minimum, was wir damals geleistet haben; aber immerhin – es war ein Minimum von Opposition gegen das nationalsozialistische Regime als solches in einer ganz schmalen Sparte. Es war keine Heldentat.
Immerhin darf man sagen: Wären nur auf allen Gebieten des deutschen Lebens auch solche Minima geleistet worden.
Wo ist damals die deutsche Presse geblieben, das deutsche Theater, das deutsche Rechtswesen, ich darf vielleicht auch einmal sagen: die deutsche Armee?
Die deutsche evangelische Kirche hat mit leiser Stimme und in einem schmalen Sektor wenigstens dieses Politikum auf den Plan gestellt, welches in Deutschland selbst und in der übrigen Welt durchaus auch als Politikum gewürdigt worden ist.
Denn wenn die Kirche ein Bekenntnis ausspricht, dann kann das nicht nur innerkirchliche Bedeutung haben. Dann redet sie in der Welt zur Welt und zu ihren Problemen, ob sie dieses beim Namen nennt oder nicht. Der Nationalsozialismus ist in Barmen nicht beim Namen genannt worden, aber faktisch ist etwas zum Nationalsozialismus gesagt worden und ist auch das Entsprechende gehört worden.«

*

»Wenn Sie das Denken und daraus resultierend die Arbeit von Helmut Simon verstehen wollen, müssen Sie sich mit ›Barmen 2‹ und ›Barmen 5‹ beschäftigen.«
Dies sagte ein Freund von Helmut Simon während der Feier zu Heide Simons siebzigsten Geburtstag. Wegen dieses Bezuges, also nicht nur

wegen ihrer damaligen politischen Brisanz, wird an dieser Stelle auf die sechs »Barmer Thesen« eingegangen. Diese hauptsächlich von Karl Barth ausgearbeiteten Thesen stellen in sich, wie Theologen sagen, einen Zusammenhang dar, der nicht auseinandergerissen werden darf. Alle sechs haben einen dreiteiligen Aufbau. An den Anfang werden Zitate aus dem Neuen Testament gestellt (christologischer Ansatz), dann folgt ein positives Bekenntnis und im dritten finden sich Auffassungen, die als falsche Lehre (Häresie) verworfen werden.

Deshalb hier – gerade wegen der politischen Aussage – die sechs »falsche Lehre«-Abschnitte hintereinander:

1. Wir verwerfen die falsche Lehre, als könne und müsse die Kirche als Quelle ihrer Verkündigung außer und neben diesem einen Wort Gottes auch noch andere Ereignisse und Mächte, Gestalten und Wahrheiten als Gottes Offenbarung anerkennen.

2. Wir verwerfen die falsche Lehre, als gebe es Bereiche unseres Lebens, in denen wir nicht Jesus Christus, sondern anderen Herren zu eigen wären, Bereiche, in denen wir nicht der Rechtfertigung und Heiligung durch ihn bedürften.

3. Wir verwerfen die falsche Lehre, als dürfe die Kirche die Gestalt ihrer Botschaft und ihrer Ordnung ihrem Belieben oder dem Wechsel der jeweils herrschenden weltanschaulichen und politischen Überzeugungen überlassen.

4. Wir verwerfen die falsche Lehre, als könne und dürfe sich die Kirche abseits von diesem Dienst besondere, mit Herrschaftsbefugnissen ausgestattete Führer geben und geben lassen.

5. Wir verwerfen die falsche Lehre, als solle und könne der Staat über seinen besonderen Auftrag hinaus die einzige und totale Ordnung menschlichen Lebens werden und auch die Bestimmung der Kirche erfüllen.
Wir verwerfen die falsche Lehre, als solle und könne sich die Kirche über ihren besonderen Auftrag hinaus staatliche Art, staatliche Aufgaben und staatliche Würde aneignen und damit selbst zu einem Organ des Staates werden.

6. Wir verwerfen die falsche Lehre, als könne die Kirche in menschlicher Selbstherrlichkeit das Wort und Werk des Herrn in den Dienst irgendwelcher eigenmächtig gewählter Wünsche, Zwecke und Pläne stellen.

*

Die »Barmer Theologische Erklärung« wurde zum Fundament für die Bekennende Kirche in der Zeit des Nationalsozialismus, sie verhinderte, dass die gesamte evangelische Kirche vom NS-Staat vereinnahmt werden konnte. Dass die »Barmer Theologische Erklärung« nicht einfach vom Reichsbischof Ludwig Müller und seinem »Rechtswalter« August Jäger vom Tisch gewischt wurde, lag vielleicht auch daran, dass die sechs Thesen von Seiten der Synode rechtlich überarbeitet wurden. Derjenige, der die Überarbeitung vornahm und zum Rechtsberater der Bekennenden Kirche wurde, war der spätere Bundespräsident Gustav Heinemann.
Dieser Erfolg war es vielleicht auch, der Karl Barth nach dem Krieg zu Helmut Simon sagen ließ: »Studieren Sie Jura, wir brauchen Juristen!«
Der »Barmer Theologischen Erklärung« war Anfang Januar 1934 die erste freie reformierte Synode (Kirchenversammlung) vorausgegangen, in der 320 Älteste aus 167 reformierten Gemeinden zusammengekommen waren.
Pastor Karl Immer sorgte für deren Durchführung, Wilhelm Kolfhaus und Wilhelm Niesel hielten die Reden. Aber auch hier war es der eingeladene Karl Barth, der den Synodalen (Kirchenabgeordneten) eine Erklärung vorlegte, 17 Thesen über »das rechte Verständnis der reformatorischen Bekenntnisse in der deutschen evangelischen Kirche der Gegenwart«.
Thesen, die darin konkret benannte Irrtümer abwiesen und verwarfen. Siebzehn Thesen, deren theologische Aussagen in der späteren »Barmer Erklärung« wiederzufinden waren. Merkwürdig an der Umsetzung der Thesen in die »Barmer Erklärung« war, dass die dort bemerkenswert ausdrückliche Ablehnung der Übernahme des Arierparagraphen in der Kirche in der »Barmer Erklärung« weder aufgenommen, noch weiter ausgearbeitet war. Karl Barth hat die Schuld hierfür später auf sich genommen und auf Dietrich Bonhoeffer verwiesen, der sich der »Judenfrage« angenommen hatte.

Heute geht man davon aus, dass Karl Barth in den Jahren 1933 und früher die Infamie des Nationalsozialismus noch nicht durchschaut hatte. Im Oktober 1934 allerdings greift er auf der zweiten Bekenntnissynode in Berlin Dahlem das Schweigen der Christen gegenüber der Judenverfolgung und anderen Rechtsbrüchen des NS-Staates scharf an. Er musste daraufhin Deutschland verlassen und kehrte in die Schweiz zurück. Seine Professur in Bonn hatte er bereits verloren, da er den Amtseid auf Adolf Hitler im geforderten Umfang verweigert hatte. Seine theologische und später auch politische Einmischung zur Nationalsozialistischen Machtentfaltung allerdings wurde vom Ausland aus immer konkreter.
Die späteren Attentatversuche auf Hitler hielt Karl Barth, dem die Hinrichtung von Dietrich Bonhoeffer (9. April 1945) sehr nahegegangen war, als versuchten Tyrannenmord für legitim.

Minima

Was hülfe es dem kleinen David, wenn er sich eine neue, bessere Schleuder besorgte für seinen andauernden Kampf gegen die Goliaths dieser Welt, aber das Reglement den Gebrauch mit dem Argument untersagte, er könne durch deren Einsatz Schaden nehmen an seiner Gesundheit?

*

Am 1. Januar 1933 feierte Helmut Simon seinen elften Geburtstag – und in München wurde das erste Programm des Kabaretts »Die Pfeffermühle« uraufgeführt.
Erika und Klaus Mann, zuständig für die Texte, Therese Giehse und Magnus Hennig, zuständig für die Musik, waren die Gründungsmitglieder. Gespielt wurde in der Münchener Bonbonnière, nahe beim Hofbräuhaus, gefährlich nahe an den Schlägertrupps der Nazis. Drei erfolgreiche Programme wurden aufgeführt – während des zweiten mussten die Protagonisten bereits aus Deutschland fliehen. Sie setzten ihre Arbeit mit dem Kabarett »Kälte« am 1. Januar 1934 im Hotel Hirschen in Zürich fort. – »Beteiligt Euch, – es geht um Eure Erde! Und Ihr allein, Ihr habt die ganze Macht! Seht zu, dass es ein wenig wärmer werde, in unsrer schlimmen, kalten Winternacht!« – Wie in den frühen Aussagen Karl Barths gab es auch hier keine ausdrücklichen Namensnennungen, aber konkrete, deutliche Bezüge.

Das dritte Programm, uraufgeführt in Basel, löste bei einem Gastspiel in Zürich Krawalle einiger Schweizer Nationalsozialisten aus. Diese Vorstellung sowie einige weitere mussten unter Polizeischutz fortbeziehungsweise aufgeführt werden.
Als »geistige Urheberin« des »deutschfeindlichen« Kabaretts wurde Erika Mann 1935 die deutsche Staatsbürgerschaft aberkannt. 1034 erfolgreiche Aufführungen gab es in Deutschland, in der Schweiz und

in weiteren europäischen Ländern, 1 034 erfolgreiche Minima bis zur letzten Aufführung am 14. August 1936. Was die vermeintlich nicht vorhandenen Minima anbelangte, hatte Karl Barth sich geirrt.

*

Das Oberbergische galt bis weit in den Krieg hinein als eine national gesinnte Hochburg, aber schon bald nach der Machtergreifung Hitlers war zumindest in Helmut Simons Umfeld spürbar, dass die eigentliche, die ursprüngliche Grundhaltung eher national und christlich (wohl bedingt durch den weit verbreiteten Pietismus) und nicht eigentlich nationalsozialistisch war. Die Menschen hatten sich durch wirtschaftliche Besserungen beeindrucken lassen, aber so manch einer wandte sich bereits um die Jahreswende 1933/34 wieder ab, als der Versuch unternommen worden war, die Kirche gleichzuschalten. *Außerdem neigen die Oberbergischen seit jeher zur Renitenz gegenüber denen da oben.*

Rudolf Smend, einer der Unterzeichner des Stuttgarter Schuldbekenntnisses, könnte die oberbergischen Menschen, die Oberberger, vor Augen gehabt haben, als er 1932 seine kritische Abhandlung »Protestantismus und Demokratie« schrieb.

Eine wichtige Rolle in diesem Prozess des Umdenkens spielte dabei Pastor Kruse, Helmut Simons späterer Schwiegervater. Er hatte schon früh als einer der wenigen Hitlers »Mein Kampf« und Rosenbergs »Mythos« gelesen. Gelesen und verstanden! Und so warnte er vor den möglichen Gefahren, fand Zuhörer unter Berufskollegen der neugebildeten Bekennenden Kirche und diese wiederum unter ihren Gemeindegliedern.

Bei den Simons war es Helmuts erstgeborene Schwester Elisabeth, die später Lehrerin wurde, die sich von Pastor Kruse überzeugen ließ – und dann dauerte es nicht mehr lange, bis auch Helmuts Eltern das politische Lager wechselten.

Pastor Kruses Überzeugungsarbeit ging weiter und weiter, so lange, bis er 1936 wegen angeblich staatsfeindlicher Äußerungen verhaftet wurde. Er hatte im vertrauten Kreis unter anderem von der verlogenen Dialektik des NS-Staates gesprochen, was von einem dieser »Vertrauten« nach außen getragen wurde.

Doch da hatten die Nazis die Rechnung ohne die Waldbröler Bürger gemacht.

Empört über die Verhaftung drohten so viele Bürger kurz vor einer als wichtig angesehenen Wahl gegenüber dem Bürgermeister mit Wahlenthaltung, dass dieser schließlich die Order gab, den beliebten Pastor aus der Haft zu entlassen. Pastor Kruse war über die erfolgte Verhaftung und anschließende Haft für lange Zeit zutiefst verunsichert und erschrocken.
Doch auch der Direktor der Hollenbergschule, der weiterführenden Schule, auf die inzwischen auch Ruth und Helmut Simon gingen, erwies sich als fair.
Nach der Verhaftung von Pastor Kruse, die schnell publik geworden war, ermahnte er alle Schüler, sich der Mitschülerin Eka, der Tochter Pastor Kruses und Helmut Simons späterer Frau, gegenüber anständig zu verhalten.

Wie alle Jungs zu dieser Zeit musste auch Helmut Simon zur HJ, der Hitlerjugend. Dort sollten in einer Mischung aus Gehorsam, kontrolliertem Abenteuer und verbaler Indoktrination die Jungs auf das »deutsche« Soldatenleben vorbereitet werden.
Es war dies die von den Nazis gewollte Schule über Pflichten und Auffassungen, die einen »tapferen« Menschen zugleich seiner »überhöhten Persönlichkeit«, nämlich dem deutschen Volk und somit seinem Führer zuführen sollte.
So nannte es jedenfalls der Marketingstratege der Nazis, Reichsleiter Rosenberg. Und weiter: »Tapferkeit und Ehrbewusstsein sind altgermanisches Wesen und ebenso das Gesetz dieser Zeit.« Die Nazis waren groß darin, Geschichte bewusst halb zu lesen und historische Persönlichkeiten in ihrem Sinn so zu interpretieren, dass sie diese für ihre Zwecke missbrauchen konnten.
Jedenfalls waren Jungs, die sich Fragen stellen, Sehnsüchte haben und die Einsamkeit lieben, nicht sehr gefragt, sie wirkten ideologisch zersetzend und kontraproduktiv.

Meine eigene Laufbahn als Hitlerjunge verlief alles andere als glanzvoll.
Vor der HJ war Helmut Simon durch die Eingliederung kirchlicher Gruppen in die Hitlerjugend in das »Jungvolk« geraten. Dort trainierte er Jungs (bis zum vierzehnten Lebensjahr wurden diese Pimpfe genannt, was nicht abwertend gemeint war) in verschiedenen sportlichen Disziplinen wie Kurz- und Langstreckenrennen, Weitsprung, Kugelstoßen, also Sportarten, für die man keine Geräte brauchte, denn die besaßen sie nicht.

Das machte er so erfolgreich, dass seine Gruppe beim Deutschen Jugendfest im Oberbergischen den ersten Platz erkämpfte. Wegen der sportlichen Ausrichtung seiner Jugendarbeit und sicher auch wegen dieses Erfolges blieben Helmut Simon ideologische Schulungen erspart – und dann kam er in die HJ.
Doch älter geworden musste er immer öfter auf dem Hof helfen, neben seiner Arbeit in und für die Schule, und es gab auch noch die von Pastor Kruse angeregten kirchlichen Gruppen, in die sich Helmut gerne einbrachte.
Viel Zeit für die HJ blieb da nicht übrig, und so holte er sich so manchen wortreichen Rüffel des, wie er sagte, *gutmütigen HJ-Führers.*
Abgesehen von diesen Rüffeln blieben ernsthafte Schwierigkeiten aus. Jene kirchlichen Gruppen jedoch, in denen Ferienlager, Geländespiele, aber auch NS-ideologiefreie Bibelstunden angeboten wurden, waren illegal.
Und das hatte, so empfindet es jedenfalls noch heute der spätere höchste Richter Helmut Simon, *einen besonderen, ja einen sehr hohen Reiz.*

Mit 13 Jungs einschließlich Helmut Simon, der einen der Ankläger spielte (übrigens die einzige staatsanwaltliche Tätigkeit seines Lebens), studierte ein Spielleiter, von den Jungs respektlos »Fifi« genannt, im Geiste Pastor Kruses und somit auch der Bekennenden Kirche ein historisch nicht ganz korrektes Theaterstück ein. Hier ging es wie bei Karl Barth und wie in den Texten der Pfeffermühle um konkrete, deutliche Bezüge.
Die Geschichte, nachzulesen bei Daniel, ist schnell erzählt: Der schreckliche Tyrann Nebukadnezar, der nach seiner Eroberung Israels und der Einnahme Jerusalems die Juden unterdrückte, steckte drei Jünglinge, die sich vehement seinem Willen entzogen hatten, nach einem Schauprozess zwecks Bestrafung in einen Feuerofen, in dem sie bei höherer Temperatur, aber ohne weitere Zutaten, vor sich

Aufführung in einer Kirche

hin braten sollten. Doch vor dem endgültigen Garungsprozess bewahrte die Tapferen ein Engel und zur vollkommenen Verblüffung der Ankläger huben die Jünglinge im geschlossenen Topf zu singen an, Gotteslob und Gottespreis. Dann öffnete sich mittels himmlischen Willens und durch ebensolche Kraft das Ofentor – die Jünglinge kamen gänzlich und ohne die geringste Brandblase heraus und der Tyrann hatte ein Einsehen. Die Jünglinge wurden begnadigt.
»Drei Jünglinge im Feuerofen«, so der werbewirksame Titel des Stückes, sollte an verschiedenen Spielstätten im Süden des Reichs aufgeführt werden. Und daraus wurde eine abenteuerliche Ferienfahrt, bei der die Jungs ständig befürchten mussten, von NS-Schergen angeprangert zu werden. Mit den Fahrrädern ging es los, den Rhein entlang und den Neckar hinauf, durchs Schwäbische bis nach Tübingen. Von dort bis Konstanz spielten sie so gut wie in allen Schwarzwälder Kurorten mit viel Erfolg ihr Stück vom Widerstand gegen den Tyrannen, jede Aufführung ein bescheidenes »Minimum«. Bei den Nazis war das Stück nicht beliebt, aber die Jungs konnten ein Aufführungsverbot durch geschicktes Taktieren verhindern.

Die Theatergruppe in Konstanz

Ausgestattet mit richtigen Decknamen – Helmut Simon nannte sich SIMBA – fuhren sie getrennt in kleinen Gruppen vom frühen Morgen bis zum Mittag die Höhen des Schwarzwaldes hinauf und hinab, trafen sich im nächsten Kurort wieder und suchten Wirtschaften auf, um dort zu ihrer Veranstaltung am Abend in der jeweiligen Kirche einzuladen. Die waren meist bis auf den letzten Platz besetzt, offensichtlich wurde das Stück gerne gesehen, ob aus ehrlichem Interesse oder mangels anderweitiger Vergnügungen sei dahin gestellt.
Störungen blieben aus, vielleicht weil die Nazis einen Restrespekt vor den Kirchen hatten, oder weil wegen der Schnitzeltaktik der Jungs der nächste Spielort nicht vorhersehbar war.

Und so hielten sie es Tag um Tag, morgens trennten sie sich, nahmen wiederum in kleinen Gruppen die nächsten Höhen in Angriff und trafen sich im nächsten Kurort zur Mittagszeit, bis sie bei Konstanz das Schwäbische Meer erreichten.
Kurz vor Kriegsbeginn spielten wir das Stück dann noch einmal, und zwar bei uns, in Waldbröl in der Kirche, und die war zum Bersten gefüllt. Dieses Heimspiel war ein tolles Erlebnis.

Seine schon fast legendäre Bescheidenheit stellt Helmut Simon bei der Frage unter Beweis, ob er seine Auftritte und die seiner Mitspieler als mutig empfunden habe. *Das war doch kein Mut, das war ein Abenteuer.*
Doch Mut hat er dann etwas später an anderer Stelle bewiesen. Seine Zeit als Hitlerjunge war abgelaufen und er wurde zu einer Veranstaltung der NSDAP gerufen, bei der einige lokale Parteigrößen ihn und andere Jungs bedrängen sollten, der Partei beizutreten, bedrohliches Szenario: Hakenkreuzfahnen, Uniformen.
Einer der höheren Chargen, natürlich auch in Uniform, baute sich vor ihm auf und bellte: »Du hast die Chance, das Abitur zu machen, von Dir kann man doch erwarten, dass Du in die Partei eintrittst, schließlich schuldest Du Deinem Volk und Führer Dank ...«
Aber Helmut wollte nicht in die Partei, nicht in die SA und schon gar nicht in die SS. Er wollte die Schule beenden, das Abitur machen, wenn es von ihm verlangt wurde, auf dem Hof helfen und natürlich bei den illegalen Veranstaltungen der Bekennenden Kirche teilnehmen und Pfarrer werden. All das sagte er natürlich nicht. Daraufhin bedrängten, beschimpften und bedrohten sie ihn.
Aber ich blieb eisern!
Schlussendlich wurde seine Stärke zumindest vorerst knurrend akzeptiert. Stolz sagt er heute:
Wie man sieht, war es durchaus möglich, auch »Nein« zu sagen, die Herren waren sich ihrer Position gar nicht so sicher, wie sie immer taten.
Und weiter: *So manches hätte verhindert werden können, wenn die Bürger entschlossener gehandelt hätten.*
Für mich war es dieses »Nein«, das meine Abkehr vom Nationalsozialismus auch nach außen hin darstellte.
Somit hatte er die »Demarkationslinie« zwischen passiver Indoktrination und aktivem Leben überschritten.
Seine Laufbahn als Querdenker hatte begonnen.

Wie sehr sich unter dem Einfluss von Pastor Kruse, seiner Schwester Elisabeth und später auch dem seiner Eltern Helmut Simons anfängliche Beeindruckung durch die Nationalsozialisten gewandelt hatte, macht auch sein unangepasstes Verhalten in der Schule deutlich. Als der von den Schülern durchaus geschätzte und gescheite Religionslehrer eines Tages meinte, er könne sich einen Menschen ohne Sünde vorstellen, nämlich Adolf Hitler, protestierte der junge Helmut heftigst.

Und dann gab es da noch den Schriftsteller Ernst Wiechert, den Helmut Simon sosehr verehrte, dass er ihn in seinem Tagebuch mit Lessing und Goethe gleichsetzte. Der 1887 in Ostpreußen geborene spätere Studienrat schrieb bereits als junger Mann Novellen, Erzählungen, auch Romane und gehörte zur Jugendzeit Helmut Simons zu den meistgelesenen Autoren mit großem Einfluss. In seinen Büchern, die millionenfach verkauft wurden, verarbeitete er seine christliche Grund- und Lebenseinstellung. 1933 und 1935 appellierte er im Münchener Audimax an die Studenten, sich gegenüber der nationalsozialistischen Ideologie kritisch und resistent zu verhalten. Von den Zuhörern, aber auch von den Nazis, wurde dies als Aufruf zum inneren Widerstand verstanden. Abschriften dieser Rede kursierten durch das Land, eingebacken in ein Brot erreichte eine davon sogar Moskau. Sie wurde dort in der vielgelesenen Exilzeitschrift »Das Wort« abgedruckt.

Ernst Wiechert wurde von der Gestapo verhaftet und über ein Gefängnis in München auf Befehl von Josef Goebbels 1938 in das Konzentrationslager Buchenwald verbracht. Unter der Androhung von lebenslanger Inhaftierung sowie psychischer Vernichtung wurden ihm gleichzeitig weitere Möglichkeiten für Publikationen angeboten, sollte er sich in Zukunft unpolitisch verhalten. Goebbels persönlich hatte ihm gedroht. Nicht bewiesen ist bisher die Fama, Wiechert habe einen offenen Brief verfasst, in dem er sich für die Freilassung Martin Niemöllers eingesetzt habe.

Der Schriftsteller starb am 24. August 1950 in einer kleinen Gemeinde am Zürichsee.

*

Die im Alten Testament beschriebene zornwütige Zerstörung Sodom und Gomorrhas hätte zur Zeit des Deutschen Reiches unter gleichgebliebener Voraussetzung nicht stattfinden können. Es gab die Gerechten aller Orten in genügender Anzahl, es gab die Minima des Protestes vom Norden bis zum Süden, vom Osten bis zum Westen – in jeder kleinen Gemeinde und jeder großen Stadt. Das Problem: Der Widerstand war nicht organisiert, die Worte der Gerechten verhallten nutzlos hinter vorgehaltener Hand, es fehlte der Flächenbrand, es schwelte die Angst und – das Spitzelsystem war zu perfekt.

Um es auf den Punkt zu bringen, hier drei Zeilen des Liedermachers Konstantin Wecker: »Genug ist nicht genug / Schon Schweigen ist Betrug / Genug kann nie genügen!«

Ich will – oder ich werde Bauer

Das Leben geht weiter und kümmert sich nicht groß darum, ob Nazidümmlinge Scheiben einschmeißen oder Brände legen, ob die wissenschaftliche und kulturelle Intelligenz ein Land verlässt und alles in erzwungener und doch selbst auferlegter Provinzialität versinkt, ob pubertierende Jungs in ihrer Einsamkeit und unbefriedigten Neugier nach Wissen verzweifeln oder sich aufgezwungenen Diktaten widersetzen.
Aber so manches, was damals in Deutschland passierte und auf den ersten Blick nicht wünschenswert erschien, erwies sich später als Segen. Denn mit all den jüdischen und deutschen Wissenschaftlern, die das Reich verließen, verlagerte sich auch das Weltzentrum für Atomforschung von Berlin in Richtung Amerika.

Spekulationen, wie unsere Welt heute aussähe, wäre diese Forschung in Deutschland geblieben, sind durchaus erlaubt und wünschenswert. Auch Helmut Simon, der in den 50ern scharf gegen Massenvernichtungsmittel und atomare Aufrüstung argumentierte, erlaubt sich hierzu seine Meinung:
Die hätten die Bombe ohne Hemmungen entwickelt und auch angewendet.

Helmut und Ruth hatten etwa zur Zeit des Exodus' der Wissenschaft die Schule gewechselt. Aber Schule kostet Geld und das war knapp bei den Simons, vor allem nach den Verlusten durch die Maul- und Klauenseuche.
Doch da gab es ja noch die erstgeborene Schwester Elisabeth, von der Familie zärtlich Lisa genannt. Sie entwickelte sich zur gutmütigen und großzügigen »Familientante« und übernahm nach ihrer Ausbildung zur Lehrerin Helmuts Schulgeld, was diesen und seine Schwester nicht daran hinderte, über Elisabeths Frisur zu lästern. Das volle Haar der großen Schwester hatte diese im Nacken zu einem tiefhängenden Knoten zusammengebunden. Diesen Knoten bezeichneten die Geschwister respektlos als »halsgeschichtliche Genickschussbremse«.

Die Erfahrung, wie abhängig Bildung der Kinder vom Einkommen der Eltern ist, hat Helmut Simon später zum unbeirrbaren Verfechter einer Bildungsreform gemacht, die *auch Angehörigen ärmerer Gesellschaftsschichten eine qualifizierte Ausbildung sichert, und deren Kritiker übrigens selbstverständlich für die eigenen Kinder eine solche Ausbildung einfordern.*

So Helmut Simon in seinem Beitrag zur Festschrift zum 125-jährigen Bestehen dieser weiterführenden Schule, der Hollenbergschule in Waldbröl.

Nun, die Sorge um das Schulgeld waren Setta und Eduard los, die zwei Letztgeborenen glücklich auf einer weiterführenden Schule – und schon dachten sie darüber nach, was sie sonst noch für ihre zwei Nachzügler Gutes tun könnten. Sie nutzten die freigewordenen Kapazitäten, legten dieselben mit einigen Notgroschen zusammen und kauften ein Klavier.

»Ein Klavier, ein Klavier!« – In diesen so unsicheren Zeiten und unter solchen finanziellen Voraussetzungen wäre dieser aus einer Szene Loriots berühmt gewordene Ausruf des Erstaunens wohl wirklich angebracht gewesen.

Ein Klavier in einem kleinen Bauernhaus einer ständig ums Überleben kämpfenden Familie in einem Weiler nahe der Kreisstadt Waldbröl. Das war schon eine Sensation und als solche stand es jetzt schwarz glänzend im Wohnzimmer und forderte allein durch seine Existenz zum Spielen auf. Und aus diesem Grund gesellte sich zu dem Klavier noch eine Neuerung, nämlich eine Klavierlehrerin, einmal die Woche.

Diese war für die Kinder von weither, vielleicht aus Düsseldorf oder Dortmund, nach Waldbröl in die Provinz gezogen und erteilte dort Klavierstunden. Das heißt, sie kam ins Haus. Wie sie hieß, daran erinnert sich Helmut Simon nicht mehr, nur daran, so der spätere große Frauenverehrer, dass er sie als *weitgehend geschlechtslos* empfunden habe.

Nach den anfänglichen verwirrenden Fingerübungen und den endlos hinauf und herunter zu spielenden Tonleitern, nach dem Überwinden der Schwierigkeit, dass die linke Hand plötzlich ganz andere Bewegungen ausführen musste als die rechte, und das zur selben Zeit, hat Helmut gerne Klavier gespielt, gerne und viel – solange, wie das Klavier im Hause war, also auch noch nach dem Krieg, wenn er vom Studium einmal nach Hause kam. Mozart, Beethoven, Bach.

Bis heute ist seine große Liebe zu Mozart – die er mit Karl Barth teilt – geblieben.
Wahrscheinlich hatten Setta und Eduard mit dem feinen Gefühl liebender Eltern für ihre Kinder gespürt, dass ihren Helmut irgendetwas quälte, ihn umtrieb und nicht zur Ruhe kommen ließ, auch wenn er nach wie vor nicht darüber sprach.
So war der Erwerb des Klavieres vielleicht ein Versuch, ihren einzigen Sohn auf andere Gedanken zu bringen, was zumindest teilweise glückte.
Und so, wie Helmut mit dem unbedingten Wunsch, lernen zu wollen, auf die Schule ging, so lernte er auch das Klavierspiel. Es wurde nie eine Passion für ihn, aber es lenkte ihn ab und erfreute seine Seele.
Seine Fragen wurden deshalb nicht weniger, sie verschoben sich nur ein wenig nach hinten, waren durch den Einfluss der Töne und Melodien nicht mehr so dominant. Natürlich gab es auch noch anderweitige Ablenkungen auf dem Hof und im privaten Leben, und seine Eltern hätten es auch nicht zugelassen, dass Helmut sich auf sein Zimmer zurückzog und »Asche aufs Haupt streute«.
Da waren zum Beispiel die Fahrten in Richtung Bonn, die Helmut mit seiner Mutter unternahm, wenn es mal etwas Besonderes zum Einkaufen gab, Fahrten mit dem alten Brölbähnchen, der »Emma« des Oberbergischen, einer uralten Schmalspurbahn, die asthmatisch und schwitzend auf ihren engen Gleisen neben der Straße in Richtung Bonn und wieder zurück zuckelte.
Die fuhr so langsam, dass man auf- oder abspringen konnte, wenn es ein wenig bergauf ging, was ich dann auch jedesmal tat, wenn wir an Ruh vorbeifuhren.
Die Sitze aus Holz waren längs der schmalen Waggons angebracht, die Fahrgäste saßen sich gegenüber und bei den ständigen Bewegungen des Zuges stießen und rieben die Knie der Reisenden an- und miteinander. Durch den besetzten Wagen durchzugehen war praktisch unmöglich.
Helmut liebte es am frühen Morgen, wenn die Nebel noch über den Wiesen standen und ihrer Auflösung durch die Sonne entgegensahen, sich auf dem Fahrrad auf der Straße neben den Gleisen mit dem Zug ein Rennen zu liefern.
Regelmäßig überholt habe ich ihn dann.
Auch der Viehmarkt fand noch statt in Waldbröl, auf den er als kleiner Junge so gerne mit seinem Vetter und Paten, dem Redakteur Heinrich

Wirth, gegangen war, der ihm dann für zehn Pfennige »Alpenbrot« kaufte, was Helmut jedesmal aufs Neue glücklich machte.
Doch der Markt war nicht mehr so lebendig wie früher, weil die mit Herzblut verhandelnden und deshalb manchmal gefürchteten, aber auch respektierten, jüdischen Viehhändler nach der Reichskristallnacht mehr und mehr ausblieben.
Und wo waren die Zigeuner geblieben? Niemand schlug mehr im Steinbruch mit Tieren und bunten Wagen ein Lager auf. Das Leben um Helmut herum, sein weiteres Umfeld war weniger lebendig und weniger bunt geworden, dafür erschien es ordentlicher und vor allem war es brauner.

*

Mein Vater wäre nicht unglücklich gewesen, wenn ich auf der Schule keinen Erfolg gehabt hätte und auf dem Hof geblieben wäre.
Doch die Toleranz von Setta und Eduard ließ es zu, dass die beiden, seinen Berufswunsch achtend, Helmut aus der bäuerlichen Tradition entließen, um seinem eigenen Lebensziel nachzugehen. Sicher hatte er in seiner vielbelesenen Mutter eine Fürsprecherin und der Einfluss von Pastor Kruse spielte nachhaltig eine Rolle. Außerdem war es für die Familie eine Ehre.
Denn Helmut Simon wollte Pfarrer werden, dies jedenfalls hatte er mit fünfzehn Jahren für sich beschlossen und so seinen Eltern mitgeteilt – und dies war der Grund, warum er die Erlaubnis erhielt, nach der Mittleren Reife, dem Abschluss an der Hollenbergschule, in Gummersbach das Gymnasium zu besuchen, um dort das Abitur zu machen. Und das wurde ihm nicht geschenkt.
Ich habe mich durchgeboxt, gleichsam durch den Stoff durchgebissen, vor allem in Französisch und Englisch musste ich sehr kämpfen, Latein fiel mir später leichter.
Dank dieses Kampfes brachte er ein gutes Zeugnis nach dem anderen nach Hause. Er wollte seinem Vater keinesfalls einen Grund geben, diese, wie Helmut glaubte, für ihn selbst so wichtige Entscheidung zu revidieren.
Der Besuch der neuen Schule wirbelte Helmuts Leben tüchtig durcheinander. Bahnhof Waldbröl, Bahnhof Gummersbach – das waren allein knapp dreißig Kilometer, für die damalige Zeit und die damaligen Verkehrsverbindungen ein fast ungeheuerlich weiter Weg zur Schule. Zu Helmuts Glück wurde die Strecke nach Gummersbach von

einem neueren und schnelleren Zug befahren, sonst hätte er gleich versuchen können, die ganze Strecke täglich mit dem Fahrrad zu bewältigen, einmal hin, einmal zurück.
Der lange Schulweg hatte ein extrem frühes Aufstehen zur Folge, und das bei seinem immensen Schlafbedürfnis. Und Mutter Setta musste sich plötzlich nach der üblichen, der regulären Zeit richten, nicht nach ihrer persönlichen.
Um 5 Uhr 50 verließ Helmut ab jetzt das Haus. Doch vorher machte ihm seine Mutter täglich und pünktlich ein kräftiges Frühstück, zum Beispiel Bratkartoffeln, bevor er mit Schultasche und einer gehörigen Portion weiterer Nahrungsmittel bewaffnet das Haus verließ.
Die neue Schule bedeutete auch tagsüber eine Trennung von Ruth, seiner Zwillingsschwester, die beiden, wie Helmut Simon erzählt, sehr schwer fiel.
Zudem kamen Eindrücke über Eindrücke.
Das neue städtische Umfeld ließ Helmut befürchten, dass er sich als Landjunge nicht richtig, oder zumindest nicht so wie »die aus der Stadt«, benehmen könne, er befürchtete, es hafte ihm ein »Stallgeruch« an, und deshalb genierte er sich vor allem dem anderen Geschlecht gegenüber.
Was ihn allerdings nicht davon abhielt, auch an der neuen Schule eine gute Note nach der anderen zu erarbeiten, denn lernen und hart arbeiten, das konnte er, begreifen auch, und der Wille, sich durchzusetzen und das Abitur zu machen, war immens. Da schienen Unsicherheiten und »Stallgeruch« vollständig vergessen. Doch wie aus dem Nichts tauchten dann seine Unsicherheiten wieder auf, wie eine hochgezogene Brücke behinderten sie Helmuts Weg.
Als Abiturient wollte ich die Oper besuchen, doch dazu hätte ich mit der Straßenbahn fahren müssen, doch das ging nicht, weil ich nicht wusste, wie ich an eine Fahrkarte kommen sollte. Zu fragen traute ich mich nicht.
Dafür stürzte er sich neben der Schule *sehr gründlich in die Geschichte der deutschen Literatur*.
Er erwarb aus der Schulbibliothek die wertvolle dreibändige Literaturgeschichte von Biese, und das mit 50 Pfennigen Taschengeld im Monat, allerdings für einen Bruchteil ihres realen Preises, weil die Nazis die Ausgabe als »schädlich« klassifiziert hatten.
Danach folgte die Geschichte der Philosophie.
Und er schrieb einen heftfüllenden kämpferischen Aufsatz über »Das einfache Leben« von Wiechert, das ebenfalls bei den Nazis als uner-

wünscht galt, und weil er damit immer noch nicht ausgelastet war, begann er an einer Enzyklopädie des Wissens zu arbeiten, für die noch heute eine Gliederung vorhanden ist. Er wollte sich all dieses Wissen unbedingt aneignen, um nicht in den sicheren Hafen des bäuerlichen Lebens zurückrudern zu müssen. Vielleicht spürte er instinktiv, dass seine zukünftige Welt eine Welt der Gedanken sein müsse. Doch gleichzeitig funktionierte der Rettungsanker, eben doch zur Not Bauer werden zu können. Er gab dem damals so ungewollt Unsicheren einen festen Halt.

Also schaufelte Helmut alles Wissen, dessen er in und neben der Schule habhaft werden konnte, wie mit einem riesigen Bagger in sich hinein und wurde so zum besten Schüler seines Jahrganges. Doch damit begann ein Prozess, den er nicht vorhergesehen und so auch nicht gewollt hatte.

Gedanklich und gefühlsmäßig begann schleichend gerade durch den direkten Einfluss der Bildung, aber auch durch den indirekten des Nationalsozialismus, eine ungewollte Entfremdung vom Christentum, gefährlich nahe bis hin zum Nihilismus. Aus diesem so seltsamen Gemisch entstand eine für seine Ziele kontraproduktive Distanz.

Es rutschte mir aus der Hand, das Pfarrer werden.

Wenn Helmut Simon das heute erzählt, werden plötzlich sonst unsichtbare Sorgenfalten bemerkbar, sieht er noch immer ein wenig unglücklich aus, eben so, wie er sich damals wohl gefühlt haben muss. Denn von dieser langsam entstandenen Distanz und seinem daraus resultierenden Entschluss, aus Gewissensgründen nicht mehr Pfarrer werden zu können, hat er seinen Eltern nichts erzählt, das für ihn Ungeheuerliche nicht gebeichtet, aus Angst, das Abitur nicht mehr machen zu dürfen.

Er arbeitete verbissen, mehr und mehr – und erhielt noch bessere Noten. Nach drei Jahren gelang ihm 1941 das seit Jahren an dieser Schule beste Abitur, als einzigem Jungen – die anderen hatten sich freiwillig zum großen vermeintlichen »Vaterlandverteidigen« gemeldet – unter acht Mädchen, immer noch unter dem »vermeintlichen Stallgeruch« leidend.

Und dieses beste Abitur wurde zu meiner großen Enttäuschung von Seite der Schule ausgerechnet mit Hitlers »Mein Kampf« belohnt.

Damit war diese Arbeit getan, die Ablenkung vorbei, urplötzlich drängten Sehnsucht und Einsamkeit wieder in ihm hoch.

Während unserer Abiturfeier zog ich mich eine Zeit lang auf einen nahen Friedhof zurück und malte abgefallene Blätter.

*

Wie sollte aus diesen so unterschiedlichen Zutaten jemals eine gedankliche Einheit werden?
Da war der in einer glücklichen Kindheit aufgewachsene Junge, der gerne gespielt hatte, der Sohn einer freien und unabhängigen Bauernfamilie, der tatkräftig mit angepackt hatte – und sein Stolz darauf. Aber auch die von Zeit und Situation diktierten finanziellen Engpässe. Es gab die liebevollen Eltern, deren Erziehung die Schranken des dörflichen Umfeldes aufgebrochen hatte, die engen deutschen und nationalen Traditionen und auch hier die Versuche auszubrechen, das pietistische Fundament und die für damalige Verhältnisse revolutionäre Bekennende Kirche, die braun dräuende, nicht fassbare politische Veränderung im Land, ein unbändiger Lernwille – das »allein ich will« – und, trotz der körperlichen Stärke, eine fast grotesk anmutende Unsicherheit.
Lauter bunte unterschiedlich große Würfel zusammengefasst in einem Becher, die darin immer wieder heftig durcheinander geschüttelt wurden.
Mal lagen die einen oben, mal die anderen – mal war Helmut der fleißig Strebsame, mal der Unsichere vom Lande mit dem »vermeintlichen Stallgeruch«, mal der zum Nihilismus tendierende, die Einsamkeit suchende, dann wieder der neugierig Fragende, der sich als solcher ungestüm neuen Wissensgebieten öffnete.
Sich zwischen diesen Zuständen hin und her bewegend bestand Helmut spielend seine Reifeprüfung, ohne den Zustand der Reife bisher auch nur annähernd erreicht zu haben.
Das Positive daran: Da er es gewohnt war, sich ständig Fragen zu stellen, lernte er auf diese Weise fast schmerzhaft das Hinterfragen, eine Fähigkeit, die ihm später so trefflich in seinem Beruf, ja seiner Berufung zugute kommen sollte.
Doch wir befinden uns im Jahr 1941, da standen für Helmut ganz andere Entscheidungen als Berufswünsche an. Entscheidungen, die er nicht selber treffen konnte, sondern die von anderen für ihn getroffen wurden, ob er nun wollte oder nicht.

Wenn der Sandkasten zu klein wird

»Den Mann gibt es ja gar nicht, er ist nur der Lärm, den er verursacht.« (Kurt Tucholsky über Adolf Hitler)

Der GRÖFAZ, der »Größte (Feldherr) Führer Aller Zeiten«, befand sich zu dieser Zeit auf dem Höhepunkt seiner Macht und mit ihm viele, die seine wahnsinnige Großmachtsucht teilten oder teilen mussten. Polen hatte er überfallen, mit England und Frankreich befand er sich im Krieg, Dänemark und Norwegen besetzt, Feldzüge gegen Holland, Belgien, Frankreich, die Balkanländer, Griechenland fanden statt, alle zur gleichen Zeit, der Weg zur dritten germanischen Völkerwanderung tat sich auf.
Da Hitler seine »Politik« seiner eigenen Lebensdauer unterworfen hatte, musste er »Gas geben«, deshalb brauchte er »viel Menschenmaterial«, unter anderem auch junge Abiturienten. Und später solche, die dann nie mehr die Chance erhalten sollten, überhaupt irgendeinen Schulabschluss zu machen, weil sie zu jung dem Wahnsinn gehorchen mussten und mit ihm untergingen. Aber das Volk vertraute, zeugte und gebar, folgte und kämpfte. Schließlich war es Hitler gewesen, der endlich wieder für ein deutsches Selbstbewusstsein gesorgt hatte ... und für deutsche Stärke ... und die deutschen Autobahnen hatte er schließlich auch erfunden. (Was im Übrigen nicht stimmt. Die erste Autobahn wurde auf Betreiben des damaligen Kölner Oberbürgermeisters Konrad Adenauer zwischen Köln und Bonn erdacht und gebaut – und 1932 eingeweiht. Hitler war nur auf den fahrenden Zug aufgesprungen. Wie beim Hakenkreuz, auch keine Erfindung der Nazis, das rechts- oder linksdrehend bereits in seriöseren, längst untergegangenen Kulturen verwendet worden war.)
Auf diesen Autobahnen sollte die Kriegsmaschinerie dann so viel besser transportiert werden können, zum Beispiel in die zu erobernden Lebensräume im Osten, obwohl diese Autobahnen ja noch gar nicht

gebaut waren. Und brüllte er nicht immer in alle verfügbaren Mikrofone vom gerechten Dauerkampf der Völker um Lebensraum, wobei niemandem so recht klar war, ob er nun von Völkern oder Rassen oder Religionen sprach, irgendetwas kam ihm da durcheinander, aber andererseits war er schließlich der Führer und musste es wohl wissen. Und die Juden wären es schließlich, so bellte der Führer und wurde plötzlich zum Weltenretter und Heilsbringer, die ihn an seinen Plänen hinderten, weil deren Lebensraum nie räumlich begrenzt war, warum diese folglich international wären, Weltjuden eben, und damit zu Feinden all derjenigen Staaten wurden, die ihren gerechten Kampf um Lebensräume erkämpfen mussten.
Und deswegen setzten sie, also die Juden, heimtückisch alle Mittel ein, die sie erfinden konnten, so seine krude Schlussfolgerung, Kapitalismus und Kommunismus und Demokratie, besonders hinterhältig Pazifismus und Internationalismus, auch Parlamentarismus und so weiter, um auf diese Weise listig und hinterhältig, wie Juden nun mal sind, irgendwann an die Weltmacht zu gelangen. Auch sah er sich in seinem widerlichen Wirrsinn als Idealist, Vorkämpfer und Menschheitsbeglücker, wenn er die Juden bis aufs Messer bekämpfte, sie in Gänze auszurotten trachtete.
Oder, obwohl er mit Religion so gar nichts am Hut hatte, als alttestamentlichen Rächer:
»Indem ich mich der Juden erwehre, kämpfe ich für das Werk des Herrn!«
Hitler beendet sein letztes Bormanndiktat am 2. April 1945 folgendermaßen:
»Man wird dem Nationalismus ewig dafür dankbar sein, dass ich in Deutschland und Mitteleuropa die Juden ausgelöscht habe.«
Oder Adolf Eichmann, der ekelhafte Logistiker des Todes: »Hätten wir von den 10,3 Millionen Juden ... 10,3 Millionen getötet, dann wäre ich befriedigt.«
Nein, leider muss dies immer wieder betont werden, es gab ihn wirklich nicht, »den Kriegsherrn Adolf Hitler, der bedauerlicherweise auch so unendlich viele Juden ausgerottet hat, ansonsten aber in der Tradition expandierender und deshalb Krieg führender europäischer Staaten stand«.
Es gab nur den Verbrecher Adolf Hitler, für den das Kriegführen in direktem Zusammenhang zum Massenmord und umgekehrt stand.

Helmut Simon hatte den Aufstand gewagt, als er sich weigerte, von der Hitlerjugend zur SA überzuwechseln, doch das wollten sich die »Herrenmenschen« nicht einfach so gefallen lassen. Also zwangen sie ihn, mit weiteren Gleichaltrigen, die aus unterschiedlichsten Gründen ebenfalls keiner NS-Gliederung angehörten, an einer Art vormilitärischer Ausbildung teilzunehmen.

Sonntags mussten wir als verlotterter Haufen durch Waldbröl zu dieser Ausbildung traben.

Da gab es dann schon so manch höhnendes Wort von den Konformen am Straßenrand zu hören. Er war zum Außenseiter geworden und das ließ man ihn spüren, wieder und wieder.

So hatte ich schon früh gelernt, dass man auch als Außenseiter durchaus bestehen und durchhalten kann.

Auf das Abitur folgte der Arbeitsdienst, das bedeutete für Helmut Simon Barackenbauen bei Türkismühle an der Nahe. Baracken, die sie für andere bauten, die später in der weiteren Umgebung Moore trocken-, Wege an- und Felder zusammenlegen sollten, für das Reich und somit seinen Führer und dessen »großartige« Expansionspläne, oder einfach so zum Üben, denn in den gewaltigen, neu zu erobernden Ostgebieten würde es sehr viel Land an- und trockenzulegen geben.

Der Spaten: blitzblank

Seine Unsicherheit an sich und ins Besondere gegenüber dem anderen Geschlecht folgte Helmut an die Nahe und auf dem Fuß.

Als im Arbeitsdienst unser Bautrupp von einer BdM-Gruppe besucht wurde, zog ich mich in unser Behelfsquartier auf eine Empore zurück.

Die Situation zwang ihn, dort so lange auf einem Strohsack auszuharren, bis die Mädchen in ihr eigenes Lager zurückkehrten.

*

»Der fängt doch einen Krieg an. Meinst du, dass ich für diesen Deppen durch Europa marschiere.« Inhaltlich hätte Helmut Simon diesen Satz sofort unterschrieben, doch sich natürlich niemals so markant

und herzhaft ausgedrückt. Der Satz stammt von Franz Josef Strauß, der sich mit diesen Worten gegenüber seiner Schwester äußerte.
Franz Josef Strauß und Helmut Simon, da der Hemdsärmelige, dort der Nachdenkliche, eigentlich ein Unding, die beiden in fast allen späteren politischen Fragen so divergierenden Männer in einem Zug zu nennen, doch an diesem Punkt ihres Lebens stimmen sie überein, beide wollen nämlich in diesem Krieg und für diesen Kriegsherren nicht viel laufen müssen.
Franz Josef Strauß hat es geschafft. Und Helmut Simon?
Er hatte sich freiwillig zur Marine gemeldet, eben weil er nicht viel laufen wollte. Auch war ihm bereits geraume Zeit bewusst, dass er für diesen Staat würde kämpfen müssen, dass daran kein Weg vorbeiführen würde.
Dabei befand er sich in einer »schizophrenen« Verfassung.
Einerseits sollte ich für einen Staat kämpfen, dessen Ideologien ich ablehnte, andererseits war ich damals ein typischer Deutscher, der durch überlieferte Tugenden wie Vaterlandsliebe und Treue verführbar war, der den Kriegsdienst als Einübung und Bewährung seines Mannestums auffasste und für den das Militär zudem eine Nische gegenüber dem Zugriff der Partei bildete.
Helmut gefiel besonders gut, dass die Nazis bei der Marine nicht sonderlich geschätzt waren.
Zum Beispiel wurden die nationalsozialistischen Führungsoffiziere (NFSO) im Sprachgebrauch geringschätzig zu »NFSnull« heruntergestuft.
Doch bevor Helmut auf die hohe See losgelassen wurde, musste er als ROA, als Reserveoffiziersanwärter in Holland die Rekrutenausbildung durchstehen. Dort erlebte er aufs Neue bekannte Muster aus der Zeit der vormilitärischen Ausbildung:
Rührt euch!
Stillgestanden!
Rrrrechts um!
An Horizont marsch marsch!
(Vor der Pfütze stehend) Hinlegen!
Das Gewehr legt an!
Imperative, die für einen nachdenklichen jungen Mann nicht so recht geschaffen waren, der sich so intensiv mit der Geschichte der Philosophie auseinandergesetzt hatte, dass er zu diesem Zeitpunkt bereit war, dieselbe zu studieren.

Und er musste mit anderen Körper an Körper, Schweiß an Schweiß zusammen leben, gemeinsam schlafen und im Dreck liegen, Kameraden, mit denen er so recht nichts anzufangen wusste.
Anfänglich fiel es ihm sehr schwer, mit dieser Enge zurechtzukommen.
Was ihn jedoch mit seinen Rekrutenkameraden verband, war ein Leidensdruck, heraufbeschworen durch die herabwürdigende Behandlung kleingeistiger Vorgesetzter.
Bis er den Entschluss fasste, sich keinesfalls klein kriegen zu lassen.
Also führte er Befehle und Anweisungen überkorrekt aus. Doch gerade dieses Vorgehen ließ seine Vorgesetzten spüren, wie er über sie dachte.
»Ich weiß, Sie würden mich am liebsten umbringen«, war ein Kommentar, den er eines Tages von einem Ausbilder zu hören bekam, der etwas genauer in Helmut Simons germanische, normalerweise eher stille, blaue Augen geschaut hatte.
Danach folgte im Gebiet der Wesermündung die Waffenausbildung an Flakgeschützen (Flugzeugabwehr) und die ging so:
Nach dem morgendlichen »Auf die Deiche, marsch, marsch« wurden die dort positionierten Flakgeschütze, kleinere und wendigere Nachfolger der »Dicken Bertha«, für den Einsatz vorbereitet. Plötzlich tauchte aus einer nicht vorhersehbaren Richtung ein Flugzeug auf, das Flugzeugattrappen hinter sich herzog. Diese Attrappen wurden dann übungsweise von den jungen Vaterlandsverteidigern beschossen, so lange, bis sich das Mutterflugzeug aus dem für Flakgeschütze erreichbaren Bereich wieder entfernt hatte.
Ob bei diesen makaberen Übungen die Originale mit den Attrappen verwechselt und ebenfalls beschossen wurden, ob einer der Piloten dabei zu Schaden kam, ob diese Piloten strafversetzt waren oder von einem unstillbaren Hang zum Selbstmord getrieben wurden, das hat Helmut Simon nicht erzählt.

*

Norwegen, in dessen zerklüfteten Fjorden sich das Meer zu verstecken sucht, Fjorde, aus deren Schutz heraus Wikinger auf legendären Schiffen den Nordatlantik für sich erobert hatten, das Land, dessen Volk sich erst 1905 durch eine Volksabstimmung wiedergefunden hatte und das sich zusammen mit Dänemark und Schweden

im Ersten Weltkrieg für neutral erklärte – dieses Land hatte die begehrlichen Blicke des Führers auf sich gezogen und war trotz gerade erklärter Neutralität im Rahmen der »Weserübung« von den Deutschen innerhalb von nur sechs Wochen besetzt worden. Das Land war in eine Mehrheit, die gegen und eine Minderheit, die für die Nationalsozialisten waren, gespalten. Unter letzteren befanden sich sogar Künstler, die befremdlicherweise deutsche Musik, deutsche Malerei und deutsche Literatur mit dem Geist des Nationalsozialismus in Einklang brachten.
Diese Anhänger bereiteten den Deutschen während deren Okkupation den Weg und kamen dadurch – quasi als Dank – anschließend an die Macht.
Der bei weitem größte Teil der Bevölkerung allerdings bestand aus Gegnern der Nazis, viele davon bildeten Widerstandsgruppen, die unter anderem Juden die Flucht nach Schweden ermöglichten oder die den Engländern über Stärke, Standorte und Zustand der deutschen Besatzer vor Ort oder auf See Informationen zukommen ließen.
Die in Deutschland wohl berühmteste Mitkämpferin im norwegischen Widerstand war Rut Bergaust. Sie lernte in dieser Zeit und bei ihren Einsätzen ihren späteren Ehemann Willy Brandt kennen.

Hitler, dem ein »Europäischer Großwirtschaftsraum« unter deutscher Hegemonie vorschwebte, also eine Vormachtstellung, die praktischerweise rechtlich nicht begründet zu sein braucht, erklärte vor der Öffentlichkeit die Besetzung Norwegens mit der Notwendigkeit, die norwegischen Häfen vor einer Okkupation der Engländer schützen zu müssen, schließlich seien diese Häfen das Tor zum schwedischen Eisenerz, welches für die deutsche Wirtschaft so unabdingbar wichtig sei.
Doch warum gab er dann den Befehl, die Hafenanlagen unbrauchbar zu machen?
Schließlich waren von dieser Maßnahme auch deutsche Schiffe betroffen.
Viel wahrscheinlicher ist, dass er die Engländer vom schwedischen Eisenerz abschneiden wollte, um so deren Rüstungsaktivitäten empfindlich zu behindern.
Es gab vor der Norwegischen Küste also erheblichen Schiffsverkehr, englische und deutsche Kriegsschiffe, aber natürlich noch viel mehr

Handelsschiffe, die geschützt werden wollten – und hier kommt nun wieder Helmut Simon ins Spiel, der inzwischen seine Flakausbildung abgeschlossen hatte und somit endgültig von den »primitiven Schindern« erlöst war.

Rückblickend habe ich meine Kriegsteilnahme als Eintritt ins Leben empfunden.

Er war als Angehöriger der Bordflak zu einem geachteten Mitglied der Besatzungen der zu schützenden Schiffe geworden, hatte andere Menschen und somit für ihn neue Denkweisen kennengelernt, neue Verhaltensmuster beobachtet und er fühlte sich durch die kritischeren Töne an Bord in seiner Ablehnung des NS-Regimes bestätigt.

In der Offiziersmesse fühlte er sich anfangs unwohl, seine für ihn typische Unsicherheit kam wieder zum Vorschein – und das vor einem eigentlich banalen Hintergrund. Er hatte nämlich keine Ahnung, wie man bei Tisch das Besteck vorschriftsmäßig gebraucht, welches Messer zum Beispiel für welche Speise gedacht ist, oder wie das Besteck am Ende der Mahlzeit auf den Teller gelegt wird. Und wie bereits bei seinem nicht erfolgten Opernbesuch: zu fragen traute er sich nicht.

Eines Tages saßen er und sein Kompaniechef, der Sohn einer Bremer Kaufmannsfamilie, bei einem Arbeitsessen an Bord zusammen, als Helmut Simon Messer und Gabel auf eine Art und Weise auf den Teller legte, die ihm selbst besonders vornehm erschien, aber nicht im mindesten den üblichen Regeln entsprach.

Da nahm ihn sein Kompaniechef, der diese Unsicherheiten bereits eine Weile beobachtet hatte, zur Seite und brachte ihm das korrekte Procedere bei.

Das ist mir unvergesslich geblieben, aber ich wusste es einfach nicht besser.

Gleich zu Anfang seiner Laufbahn bei der Marine musste Helmut Simon einen herben Verlust hinnehmen. Es war Verstärkung für seine Kompanie aus Berlin angekommen, darunter ein sensibler künstlerischer Mensch, Wilhelm S., den er recht schnell in sein Herz geschlossen hatte. In ihm fand er zum ersten Mal in seinem Leben einen Freund, mit dem er sich austauschen, von seinen um ihn kreisenden Gedanken erzählen, und seine nihilistischen Tendenzen ansprechen konnte.

Wilhelms Schutzengel sollte allerdings nicht so gut funktionieren wie der von Helmut Simon. Gleich bei seinem ersten Einsatz, wurde

das Geleit vor der norwegischen Küste von einem Verband englischer Schiffe angegriffen.
Wilhelm S. verlor bei diesem Einsatz sein Leben.

So erlebte Helmut Simon den ersten persönlichen Tribut dieses Krieges in seinem damaligen, nicht frei gewählten Leben, das ihm selbst, zumindest was seine momentane Karriere bei der Marine anbelangte, hold war. Fast galoppierte er durch die Dienstgrade: Soldat, Gefreiter, Unteroffizier, Oberfeldwebel, Leutnant, Oberleutnant. Er hatte wieder mal etwas gefunden, in das er sich hineinstürzen konnte – aber er war auch dankbar, nicht auf dem Feld, Mann gegen Mann, im direkten Kampf auf andere schießen zu müssen.

Das letzte Treffen von Wilhelm S., dessen Freundin und Helmut Simon (rechts)

Und er setzte sich für diejenigen ein, die ihm unterstellt waren. So fiel ihm zum Beispiel auf einer der Fahrten durch den Nordatlantik (von der Marine wurden diese Fahrten »Kontrollfahrten« genannt) auf, dass sich das übliche, normalerweise hinter vorgehaltener Hand stattfindende Murren über die Verpflegung fast schon zu einem Flächenbrand entwickelt hatte, die Unzufriedenheit über das Essen war lautstark geworden. Nun, hungrige Soldaten kämpfen schlecht, und dafür wäre Helmut Simon verantwortlich gewesen – also ging er der Sache nach und musste feststellen, dass die Köche wohl einen Großteil der Nahrungsmittel unterschlugen, um damit Schwarzgeschäfte zu tätigen.
Der verbleibende und mehrfach verdünnte Rest war einfach nicht mehr gehaltvoll genug, kurz: ungenießbar.
Und dies tauchte jetzt als Beschwerde in Helmut Simons Protokoll auf, verselbständigte sich, erreichte die höchsten Vorgesetzten sowie die Chefetagen der Reedereien, prallte dort ab wie ein Squashball, der sich nach dem Aufprall beschleunigt, und kam zu den betroffenen Matrosen und Soldaten zurück.
»Da hat sich doch tatsächlich einer von der Bordflak erdreistet, eine Meldung über schlechtes Essen abzugeben!«

Helmut Simon glaubte im Boden, beziehungsweise im Wasser versinken zu müssen.
Ich konnte mich praktisch nirgendwo mehr sehen lassen, fast schon habe ich mich selber verleugnet.
Trotzdem, auf seinem Weg durch die Dienstgrade wurde er von seinen Untergebenen und seinen Vorgesetzten geschätzt und von seinem Kommandeur in Anlehnung an das Kultbuch von Walter Flex mit dem »Wanderer zwischen beiden Welten« verglichen, jenem heute so merkwürdig anmutenden Kultbuch, das den Ersten Weltkrieg – ohne diesen auch nur annähernd zu hinterfragen – religiös ästhetisch idealisiert, sowie in die hehren Sphären des Jugendstils transformiert. Irgendein Bezug zur Realität lässt sich in ihm nicht erkennen:
»Etwas wie Ungeduld und Hunger riss an seinen Worten, und ich fühlte, wie sein heißes Herz den großen Kämpfen entgegenhoffte.«
Das Buch ist autobiografisch. Es erzählt die Geschichte von Ernst Wurche, der den unbändigen Wunsch verspürt, doch wenigstens an einem einzigen Sturmangriff teilzunehmen, die Gedichte Goethes, Nietzsches Zarathustra und das Neue Testament im Tornister. Diesen Helden hatte der Kommandeur wohl im Sinn, als er Helmut Simon mit dem Werk in Verbindung brachte.
(Trotz sublimer Darstellung einer homoerotischen Freundschaftserfahrung war das Buch auch im Zweiten Weltkrieg ein Riesenerfolg.)

Für viele Deutsche war der Krieg zu diesem Zeitpunkt ein kurzes heroisches Mittel, ein legitimer Versuch Deutschlands, nach der Demütigung des Versailler Vertrages die Gleichstellung unter den Großmächten wieder herzustellen. Der Krieg war für sie »ein Wirbel des Lebens, der unwiderstehlich vorwärts riss und den der düstere Hintergrund des Todes nur noch tiefer und berauschender erscheinen ließ«. Sie hatten Ernst Jüngers »Kampf als inneres Erleben« gelesen und sich davon beeinflussen lassen. Nicht so Helmut Simon, dem der Autor zwar imponierte, dessen Meinung er aber weder teilte noch übernahm. Für ihn bestand die große Diskrepanz darin, in den Krieg ziehen zu müssen, obwohl er Nationalsozialismus und Krieg an sich ablehnte.

*

Während sich ihr Sohn langsam an das allgegenwärtige, kontinuierliche Stampfen der Schiffsmotoren und die engen Unterkünfte gewöhnte, probte zu Hause in Ruh Mutter Setta ihren persönlichen Aufstand gegen die Nazis. Sie hatte angefangen, andere als die politisch verordneten Radiosender zu hören, sich über das Weltgeschehen propagandafreier zu informieren, kurz, sie hörte Feindsender, und das hätte in Anbetracht ihres erheblichen Mitteilungsbedürfnisses sehr gefährlich werden können. Jedoch, und dies bestätigt die Theorie Helmut Simons, dass sich die Menschen in ihrem persönlichen Umfeld vom Naziregime bereits wieder abgewandt hatten – es hämmerten keine Nazi-Schergen an die Türe, Setta wurde zu keinem demütigenden Verhör abgeholt, sie wurde nicht standrechtlich erschossen (so die allgemein übliche Strafe für das Abhören von Feindsendern).
Ihrem Helmut erzählte Setta nur wenig von ihren Aktivitäten oder von den gehörten Inhalten. Sie erzählte deshalb kaum etwas, weil sie ihn nicht verunsichern wollte, auch, um ihn zu schützen. Erst als der Krieg vorbei und Helmut wieder zu Hause war, erfuhr er von ihr, wie sich der Kriegsverlauf aus der Sicht der Alliierten dargestellt hatte.
Für Helmut Simon wurden die Kriegsjahre bis Ende 1944 zu einem ständigen rauf zum Polarkreis und wieder runter in die Heimathäfen, mal mit dem Zug zum nächsten Einsatz, dann wieder zur See nach Wilhelmshaven, Hamburg, Kiel oder Bremerhaven.
Eine Fahrt nach Rotterdam war wegen ihrer Nähe zu England besonders gefährlich.
Er fuhr Einsätze von Kiel nach Bergen, um das Nordkap herum, nahe an die UdSSR heran nach Kirkenes und von Trondheim, wo er mehrere Monate stationiert war, nach Narvik.
Er lernte den 24-Stunden Tag des Sommers mit der gelblich roten Nachtsonne ebenso kennen wie die nicht enden wollende Dunkelheit des Winters, das wie ein bunter Schleier am Himmel geisternde Nordlicht und die Klarheit der Sterne der Polarnacht. Und er verliebte sich in die faszinierend schroffe, sich während des Vorbeifahrens immer wieder verändernde Küstenlandschaft Norwegens.

Da stürzt ein Gebirge in das Meer, da prallen unterschiedliche Schöpfungselemente wild aufeinander, an dieser Küste passiert etwas.
Die Schiffsfahrten längs der Küste begründeten meine bleibende Liebe zu Norwegen.

Der nordische Sternenhimmel begeisterte Helmut Simon so sehr, dass er – typisch für ihn – begann, Sternenkunde zu betreiben, und das wieder mal so intensiv, dass er darüber Vorträge halten konnte, vor versammelter Mannschaft oder an Land vor Soldaten, und:
Meine Vorträge wurden begeistert aufgenommen.

Doch weder die Einsätze an Bord, noch die an Land gehaltenen Vorträge oder die Beschäftigung mit dem Sternenhimmel konnten ihn darüber hinwegtäuschen, dass er nach wie vor ein Suchender war, der auf seine quälenden Fragen so gerne Antworten erhalten hätte. Und der einzige Freund, mit dem er sich darüber hätte austauschen können, war gefallen.

*

Selbst uns bei der Marine wurde immer bewusster, dass Angriffskrieg und Unterdrückung anderer Völker zu einem schlimmen Ende führen mussten.
Und wo war in dem ganzen Chaos nur Gott geblieben?
Ich spürte ihn nicht mehr, Gott war tot!
In einer Tagebuchnotiz vom 3. September 1943 schreibt Helmut Simon:
Wir können den Krieg nicht mehr gewinnen. Bis wir ihn allerdings verlieren, wird es noch zu einer gewaltigen Kraftanstrengung kommen. Das Abendland hat seine zentrale Stellung verloren. Der Amerikaner tritt die Weltherrschaft an, frisch und unbekümmert wie er ist. Mit ihm kommt eine neue Kultur.

Selbst uns bei der Marine …

Doch auch die Innenpolitik und deren Gründe beschäftigten ihn und bereiteten wieder und wieder schlaflose Nächte.
Gar zu gerne hätte er gewusst, was eigentlich unter nationalsozialistischer Weltanschauung zu verstehen sei, beginnend mit der Urfrage, was die Fusion der Worte »Nationalismus« und »Sozialismus« wohl bedeutete.

Und da traf er eines Tages auf einen Absolventen einer NAPOLA (Nationalpolitische Lehranstalt), einer der Eliteschulen, die für den Führer politisch akzentuiert junge Nationalsozialisten »tüchtig an Leib und Seele« sowie »für den Dienst an Volk und Vaterland« zur neuen Führungselite heranbilden sollten, mehr und mehr allerdings zu Kaderschmieden für die SS wurden.
Hatte Helmut Simon wirklich erwartet, eine befriedigende Antwort zu erhalten?
In seinen Lebensskizzen steht darüber nichts. Jedenfalls half ihm die Antwort »Eine solche Frage und überhaupt die Beschäftigung mit diesen Themen sind unerwünscht« in seinen Überlegungen nicht wirklich weiter.
Seine nihilistischen Tendenzen bewirkten zusammen mit der zunehmenden Perspektivlosigkeit und der Erkenntnis, dass der Krieg wohl verloren sei, eine Demoralisierung und einen wachsenden Lebensüberdruss.

*

In unmittelbarer Lebensgefahr bin ich während meiner Einsätze nur zweimal gewesen.
Das erste Mal am 23. Dezember 1944 kurz vor Mitternacht, also eine Woche vor seinem 23. Geburtstag. Helmut Simon befand sich gerade an Deck, als sein Geleit angegriffen wurde. *Zu den Sternen der Polarnacht gesellte sich einer Götterdämmerung gleich ein Feuerzauber von verschiedenfarbigen Leuchtspurgeschossen, der sich in der rauen Dünung der See spiegelte.* Starr vor Schreck, die Hände in die Reling »verkrallt«, sah er die Blasenbahnen zweier Torpedos auf sein Schiff zukommen, spürte im Geiste schon die alles beendende Explosion und das Zerfetzen seines Körpers, aber – nicht einmal eine sanfte Berührung mit dem Schiffskörper fand statt. Die Torpedos verschwanden unter dem Schiff und tauchten auf der anderen Seite wieder auf, um ab jetzt ziellos durch das Eismeer zu irren, einem unbestimmten Schicksal als noch scharfer Kriegsmüll entgegen.
Die Angreifer mussten den Tiefgang des Schiffes falsch eingeschätzt haben.
Es hatte nur Heu geladen. Drei gegnerische Schnellboote waren während dieses Angriffes versenkt worden, mehr aus Zufall, denn die Flakschützen hatten, wahrscheinlich durch die Leuchtspurgeschosse irritiert, in die Luft auf vermeintliche Flugzeuge geschossen.

»Wir haben wohl die Gefechtslage verkannt«, meinte der Kapitän auf Helmut Simons Frage, ob sie sich nicht tapfer geschlagen hätten. Trotzdem, diese Ehe von Irrtum und Glücksfall wurden höheren Ortes als Erfolg verbucht und zum Dank wurden eine handvoll Orden über das Geleit gestreut.

An dem einen oder anderen blieb einer hängen, so auch an mir.

Und darüber hat er sich gefreut, auch weil – im Gegensatz zur Infanterie, die ständig mit Orden überhäuft wurden – *wir von der Marine, beziehungsweise unsere Uniformen, so ohne alles, so gänzlich kahl waren.*

Für einen kurzen Moment waren Perspektivlosigkeit, Demoralisierung und Lebensüberdruss vergessen.

Dabei hatte er sich drei Monate vorher, in einem Moment, in dem sein Lebenspessimismus radikal wurde, den Tod so intensiv erwünscht, dass er sich freiwillig zu einem gefahrvolleren Einsatz gemeldet hatte.

In der Hoffnung, ein würdiges Ende zu finden, suchte er Risiken.

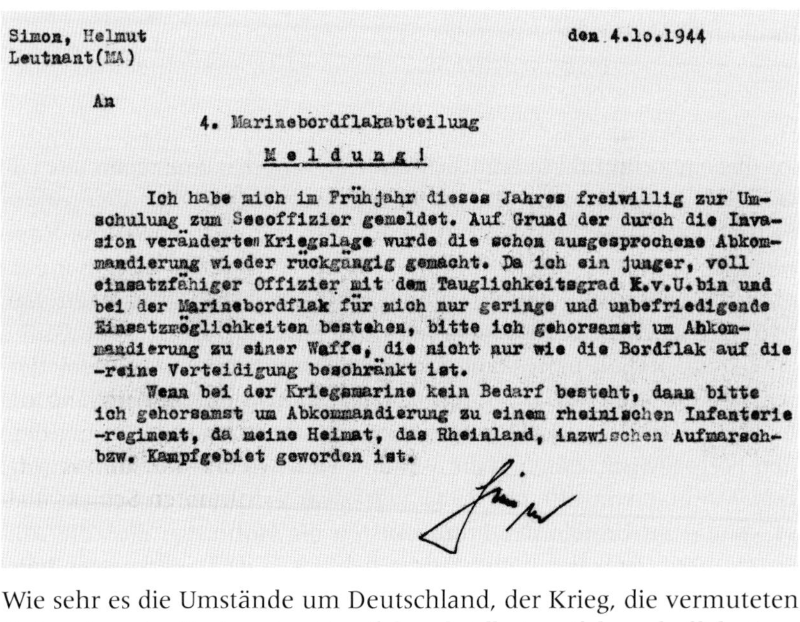

Simon, Helmut
Leutnant(MA)

den 4.10.1944

An
4. Marinebordflakabteilung

Meldung!

Ich habe mich im Frühjahr dieses Jahres freiwillig zur Umschulung zum Seeoffizier gemeldet. Auf Grund der durch die Invasion veränderten Kriegslage wurde die schon ausgesprochene Abkommandierung wieder rückgängig gemacht. Da ich ein junger, voll einsatzfähiger Offizier mit dem Tauglichkeitsgrad K.v.U. bin und bei der Marinebordflak für mich nur geringe und unbefriedigende Einsatzmöglichkeiten bestehen, bitte ich gehorsamst um Abkommandierung zu einer Waffe, die nicht nur wie die Bordflak auf die reine Verteidigung beschränkt ist.

Wenn bei der Kriegsmarine kein Bedarf besteht, dann bitte ich gehorsamst um Abkommandierung zu einem rheinischen Infanterie-regiment, da meine Heimat, das Rheinland, inzwischen Aufmarsch- bzw. Kampfgebiet geworden ist.

Wie sehr es die Umstände um Deutschland, der Krieg, die vermuteten Verbrechen der Nazis, seine Zweifel und Selbstzweifel geschafft hatten, Helmut fast aus der Bahn zu werfen, zeigt sein folgender Tagebucheintrag kurz nach der freiwilligen Meldung zu einem gefährlichen Einsatz:

Ich habe vom Leben nichts mehr zu erhoffen, daher ist es gut, wenn es kurz bleibt! Ein frühes Ende würde keine Qual für mich bedeuten. Was kommt danach? Ich weiß es nicht. Ich bin nur müde. Daher werde ich mich bedingungslos für jede Art Feindunternehmung melden. Bei einem solchen Einsatz werde ich dann wohl einen guten Abgang finden!

Doch sein oberster Vorgesetzter, der im »richtigen« Leben Pfarrer war, und an den er sich als sensiblen, sympathischen Menschen erinnert, hatte die Meldung einfach im Papierkorb entsorgt und Helmut Simon damit höchstwahrscheinlich das Leben gerettet.
Das mit Heu beladene Schiff erreichte bestimmungsgemäß den vereinbarten Hafen, die Ladung wurde gelöscht, Helmut Simon ging von Bord.
Auf seinem Rückweg wurde dasselbe Schiff, es fuhr inzwischen Eisenerz, südlich von Narvik wiederum torpediert, doch dieses Mal wurde der Tiefgang richtig eingeschätzt, die Torpedos trafen und das Schiff sank in Sekundenschnelle, die meisten Mitglieder der Besatzung ertranken.

*

Zu diesem Zeitpunkt befand sich das Reich in den Endzügen des von Goebbels ausgerufenen »Totalen Krieges«.
Schon 1943 hatte Roosevelt in Casablanca die bedingungslose Kapitulation gefordert, eine Forderung, die auch über die »Feindsender« in so manches leise gestellte Radio in Deutschland gedrungen war, natürlich auch in das Wohnzimmer der Simons, direkt in die Ohren von Setta. Italien hatte kapituliert, die Russen waren auf dem Vormarsch, die Alliierten in Frankreich gelandet – der Würgegriff wurde fester und erstickender, aber im Führerhauptquartier hoffte man auf den Lottogewinn, nämlich die Wunderwaffe, die alles richten würde.
Das Attentat vom 20. Juli 1944 war zwar erfolglos geblieben, aber es keimte im Umfeld der Protagonisten die Hoffnung, dass die Alliierten diese Geste des Widerstandes bemerken und anerkennen würden.
»Es kommt nicht mehr auf den praktischen Zweck (des Attentates) an, sondern darauf, dass die deutsche Widerstandsbewegung vor der Welt und vor der Geschichte den entscheidenden Wurf gewagt hat. Alles andere daneben ist gleichgültig.« (General von Tresckow).

Helmut Simon sah dies zu diesem Zeitpunkt genauso, empfand Sympathie für die Attentäter. Doch da sollte ausgerechnet er vor der Truppe darüber referieren.
In was für eine Zwickmühle war er da geraten?
Wem konnte er vertrauen, wem nicht?
Überall wurden im allgemeinen Wutwust die Attentäter als Vaterlandsverräter verbal wieder und wieder niedergemetzelt, und es wurde erwartet, dass auch er Stauffenberg und Co. öffentlich verdammte. Doch er hielt sich zurück, verdammte niemanden, sagte lediglich, dass man der kämpfenden Truppe nicht in den Rücken fallen dürfe.
Mehr konnte ich in dieser heiklen Situation nicht riskieren.

Es gibt keine Kriegsverbrechen – der Krieg selbst ist das Verbrechen

Während Helmut Simon Anfang 1945 krank und zu Hause war, bahnte sich um die Danziger Bucht und in Ostpommern eine humanitäre Katastrophe an.
Drei Millionen Menschen lebten zu diesem Zeitpunkt in diesem Gebiet, hinzu kamen Flüchtlinge aus Ostpreußen und den westpolnischen Gebieten, die aus Angst vor den Russen, dorthin und weiter, ihr Leben und ein wenig Hab und Gut in Sicherheit bringen wollten.
Es gab zwar – im Gegensatz zu Ostpreußen – für Westpreußen detaillierte Räumungspläne, doch deren Realisierung verzögerte sich so lange, bis die russische Armee das Gebiet erreicht hatte und so deren Umsetzung hinfällig geworden war.

Die Menschen flohen, erst mit der Eisenbahn, dann mit Pferdewagen oder Ochsenkarren, zu Fuß über Land, und als dies nicht mehr möglich war, über die teilweise fragile Eisdecke der Ostsee. Ihre Angst war so groß, dass sie das von den Behörden ausdrücklich ausgesprochene Fluchtverbot ignorierten, die Konsequenzen (Erschießung) in Kauf nahmen.
Bis Mitte Januar platzt Danzig fast aus allen Nähten, doch am 21. Januar läuft die von Großadmiral Dönitz befohlene »Operation Hannibal« an, die Kriegsmarine beginnt, deutsche Flüchtlinge aus dem inzwischen eingekesselten Gebiet unter ständigem Beschuss alliierter, speziell russischer Flugzeuge, zu evakuieren.
Ein Schiff nach dem anderen wird versenkt, darunter die »Wilhelm Gustloff«. Auf ihr und weiteren Schiffen sterben allein im Januar über dreizehntausend Menschen.

Nach seiner Krankheit erhielt Helmut Simon keinen Marschbefehl nach Norwegen mehr, wo sich die Deutschen, »verbrannte Erde« hinterlassend, inzwischen zurückzogen. Er wurde in die Ostsee auf die »Ubena« berufen. Dadurch half auch er bei der Evakuierung von Tau-

senden von Menschen mit, erlebte in der Danziger Bucht die Verzweiflung der Menschen sowie die Endzeitstimmung der letzten Kriegsmonate bis zur Kapitulation und als Resultat tauchte er, durch die Erlebnisse beeinflusst, noch tiefer in seinen privaten Nihilismus ein.
So musste er zum Beispiel miterleben, wie sich ein hoch dekorierter Offizier – er hatte es noch geschafft, sich mit Hilfe seiner befehlsgewohnten Stimme einen Weg durch die Trauben ängstlich wartender Menschen zu bahnen – vor seinen Augen von der Gangway ins Wasser stürzte und dort ertrank, weil er auf der »Ubena« nicht mitgenommen werden durfte.
Der Offizier war mit Nachdruck zurückgewiesen worden, weil für das Schiff die Order galt, ausschließlich Frauen und Kinder, Verwundete und alte Menschen nach Dänemark in Sicherheit zu bringen.
Aber Helmut Simon konnte einer aus Pommern nach Danzig geflohenen Mutter und ihren zwei erwachsenen Töchtern helfen. Diese waren, weil das Schiff bereits voll war, ebenfalls abgewiesen worden, doch sie jammerten und bedrängten ihn solange, bis er sich dazu entschloss, die drei in seiner Kabine unterzubringen.
Ich habe dann irgendwo auf Deck geschlafen.

Erstaunlicherweise funktionierte die Logistik in diesen letzten Kriegsmonaten trotz der chaotischen Zustände immer noch recht gut, hie und da fehlte mal etwas, zum Beispiel Munition oder ein Flakgeschütz.
So stand eines Tages ein verzweifelter Bordflakmann vor Helmut Simon und jammerte, dass auf seinem zugegebenermaßen kleinen Schiff nur ein einziges Abwehrgeschütz wäre, und das sei kaputt, sein Schiff also schutzlos den hauptsächlich russischen Angriffen ausgeliefert.
Helmut Simon fackelte nicht lange und veranlasste, dass eines seiner Zweizentimeter-Geschütze abgebaut und dem Bordflakmann übergeben wurde.
Nachdem wir den nächsten Schub Flüchtlinge in Kopenhagen abgeliefert hatten, konnte ich dort für entsprechenden Ersatz sorgen.
Wie wichtig eine funktionierende Abwehr an Bord war, zeigt ein Beispiel vom März 1945.
Ein ganzer Bomberpulk brauste über die Danziger Bucht direkt auf die »Ubena« zu, alle Flakgeschütze konzentrierten sich auf diesen

Pulk, die Mannschaft war so abgelenkt, dass weder nach rechts, noch nach links geschaut wurde.
In dieses Inferno hinein brüllte ein Offizier, der zur Seite geschaut hatte, von der Brücke hinab »Tiefflieger«, aber wegen des Höllenlärms des Gefechtes ging selbst dieses Gebrüll unter. Nur Helmut Simon, der sich in der Nähe auf der Brücke aufhielt, erkannte die Brisanz der Situation, sprang über einen Durchgang hinweg nach unten, packte den Schützen des nächststehenden Abwehrgeschützes von hinten an beiden Schultern und riss ihn mitsamt seinem Geschütz herum. So geriet der Tiefflieger in das Abwehrfeuer und drehte ab.
Mit den Worten: *Ich hoffe, dem Piloten ist weiter nichts passiert,* beendet er diese Geschichte.

Wie wir aus seinen Tagebuchnotizen wissen, glaubte Helmut Simon bereits seit 1943 nicht mehr an den zu gewinnenden Krieg, und bei dem, was er in der Danziger Bucht erlebte, an den von der Propaganda versprochenen Endsieg schon gar nicht. Seine Zweifel waren schierer Verzweiflung gewichen, die ihn von drei Seiten gepackt hatte.
Da waren zum einen die inzwischen zwar hinter vorgehaltener Hand, aber doch eindringlich genug geschilderten Informationen über schreckliche Greuel und wahnsinnige Verbrechen der Nazis durchgesickert.
Was würde das wohl für einen Frieden geben, wo die Nazis die Welt und die Menschen doch so schlecht behandelt hatten, das konnte für Deutschland und die Deutschen doch nicht ohne schwerwiegende Folgen bleiben.
Andererseits war sein Glaube an Gott zwar kurzfristig wieder aufgeflackert, dann aber doch wieder ins Wanken geraten – der an ein Jenseits völlig verschwunden. Und drittens begann sein nihilistisches Weltbild zu schwanken, weil ihm aufgefallen war, dass die Nihilisten selbst letztendlich nicht konsequent und ehrlich genug waren. Mehr und mehr bewunderte er den Schriftsteller Eugen Gottlieb Winkler, der schon in jungen Jahren im Bewusstsein der Sinnlosigkeit des Lebens und der Nichtigkeit der Welt Selbstmord begangen hatte, die Maxime hinterlassend: »Ehrlich, nichts als ehrlich!«
Weiterzuleben und sich gleichzeitig als Nihilist aufzuspielen, das erschien Helmut Simon weder für andere, noch für sich selbst konsequent. Aufs Neue hielten ihn Todesneigungen gefangen.

Und so war es gut für ihn, dass wenigstens seine Einsätze im Krieg stets defensiver Natur waren und er bei dieser großen Hilfsaktion mitarbeiten konnte.
Mehr als 37 000 Menschen kamen unmittelbar bei der Evakuierung »Hannibal« durch versenkte Schiffe ums Leben, doch diesen Unglücklichen stehen etwa zweieinhalb Millionen Menschen gegenüber, die über die Ostsee nach Dänemark gerettet werden konnten. Von diesen Flüchtlingen hat es bei Kriegsende etwa zehn Prozent kalt erwischt. Sie mussten noch Monate in Dänemark unter verheerenden Umständen in eingezäunten Lagern ausharren.
Etwa 11 000 von ihnen starben an Unterernährung.
Großadmiral Dönitz hatte sich geweigert, die Flüchtlinge gegen gefangene Dänen auszutauschen.
Warum aber hatten die Alliierten diese Luftangriffe auf deutsche Flüchtlingsschiffe geflogen?
Diese Frage wurde bisher nicht laut genug gestellt, weder Rechenschaft verlangt, noch welche gegeben.

Am 8. Mai 1945 erreichte die Menschen auf der ganzen Welt die erlösende Nachricht, die Kapitulation war erreicht, die Hitlerdiktatur und damit das in zwölf Jahre komprimierte »Tausendjährige Reich« endlich zusammengebrochen.
Trotz aller Neigung zu Verzweiflung und Selbstzerstörung empfand Helmut Simon eine ungeheure Erleichterung und eine große Dankbarkeit, dass der Krieg zu Ende war und er während desselben niemanden hatte töten müssen.
Ein neuer Lebensmut und ein unbändiger Freiheitsdrang packten mich.

Zwei Gefangenschaftsunfähigkeits-bescheinigungen

Einige Kilometer nördlich von Lübeck, Mitte Mai 1945:
Eine Marschkolonne bewegt sich unlustig und mehr oder weniger schweigend auf ein noch lange nicht sichtbares Gefangenenlager zu. Vorbei die Zeit der zünftig geschmetterten Marschlieder »Es zittern die Knochen, die morschen der Welt vor dem großen Krieg, ... wir werden weiter marschieren ...«, wozu sie in diesem Moment Gelegenheit hatten, an der Spitze und am Ende englisches Wachpersonal. So ziemlich in der Mitte der Kolonne marschieren Gustl B., ein ehemals hoch dekorierter Luftwaffenoffizier, und Helmut Simon.
Sie überwinden gesellschaftliche Schranken, kommen sich näher, und stellen fest, dass sie beide aus dem Rheinland stammen. In solchen Situationen schweißt schon die kleinste Gemeinsamkeit zusammen.
Warum also nicht gemeinsam türmen, schließlich ist der Krieg zu Ende, und es gibt Wichtigeres zu erledigen, als sich in einem Gefangenenlager miserabel verpflegen zu lassen und den Siegern auf der Tasche zu liegen. Doch einfach so lässt sich ein Fluchtplan nicht aus dem Ärmel schütteln. Sie lassen die Dinge auf sich zukommen, wollen nichts überstürzen. In der Mitte der Kolonne und in sicherer Entfernung vom Aufsichtspersonal marschierend, schmieden sie gerade Pläne, als sie sich einer Ortschaft nähern, in der mitleidvolle Menschen vom Straßenrand aus den Gefangenen etwas zu trinken anbieten. Und dort in einer Kurve fällt es Helmut wie Schuppen von den Augen: Denn wegen der Kurve sind keine Bewacher zu sehen, weder die an der Spitze, noch die am Ende der Kolonne. Die Realität liefert den Fluchtplan auf dem Tablett.

Gibt es hier eine Möglichkeit, sich zu verstecken?
Auf diese eher hingehuschte Frage Helmut Simons reagieren die näher Stehenden der hilfsbereiten Menschen prompt. »Ja, hier, in den Keller, schnell, schnell!«

Und da sitzen die beiden ganz plötzlich im Dunkeln, zum ersten Mal seit langem auf sich selbst gestellt, verblüfft über das, was sie gerade gewagt und getan hatten und sehr sehr glücklich.
Doch es galt, keine Zeit zu verlieren, schließlich würde ihr Verschwinden irgendwann bemerkt werden, und sie hatten nicht vor – auch wegen der Sicherheit ihrer Helfer – dann noch in der Nähe zu sein. Fix bearbeiteten sie mit einem rostigen Messer ihre Gefangenenkleidung hin zur Stilrichtung »Armer Landarbeiter«, indem sie unter anderem Ärmel und Hosenbeine verkürzten, was sich als Fehler herausstellte, aber irreversibel war. Denn das, was jetzt aus der verkürzten Montur herausragte, setzte sich bizarr weiß und sehr auffällig von der restlichen Erscheinung ab.
Sie bewaffneten sich noch aus dem Arsenal des Kellers mit einer gebrauchten Hacke und einer noch älteren Schaufel. Das wiederum verstärkte den gewollten Landarbeitereindruck, und kaum war die Kolonne außer Sichtweite, strebten sie das nächstgelegene Feld an. Und dann das nächste – bis sie, mit dem für beide im Moment völlig nutzlosen Wissen ausgestattet, was so alles zwischen Lübeck und Hamburg im Sommer 1945 auf den Feldern angebaut wurde, vor den Toren Hamburgs standen. Hier, so hatten Gustl und Helmut beschlossen, wollten sie erst einmal ausruhen und über das Problem nachdenken, wie man heutzutage unbemerkt die Elbe überqueren konnte.
Sie umliefen die Stadt, in deren Resten es von englischen Soldaten nur so wimmelte und erreichten elbabwärts das berühmte Blankenese. Dort glaubten sie sich in ein Paradies versetzt: Weit und breit gab es keine Bombenschäden, die alten Villen in ihren Parkanlagen strahlten, gänzlich unbeschadet vom Krieg, Vorkriegsgröße und Vorkriegsreichtum aus.
Gustl und Helmut erhielten für drei Wochen Unterkunft und Verpflegung bei einer Familie, die sie aus diesem Grunde angesprochen hatten. Ob dies aus Mitleid oder einem anderen Grund gewährt wurde, sei dahingestellt. Fakt jedenfalls war, dass der Beau des Duos, der Gustl, trotz oder vielleicht auch wegen der gekürzten Hosenbeine und Ärmel auf die Frau der Familie einen ungeheuren Eindruck gemacht haben musste.
Während Gustl damit beschäftigt war, den Eindruck auf die junge Frau zu intensivieren, traf Helmut durch einen Zufall in Blankenese einen jungen Arzt wieder. Einen ehemaligen Schiffskameraden, dem

er kurz nach der Kapitulation von ihrem Schiff auf dessen Bitten hin zur Flucht verholfen hatte, indem er ein Boot aussetzen ließ und den Befehl erteilte, den jungen Mann an Land zu rudern. Dort hoffte der junge Arzt, sich bei Verwandten verstecken zu können. (Welchen Teufel den Chefarzt ihres Schiffes geritten hatte, seinem jungen geflohenen Kollegen trotz erfolgter Kapitulation den Haftbefehl wegen Fahnenflucht nachzuschicken, wird wohl ein Rätsel bleiben.)

Jener junge Arzt also, der an Bord »Assi« genannt wurde, dessen Flucht durch die Hilfe von Helmut Simon, der an Bord »Flaks« genannt wurde, geglückt war, bedankte sich bei seinem Retter, indem er für diesen und Gustl eine Bescheinigung über schrecklich ansteckende und schwer zu überprüfende Krankheiten ausstellte, quasi eine »Gefangenschaftsunfähigkeitsbescheinigung«. Bekannterweise hatten vor allem die Amerikaner einen Heiden-Respekt und ebenso viel Angst vor ansteckenden Krankheiten wie zum Beispiel Typhus.

Knapp drei Wochen später hieß es, von der gastlichen Familie Abschied zu nehmen. Helmut und Gustl hatten einen Fischer aufgetrieben, der sie zusammen mit einigen anderen Flüchtlingen auf seinem alten morschen Kahn über die Elbe setzen würde. Und diese Überquerung sollte sich dann zu einem kleinen Abenteuer entwickeln.

Nachts, zur vereinbarten Zeit, an ausgemachter Stelle trafen Helmut und Gustl auf den Fischer sowie weitere unbekannte heimliche Passagiere – und: Die Nebel klebten an den Ufern und über den Wassern, die sprichwörtliche Nacht- und Nebelaktion konnte beginnen. Um den Fluss zügig überqueren zu können, sollte jeder mit anpacken, leise, ohne Kommando ruderten sie auf den Fluss hinaus, doch kaum war das Ufer im Einheitsdunkelgrau verschwunden, wurde jeder Orientierungsversuch zur Farce. Die Fahrt zog sich und zog sich, hin und wieder unterbrochen von nicht zu ortenden Motorengeräuschen, die sie ängstlich und still, mit eingezogenen Riemen abwarteten. War dann wieder nur das klebrige Glucksen des Wassers zu hören, wurde weitergerudert. Doch sie wollten und wollten nicht ans andere Ufer kommen.

Helmut Simon, dem einzigen Mann der Marine an Bord, fiel auf, dass die Mitflüchtlinge so falsch ruderten, dass sich der Kahn in langen unrhythmischen Kreisen über die Elbe bewegen musste. So leise, wie

es unter diesen Umständen möglich war, wurde das Rudern koordiniert – und endlich hörten sie ein leichtes Schaben und Kratzen von Sand unter ihrem Kiel. Aber es war noch nicht das ersehnte Ufer, auf das sie aufgesessen waren, sondern eine der kleineren Elbinseln. Auf ihr wollten sie, auch wegen des Nebels, bis zum ersten Tageslicht ausharren. Doch bald trieb sie das erwachende Morgengrauen und die Angst, entdeckt zu werden, weiter.
Ein verschwommen dunkler, horizontaler Schatten ließ ein Ufer erkennen. Sie ruderten darauf zu und der Schatten stellte sich als drei bis vier Meter hohes Steilufer heraus – die andere Seite der Elbe war endlich erreicht. Doch auch hier, im Ufergestrüpp, galt es noch einmal abzuwarten, bis das Tageslicht zu erkennen gab, ob sie sich an dieser Stelle in Gefahr befanden oder nicht. Schließlich stellte sich die Gegend als ungefährlich heraus, lediglich ein noch friedlich schlafendes Dorf war in der Ferne auszumachen – von englischen oder anderen alliierten Soldaten weit und breit keine Spur.
Einen Wettbewerb hätte Helmut Simon mit dieser Überquerung, seinem letzten kriegsbedingten Einsatz zu Wasser, nicht gewinnen können. Für die Distanz von etwa drei Kilometern hatte die kleine Truppe fast die ganze Nacht benötigt.
Helmut und Gustl trennten sich von den eben gewonnenen Gefährten genauso schnell, wie sie sich am jenseitigen Elbufer zusammengefunden hatten, schulterten ihre treuen Utensilien und nahmen ihre Inspektionstour über die Felder quer durch die norddeutsche Tiefebene in Richtung Bremerhaven wieder auf.

In der Nähe von Bremerhaven kam das Duo bei einer mit Helmut Simon befreundeten Familie unter und sie trafen zu ihrer – speziell Helmut Simons – großen Freude auf die ehemalige Marinehelferin Vicky van B. Helmut hatte sie zur Zeit seiner Stationierung in Nordenham kennen und auch ein wenig lieben gelernt.
Drei Wochen später und um einige Fußmärsche gestählter, nahm die Flucht im heimatlichen Ruh ein glückliches Ende.
Also hatte Helmut Simon es letztlich doch nicht geschafft, ohne größeren Fußmarsch durch den Krieg zu kommen. Aber was machte das jetzt noch aus, der Krieg war ohne Blessuren überstanden, die Flucht aus der drohenden Gefangenschaft gelungen und er selbst stand fast vor der Haustüre des elterlichen Hofes. Und dort, knapp zehn Meter vor dem Ziel, rutschte ihm das Herz in die Hose.

Kein einziges Mal während seiner Kriegsteilnahme und auch jetzt nicht während seiner Flucht hatte sich Helmut Simon vorstellen können, dass einem seiner Familienmitglieder ein Haar gekrümmt worden sei, aber direkt vor dem elterlichen Garten, in diesem Moment kamen ihm Zweifel. Waren seine Eltern und Schwestern gesund? Würden diese von englischen MPs im Haus festgehalten, die schon auf ihn warteten?
Derselbe Helmut, der unter dem Decknamen Simba den leisen Widerstand gewagt, der dem Nazioffizier mutig ein deutliches »Nein« entgegen geschleudert hatte und der als Oberleutnant unter Einsatz seines Lebens das Abwehrgeschütz herumgerissen hatte – dieser Helmut kauerte sich jetzt unter einen Busch am Rande des elterlichen Gartens und hatte einfach nur Angst.
Der treue Fluchtkamerad sollte zur Türe gehen, klopfen und nachsehen, ob alles mit rechten Dingen zuging.
Es gibt Momente im Leben, da vermittelt eine Situation das Gefühl, die einzelnen Flügelschläge einer Fliege zählen zu können. In solch einer Situation befand sich Helmut Simon unter seinem Busch.
Für ihn dauerte es eine Ewigkeit, bis Gustl zurückkam und melden konnte, dass die Familie gesund und im Haus alles in Ordnung sei.

*

Die Szene, die sich jetzt abspielte, braucht nicht beschrieben zu werden. Wir kennen sie aus unzähligen Büchern und Filmen, sie steht meist am Ende des Geschehens, oder aber der Abspann beginnt sich in eine solche Schlussszene hinein aufzubauen, begleitet von einer Musik, die auf der Klaviatur der Gefühle die Emotionen unterstützt, in diesem Fall wäre wohl der letzte Satz der Pastorale, Beethovens sechster Symphonie, angebracht: »Wohltätige, mit Dank an die Gottheit verbundene Gefühle nach dem Sturm.«

Kaum war im elterlichen Haus der Sturm der Emotionen etwas abgeklungen, ging es ans Erzählen: von dem ärztlichen Attest und der Überquerung der Elbe, von den Menschen, die sie abends nach einem aufregenden weiteren Fluchttag so freundlich aufgenommen hatten, vielleicht weil diese ihre Angehörigen in einer ähnlichen Situation vermuteten, oder dem englischen Posten, dem sie so ganz plötzlich

gegenübergestanden waren, und der darüber mindestens ebenso erschrocken war wie sie.
Und von den Plakaten überall an den Hauswänden, die mittels brutaler Graphik darüber informieren sollten, dass jeglicher Fluchtversuch mit dem Tod durch Erschießen bestraft würde.

Wie sehr hatte Helmut Simon in diesen stürmischen Jahren die Verantwortungslosigkeit der Nazis gestört, die in so herbem Kontrast zu der Verantwortung eines Bauern für die Tiere, die Natur und die Menschen steht. Was für ein Glück hatte er doch erfahren dürfen, dass er so kurz nach dem Krieg unverletzt im eigenen Bett liegen und sich Gedanken über eine Zukunft machen konnte, die ihm in diesem Moment zwar völlig offen schien, an der er jedoch verantwortungsvoll mitarbeiten wollte. Hinzu kamen seine Fragen:
Was soll ich jetzt tun?
Was ist jetzt gefragt?
Wo ist mein Auftrag,
wo meine Chance?
Würde es ihm gelingen, diese Fragen zu beantworten und ein verantwortungsvolles Leben aufbauen zu können?

Teil II

Der Nihilismus entlässt seine Kinder

Eine neue Offenheit gewinnen

Diese Fragen ließen sich selbstverständlich nicht in einer Nacht, einer Woche oder einem Monat, ja, nicht einmal in einem Jahr beantworten. Dazu war Helmut Simon so kurz nach dem Krieg noch viel zu sehr im Gedankengut des Nihilismus verstrickt.
Es war ein lang anhaltender, prägender und kreativer Prozess, eine mühsame Auseinandersetzung mit Staat und Kirche in unterschiedlichen Gesellschaftsformen, der ihn zu einem tief der Demokratie verpflichteten obersten Richter und zu einem aufgeklärten Christen werden ließ.
1982 hat er auf der Buchmesse zu seinem Verständnis von Christentum im Rahmen eines Streitgespräches über das Thema: »Religion von gestern in der Welt von heute« in folgenden sechs Thesen festgehalten, was der christliche Glaube für ihn bedeutet.

1. Als junger Mensch hat mich die Frage nach dem Sinn meines Lebens und des Lebens überhaupt bis zum Lebensüberdruss gequält. Nach einer enttäuschenden Auseinandersetzung mit den verschiedensten Philosophien, die in einem fast nihilistischen Relativismus endete, habe ich so nach und nach einen mehr gedanklich-rationalen Zugang zum christlichen Glauben versucht. Schließlich erwies sich dieser Glaube nicht weniger annehmbar als irgendeine andere Weltanschauung, und seine entscheidende Voraussetzung, die reale Existenz Gottes, des ganz anderen, ist jedenfalls nicht gewagter als die Annahme des Gegenteils.

2. Erst in dem Maße jedoch, indem ich mich dann unter dem Einfluss großer theologischer Lehrer auf diesen Glauben in seiner ganzen geistigen Fülle wahrhaftig einließ und dann auch solide Theologie betrieb, bewährte sich der Glaube als Lebenshilfe für die gedankliche und existentielle Bewältigung meines Daseins. Dieser Glaube erwies sich als so lebenswahr und tragfähig, dass man ihn erfinden müsste, wenn es ihn nicht schon gäbe.

3. Dabei war es sehr wichtig, dass sich das Mühen um eine zeitnahe Erkenntnis des Glaubens und vor allem auch das Umsetzen dieser Erkenntnis im Handeln gemeinsam mit anderen vollzog. Mit anderen, die dann für den Umgang untereinander so etwas wie eine Theologie der Zärtlichkeit entdecken konnten sowie die Fähigkeit zu festlich feierndem Miteinander.
Es gibt viele Enttäuschungen an den Christen und an der Kirche. Es wäre nicht schwer, eine Kirchengeschichte christlichen Versagens zu schreiben. Aber in der Ökumene, beim Kirchentag, in so manchen Gemeinden oder auch in christlichen Friedensgruppen hat offenbar das Evangelium Menschen zusammengeführt, die man – wie ich finde – zu den attraktivsten Gruppen unserer Gesellschaft zählen könnte.

4. Die unaufgebbaren und elementaren Bestandteile dieses Glaubens kann ich nur in Chiffren andeuten:
Die Berufung des Menschen zum Ebenbild und Mitarbeiter Gottes auf dieser Welt,
das Evangelium von der Versöhnung und Erlösung,
das Liebesgebot,
das in dem Reich-Gottes-Gedanken wurzelnde Prinzip Hoffnung.
Vor allem erfuhr ich diesen Glauben als einen Akt der Befreiung, einer Befreiung vom introvertierten Grübeln über den Sinn des Lebens ebenso wie vom selbstquälerischen Leiden an meinem Unvermögen und am Fragmentarischen meiner Existenz, von der Tyrannei fragwürdig gewordener Werte ebenso wie vom Zwang zur Selbstverwirklichung, von der Ohnmacht gegenüber autoritativen Institutionen ebenso wie von den Ängsten vor bedrohlichen Zukunftskrisen.

5. Die eben genannte Gespenstergalerie ist nicht einfach gegenstandslos geworden, aber was mich hier plagt, gehört nun doch zum Vorläufigen einer vergehenden Welt. Gewiss bleibt der Glaube immer auch zweifelnd und angefochten. Aber mit ihm gelingt es besser, nicht zu flüchten, sondern standzuhalten, das geschenkte Leben anzunehmen und in aller Vorläufigkeit zu leben, im Vollzug des Lebens seinen Sinn zu finden.

6. Dabei kann ich je länger desto weniger die Vertikale des Gottesglaubens und die Horizontale der Glaubensbewährung, also Erkenntnis und Handeln, voneinander trennen. Es lassen sich aus der Bibel, etwa aus der Bergpredigt keine direkten Anweisungen für das richtige Handeln in unserer Zeit ableiten. Wohl aber lassen sich im gemeinsamen Nachdenken verbindliche Richt-

schnüre entnehmen und insbesondere Kriterien, etwa in der Frage Krieg oder Frieden, um zwischen den verschiedenen, durch Vernunft und Erfahrung vorgeprägten Entscheidungsalternativen wählen zu können. Dies gilt auch für meinen Beruf und kann zu Konflikten führen.
Der oft als pathetisch getadelte Kernsatz unserer Verfassung etwa, dass die Würde des Menschen unantastbar ist, erhält für mich dadurch seine richtungsweisende Verbindlichkeit – auch in konkreten Streitfällen –, dass Gott jeden Einzelnen zu seinem Ebenbild geschaffen hat und dass Christus für jeden Einzelnen am Kreuz gestorben ist.

Solche persönlichen Glaubensbekenntnisse entstehen nicht von jetzt auf nachher, auch wenn das oft so dargestellt oder beschrieben wird – sie sind das Resultat lang anhaltenden Nachdenkens einer Persönlichkeit, die bereit ist, sich und andere zu hinterfragen und auch in Frage zu stellen. Und zu erkennen, dass bereits gezogene Schlüsse falsch sein können und deshalb ein völliges Umdenken erforderlich wird. Dieser Punkt war bei Helmut Simon kurz nach dem Krieg erreicht.
Die Stunde Null löste auch bei mir intensive geistige Auseinandersetzungen und ein langsames Umdenken aus.

Doch gab es diese Stunde Null, also einen vollständigen Neuanfang, wirklich?
Kann man Vorgefallenes wirklich auslöschen wie eine Festplatte? (Kann man eine Festplatte wirklich vollständig löschen?) Schließlich würde damit auch das Gute auf einem imaginären Müllplatz der Geschichte landen. Und wo bliebe dann die notwendige dialektische Auseinandersetzung mit dem Wust der Geschichte, der daraus resultierende Lernprozess, der vielleicht zu Besserem hinführen würde, die Ursachenforschung?
Wurde das Denken Helmut Simons nicht von seinen ihn umkreisenden Fragen während seiner Jugend- und Kriegszeit geprägt?
Wie hat sich die Kirche zu den Problemen der Nazizeit und davor verhalten, geäußert und wie verhält sie sich jetzt?
Finden sich in der noch zu schaffenden neuen demokratischen Grundordnung nicht auch Bestandteile aus der Weimarer Republik oder noch älterer Traditionen wieder?
Waren es nicht auch die unterschiedlichsten politischen Konzeptionen der Siegermächte, die die Ausformung der Demokratie beeinflussten?

Wurden nicht auch die Grundvorstellungen der Siegermächte nur teilweise realisiert?
Nicht einmal der Prozess der vollständigen Entnazifizierung – ursprünglich ein Hauptanliegen der Alliierten – ist gelungen, übrigens einer der Gründe, der zur 68er Revolte führte.
Nein, eine Stunde Null hat es nicht gegeben! Aber einen Neuanfang, der mit einem Puzzle vergleichbar war, das nicht mehr vollständig, von vier taktisch unterschiedlich vorgehenden Spielern unter Zuhilfenahme eines unmündigen Kindes zu einem Ganzen zusammengesetzt werden sollte. Und mehr war so kurz nach dem Krieg und unter dem Einfluss des unsäglichen Leides, das von den Deutschen ausgegangen war, auch nicht zu erwarten.

Die sogenannte Stunde Null war also nichts weiter als das Ende des tiefsten politischen Sturzes, den das deutsche Volk jemals erlebt hat, ungleich tiefer als der nach dem Ersten Weltkrieg. Das Land – vollständig besetzt – war jeglicher eigener staatlicher Selbstbestimmung beraubt, das Ende des von Bismarck begründeten Nationalstaates besiegelt, die nationale Einheit verloren.
Interessant – auch hier wieder ein Grundstein für die 68er Revolte – ist die unterschiedliche Betrachtungsweise, wie die Besatzung innerhalb der Bevölkerung aufgenommen wurde. Ausgehend von der persönlichen politischen Einstellung empfanden die einen diese als größtmögliche Demütigung, die anderen als die Befreiung von der größtmöglichen Demütigung durch Diktatur und Unmenschlichkeit.
Helmut Simon erinnert sich an den Satz eines englischen Abgeordneten, der auf massive Angriffe wegen der unglücklichen Besatzungspolitik folgendes konstatierte: »Ich muss gestehen, die Deutschen sind nach ihrer Niederlage in ihrem Mitleid mit sich selbst und in ihrem Unwillen, den Tatsachen ins Auge zu sehen, genauso abscheulich, wie sie nach ihren Siegen arrogant und boshaft waren.«
Das Dilemma für die Menschen bestand darin, sich erstens dem Willen der Sieger zu unterwerfen, zweitens mit den so unterschiedlich gelagerten Besatzungsmächten zusammenzuarbeiten, drittens unter Berücksichtigung der eigenen Interessen eine neue Ordnung zu gestalten sowie ein Land wiederaufzubauen und sich, parallel hierzu, mit der eigenen Schuld auseinandersetzen zu müssen.
Übrigens stand der Satz des englischen Abgeordneten wohl platzhaltend für die Geisteshaltung der Alliierten sowie der meisten Bürger

der überfallenen Länder und Anrainerstaaten. Helmut Simon hörte ähnliche Äußerungen bei einem Studienaufenthalt 1946/47 in der Schweiz, zwar weniger heftig, aber inhaltlich ähnlich.

Aber soweit sind wir noch nicht. Im unzerstörten Ruh dachte man in anderen Kategorien und der in den Schoß der Familie heimgekehrte Helmut Simon half seinem Vater in der Landwirtschaft und schwitzte auf den Feldern und hinter dem Pflug. Oder schrieb seitenlange Briefe an die BBC (British Broadcasting Corporation), den ehemaligen Feindsender, aus denen seine Zweifel, sein Hinterfragen und die tief verwurzelte Unsicherheit sprechen:
Sie können diesen Brief in den Papierkorb werfen (...) oder mir für später Schwierigkeiten machen, (...) aber vielleicht geben Sie zu, dass dieser Brief keine Phrase ist, (...) dass er vielmehr aus der tiefen Not eines jungen Menschen kommt, der den Glauben an die Menschen verloren hat, (...) aber wiederfinden möchte (...), muss sich für uns nicht der Eindruck aufdrängen, alle (...) seien gleich schlecht, nur ist der eine geschickter im Spielen des Theaters als der andere (...).
Antworten auf seine Briefe hat er nie erhalten, Schwierigkeiten allerdings sind ihm daraus auch nicht erwachsen. Dabei war seine Angst gerechtfertigt, schließlich war er nur kurz zuvor vor den Engländern ausgebüchst.
Und es tauchen aus dieser Zeit noch die Skizzen Helmut Simons zu einem Nachkriegsroman auf, in denen wieder vom »Deutschen Menschen« und dessen Aufgabe die Rede ist. Da war sie dann wieder, die »Edelmenschen-Semantik und Wandervogelideologie«.

Einen Roman wollte er schreiben, der, wie er sagte, die Zeit und das Geschehen mit all ihren Problemen spiegelte. *Über »Jedermann«, oder »Parsival«, die Geschichte einer Familie, besonders die eines 1910 geborenen jungen Mannes.*
Ein Roman also, nicht eine politische oder kulturgeschichtliche Darstellung, keine abstrakten Denkvorgänge. Doch waren die meisten dafür wohl nicht empfänglich, genauso wenig, wie sich der normale Mensch für Philosophie interessierte. Sein Ablauf sei ihm noch nicht so klar und folgerichtig erschienen, wie etwa die Aufstellung eines philosophischen Problems:
Siegfried – höchstwahrscheinlich blond, sicher nicht rothaarig – wird 1914 als Sohn eines Arbeiters geboren, intelligent, grüblerisch, die Vorfahren Bauern,

Siegfried im Weltkrieg durch Auswirkung der Blockade unterernährt, der Vater wird Soldat, der Bruder der Mutter fällt in hoffnungsvollem Alter, er war der Stolz der Familie.
Not des Volkes ohne Raum.
Nach 1918 Arbeitslosigkeit und Elend, Parteienkämpfe, Aufkommen des Nationalsozialismus. Neue Hoffnung!
Siegfried kämpft in der Jugendbewegung, zugleich gehört er einem kirchlichen Verein an. Erlebnis der Gemeinschaft und Deutschlands auf Wanderungen. Erhält die Möglichkeit zu einem stipendiumfinanzierten Studium. Aufbau, Einführung der Wehrpflicht, Massenveranstaltungen, Geschicklichkeit der nationalsozialistischen Massenpsychologie, Gründe und Voraussetzungen für Deutschlands Wiedererstarkung, endlich der Weg nach oben. Entwicklung des Nationalsozialismus, Siegfried lernt als Soldat das wohlhabende Ausland kennen, seine Schwester wird Rüstungsarbeiterin.
Die Mutter hört aus Sorge um den Sohn Feindsender, wird verhaftet und kommt ins KZ, der Vater bei einem Terrorangriff ums Leben. Siegfried erlebt an der Front den tragischen Konflikt jedes deutschen Soldaten, lernt einen guten, christlichen Kameraden kennen, der den Tod durch freiwillige Meldung zur Ostfront sucht, dort erkennt dieser die große europäische Aufgabe.
Schwester lernt SS-Mann kennen, den sie heiratet, Siegfried, innerlich hin und her gerissen, lässt sich mit Ausländerin ein, zunächst, um sich zu betäuben. Frauen, Gretchen, Helena! Die hochstehende Ausländerin bringt ihm die Kultur und Geistigkeit des Gastlandes bei. Ernste Diskussionen über Solidarität der Völker und den »deutschen Menschen«, ferner über den gegenwärtigen Krieg der Habenichtse gegen die Besitzenden …

Im Nachhinein liest sich sein Romanentwurf wie eine genial in Kurzform gebrachte Zusammenfassung seiner damaligen Ängste und Fragen. Wahrscheinlich wollte er sich damit Luft verschaffen.
Heute bekennt Helmut Simon, dass die permanente Berieselung mit nationalem und nationalistischem Gedankengut viel tiefer auf ihn eingewirkt hätte, als ihm noch Jahre nach dem Krieg bewusst gewesen sei.
Und trotz alledem, trotz dieser permanenten Indoktrination hat er es aus eigener Kraft geschafft, sich schon früh von den politischen Zielen der Nazis zu distanzieren.

*

Ein völlig neuer Zug an Helmut Simon kam beim Durchsehen seiner Fotos aus der Kriegszeit heraus: Er hatte im Frühjahr nach der Kapitulation die Marineuniform, auf die er so stolz war, noch einmal angezogen, um sich in ihr im elterlichen Garten zusammen mit seiner Zwillingsschwester Ruth fotografieren zu lassen.

Helmut in Uniform
mit Ruth im Garten

Abgesehen von diesem kleinen Ausflug in die Eitelkeit grübelte er zu diesem Zeitpunkt über dasjenige Studium nach, welches er schlussendlich studieren wollte, während die »Trümmerfrauen« in den Städten bereits begonnen hatten, den Schutt der Zerstörung beiseite zu räumen und in einem ungeheuren Kraftakt von sinnvollem, aber zermürbendem, Recycling von jedem erhalten gebliebenen Mauerstein die harten Zementreste abkratzten.
Und in Nürnberg wurden die Prozesse gegen die hauptverantwortlichen Naziverbrecher eingeleitet.
Helmut Simons tot geglaubte Sehnsucht nach der Theologie wurde mental restauriert – auch (naheliegend) Landwirtschaft und Jura stießen auf sein Interesse.
Wie aber war der Bauernsohn Helmut Simon auf die Idee gekommen, sich in seinen Gedanken mit der Juristerei zu beschäftigen?
In einer Zeit, in der es so sehr als anstößig und verdächtig galt, etwas mit den Gerichten zu tun zu haben, dass sich zum Beispiel Zeugen verlegen beim Richter zu entschuldigen suchten, dass sie in dieser Funktion vor Gericht erscheinen mussten.

In Helmuts weitläufiger Familie lebten zwei Cousinen, die beide einen Herrn Schmidt geheiratet hatten, die ihrerseits Brüder und beide Juristen waren.
Der eine war Richter und später Senatspräsident an einem Oberlandesgericht, der andere Konsistorialrat, also ein im Konsistorium (Verwaltungseinrichtung der Kirche) beschäftigter höherer Jurist.
Beide, und damit auch ihre Frauen, waren in der Familie hoch angesehen.

Die hatten es geschafft, auszubrechen. Mit dem Konsistorialrat führte Helmut Simon noch vor seiner Einberufung längere, ernste Gespräche, besuchte diesen auch in Münster.
Er war der einzige, der mir als Jurist zu diesem Thema etwas sagen konnte, ich war völlig ahnungslos. Für den Bauernsohn war dies ein Aufbruch in eine andere, ja in eine höhere Welt, in die er da hineinblicken durfte. Erstrebenswerte fremde Sphären.
Auch kannte er folgenden Ausspruch von Ludwig Thoma über die Juristen im Allgemeinen wohl nicht: »Er war Jurist und auch sonst von mäßigem Verstande.«

Aber welches Studium es auch immer werden würde – es war sein neu erworbenes geistiges Fundament, das Verantwortungsgefühl, das ihn bestimmte und rief. Zu sehr hatte ihn die Politik der verbrannten Erde in Norwegen, die Flüchtlingstragödie in der Danziger Bucht und die zerstörten Städte, die er auf der Flucht erlebt hatte, das Leid, das Elend und der Hunger, Resultate von Großmannssucht und Verantwortungslosigkeit (wie gerne gehen die beiden Hand in Hand) geprägt. Er bewarb sich für Landwirtschaft in Göttingen, für Theologie in Wuppertal und in Bonn für die Jurisprudenz.
Dasjenige Studium – so teilte er seiner Familie mit –, für das die Zulassung als erste einträfe, wolle er antreten. Er hatte die sichere Chance auf drei Gewinne, aber nur einen durfte er in Anspruch nehmen. Ein Herr der Antike warf in einem ähnlich gelagerten Fall mit verheerenden Folgen einen Apfel. Doch in Helmut Simons Fall, diesmal mit positiven Folgen, kam der Apfel in Form der Zulassung via Post aus dem nahen Bonn zurück.
Alea jacta erat. Der Würfel war gefallen.

Ein Idol kehrt zurück

Die wenigen Bücher, die Helmut Simon mitnehmen wollte, waren schnell gepackt. Und so bestieg der frischgebackene Student mit diesen, einem Packen Nahrungsmittel und dem Segen der Eltern ausgestattet den asthmatischen »Schnauferlzug« von Waldbröl in Richtung Bonn und setzte über den Rhein. Dort fand er tatsächlich – über Verbindungen seiner Zwillingsschwester Ruth, die immer jemanden kannte, der jemanden kannte – trotz des vielen zerstörten Wohnraumes ein Zimmer über einer Metzgerei. Diese Metzgerei befand sich etwa in der Mitte der Poststraße, nur wenige Fußminuten von der Universität entfernt.

Was ihm nichts nutzen sollte, denn die Hörsäle waren kriegsbedingt »out of order«, die juristischen Vorlesungen fanden in einer Schule im südlich gelegenen Bad Godesberg statt.

Und so drückte der ehemalige Oberleutnant mit seinem ausgezeichneten Abitur wieder die Schulbank und war ganz und gar nicht glücklich, fand anfangs in die Jurisprudenz nicht den richtigen Einstieg. Was kein Wunder war, lag doch die Rechtsprechung nach dem »1000 jährigen Reich« mindestens ebenso in Trümmern wie Teile der Bonner Universität – oder der Rest der Republik.

Und Helmut Simons mentaler Würfelbecher war wieder einmal kräftig durcheinandergeschüttelt worden. Im kalten Winter 1946, dem Nachkriegswinter, unter dem das besetzte Deutschland so sehr litt, dass viele meinten, er wäre die Fortsetzung des Krieges, nur eben mit anderen Mitteln. Monatelang herrschte Dauerfrost bis minus 20 Grad. In diesem Winter also vertraute er seinem Tagebuch an, was mit den Worten »Die höhere Zwecklosigkeit, ein Ausblick auf das Jahr 1946« überschrieben sein könnte:

... auch ich muss hinaus aus der umhüteten Welt des Vaterhauses, wo einem immer wieder ein Teil der Lebensverantwortung abgenommen und wo für einen gesorgt und gedacht wurde, wo ich zu viel Zeit zum Träumen hatte.

Und so habe ich – meinem Verlangen folgend – allzu viel über den Sinn des Lebens gegrübelt. Ich hatte zu viel Zeit zur Besinnung!
Das aber können sich nur solche zum Lebensinhalt machen, welche anderen etwas zu sagen haben, also Propheten und Reformer, Philosophen, Dichter, Künstler und Priester, bei ihnen ist mein Platz nicht!
Ich habe den Menschen nichts zu bringen!
Zum Privatvergnügen aber kann ich eine solche Haltung nicht ehrlich heißen.
Für mich ist darum ein praktischer Beruf am wichtigsten.
Was überhaupt ist der Sinn des Lebens, der Welt?
Es ist da und muss mit seiner ganzen Last, seiner Verworrenheit und seiner Schönheit so genommen werden, wie es uns entgegentritt.
Wir müssen »ja« sagen können! Wie Wiechert! Selbst wenn es uns heute ein solch grausames Gesicht zeigt. Man muss das Leben als eine höhere Zwecklosigkeit auffassen!
Vielleicht wie das Dasein einer Pflanze …?
Lasst uns ein überreligiöses Christentum leben, frei von Enge und Eiferei, das Höchste, dessen Menschen fähig sind, so wie es einst Lessing, Goethe und heute Wiechert und so viele andere tun und getan haben.
Versuchen wir ehrfurchtsvoll über Naturwissenschaften und Religionsgeschichte, vor allem aber über die christliche Religion, das Antlitz Gottes zu enträtseln.
Darüber aber will ich im neuen Jahr nicht die Forderungen des Tages versäumen, alle Kraft auf ein hohes aber erreichbares Ziel konzentrieren, Ablenkendes und kräfteraubendes ausschalten und niemals triebhaft handeln.
Die erwähnte Aufgabe aber soll nicht wirklichkeitsfremd sein. Sie muss den Tatsachen des … Zeitalters und der augenblicklichen und voraussichtlichen Situation entsprechen. Wir dürfen nicht mehr darauf aus sein, unser privates Schäflein zu scheren. Wir leben nun einmal kein Robinson-Dasein, sondern sind in den Zusammenhang einer Gesellschaft gestellt. Als Soldaten lernten wir unsere Mitmenschen kennen. Haben wir ein Recht, auf deren Kosten hochzukommen? Sind wir nicht unwiderruflich und unabänderlich sozialistisch?
Suchen wir uns also in einem sozialen Gefüge oder einer Gemeinschaft einen Platz.
Ich sehe den meinen bei der Organisation der Landwirtschaft! Zur Erreichung dieses Zieles habe ich mir einen Lebensweg folgendermaßen gedacht: Zunächst Jura studieren und zwar konzentrisch zwei Semester in Bonn, … warum eigentlich studiere ich Jura?

Vor einem Jahr noch würde ich einen solchen Vorschlag weit von mir gewiesen haben. Zum ersten Mal kam ich im vergangenen Sommer auf diesen Gedanken, als ich überlegte, dass man sich, um an einem Wiederaufbau Deutschlands tatkräftig mithelfen zu können, am besten als Jurist einer Partei anschlösse. Dann schob sich die Beschäftigung mit philosophischen Problemen dazwischen, die mich in die Arme des Nihilismus trieben, und mich beruflich vor drei Möglichkeiten stellten:
Nämlich Theologe, Landwirt oder … Abenteurer!
– Helmut Simon war über sein damaliges Ego und dessen partielle Exzentrik im Nachhinein solchermaßen verblüfft, dass er beim Lesen laut »Aha« ausrief. –
Der Start zum Pfarrer misslang. Schließlich musste ich doch etwas anfangen, ich konnte nicht ewig daheim bleiben. Inzwischen habe ich sogar Freude am Jurastudium gefunden … Immer kreist mein Denken um das Christentum …, mir bleibt in diesem Semester kein Konflikt erspart … Schiffbruch meines Glaubens!
Ich befinde mich in der Situation des Mannes am Vorhang auf Rembrandts Radierung »Marientod«. Er hat ihn leicht zurückgeschoben, zögernd. Soll er in die neue Welt,… in das neue Schicksal eintreten?
Es ist dem Menschen freigestellt zu beginnen, aber über den weiteren Verlauf hat er keine Macht, … er ist darin verstrickt, …!

An der Bonner Universität musste der gesamte juristische Stoff neu erarbeitet werden, mit dem die Dozenten und Professoren nicht durchkamen. Sie schafften gerade mal ein Drittel oder die Hälfte des vorgesehenen Stoffes, eben weil die neue Materie bisher nicht aufgearbeitet war. Außerdem gab es natürlich noch keine Fachbücher. Es wurde auf Teufel komm raus improvisiert. Auch hier stand der Neuanfang auf wackligen Füßen. Einen Lichtblick wenigstens gab es – fand zumindest Helmut Simon –, die Vorlesung von R. Thoma über die Verfassungsgeschichte der Neuzeit. Diese begeisterte ihn so, dass sie zur einzigen Vorlesung wurde, die er tatsächlich vollständig hören sollte. Zudem biss er sich in seinem ersten Semester, der Kälte dieses harten Winters trotzend, durch Theologie, Philosophie, Kunstgeschichte, Naturwissenschaften und Astronomie. Er bildete sich allumfassend und interdisziplinär, was ihm Jahre später im Verfassungsgericht so trefflich von Nutzen sein sollte.
Freunde wurden gefunden. Zu seiner Verblüffung stellte Helmut Simon fest, dass nicht nur er von bohrenden Fragen und zersetzenden

Zweifeln heimgesucht wurde, dass nicht nur er in einem schmerzhaften Prozess des Umdenkens begriffen war, sondern dass auch andere die Existenz einer Wahrheit oder einer vermeintlichen Wirklichkeit negiert und das grundsätzliche Bestehen von Sittengesetzen verneint hatten. Halleluja! Endlich war es möglich, mit anderen gemeinsam an einem Umdenken zu arbeiten, nationalen Dünkel zu hinterfragen und abzulegen, den Edelmenschen zu begraben.

Aktiv engagierte er sich in der Bonner Studentengemeinde als Verantwortlicher für soziale Aufgaben. Die Institution Kirche erschien ihm inzwischen wieder als unentbehrlich. Er dachte sich, dass *es doch Organisationen geben müsse – seien diese auch noch so unzulänglich –, die es möglich machen könnten, Theologie zu betreiben und dieselbe über Generationen hinweg weiterzugeben.*

Dies schloss auch praktische Arbeiten ein. So war er unter anderem zuständig für Studentenspeisungen, die aus Spenden finanziert worden waren.

Eines Tages erhielt er eine Ladung Fässer mit Heringen, die er mit seinem neuen Freund und Weggefährten Gerd Boeddinghaus ausladen und in den Keller bringen wollte. Dabei entglitt den beiden ein Fass. Geistesgegenwärtig sprang Gerd Boeddinghaus hinauf wie auf ein Pferd, doch das Fass, einmal in Bewegung gekommen, ließ sich nicht aufhalten, und so ritt der Student wie weiland Münchhausen auf der Kanonenkugel die Kellertreppe hinab. Am Fuß der Treppe angekommen zerschellte das Fass und der Freund landete in den Heringen und deren Brühe.

Die gute Uniformhose, die dieser mühsam über den Krieg hinaus gerettet hatte, war danach nicht mehr zu gebrauchen.

In seiner Kammer hatte sich Helmut Simon inzwischen eingerichtet, ein Bett unter dem Fenster, links davon ein Schrank, rechts ein Tisch. Kaum mehr Luxus als in der Tonne des Diogenes. Von seinem Vermieter, dem Eigentümer der Metzgerei, erhielt er ab und zu Wurstbrühe, die er mit den neu gewonnenen Freunden teilte. Er kochte Erbsensuppe, wenn bei ihm nächtelang über den Neuanfang oder die Schuldfrage diskutiert wurde. Auch diejenigen Nahrungsmittel, die er immer wieder nach einem Besuch im heimischen Ruh vom elterlichen Hof nach Bonn mitnehmen konnte, teilte er bei solchen Gelegenheiten gern.

Treffend beschreibt Helmut Simon die Situation der Mehrzahl seiner Kommilitonen, indem er über sich selbst folgende Aussage macht:
Ich empfand mich als privilegiert, weil ich nicht hungern musste.
An mehreren Universitäten in Deutschland, zum Beispiel in München, protestierten dürre Studenten gegen ihre Versorgungslage. »Hunger« stand in holzschnittartig archaischen Buchstaben auf ihren Protestplakaten.
Umso mehr fühlte er sich geradezu verpflichtet, mit denen zu teilen, die er an seinen Gedankengebäuden teilnehmen ließ und die ihn in ihre Gedankengänge einschlossen.
Inwieweit sind wir mitschuldig?
Wo und wie können wir jetzt Verantwortung zeigen?
Brauchen wir eine neue Offenheit?
Hat sich die evangelische Kirche nach der Kapitulation richtig verhalten?

Die Kirche bittet Gott am 31. Juli 1945 in einem Wort der Berliner Bekenntnissynode um Erkenntnis und Bereitschaft zu gründlicher Umkehr und Erneuerung. Und sie bekennt:
»... die Staatsgewalt ist missbraucht, Sitte, Recht, Erziehung und Bildung sind zerstört, die Gebote Gottes sind immer wieder der Verachtung preisgegeben worden. Alle diese Vorgänge sind ein sicheres Zeichen dafür, dass die nationalsozialistische »Revolution« nicht, wie sie sich selbst rühmte, eine Erhebung, sondern trotz aller Scheinerfolge Verfall und Zersetzung gewesen ist. So ist das Volk der Reformation vor aller Welt ein Beispiel der Entchristlichung und ein unheimlicher Hort des Antichristentums und der Gegenmission geworden.
In dieser Lage ruft uns Gottes Wort zur Buße ...«

Im hessischen Treysa richtet die Kirchenkonferenz der Evangelischen Kirche in Deutschland das Wort an die Gemeinden (August 1945):
»... Längst ehe die Scheinordnung des Reiches zerbrach, war das Recht verfälscht. Längst ehe man Menschen mordete, waren Menschen zu bloßen Nummern und daher nichtig geworden. Wessen Leben selbst nichtig ist, dem fällt es nicht schwer, Leben zu vernichten. Wer die Liebe verachtet, kämpft nicht für das Recht des anderen. Er kümmert sich nicht um Verführung von Menschen und hört nicht die Stimmen ihrer Qual. Er lebt und redet, wie wenn dergleichen nicht geschähe. Er scheut die Verantwortung, wie es Christen und Nichtchristen getan haben. Er versteckt sich hinter Befehlen von

Menschen, um Gottes Gebot zu umgehen. Diese Lüge ist unser Tod geworden. Scheu vor dem Leiden hat das maßlose Leid über uns gebracht.
Aber mitten in den Versäumnissen der Kirche und des Volkes gab Gott Frauen und Männern aus allen Bekenntnissen, Schichten und Parteien Kraft, aufzustehen wider Unrecht und Willkür, zu leiden und zu sterben (siehe Kapitel Minima). Wo die Kirche ihre Verantwortung ernst nahm, rief sie zu den Geboten Gottes, nannte bei Namen Rechtsbruch und Frevel, die Schuld in den Konzentrationslagern, die Misshandlung und Ermordung von Juden und Kranken und suchte der Verführung der Jugend zu wehren. Aber man drängte sie in die Kirchenräume zurück wie in ein Gefängnis.«

Noch mehr Diskussionsstoff gab es nach dem 19. Oktober 1945, dem Tag der Stuttgarter Erklärung unter der Überschrift: »Wir klagen an ... Wir hoffen ... Wir bitten ...«

Der Rat der Evangelischen Kirche in Deutschland begrüßt bei seiner Sitzung am 18. und 19. Oktober in Stuttgart Vertreter des Ökumenischen Rates der Kirchen: »Wir sind für diesen Besuch umso dankbarer, als wir uns mit unserem Volk nicht nur in einer großen Gemeinschaft des Leidens wissen, sondern auch in einer Solidarität der Schuld. Mit großem Schmerz sagen wir: Durch uns ist unendliches Leid über viele Völker und Länder gebracht worden. Was wir in unseren Gemeinden oft bezeugt haben, das sprechen wir jetzt im Namen der ganzen Kirche aus: Wohl haben wir lange Jahre hindurch im Namen Jesu Christi gegen den Geist gekämpft, der im nationalsozialistischem Gewaltregime seinen furchtbaren Ausdruck gefunden hat; aber wir klagen uns an, dass wir nicht mutiger bekannt, nicht treuer gebetet, nicht fröhlicher geglaubt und nicht brennender geliebt haben ...«
Unterzeichnet wurde die Stuttgarter Erklärung unter anderem von dem aus dem KZ befreiten Martin Niemöller und Dr. Gustav Heinemann.

Nach der Veröffentlichung und der (leider verspäteten) Bekanntmachung der Erklärung in den Medien und vor den Gemeinden löste diese heftige Reaktionen aus. Ja, das Umgehen mit der eigenen Schuld hatten die Deutschen nicht gelernt, wie viel leichter war es da,

zu verdrängen, mit dem Finger auf russische oder polnische Kriegsgräuel (Schändung, Vergewaltigung, Vertreibung) zu deuten oder noch einfacher alliierte Verbrechen zu erfinden, als sich über den historischen Kontext klar zu werden, zuzugeben, von wem die Initialzündung zu diesen (ganz sicher überzogenen) Reaktionen ausgegangen war (siehe auch die Vertriebenencharta).
Viele Fragen und daraus resultierend viel Gesprächsstoff für Helmut Simon und seine neuen Freunde: Stellte die Schulderklärung vielleicht ein Zugeständnis an die Siegerjustiz dar? Hat die Evangelische Kirche das Recht, für alle Christen, ja, für alle Menschen in diesem Land zu sprechen? Begeht die Kirche mit dieser Erklärung Vaterlandsverrat? Darf oder sollte die Kirche überhaupt für diesen Staat sprechen? War es richtig, den Text der Stuttgarter Erklärung an derselben Formulierung anzulehnen, die die »Junge Kirche« 1939 zum fünfzigsten Geburtstag Hitlers verwendet hatte? Würden dieser Erklärung weitere Schritte der Evangelischen Kirche folgen? Diente dies alles nicht eher zur Selbstberuhigung?

Die Stuttgarter Erklärung stieß innerhalb der Bevölkerung auf heftigen Widerstand und nur wenig Gegenliebe, auf Unverständnis und Empörung.
Die Wogen der Erregung schlugen hoch und schwappten bis in die Poststraße in das Zimmer über der Metzgerei hinein.
Hier redeten sich Helmut Simon und seine Freunde die Köpfe auch darüber heiß, dass es die Verantwortlichen der Stuttgarter Erklärung gewagt hatten, einen Bruch des Deutschen Volkes mit der so tief verhafteten obrigkeitshörigen Tradition einzuleiten. Über diese Themen wurde so leidenschaftlich gestritten, dass sich Helmut Simon und seine Freunde als Konsequenz von ihrem national-konservativen Pfarrer trennten und eine eigene Studentengemeinde aufbauten.

Mit der Aufarbeitung der Schuld und einem völligen Neuanfang beschäftigte sich auch Karl Barth, der seine Rückkehr in das aus der Ferne so oft »umsorgte und bekopfschüttelte« Deutschland vorbereitete. Diese Entscheidung allerdings fiel ihm nicht leicht. Er stand im Zwiespalt, entweder seine ganze Kraft dem deutschen Wiederaufbau zu opfern, oder, was ihm wohl lieber gewesen wäre, an der Vollendung seiner kirchlichen Dogmatik weiterzuarbeiten. In ihr glaubte er, bereits einiges zum künftigen geistigen und geistlichen Wiederaufbau

Deutschlands geschrieben zu haben. Er wählte den Kompromiss, nämlich in den zwei Sommersemestern 1946 und 1947 nach Bonn zu kommen, wofür er vom Basler Erziehungsdepartement bezahlten Urlaub erhielt. So kam derjenige Mann nach Bonn, der für Helmut Simon zu so etwas wie einer zweiten Vaterfigur werden sollte. Von ihm sollte er lernen, worauf es ihm in seinem späteren Leben ankommen würde. Und so wurde Karl Barth für Helmut Simon das kraftspendende, authentische Leitbild.

Karl Barth: Das authentische Leitbild*

»Her zu mir, ihr Unsympathischen, ihr bösen Hitlerbuben und -mädchen, ihr brutalen SS-Soldaten, ihr üblen Gestaposchurken, ihr traurigen Kompromissler und Kollaborationisten, ihr Herdenmenschen alle, die ihr nun so lange geduldig und dumm hinter eurem sogenannten Führer hergelaufen seid! Her zu mir, ihr Schuldigen und Mitschuldigen, denen nun widerfährt und widerfahren muss, was eure Taten wert sind! Her zu mir, ich kenne euch wohl; ich frage aber nicht, wer ihr seid und was ihr getan habt; ich sehe nur, dass ihr am Ende seid und wohl oder übel von vorne anfangen müsst; ich will euch erquicken, gerade mit euch will ich jetzt vom Nullpunkt her neu anfangen!« ... »Für mich beginnt die neue deutsche Geschichte, an der ich von Herzen Anteil nehmen möchte, mit dem Aufschlagen eines anderen Kapitels.«

Karl Barth sprach auch – ganz anders als der bereits zitierte englische Abgeordnete – von »Freundschaft trotz ...« unter der Voraussetzung, dass »nun wirklich jeder Deutsche für das seit 1933 Geschehene die Verantwortung übernehmen müsse«.
Bereits kurz nach der Invasion in der Normandie hatte er dafür plädiert (vorausgegangen waren seine scharfen Warnungen vor dem aggressiven Nazi-Deutschland), sich doch jetzt umgekehrt mit der überhand nehmenden allgemeinen Erbitterung gegen Deutschland auseinanderzusetzen.

---

* In diesem Kapitel stammen Karl Barths Zitate aus »Karl Barths Lebenslauf« von Eberhard Busch.

»Man muss sich den Deutschen nun erst recht in einer kritischen und zugleich fürsorglichen Weise zuwenden.«
Bei einem Treffen beim Schweizer Generalkonsul traf Karl Barth als einer der ersten auf Konrad Adenauer, hörte ihn an und sprach mit ihm, allerdings »ohne gute Eindrücke«. Er warnte den von den Alliierten rehabilitierten und wiedereingesetzten Oberbürgermeister von Köln davor, eine »Christlich Demokratische Partei« zu bilden. Er argumentierte, dass »die gewiss unerlässliche Beziehung zwischen der Kirche und der politischen Aufgabe gerade nicht auf dem Weg einer christlichen Parteienbildung zu realisieren sei«. Gustav Heinemann hatte kurz zuvor in einem Brief an Adenauer ähnlich argumentiert.

*

Das Sommersemester begann erst am 17. Mai, bis dahin sammelte Karl Barth Eindrücke, verlegte sich aufs Sehen und Hören. »Es sind da so viele sich überkreuzende und potenzierende Miseren, dass man zunächst lieber immer noch einmal schweigt und nachdenkt ...«
Er fand Menschen wieder und zu manch einem erst jetzt herzlichen Zugang. Mit Freunden feierte er am 10. Mai seinen sechzigsten Geburtstag »unter festlichem Verzehr einer Platte von Kartoffeln und Salat« bei fast internationalem Ambiente, mit Grüßen aus England, Frankreich und der Westschweiz, aber auch von der SPD, den Gewerkschaften und der Rheinischen Kirche.
Die erste Vorlesung (Karl Barth hatte vor, eine Dogmatik im Grundriss anzubieten) begann mit der Losung. Nach einer »etwas vorsichtigen, aber freundlichen Begrüßung«, kam er auf das Wesen und den Zweck der Dogmatik zu sprechen, das Plenum gefüllt, morgens um 7 Uhr, denn um 8 Uhr sollten die Bauarbeiten beginnen. Das Rasseln und Scheppern der die Trümmer der Universität zerkleinernden Maschinen würden die Vorlesung nur stören.

Der Bagger, der um 8 Uhr mit der Arbeit begann

Die Ankündigung der Vorlesung und die Tatsache, dass es Karl Barth persönlich war, der dieselbe halten würde, musste eine starke Sogwirkung ausgelöst haben, denn schon bald befanden sich unter den Zuhörern nicht nur Studenten der Theologie – sondern fast die Hälfte der Zuhörer bestand aus Gasthörern anderer Fakultäten.
Und so stand Karl Barth vor seinen Zuhörern und schaute in die so ernsten Gesichter, Gesichter die, wie es ihm schien, das Lächeln erst wieder lernen mussten. Gesichter von Menschen, die so »über alle Maßen viel mit- und durchgemacht hatten«, Gesichter, die wie die der protestierenden Studenten in München teilweise an das Bild von E. Munch »der Schrei« erinnerten.
Unter diesen Studenten saß auch Helmut Simon – auch er im Sog des Mannes, der in Freundschaft gekommen war und allen Deutschen die Hand gereicht hatte.

Karl Barth hat mich geprägt. Er war eine der wenigen Persönlichkeiten, die ich verehrt habe.
Ohne es zu wissen, erlebte er einen in seinem Vortrag völlig neu gearteten Karl Barth. »Die Rückkehr in die Urzustände, in denen ich Deutschland traf, machte es mir unwiderstehlich nötig zu reden statt zu lesen.«
Er wollte und konnte in diesem, seinem 50. Dozentensemester, zu diesem Zeitpunkt und an dieser Stelle kein akademischer Lehrer sein. Er fühlte sich eher gleichzeitig als Missionar, Sonntagsschullehrer, Volksredner und Menschenfreund. Er, der christliche Theologe, sprach von Jesus Christus als seinem Herrn und unterstrich hierbei füglich – den Juden Jesus.
Mehrmals wurde ihm die Frage gestellt, ob er denn nicht wisse, dass viele in seiner Vorlesung keine Christen seien. Doch da hat Karl Barth gelacht und gesagt: »Das ist mir gleichgültig. Es wäre ja furchtbar, wenn der Christenglaube den Menschen trennen und absondern wollte von den anderen …«
Als habe er Helmut Simon vor Augen gehabt, sprach er von den Teilnehmern an seinen Seminaren, den Übungen zu den Vorlesungen, als von Menschen mit einer »großen intellektuellen Verwilderung, aber einer zweifellos begabten, empfänglichen und rüstigen Jugend.«
Auch materiell versuchte der Theologe zu helfen. Er meldete sich bei seinen Landsleuten und bat um »ein tüchtiges Schiff voll Ess- und Rauchwaren.«

Helmut Simon erinnert sich in diesem Zusammenhang an einen Ausspruch seines Lehrmeisters: »Wo theologisiert wird, da muss es rauchen!«

Neben seinen Vorlesungen sprach Karl Barth mehrfach im Rundfunk, gab Interviews und hielt Vorträge.
Vier davon musste er immer wieder und an verschiedenen Orten halten. Es handelte sich um Gedanken zu »Römer 13«, zur »Christlichen Ethik«, zur »christlichen Verkündigung im heutigen Europa« und den Vortrag »Christengemeinde und Bürgergemeinde«. Im dritten Vortrag beschreibt er die politische Situation des nach dem Krieg neu entstehenden Europas so, wie es vom Westen und Osten in die Zange genommen wurde, gleichsam »zwischen zwei Mühlenräder« geriet, was aber seiner Meinung nach auch eine Chance für die Kirche im Aufbruch darstellte.
Viel Beachtung fand der vierte Vortrag. Er führte darin im Geist der fünften »Barmer These«, also auch im Sinn der Bekennenden Kirche, aus, dass sich Kirche und Staat zueinander wie ein weiter und ein enger Kreis um denselben Mittelpunkt verhielten. (Seine daraus resultierende Schlussfolgerung wurde zu den tragenden Pfeilern des Simon'schen Gedankengebäudes.)
»Der Staat ist außerhalb der Kirche, aber nicht außerhalb des Herrschaftskreises Jesu Christi. Weil Christus der Herr über beide ist, haben diese Kreise sowohl den Ursprung als das Zentrum gemeinsam.«
So schloss Karl Barth eine naturrechtliche* Begründung des Staates und die Lehre von der »Eigengesetzlichkeit« der Welt aus. Und er widersprach damit einer politischen Indifferenz der Kirche, aber auch einem politischen Handeln der Christen, außer in ehrlicher Solidarität mit der Welt, sowie einer politischen Entscheidung der Christen vor einer anderen Instanz als der ihres Herrn.

---

* Naturrecht: sachgerecht aus der Natur, wertegerecht aus der Welt der Werte, vernunftgerecht aus der Vernunft des Menschen. Das Naturrecht geht bis in die griechische Antike zurück. Es definiert eine Rechtsauffassung, die sich über das auf sozialen Normen basierende positive Recht stellt, bezeichnet also ein sogenanntes überstaatliches, ewiges Recht. (Wir finden das Naturrecht auch in Kants Maximen zum hypothetischen Imperativ. Abarten: das angestammte Recht der besseren Leistung, das Recht des Stärkeren.)

Damit begründet er die »Gleichnisfähigkeit und Gleichnisbedürftigkeit des politischen Wesens in Bezug auf das von der Kirche verkündete Reich Gottes«.
Einer Vermengung beider Gebiete glaubte Karl Barth so nicht das Wort geredet zu haben. Vielmehr meinte er, dass die Christen in der Politik »gerade mit ihrem Christentum nur anonym und folglich also nicht etwa als eine christliche Partei auftreten können«.
Helmut Simon bewunderte sehr, mit welch unendlicher Geduld sich Karl Barth darum bemühte, ihm und den anderen Studenten, die praktisch alle eine Vergangenheit als Kriegsteilnehmer hatten und deren politische Kenntnisse eher bescheiden waren, eine Vorstellung von rechtspolitischer Demokratie einzuprägen.
Neben seiner Lehrtätigkeit hatte Karl Barth auch mit großem Geschick und Fingerspitzengefühl zu alliierten Stellen und Persönlichkeiten Verbindungen geknüpft. Besonderes Vergnügen bereitete ihm der Kontakt zu dem Bonner Universitätsoffizier Ronald Gregory Smith, einem Schotten, an den sich auch Helmut Simon gerne erinnert.
Karl Barth beschreibt diesen folgendermaßen: »Ein zum Dichter gewordener Pfarrer mit einer Seele wie Espenlaub, voll guten Willens, aber viel zu gut für diese Welt.«
Unter den Studenten hatte sich eine »Fan-Gemeinde« gebildet, die sogenannten Barthianer. In seiner Abschiedsvorlesung ging Karl Barth darauf ein. »Ich habe gehört, es soll hier Barthianer geben. Wenn sie einen treffen, grüßen sie ihn von mir und sagen sie ihm, ich selbst sei keiner.«
Er beendete die Vorlesung mit einer Aufforderung an seine Studenten, nicht bei dem stehenzubleiben, was er sie gelehrt habe.
»Es gibt nur eine Theologia viatorum.« (Eine Theologie derer, die sich weiterentwickeln.)

Viele Jahre später dankte Helmut Simon in der Vortragsreihe »Protestanten in der Demokratie«, einer Ringvorlesung an der Heidelberger Universität, Karl Barth für dessen Engagement. Er versuchte eine Antwort auf die Frage zu finden, wer der Mensch Karl Barth gewesen sei.
Was fiel an ihm auf, oder persönlicher formuliert, was hat mich an ihm beeindruckt. Ich nenne hierzu fünf Punkte:
Erstens, da ist zunächst der geniale Geist, bei dem sich schöpferisches Denken und profundes Wissen mit außergewöhnlicher Schaffenskraft verbanden, Fähigkeiten, denen man nur mit hohem Respekt begegnen konnte.

Zweitens, ich selbst habe Karl Barth als außerordentlich geduldig und geradezu gütig und verständnisvoll gegenüber der Kriegsgeneration erlebt, gleichzeitig aber war er ein temperamentvoller, streitbarer und unerschrockener Theologe, der scharfe Kampfschriften schreiben konnte, und der nicht dem weitverbreiteten Harmoniebedürfnis unterlag.
Drittens drängte Karl Barth immer auf entschiedene Klarheit und aktuale Konkretisierung. In einer Würdigung der »Frankfurter Allgemeinen Zeitung« zu seinem 70. Geburtstag wird er als der unheimlich wache, allzeit sprungbereite Löwe der zeitgenössischen Theologie beschrieben, der sofort die Erkenntnis mit dem Bekenntnis, das Buch mit dem Leben vertauschte, wenn ihm die Zeichen der Zeit für die Sache Christi auf Sturm zu stehen schienen …
Viertens, Karl Barth verfügte über einen gelassenen Humor, eine Art Glaubensweisheit …
Fünftens. … wegen des Anspruchs auf Vollständigkeit füge ich hinzu, Karl Barth ist immer unterwegs geblieben (Theologia viatorum).

Am Ende des ersten Nachkriegssemesters in Bonn zog Karl Barth Bilanz. Er meinte, dieses 50. Semester wäre für ihn das bisher Schönste gewesen.
Er zog nach Basel, in seine neue Wohnung in der Straße mit dem für ihn so schönen Namen Pilgerstraße, und da die Grenzen inzwischen auch für ausländische Studenten wieder offen waren, hatte er sechs von ihnen im Schlepptau. Einer davon war Helmut Simon.

1939 bis 1945 galt Basel, die Stadt im Dreiländereck, als ausgesprochen gefährdet. Sie wurde deshalb als Grenzstadt befestigt und durch starke Militärpräsenz geschützt. Es war also kein Wunder, dass am Tag der deutschen Kapitulation abends von allen Kirchtürmen die Glocken läuteten und es in Basel Stadt und Basel Land (dem Baselbiet) zu spontanen (Sieges-)Feiern kam. Tatsächlich wurde das Ende des Nationalsozialismus von vielen Schweizern und wegen der Grenznähe von noch mehr Baslern als Sieg gefeiert, wobei diese Gefühlsaufwallung wohl eher Ausdruck von Dankbarkeit und Erleichterung war, wie durch ein Wunder vom Krieg verschont worden zu sein.
Denn dass allein eine Neutralitätserklärung keinen Schutz vor Angriff oder Besetzung bedeutete, lässt sich am Beispiel von Norwegen leicht unter Beweis stellen.

Karl Barth brachte seine sechs deutschen Studenten also in eine Stadt, deren Menschen durchaus Grund hatten, diese nicht unbedingt mit offenen Armen willkommen zu heißen. Auch war die Versorgungslage durchaus noch angespannt, die durch den Krieg bedingte Rationierung wurde dort erst 1948 vollständig aufgehoben.
Trotz dieser Rationierung gab es Hilfslieferungen aus Basel nach Deutschland. So bedankt sich zum Beispiel der Karlsruher Oberbürgermeister in einem Brief an die reformierten Gemeinden des Baselbiets für die Liebesgaben, die 1946 in zwei Eisenbahnwaggons eingetroffen waren.
In dieses Nachkriegs-Basel, in dem die Menschen sieben Jahre nach Kriegsbeginn 1946 endlich wieder ihrer geliebten Tradition, dem Feiern der alemannischen Fastnacht entgegenfiebern durften und in dem im selben Jahr zur Verblüffung der Basler die erste elsässische Gemüsefrau auf dem Markt auftauchte, in dieses Basel darf zum Wintersemester 1946/47 Helmut Simon als Student diejenige traditionsgetragene Universität besuchen, in der ihm 34 Jahre später zusammen mit Pierre Boulez die Ehrendoktorwürde verliehen werden wird.
Der Gaststudent stieß in der Schweiz auf Distanz, aber auch auf Hilfsbereitschaft, wie ein Eintrag aus seinem Tagebuch belegt:
... Ein Professor hat offenbar viel Vertrauen in uns ... in einer schon fast belastenden Weise. So erkämpfte er für uns ein Bücherstipendium von einhundert Franken, wobei er für mich, den Juristen, immer noch besonders eintreten musste, auch hat er uns schon mehrere seiner Werke geschenkt.
Er selbst bezeichnet es als *außerordentliches Glück* und *unschätzbaren Gewinn*, dieses Semester in Basel, beginnend in einem eiskalten Winter, verbracht zu haben.
Denn, und das ist wichtig für seine geistige Entwicklung in dieser Zeit, er lernt politische und theologische Denkweisen von Menschen kennen, die nicht nationalsozialistisch indoktriniert waren, sich im Gegenteil in den Kriegsjahren lebhaft und dialektisch mit diesem Thema, aber auch mit dem Kommunismus und weiteren möglichen Staatsformen auseinandersetzen konnten.
Da gab es natürlich Karl Barth, der in diesem Wintersemester »seine Anthropologie« wiederholen und fortsetzen wollte, sich aber auch in Seminaren mit dem Heidelberger Katechismus beschäftigte und Luthers »De libertate christiana« (von der Freiheit eines Christenmenschen) erarbeitete.

Oder den *manchmal depressiven, aber liebenswerten* Theologen Fritz Lieb, der sich mit seinem nach Kriegsende erschienenen Buch »Russland unterwegs« bei seinen konservativen Mitbürgern nicht gerade beliebt gemacht hatte, und der an der Universität nicht besonders ernst genommen wurde.
Sowie einen kommunistisch orientierten, sehr menschlichen Tierarzt, für den Helmut Simon große Sympathie empfand, in dessen Haus sich der Student aus Bonn immer wieder zu intensiven politischen Gesprächen mit diesem und seinen Freunden traf und wo er zu einer maßvolleren Einschätzung des Kommunismus fand.
Für uns war Basel wie in einem Traumland, wir haben ein bisschen unirdisch gelebt, verspürten Heißhunger auf das, was wir bisher nicht hatten lesen können, Belletristik zum Beispiel, aber auch Schriften über den NS-Staat. Die Zukunftsperspektiven waren völlig unklar.
Dort und an der Universität wurden Horizonte erweitert und Zusammenhänge geklärt, Einblicke verdichteten sich zu Einsichten. Ein frischer Wind des Denkens umwehte den Suchenden.
Helmut Simon trank die neuen Erkenntnisse wie Wasser nach einer quälend langen Durchquerung der Wüste, verstand plötzlich den ganzen Sinn des Wortes »Wissensdurst«, hatte die unsichtbare Linie des Erkennens von Zusammenhängen überschritten. Da störte es kaum noch, dass die Depressionen von Fritz Lieb auch während der Vorlesungen so deutlich zu spüren waren. Helmut Simon hielt es eher mit Karl Barth, der darüber gelassen sagte:
»Der Mensch (an sich) wird halt ab und zu von Depressionen heimgesucht, aber man kann damit leben, zumal sie (im Normalfall) früher oder später wieder vorübergehen.«
Auch diese Einsicht würde Helmut Simon mit nach Hause nehmen. Er fühlte sich wie neu erschaffen. Als jemand, der plötzlich etwas wusste, was er ohne diesen Aufenthalt niemals hätte wissen können. Mitnehmen würde er auch eine andere politische Meinung als diejenige, mit der er in die Schweiz gekommen war.
Zu Hause im Oberbergischen spielte die Konfessionszugehörigkeit eine große gesellschaftliche Rolle: auf die Katholiken wurde regelrecht herabgesehen. Deshalb setzte Helmut Simon zuerst große Hoffnung auf die neugegründete CDU (26. April 1945), an der er anfangs sympathisch fand, dass diese sich als versöhnend konfessionsübergreifend darstellte. Und auf die Inhalte des Ahlener Programms.

In Basel allerdings wurde mir klar, dass sich die CDU zu einer ganz bürgerlichen Partei entwickeln würde, deren konservativ restauratorische Orientierung für mich nicht in Betracht kam. Wir träumten von einem freiheitlichen Sozialismus im Herzen Europas und ganz besonders in Deutschland, gleichsam von einer Brücke zwischen Ost und West.

In einem Essay für die Bonner Universitätszeitung schreibt Helmut Simon 1947, dem Jahr des Höhepunktes des Nachkriegselends, über seinen Aufenthalt in Basel: *Das Ausland glaubt fest daran, dass den Deutschen ein neuer Aufbau durch mühsame und unendlich harte Arbeit gelingen dürfte.*

Intermezzo

Freitag, der Vierzehnte

Beim Überarbeiten des vorangegangenen Kapitels war uns aufgefallen, dass wir noch einige Hintergrundinformationen zu Karl Barth würden nachschlagen müssen. Deshalb fuhren wir am Freitag, den 14. Mai 2010, in die Stadt, um die Stadtbibliothek im Ständehaus aufzusuchen: dem Gebäude, das an der Stelle des durch die Revolution von 1848 bekannt gewordenen Badischen Landtages errichtet worden war.
Leider mochte das Wetter den Tag nicht. Es war den Versprechungen der Meteorologen auf einen mildwarmen Frühlingstag nicht gefolgt, es nieselte dauerhaft gräuliche Traurigkeit vom Himmel. Und bereits vor Karlsruhe bildete sich auf der Zufahrtsstraße ein Stau – warum nur machte die Stadt einen solch verstopften Eindruck?
Es war fast wie am Vortag zu Weihnachten, wo jeder unbedingt auf die letzte Minute aufgeschobene Festeinkäufe im Schnellgang erledigen möchte.
Kilometerlange Schlangen vor überfüllten Parkhäusern, gestresste Menschen, italienisch anmutende Hupkonzerte vor den wenigen freiwerdenden Parkplätzen – an ein Durchkommen war nicht zu denken. Nicht einmal die Zufahrt zu den Parkhäusern im Bereich des Ständehauses war erreichbar.
Die für einen Tag im Mai so sonderbare Fülle der Stadt erklärte sich abends vor dem Fernseher: »Meine sehr verehrten Damen und Herren, Bundespräsident Horst Köhler sprach heute bei einem Festakt vor dem Bundesverfassungsgericht in Karlsruhe im Beisein von Angela Merkel …«
Aha, also waren die gesamte Politprominenz und die Crème de la Crème der Jurisprudenz in die Innenstadt gekommen. Gesperrte Zufahrten und ein isolierter Bereich um das Verfassungsgericht könnten für den Verkehrsinfarkt gesorgt haben.

Ja, er sei mit seiner Frau ebenfalls heute im Bundesverfassungsgericht gewesen. Horst Köhler habe eine sehr beeindruckende Rede gehalten, ja, er könne mir diese in Schriftform gerne überlassen, er habe eh zwei erhalten.
Helmut Simon klingt nach Veranstaltungen, die seine Zustimmung finden,

immer besonders erfrischt, auch am Telefon. Und es freut ihn, wenn er auch einmal mit Menschen anderer politischer Couleur übereinstimmen kann.
Doch warum klang er dieses Mal so euphorisch?
Wir mussten uns schnellstmöglich die Rede des Bundespräsidenten besorgen, konnten unmöglich auf unseren nächsten gemeinsamen Termin bei Helmut Simon warten. Im Internet wurden wir fündig.
Bei dem Festakt hatte es sich um die Amtseinführung dreier neuer Verfassungsrichter gehandelt: um den neuen Präsidenten, seinen Vertreter und um einen dritten ohne besonderes Amt (als wäre das Amt des Verfassungsrichters nicht an sich schon etwas besonderes), also um die Herren Voßkuhle, Kirchhof und Paulus.
Auch widmete Horst Köhler dem gerade in Berlin verabschiedeten Präsidenten des Bundesverfassungsgerichts, Herrn Papier, eine freundlich-humorvolle Laudatio. Doch dies allein konnte die Euphorie bei Helmut Simon noch nicht hervorgerufen haben. Schließlich stießen wir auf den entscheidenden Passus, nämlich das Brokdorf-Urteil oder besser: der Brokdorf-Beschluss, der auf den Tag genau vor 25 Jahren gefällt worden war. Das ist ein Urteil aus der Feder Helmut Simons, auf das er stolz ist, denn es ist die erste Grundsatzentscheidung des höchsten Gerichtes zur Versammlungsfreiheit.

Seit 1976, also bereits seit der Planungsphase, fanden gegen den Bau des Kernkraftwerkes Brokdorf zumeist friedliche, in Teilen aber auch gewaltsame Demonstrationen statt. Allein am 28. Februar 1981 demonstrierten über 50 000 Menschen gegen den Bau. In seiner Rede spricht Horst Köhler von insgesamt hunderttausenden demonstrierender Bürger.
Der Landrat des Kreises entschied sich schließlich zu einer Allgemeinverfügung, welche zwischen dem 27. Februar und dem 1. März jegliche Demonstration an und um das Baugelände, auch auf dem Gebiet der Wilstermarsch, insgesamt also auf über 210 Quadratkilometern untersagte. Der sofortige Vollzug wurde angeordnet.
Begründet wurden Demonstrationsverbot und Vollzug mit der bisher nicht erfolgten Anmeldung (§14 Versammlungsgesetz), doch selbst wenn diese fristgerecht eingegangen wäre, hätte die Demonstration trotzdem untersagt werden müssen – so die Meinung des Landrates –, da von der Annahme ausgegangen werden müsse, dass unfriedliche Aktionen stattfinden würden. Diese Vermutung wurde mit Zeitungsberichten, Angaben auf Flugblättern und der Erfahrung aus vorangegangenen Demonstrationen und solchen ähnlicher Provenienz unterbaut.

Die damals von vielen als krisenhaft empfundene Situation spitzte sich zu. Schließlich legten die Beschwerdeführer gegen das Demonstrationsverbot Verfassungsbeschwerde ein, der im Mai vom Bundesverfassungsgericht in Teilen stattgegeben wurde.
Dieses hielt nur ein räumlich deutlich enger gefasstes Versammlungsverbot für verfassungsgemäß. Gleichzeitig entschied sich das höchste Gericht dazu, Polizei und Demonstranten aufzufordern, sich nicht gegenseitig zu provozieren oder provozieren zu lassen, sondern friedlich zusammenzuarbeiten. Es legte damit den Grundstein für eine neue Demonstrationsqualität und begründete diese Erwartungshaltung ausführlich.
Jetzt ein Auszug aus der Rede von Horst Köhler vom 14. Mai 2010 (die Zitate stammen von Helmut Simon):
»Das Gericht hat dieses Ergebnis aus der Bedeutung der Versammlungsfreiheit und des Rechtes auf freie Meinungsäußerung für unsere freiheitliche Demokratie hergeleitet, und das mit eindrucksvollen Worten:
›Das Recht, sich ungehindert und ohne besondere Erlaubnis mit anderen zu versammeln, galt seit jeher als Zeichen der Freiheit, Unabhängigkeit und Mündigkeit des selbstbewussten Bürgers‹, heißt es im Brokdorf-Beschluss. Gerade Protestversammlungen enthielten ›ein Stück ursprünglich-ungebändigter unmittelbarer Demokratie, das geeignet ist, den politischen Betrieb vor Erstarrung in geschäftige Routine zu bewahren‹.
Und an anderer Stelle, weil es mir [Horst Köhler] so gefallen hat, muss ich Ihnen das vorlesen:
›Große Verbände, finanzstarke Geldgeber oder Massenmedien können beträchtliche Einflüsse ausüben, während sich der Staatsbürger eher als ohnmächtig erlebt. In einer Gesellschaft, in welcher der direkte Zugang zu den Medien und die Chance, sich durch diese zu äußern, auf wenige beschränkt ist, verbleibt dem Einzelnen neben seiner organisierten Mitwirkung in Parteien und Verbänden im Allgemeinen nur eine kollektive Einflussnahme durch Inanspruchnahme der Versammlungsfreiheit für Demonstrationen. Die ungehinderte Ausübung des Freiheitsrechtes wirkt nicht nur dem Bewusstsein politischer Ohnmacht und gefährlichen Tendenzen entgegen. Sie liegt letztlich auch deshalb im wohlverstandenen Gemeinwohlinteresse, weil sich im Kräfteparallelogramm der politischen Willensbildung im Allgemeinen erst dann eine relativ richtige Resultante herausbilden kann, wenn alle Vektoren einigermaßen kräftig entwickelt sind …‹«
Mit dieser Formulierung schaffte es Helmut Simon 1985, die verrutschte Waage der Justitia wieder ins Gleichgewicht zu rücken. Gleichzeitig war es

sein Werk, die allgemein verbreitete verkrustete Intoleranz zwischen Demonstranten und Polizei aufzubrechen.
Befürchtungen und Ängste, die nach solchen Entscheidungen jedesmal laut werden, dass nämlich die repräsentative Demokratie geschwächt werde, oder dass solche Beschlüsse Gewalttaten eher wahrscheinlich werden lassen, sind nicht eingetreten oder waren unberechtigt. Tatsächlich ist das Gegenteil der Fall.
Ein weitere Auszug aus der Rede Horst Köhlers:
»Die friedliche Nutzung der Kernenergie entzweit die Gemüter noch heute. Das hat jüngst die Menschenkette zwischen den Kraftwerken Krümmel und Brunsbüttel mit mindestens einhunderttausend Teilnehmern gezeigt. Aber selbst größte Demonstrationen gehören bei uns längst zum demokratischen Alltag und verlaufen fast immer friedlich, nicht zuletzt dank konstruktiver Zusammenarbeit von Veranstaltern und Polizei. Diese gute Entwicklung ist gewiss der Rechtsprechung des Bundesverfassungsgerichtes mit zu verdanken. Zugleich sind der Brokdorf-Beschluss und seine Wirkung ein guter Ausgangspunkt für einige Betrachtungen zur politischen Kultur in Deutschland ....«
Horst Köhler erwähnt in seiner Rede den Verfasser nicht. Er beendet das Zitat mit den Worten:
»Übrigens, der damalige Vorsitzende des I. Senates des Bundesverfassungsgerichts war Roman Herzog.«
Ob der Brokdorf-Beschluss, wäre er von Roman Herzog verfasst worden wie oben wiedergegeben, so oder auch nur ähnlich ausgefallen wäre, sei dahingestellt.
Von ihm wurde ein anderslautender Ausspruch im Zusammenhang mit den Sitzblockaden von Mutlangen bekannt: »Ich halte es jedenfalls nicht mehr innerhalb des verfassungsmäßigen Rahmens, dass jemand sich auf die Straße setzt und einen anderen an der freien Fortbewegung hindert.«
Dass sich davon einmal abgesehen Roman Herzog (CDU) und Helmut Simon (SPD) auch über Parteigrenzen prächtig verstanden haben, wird durch folgenden Satz Roman Herzogs belegt: »Wir dürfen unseren Parteien gar nicht sagen, wie gut wir zusammengearbeitet haben, sonst geraten wir in Bierverschiss.«
Helmut Simon jedenfalls nahm keinen Anstoß daran, dass Horst Köhler ihn nicht namentlich erwähnt hatte. Für ihn und die Sache an sich genügte es, richtig zitiert und interpretiert worden zu sein.
Für Horst Köhler sollte dieser Festakt am 14. Mai 2010 die letzte größere Amtshandlung sein. 15 Tage später trat er zurück.

Ein Flugzeugmotor, das Grundgesetz und Freiersfüße

Zurück aus Basel begann für Helmut Simon das vierte Semester in Bonn unter neuen Vorzeichen. Viele seiner Fragen waren zwar nicht unbedingt beantwortet, aber er hatte erst in Bonn und dann in der Schweiz so viele Ähnlich- oder Gleichgesinnte kennengelernt, dass er die Rolle des gedanklichen Einzelgängers vorerst getrost beiseite legen konnte. Er spürte sich von vielen Seiten in seinem Denken bestätigt, und dies gab ihm frischen Mut. Wieder einmal stürzte er sich mit so viel Elan in seine Arbeit, dass ihn selbst weitere außerfachliche Schwerpunkte nicht davon abhalten konnten, das Studium im Sommer 1948, praktisch zeitgleich zur Währungsreform, nach dem sechsten Semester zu beenden. Und das war sein Glück.

Hatte er doch einen Großteil seines Studiums mit dem gesparten Sold aus seiner Marinezeit finanziert – und dieser wäre nach der Währungsreform schließlich nichts mehr wert gewesen. Und den verbleibenden Rest durch den Verkauf eines Flugzeugmotors. Der Himmel weiß, wie dieser in den Wald der Simons gekommen war. Helmut Simon dachte, er wäre abgestürzt, doch hätte der Motor dann später noch verkauft werden können? Jedenfalls lag dieser zwischen Mosen und Farnen mehr oder weniger gebrauchsfähig im Wald, ein groteskes Relikt aus dem Krieg, und forderte zum Handeln auf.

In dieser Situation erwies sich mal wieder die Zwillingsschwester Ruth als große Hilfe. Sie war es, die mittels ihrer vielfältig verzweigten Bekanntschaften auf einen Schwarzhändler stieß, der immenses Interesse an dem Motor zeigte, und ihn schließlich auch kaufte. Zwischen drei- und viertausend Reichsmark brachte Helmut der Verkauf ein, davon konnte man vor der Währungsreform recht gut eine Zeit lang studieren.

Das Studium selbst war im Sommer 1948 beendet, doch mit dem nach sechs Semestern erreichten Wissensstand wollte sich Helmut Simon nicht zufrieden geben. Er besuchte ein privates Repetitorium und büffelte ein weiteres halbes Jahr, immer wieder unterbrochen

von der Arbeit auf dem Hof, im heimatlichen Ruh, auf das Staatsexamen hin.
Noch einmal hatte Helmut Simon während seiner Ausbildung geschwankt, war ein weiteres Mal versucht, zur Theologie überzuwechseln. Und wieder war es Karl Barth, der ihm mit allem Nachdruck von einem Wechsel abriet.
Einige Jahre später reagierte Helmut Simon genau umgekehrt. Da kamen Anfragen zu einem Wechsel in den kirchlichen Dienst von Seiten der Kirchenkanzlei der EKD, des kirchlichen Außenamtes und des rheinischen Landeskirchenamtes. Doch diese Angebote lehnte er ab, auch weil er bei diesen Anfragen nicht das Gefühl hatte, wirklich gebraucht zu werden: *Ich möchte in Glaubensfragen frei und wirtschaftlich unabhängig bleiben.*

*

Warum heißt das Grundgesetz »Grundgesetz« und wie kam es dazu? Und was hat das Grundgesetz zu diesem Zeitpunkt mit dem Studenten Helmut Simon zu tun?
Der englische, der französische und der amerikanische Militärgouverneur übergaben den deutschen Ministerpräsidenten ihrer Machtbereiche am 1. Juli 1948 drei Dokumente.
In ihnen wird unter anderem empfohlen, aus den Mitgliedern der verschiedenen Landtage einen »Parlamentarischen Rat« zu bilden. Dieser soll zum Zweck der Ausarbeitung einer Verfassung für das Gebiet der drei westlichen Besatzungszonen bis zum ersten September 1948 einberufen werden. Falls die Besatzungsmächte diese Verfassung billigten, solle anschließend im Rahmen einer Volksabstimmung darüber entschieden werden.
Gleichzeitig behielten sich die Militärgouverneure ihre Machtbefugnisse für den Fall vor, »falls ein Notstand die Sicherheit bedrohe und um gegebenenfalls die Beachtung der Verfassung und des Besatzungsstatus' zu sichern«.
So jedenfalls hatten sich die Gouverneure das Procedere vorgestellt – aber die Rechnung ohne die Deutschen gemacht, die sich in den Augen der alliierten Machthaber bockig zeigten.
In deren Vorstellungen sollten erst die Voraussetzungen für eine gesamtdeutsche Regelung vorliegen, bevor sie an die Ausarbeitung einer Verfassung gehen würden.

Darauf gehen die Militärgouverneure ihrerseits nicht ein, erneut wird verhandelt.
Schließlich knicken die Deutschen ein, allerdings unter dem Vorbehalt – der gewährt wird –, dass die zu erarbeitende Verfassung nur für eine Übergangszeit gelten solle. Also war das Grundgesetz aus damaliger Sicht ein Provisorium, das in nicht allzu ferner Zukunft – so die Hoffnung – durch eine in freier Entscheidung des gesamten deutschen Volkes beschlossene Verfassung abgelöst werden solle.

– Warum eigentlich wurde nach der Wiedervereinigung auf diesen so hart erkämpften Passus verzichtet? Helmut Simon jedenfalls hatte sich vehement für eine neue Verfassung eingesetzt. –

Als wären die 65 Mitglieder des Parlamentarischen Rates (unter ihnen Konrad Adenauer als Präsident, Heinrich von Brentano, Erich Ollenhauer, Carlo Schmid als Vorsitzender des Hauptausschusses und Theodor Heuss) nach den schwierigen Verhandlungen mit den Alliierten reif für eine Insel, trifft man sich auf Herrenchiemsee, um einen ersten Entwurf zu erarbeiten, der in der Öffentlichkeit heftige und kritische Diskussionen hervorruft.
Ja, es kommt sogar zu Differenzen und zu einer schweren Krise mit den Militärgouverneuren (wegen der Kompetenzen zwischen Zentralgewalt und den Ländern), bis schließlich im April 1949 ein Kompromiss mit den Westmächten gefunden – und am 8. Mai 1949 das Grundgesetz mit 53 gegen 12 Stimmen (aus der CSU, DP, KPD und dem Zentrum) verabschiedet wird.
Diesmal geben die Militärgouverneure ihr Placet, das Werk wird durch die Länderparlamente ratifiziert (nur die Bayern lehnen es ab, der CSU ist die neue Verfassung zu zentralistisch) und als Grundgesetz am 23. Mai 1949 in Bonn feierlich verkündet – nur wenige Tage vor Helmut Simons Staatsexamen.

Die Mitglieder des Parlamentarischen Rates werden auch heute noch als die Väter des Grundgesetzes bezeichnet, außer Acht lassend, dass unter dessen Mitgliedern auch Frauen waren.
Also bestand der Rat aus Müttern und Vätern, den eigentlichen »Eltern des Grundgesetzes«.
Zwei dieser »Mütter« waren aus der SPD, Elisabeth Selbert und Friederike Nadig. Beide erstritten gegen heftigen Widerstand, selbst

aus den eigenen Reihen, die Aufnahme des zweiten Absatzes im Artikel 3 in das neue Grundgesetz, womit wir wieder bei Helmut Simon und seinem Staatsexamen wären.
Dieser hatte seinem Wunsch entsprechend eine Prüfungsarbeit aus dem öffentlichen Recht erhalten: »Die Regelung des Religionsunterrichtes in den neuen Länderverfassungen«.
Zu seinem Glück hatte er am Tage vor der Prüfung das gerade frisch publizierte Grundgesetz gekauft und noch im Eiltempo durchgearbeitet.
Die alles entscheidende Frage des Prüfers bezog sich genau auf den bereits erwähnten Absatz 2 des Artikels 3: »Da gibt es doch eine Unzahl von Rechtsregeln, in denen dargestellt ist, wann Frauen und Männer nicht gleichberechtigt sind?«
Der Prüfer Ernst Friesenhahn bezog diese Frage noch auf die Gesetzgebung der Weimarer Republik, in der es dazu vielseitig interpretierbar hieß: »Männer und Frauen sind als gleichberechtigt anzuerkennen.« Er hatte wohl das neue Grundgesetz noch nicht gelesen oder den entscheidenden Passus übersehen, Helmut Simon jedenfalls kannte den neuen Wortlaut, den Teil nämlich, den Elisabeth Selbert und Friederike Nadig so vehement durchgesetzt hatten:
»Männer und Frauen sind gleichberechtigt.«
Er konterte also im Wissen des neuen Grundgesetzes, wusste, dass die alten Regelungen, die Ausnahmen der Gleichberechtigung, nichtig seien und konnte aus der »Übergangsbestimmung« den neuen Wortlaut zitieren.
Er bestand die Prüfung mit der für Juristen höchst seltenen Note »gut«.
Nicht nur der Artikel 3 – über den Helmut Simon zu diesem Zeitpunkt noch nicht allzu viel nachdenken konnte, außer ihn in seinem Sinne zu zitieren – der gesamte Komplex des gerade erarbeiteten Grundgesetzes sollte in seinem späteren Leben und seinen späteren Urteilen eine tragende Rolle spielen.
Helmut Simon sagt, dass er sich mit Geist, Text und Philosophie desselben voll identifizieren konnte:
Ich entwickelte mich zu einem entschiedenen Verfassungspatrioten.

In einer viel zitierten Rede, deren Entwurf übrigens von Helmut Simon stammt, bezeichnet Gustav Heinemann die Verabschiedung des Grundgesetzes als Sternstunde deutscher Geschichte.

Zum 50. Jahrestag des Kriegsendes hielt Helmut Simon eine Ansprache, in der er die Ergebnisse seines Nachdenkens in drei Thesen zusammenfasst:

1. Es gehört zu den staatsbürgerlichen Christenpflichten, die rechts- und sozialstaatliche Demokratie des Grundgesetzes als Angebot und Aufgabe anzunehmen und unsere politische Verantwortung wie einen Beruf zu begreifen. Die Strukturen dieser Verfassungsordnung verkörpern die erlittene und praktizierte Erfahrungsweisheit der besten unserer Vorfahren und lassen eine Nähe zum christlichen Glauben erkennen.

2. Die Annahme unseres Staates hat notwendigerweise den Charakter kritischer Solidarität mit einer verbesserungsbedürftigen und einer verbesserungsfähigen Ordnung; sie ist frei von der Tendenz, die Verfassung zu idealisieren, sie durch einen Katalog unerfüllbarer Wünsche zu überfordern oder zum Religionsersatz für eine säkularisierte (verweltlichte) *Gesellschaft hochzustilisieren und Kritiker des Bestehenden wie Ketzer zu behandeln.*

3. Kritische Solidarität schließt die Bereitschaft ein, an einer doppelten Aufgabe mitzuwirken, nämlich einmal daran, die stets vorhandene Kluft zwischen Verfassungsangebot und Verfassungswirklichkeit einigermaßen zu überbrücken, und zum anderen an der Aufgabe, die ererbten Strukturen der rechts- und sozialstaatlichen Demokratie behutsam so fortzuentwickeln, dass sie auch unter den veränderten Bedingungen des technischen Massenzeitalters funktionstüchtig bleiben.

Die Inhalte des Grundgesetzes wurden zum Dach des Gedankengebäudes von Helmut Simon, das somit gleichsam im Rohbau fertig gestellt war.

Das Grundgesetz war zwar im Auftrag der Besatzungsmächte erarbeitet worden, wurde jedoch zu einer eigenständigen deutschen Verfassungsleistung, die traditionelle wie auch jüngere Geschichtserfahrungen bedachte und miteinander verband. So gehen zum Beispiel die im Grundrechtekatalog ausführlich beschriebenen Menschenrechte auf die liberalen Traditionen der Paulskirche zurück (sie sind inhaltlich teilweise sogar mit der Reichsverfassung von 1848 identisch), aber auch Erfahrungen aus der Verfassung der Weimarer Demokratie und dem Nationalsozialismus spielen eine große Rolle.

Vier entscheidende Grundprinzipien sind in Artikel 20 zusammengefasst:
Das rechtsstaatliche, das demokratische, das sozialstaatliche und das föderalistische Prinzip.
Und in Artikel 79 werden diese ausdrücklich für unabänderlich erklärt. Dies gilt ebenso für den ersten Artikel des Grundrechtekataloges, der alle staatliche Gewalt auf den Schutz der Menschenwürde verpflichtet, daraus resultierend auch die Menschenrechte an sich!
Das Grundgesetz bekennt sich also unter anderem zum Sozialstaat, gibt mit diesem Bekenntnis der Demokratie einen materiellen Inhalt. Dieses Prinzip verpflichtet den Staat, das gesellschaftliche Leben im Sinne sozialer Gerechtigkeit zu ordnen. Um dies zu realisieren, sind allerdings wiederum Eingriffe beziehungsweise Relativierungen von Grundrechten möglich. Zum Beispiel ist das Recht auf Eigentum insofern begrenzt, als dessen Gebrauch ausdrücklich an den Gedanken des Gemeinwohls gebunden wird.
Welch ein Fundus für das noch zu gründende Verfassungsgericht und seine späteren Richter!

*

So ganz ausschließlich hatte sich Helmut Simon zwischen 1945 und 1948 dann doch nicht seinem Studium gewidmet. Neue und durchaus andere Sehnsüchte drängten sich in sein Leben. Immerhin war er inzwischen über dreiundzwanzig Jahre alt, die Natur forderte ihren Tribut.
Eka, die Tochter Pastor Kruses, war nach ihrer Flucht aus Schlesien durch die Vermittlung von Helmuts Schwester Lisa bei einem *Original von einem Zahnarzt,* einem Professor B. in Waldbröl, als Zahnarzthelferin untergekommen. Somit befand sie sich in durchaus akzeptabler Reichweite des während des Studiums immer wieder nach Hause kommenden Studenten und ehemaligen Schulkameraden.
Durch Zufall sahen sich die beiden zum ersten Mal in Waldbröl auf der Straße wieder, dann besuchte Eka Helmut und seine Eltern in Ruh. Mit der Feinfühligkeit von Frauen, die es sich zur Aufgabe gemacht haben, über ihren geliebten Bruder zu wachen, erspürten die Schwestern ein leises Knistern, waren anfänglich von einer möglichen Verbindung nicht sehr begeistert.

War so eine Pfarrerstochter nicht zu verwöhnt für ihren Helmut? Und wie sah es überhaupt mit Ekas häuslichen Qualitäten aus? Wie Helmut Simon erzählte, hatten sich seine Schwestern schon einmal erfolgreich und ohne sein Wissen in sein Liebesleben eingemischt und eine »drohende Verbindung« gekappt.

Aber auch er selbst legt sich 1946 noch Schranken auf und diese sogar schriftlich nieder, nämlich das, was er von seiner späteren Ehefrau erwartete:

Neben hausfraulichem Können, gemeinsamen Neigungen und Verständnis auch eine deutsch-nordisch, rassische Abstammung!

Regelrecht über sich selbst erschrocken sei er, als er diesen Satz während der Aufarbeitung seiner Vita viele Jahre später wieder lesen musste, *das sind wohl die noch nachwirkenden nationalen Traditionen gewesen.*

Doch Eka schien seinem damaligen Frauenbild zu entsprechen – oder er war zu verliebt und sah nur das, was er sehen wollte. Auch hatte Ekas Vater nach intensiven Gesprächen Helmut in sein Herz geschlossen.

Seine damaligen Gefühle, auch seine Selbsteinschätzung, sein sich veränderndes Denkverhalten nach dem Krieg sowie seine Liebe hat er in einem Brief festgehalten und diesen im Sommer 1946 seiner Braut Eka überreicht:

Wir kannten uns von Jugend auf. Aber schon als Kinder verloren wir uns aus den Augen und aus der Erinnerung. Ihr zogt in den äußersten Osten des Reiches, wir blieben im Rheinland.

Ganz Deutschland lag zwischen Dir und mir. – Der Krieg treibt Euch im Januar 1945 aus Eurer Heimat. In Halle glaubst Du einen neuen Anfang zu finden. Doch nur kurz ist Dein Aufenthalt dort: Du wirst mit Deinem Vater auf einer Reise zu Deiner Mutter zu Deiner großen Enttäuschung in Bockenem in der Nähe des Harzes festgehalten, da die Russen inzwischen Sachsen besetzten.

Gar bunt und gefahrvoll waren inzwischen meine Erlebnisse. Die große Ernte des Todes ging an mir jedoch wie ein – damals unwillkommenes – Wunder vorüber. Bald nach Kriegsende darf ich schon wieder in der Heimat sein.

Es wird Herbst. Du kommst zu einem kurzen Besuch nach Waldbröl. Schon früher hatte man gelegentlich von Dir erzählt. Harmlos scherzten meine Schwestern: Eka wäre die rechte Frau für Dich! Ärgerte ich mich darüber? Jedenfalls wehrte ich mich innerlich dagegen und wollte Dir kühl und verschlossen gegenübertreten. An einem sonnigen Tage im Herbst 1945 sahen wir uns dann in Waldbröl auf der Hauptstraße zum ersten Male. Ich will unbemerkt vorbei. Da erkennst Du mich und begrüßt mich offen und herzlich. Du besuchst uns an zwei Sonntagen in Ruh. Ich bin unruhig in Deiner Nähe. Das erste Mal halte ich mich unbewusst zu unserer Mitschülerin Ursel Schumacher, die auch zufällig da ist und mit uns nach Rottland spaziert. Am nächsten Sonntag treibt es mich hinaus. Ich bin zerfallen mit mir selbst und voller unbestimmbarer Sehnsucht. Auf jener Bank bei Bohlenhagen, die zu einem Markstein unserer Liebe werden soll, lese ich in »Zarathustra«, dem Buch der Verachtung. Als ich heimkomme, bist Du schon da. Nimmer werde ich den Anblick vergessen, der sich in meine Seele brennt: Es dunkelt schon, Du zeigst den anderen Bilder, sitzt dabei in der Sofaecke wie eine Königin, so schön und rein und überlegen. Deine Blicke bleiben niedergeschlagen. Nur einmal begegnen sie mir flüchtig, als Ruth mir ein Jugendbild von Dir reicht. Später sitzen wir am Tisch gegenüber, zusammen mit Frieda und Hermann Schmidt. Das Gespräch berührt die Not der Zeit, den Nihilismus. Ich versuche, spöttisch und zarathustrisch zu sein. Aber mir ist sehr weh ums Herz. Du hörst schweigend zu, Deine Züge bleiben im Schatten rätselhaft verborgen. Dann sehen wir uns noch einmal am Postauto, das Dich wegbringt. Zum ersten Male senken sich unsere Augen voll ineinander. Wir sprechen ein paar belanglose Worte. Du lädst mich zu einem Besuch in Bockenem ein, wenn ich in Göttingen studieren sollte. Aber ich habe wenig Hoffnung. –

Der Gedanke an Dich lässt mich jedoch nicht wieder los. Und so erhältst Du schon bald darauf einen Brief von mir, aus dem zaghaft meine Zuneigung klingt. Aber Tag um Tag warte ich vergebens auf Antwort. Eine gütige Macht hält Dich davon zurück. Du hättest mich doch enttäuschen müssen, und dann würde Dein Weg nicht nach Ruh geführt haben. Mir scheint damals, als sei alles vorbei.

Es folgt ein bitterer Winter, ich bin in Gefahr, in radikaler nihilistischer Verzweiflung unterzugehen. Auch Du bist unglücklich in Bockenem. Mit trüben Augen starren wir in eine hoffnungslose Zukunft. Die Not unseres Vaterlandes lastet auf jedem Einzelnen. Du wirst zu einer unerfreulichen Beschäftigung gezwungen. Ich beginne endlich mein Studium, ohne einen Sinn darin zu finden. Dein Bild droht in trübem Nebel zu versinken. Eine kurze Zeit lang schiebt sich eine andere zwischen Dich und mich. –

Es kommt der Frühling 1946. Er ist so herrlich, wie ich ihn bewusst noch nicht erlebte. Die Schlacken des Winters fallen ab. Weltanschaulich befreie ich mich von den Fesseln des Nihilismus, beruflich treffe ich eine endgültige Entscheidung. Die Wendung zur Lebensbejahung ist erreicht. Die Zukunft erscheint mir wieder sinnvoll, ich spüre neue Kraft, sehe große Aufgaben.

Da besucht uns Dein Vater. Wir haben manches gute Gespräch. Ich finde Verständnis bei ihm und komme durch ihn weiter. So finde ich neue Hoffnung, zumal ich ihm nicht unrecht zu sein scheine. Vorsichtig dränge ich Elisabeth (Lisa), Deinen Vater über Dich auszuhorchen. Aber er reist ab, ohne dass sich praktisch ein Zugang zu Dir auftut. Doch ich lasse Elisabeth keine Ruhe. Und schließlich gelingt es ihr, Dir eine Stelle bei Professor Balters zu beschaffen. In jenen Wochen trage ich ein kleines Bild von Dir in meiner Brieftasche.
So kommst Du Anfang Juni 1946 nach Ruh und wohnst bei uns. Erst eine Woche später sehen wir uns, als meine Pfingstferien anbrechen. Ich spiele Mozart auf dem Klavier, als Du hereintrittst. Ich bin verlegen, die Begrüßung ist recht nüchtern.
Pfingstsonntag, den 9. Juni machen wir unsere ersten beiden Spaziergänge. Nur zögernd wage ich, Dich darum zu bitten. Du gehst ganz natürlich darauf ein. Es ist ein warmer Sommertag. Wir wandern langsam erzählend über die Höhen bei Hoff und sitzen dann eine Zeit lang bei Bohlenhagen auf jener Bank. Deine Nähe ist wohltuend und bedrängend zugleich. Die Landschaft liegt in tiefem Frieden, die Frucht wogt im Wind. Abends betrachten wir von der Schladerner Straße aus den Sonnenuntergang. Eine kleine Zeit lang lagern wir nebeneinander im Heidekraut.
Eine ganze Woche sehen wir uns täglich. Durch Kleinigkeiten suche ich Dich zu erfreuen. Du überraschst mich einmal mit einem Stückchen Schokolade, was mich sehr froh macht, ist es doch wie ein scheues Zeichen Deiner Gewogenheit. An einem sonnigen Mittwoch Nachmittag bringen wir Ruth zur Bahn und wandern anschließend durch das Nutscheid. Lange liegen wir nebeneinander im Grase, necken uns mit Halmen und erzählen uns so mancherlei. Wir treiben das uralte Fragespiel mit den Margaritenblumen. Unsere Herzen neigen einander zu. – Ein andermal gehen wir zum ersten Mal gemeinsam ins Kino. Samstags besuchen wir mit Elisabeth einen literarischen Abend. Unsere Arme ruhen aneinander. Ich spüre, wie Dein Atem geht. – Schließlich bricht der letzte Ferientag an, ein Sonntag. Auf einem Spaziergang geraten wir in ein heftiges Gewitter. Wir stehen abseits unter ein paar Tannen an einer heimeligen Waldwiese dicht nebeneinander. Wieder berühren wir uns. Die Versuchung ist groß, Dich in meine Arme zu schließen, aber nein, Du musst noch etwas Zeit haben. Du sollst mich besser kennenlernen. Anschließend erzählen wir uns im Wohnzimmer von unserer Vergangenheit, vor allem von der Enttäuschung über die sittliche Verkommenheit der Menschheit. Dann sehen wir uns eine Woche nicht. Wir haben Zeit uns zu klären. Ich prüfe bedacht, auch mit dem Verstand.

Das Wochenende sieht uns wieder in Sonne und Gras auf dem Weißen Birken. Über uns treiben Wolken. Wir füttern uns gegenseitig mit ein paar Kirschen und Erdbeeren. Du erzählst von Deiner Freundin Isa und sagst, wie glücklich Du seiest. Wir kommen uns immer näher.
Und dann besuchst Du mich in Bonn. Es ist der 29. Juni 1946. Wir treffen uns in Beuel am Bähnchen und gehen mit Ruth in die siebente Symphonie von Bruckner. Abends steigen wir beide allein auf einsamen Wegen auf den Venusberg. Am Rande eines Getreidefeldes angesichts der im Dunst der Kölner Bucht niedersinkenden Sonne habe ich Dir von meiner Liebe erzählt. Du bist sehr still. Du bittest mich um Zeit, da Du Dich noch gebunden wähnst. Mir senkt sich ein Stein auf die Brust. Ich bin sehr traurig. Durfte ich nun noch um Dich werben, da ich doch nichts besaß als meine große Liebe und meine Kraft und den Willen, unsere Existenz zu erarbeiten? Ich hatte lange gezögert mit diesem Schritt, ich meinte es ganz ernst, wollte keine unehrliche Tändelei.
Du warst freundlich zu mir und gingst an meinem Arm nach Bonn zurück. Wie wünschte ich mir, Dir immer so Unterstützung und Schutz sein zu dürfen! Ich musste mein Herz fest in beide Hände nehmen.
Bis 23 Uhr warteten wir vergeblich vor Ruths Wohnung, wo Du schlafen solltest. Sie überließ uns beide uns selbst. Nun hatte ich für Dich zu sorgen. Mir wurde plötzlich deutlich bewusst, dass Du mir mehr warst als meine Schwestern. Wir schliefen dann bei meinen Vermietern Zimmer an Zimmer. Nein, wir konnten beide nicht schlafen. Wir hörten, wie sich der (die) andere im Bett herumwälzte. Was sollte nun werden?
Strahlend ging am nächsten Morgen die Sonne auf. Wir badeten ungestört von fremden Menschen im Rhein. Wir erlebten in Licht und Wasser unsere Jugend und Gesundheit. Als wir dann nebeneinander lagen, fanden sich unsere Hände. Du schmiegtest Dich eng an mich. Das Blut sang in meinen Adern; der Strom plätscherte, über uns jubelten die Vögel, um uns grünte und blühte die Landschaft, von Ferne grüßte der Drachenfels herüber. Da vereinten sich unsere Lippen zum ersten Kuss. Und das Glück wurde übermächtig! Wie dem auch sei, das Leben ist doch schön! Beim Versuch eines weiteren Kusses wehrtest Du ab: »Nu is nuch!« Fortan aber gehörten wir uns. Die entscheidende Wendung unseres Lebens war getan. –
Soll ich die Chronik unserer Liebe weiterführen? Mögen ihre Blätter ein gütiges Geschick bis zum Ende füllen!
Es folgten Sternstunden der Liebe. Wir kamen uns immer näher. Es gibt keine Macht, die uns fortan scheiden soll. Gewiss wird nicht immer die Sonne scheinen, sind wir doch unvollkommene Menschen und leben in dunkler Zeit. Da gilt es erst recht, sich gegenseitig zu tragen. Ich denke getrost und guten Mutes

in die Zukunft, da wir uns so sehr lieben und bereit sind, füreinander auch Opfer zu bringen. Fortan heißt es »wir« und »Du«, nicht mehr »ich«. –
Wir sind sehr glücklich. Wir wissen auch ohne viel zu reden, dass wir zusammengehören. Einfach, aber echt sind die Worte: Ich bin Dein, Du bist mein! Unvergesslich wird uns bleiben, wie wir uns dies zuflüsterten in jener Nacht bei Bohlenhagen auf unserer Bank im Anschluss an Deinen Besuch bei Fräulein Wittler, der ersten Eingeweihten, als die Glühwürmchen um uns geisterten und wir uns zum ersten Male ganz eng umschlungen hielten und uns wieder und wieder küssten. Ich denke auch an die nächsten beiden Tage, als wir auf heimlichen Waldwegen unsere verschwiegene Wiesenecke aufsuchten, oder ans folgende Wochenende, den strahlenden Sonntagmorgen in der erwachenden Natur und den Abend, über den zunächst ein Schatten fiel, da ich Dich nicht abgeholt hatte, der aber dann umso heller strahlte, als Du mir wieder gut warst, Deinen Arm um mich schlangest und mich heiß und lange küsstest. Ich danke Dir für all diese Stunden, auch für Dein Vertrauen, das Du mir schenktest, bis hin zu dem Augenblick, als ich Dich in jener Nacht am 18. Juli zu Deinem Lager tragen durfte, wo wir dann viele selige Stunden bis zum frühen Morgen nebeneinander ruhten. Zuweilen leuchtete der Mond ins Zimmer oder ein Regenschauer rauschte herab. Wir wussten uns ganz geborgen und erlebten eine Vorahnung letzter Zusammengehörigkeit, ohne sie zu vollziehen. Ich war so glücklich, dass es so sein durfte, ohne dass wir Ausartung in hässlichen Genuss fürchten mussten. Ich hatte mich doch immer so gefürchtet vor einer tierischen Geschlechtlichkeit der Liebe, die so viel Schönes und Zartes zerstört. Gewiss ist auch sie zu ihrer Zeit ein Teil der Liebe, der aber unserer letzten innigsten Verbindung zum Kind vorbehalten bleiben muss.
So wurde denn jene Nacht zu einem tief beglückenden Geschenk, das als solches ganz selten bleiben soll und an das wir nur scheu, mit reinem Herzen und in dankbarer Achtung des anderen Menschen denken sollen. –
Das bunte Glücksrad der Zeit dreht sich weiter. Und immer wieder, wenn wir zusammen sind, rastet sein Zeiger auf der Farbe, auf die wir gesetzt haben. Der Gewinn ist stets köstlich: Wir werden jedesmal um eine schönere gemeinsame Erinnerung reicher. Aus der Fülle der Ereignisse ragen Einzelheiten besonders hervor:
Am Sonntag, den 21.7.1946 besuchte mich mein Freund F.K. Nachmittags fuhren wir gemeinsam zu dessen Braut nach Velken und erlebten dort wie auf dem Weg nach Hause frohe Stunden heiterer Geselligkeit und Freundschaft. Wie schön ist es doch, einen Kreis Menschen um sich zu haben, mit denen man glücklich ist, die offen sind auch für Scherz und Humor. Wir wollen sie später um uns sammeln und ein gastfreies Heim haben!

Eine Woche darauf kommst Du ein zweites Mal nach Bonn. Diesmal sind wir ganz allein. In Godesberg hörten wir ein gutes Konzert mit Mozarts Nachtmusik, Schuberts Unvollendeter und Brahms erster Symphonie. Schon früh am nächsten Morgen gehen wir gemeinsam ins Kolleg von Karl Barth, der über die Flüchtigkeit der weltlichen Zeit im Gegensatz zur christlichen spricht. Glauben und Kunst, das sind die Wurzeln unseres Seins, die uns immer wieder Kraft für unseren Alltag zuführen. Wir wollen darum vieles zusammen hören und lesen.
Mittags kochtest Du zum ersten Mal ganz allein für uns beide. Es war eine Freude, wie Du in unserem Heim schafftest. Bald wird es Dein Reich sein, in dem Du frei und selbständig walten kannst. Was tut`s, ob es zunächst klein und bescheiden ist, wenn es nur uns gehört!
Aber was hattest Du für Sorgen! Du fürchtetest, nicht die rechte Frau für mich zu sein. Ganz gewiss werden wir Schwächen aneinander entdecken, die wir uns auch ruhig ohne vorwurfsvolle Bitterkeit und Furcht vor unehrlicher Empfindlichkeit sagen wollen, da man sie selbst meist am schwersten erkennt. Aber ich kann nur immer wieder das eine wiederholen: Echte Liebe trägt den anderen so, wie er ist, und wird sich ihrerseits bemühen, alles zu überwinden, was eine Ehe gefährden und was trennend wirken könnte. Sie wird immer wieder nachsinnen, wie sie dem anderen das Leben noch freundlicher machen kann. Sieh, das wünsche ich von meiner Frau: Dass sie der Familie ein glückliches Heim schafft, ferner Verständnis für meine Aufgaben draußen im Leben, gemeinsame Neigungen und vor allem unbedingtes Zusammenhalten. –
Ich will die Chronik mit den Tagen Anfang August 1946 abschließen, an denen die Post das Ja-Wort Deiner Eltern zu unserer Verbindung brachte, dem die meinigen dann das ihre hinzufügten.
Damit ist unser Bund auch nach außen hin endgültig. Lass uns zum Abschluss gemeinsam das Hohe Lied der Liebe des Neuen Testaments aus 1. Korinther 13 lesen.

*

In den Jahren zwischen 1946 und 1948, also den Jahren intensiver Beschäftigung mit den Themen der Jurisprudenz und der Theologie Karl Barths, der Freundschaften mit anderen Studenten, der nächtelangen Diskussionen, sei es vor allem die Beziehung zu Eka gewesen, die Helmut Simon geholfen habe, seinen Nihilismus endgültig zu überwinden.

Die Öde ging weg, das Leben erhielt einen neuen Reiz.

Die Beziehung wurde enger und intensiver, überstand sogar eine Krise.

Eka und Helmut öffneten sich der Hoffnung auf eine langfristig gemeinsame Liebe, ein gemeinsames Leben.

Was also lag näher, als nach dem Abschluss des Studiums diese Hoffnung nach außen zu tragen?

Zwar galt Helmut offiziell noch als Student, denn schließlich büffelte er als solcher im Repetitorium, aber schließlich war das Ende bei seiner »allein ich will-Mentalität« abzusehen. Und während sich das Grundgesetz in den Geburtswehen befand und um sie herum an einer neuen, besseren Zukunft gearbeitet wurde, sich leise eine Ahnung von Frühling breitmachte (Erhard hatte im Wirtschaftsrat die Aufhebung einer Reihe von Bewirtschaftsmaßnahmen durchgesetzt, wodurch der industrielle Aufschwung nachhaltig ins Rollen kam), schmiedeten Eka und Helmut ihre Hochzeitspläne.

Ende Juli 1948 war es dann soweit. Eka und der entsetzlich nervöse Helmut wollen sich vor der Familie, weiteren Verwandten, Freunden und Nachbarn das »Ja-Wort« geben, den Schritt wagen, den George Bernard Shaw als den Triumph des Optimismus über die Erfahrung bezeichnet hatte.

Es sollte eine große, eine großartige Hochzeit werden.

Alles begann damit, dass sich die lieben Schwestern einen Scherz erlaubt und auf dem Aushang am Standesamt als Beruf des Bräutigams »Schüler« hatten drucken lassen. (Im Nachhinein scheint es, als habe dieser Aushang Helmuts Verhalten an diesem Tag beeinflusst.)

Zwar war der Ablauf der Zeremonie bis ins Detail geplant, in die Planung allerdings nicht miteinbezogen war der oftmals Verwirrung stiftende und meist unterschätzte Part der Nervosität. Und der Zufall.

Eka und ihr Bräutigam waren zu früh vor der Kirche vorgefahren und diejenigen Gäste, die bei der Ankunft des Brautpaares Spalier stehen sollten, befanden sich noch in der Kirche. Ekas Vater, Pastor Kruse, der die

Eka

Trauung selber vornehmen wollte, zog sich gerade in der Sakristei um.
Helmut wollte raus aus dem Wagen, Eka versuchte beruhigend auf ihn einzuwirken, doch er sagt heute:
Ich hatte alles vergessen. Ich riss die Türe auf und zog an meiner Braut, die sich vehement sträubte. Sie allerdings hatte nicht vergessen, dass wir noch warten sollten.
Aber welche Braut kommt schon gegen die Kräfte eines Geliebten an, der sie jetzt und hier und unbedingt sofort heiraten möchte?
Ich schaffte es tatsächlich, sie aus dem Wagen zu zerren und in dem Moment vor das Portal zu ziehen, als diejenigen Gäste, die das Spalier bilden sollten, wieder aus der Kirche kamen. Es entstand ein heilloses Durcheinander, doch ich wollte, Eka hinter mir herziehend, weiter zum Altar.
In diesem Moment setzte die Orgel ein, zeitgleich bemerkte Eka, dass sich ihr Vater noch nicht im Kirchenraum befand. Es gelang ihr, Helmut wenigstens etwas zu bremsen.
Pastor Kruse kämpfte unterdessen mit seinem zweiteiligen weißen Kragenschmuck, dem Beffchen, betrat also verspätet den Altarraum. Nur der liebevollen Geduld von Eka war es zu verdanken, dass Braut und Bräutigam nicht vor, sondern wenigstens zeitgleich mit dem Pastor vor dem Altar erschienen.
Die eigentliche Trauungszeremonie muss dann wohl einen normalen, einen gesitteten Verlauf genommen haben, jedenfalls hat Helmut Simon nichts Anderslautendes erzählt. Die Grundstimmung stand unter dem Motto: »Alles wird gut.«
Dann folgte ein großartiges Fest, auf dem viel gelacht wurde, mit reichlich Essen und Trinken und feierlichen Reden.
Eine davon konnte allerdings nicht gehalten werden, weil das Brautpaar und die Gäste den Redner völlig verwirrt hatten.
Selbst aus Frankfurt war ein guter Freund mit dem Fahrrad nach Ruh geradelt, auf dem Gepäckträger als Geschenk den Traum für jede Braut, ein Bügeleisen. Und ein weiterer Freund, Martin R., erschien allein, seine Verlobung war kurz zuvor gescheitert. Seinetwegen sollte der Festtag genauso unkonventionell enden, wie er begonnen hatte. Denn während die Braut immer müder und müder wurde und sich schließlich zur Nachtruhe verabschiedete, saßen Helmut und seine Freunde noch endlos lange bis zum Morgengrauen bei dem frisch Entlobten und versuchten ihm, als die Profis, die sie in Liebesdingen zu sein glaubten, Trost zu spenden und zu beraten.

Helmut Simon schmunzelt bei diesen Erinnerungen und fügt hinzu: *Ausgelacht hat mich Eka, als sie ins Bett ging, aber trotzdem, die Hochzeiten in der Familie waren alle großartig, und viele waren es auch, schließlich hatte allein ich sechsundfünfzig Vettern und Cousinen.*
Anzumerken wäre vielleicht noch, wie sich ein politisch interessierter Jurist sein Hochzeitsdatum merkt:
Man nehme das Datum der Währungsreform und gebe vier Wochen dazu, voilà.

Mit dem Fahrrad ging es auf Hochzeitsreise. Helmut fuhr den Oldtimer, ein wahres Ungetüm von Fahrrad, das er schon als Kind vom Vater geerbt, und mit dem er als Jugendlicher einen nicht ganz ungefährlichen Unfall erlebt hatte, bei dem beide, also Helmut und das Fahrrad, ihre Langlebigkeit (made in Germany) unter Beweis gestellt hatten.
Eka fuhr ein nigelnagelneues Damenfahrrad (vom Patenonkel aus Hamburg), was wohl zu dieser Zeit etwas ganz Besonderes gewesen sein musste. Göttingen war ihr Ziel, allerdings nicht, weil sich beide für das dort im Entstehen begriffene, neue deutsche Filmzentrum interessierten (es wurde gerade an dem Film »Liebe 47« gearbeitet, nach dem Theaterstück von Wolfgang Borchert »Draußen vor der Tür«, Regie Wolfgang Liebeneiner), sondern um Freunde und Verwandte zu besuchen.
Einen Onkel von Eka, einen Forstmeister, die Brüder L., beides Theologiestudenten mit einem familiären Hintergrund zur Bekennenden Kirche und einem etwas schrägen Humor, sowie einen weiteren Patenonkel von Eka, einen gläubigen Pietisten. Bei ihm waren die frisch Vermählten zum Abendessen eingeladen. Der Patenonkel wollte ein für ihn kostbares Care-Paket mit den beiden teilen.
Vielleicht war es ja eines dieser Care-Pakete, das amerikanische Pietisten ausschließlich für ihre Glaubensbrüder in Deutschland gedacht hatten, jedenfalls stand auf dem Paket: »Nur für Beter!«. Der Patenonkel hielt Helmut Simon daraus eine duftende Wurst unter die Nase und fragte ihn, ob er denn auch ein Beter sei.
Für diese Wurst schon, knurrte dieser und erhielt dafür von seiner Eka einen Tritt unter dem Tisch.

Bauer ade

So, wie bei den Menschen des auslaufenden 18. Jahrhunderts die Physiognomik hoch im Kurs stand und jedermann, ob Gastwirt oder Gelehrter, Zimmermädchen oder Bürgersfrau, über äußere Merkmale auf Charaktereigenschaften seines Gegenübers zu schließen versuchte, so hatte Professor B., der Zahnarzt und Humanmediziner aus Waldbröl, bei dem Eka als medizinisch technische Assistentin ein recht karges Brot verdiente – es reichte immerhin für einen Teewagen und ein Büchergestell –, ein Steckenpferd, das so manchen seiner Patienten nicht wenig verunsicherte, ja, sogar erschreckte.
Der ehemalige Professor aus Bonn war nach dem Krieg nach Waldbröl gekommen und hatte dort eine Zahnarztpraxis eröffnet. Doch er zog nicht nur die Zähne oder stopfte die Löcher seiner Patienten, nein, er schloss aus der Stellung der Zähne, des Gaumens oder der Form des Mundes auf den Charakter und stellte den Patienten nicht erbetene, oft eher unerwünschte Diagnosen.
Helmut Simon beschreibt ihn als gütig, originell, auch als ein wenig unpraktisch.
Bei diesem Zahnarzt also, der nach und nach zum Freund der Familie wurde (er war auch Gast bei der Hochzeit der Simons) und dem es trotz seines skurrilen Steckenpferdes gelang, einen gewissen Patientenstamm aufzubauen, verdiente Eka das Geld, während sich Helmut durch das Repetitorium kämpfte und auf dem Hof mitarbeitete, auf dem die beiden für den Anfang ihr erstes Heim aufgeschlagen hatten. Von Eka erhielt der »Noch-Student« ein monatliches Taschengeld von 20 DM.
Zu dieser Zeit, also Sommer 1948 bis Frühsommer 1949, ist über das Leben der beiden in Helmut Simons Lebensskizzen nichts zu finden – die frisch Vermählten hatten sich wohl, neben ihrer Arbeit, zurückgezogen. Dabei fällt diese Zeit genau in die Phase der Spaltung Berlins.
Die ehemaligen Alliierten sind zerstritten. Dies manifestiert sich in den Auseinandersetzungen um die Vier-Sektoren-Stadt Berlin. Die

Sowjets nehmen die Währungsreform vom 24. Juni zum Anlass, alle gängigen Verbindungen zur Stadt, also Land- und Wasserwege durch eine Blockade zu kappen. General Clay macht sich stark für eine Versorgung durch die Luft, die berühmten »Candy Bomber«, also die »Rosinenbomber«, nehmen ihre elf Monate dauernde, ununterbrochene Arbeit auf. Es gelingt, die Bevölkerung vollständig aus der Luft zu versorgen. Innerhalb dieser Zeit vollzieht sich die endgültige politische Spaltung.

Zum Jahresende 1948 nehmen in den drei Westsektoren sowie im Ostsektor zwei getrennte Verwaltungen ihre Arbeit auf, doch der Versuch der Sowjets, die ganze Stadt Berlin in ihren Einflussbereich zu integrieren, scheitert. Mit der offiziellen Verkündung des Grundgesetzes gilt die Bundesrepublik Deutschland als gegründet. Die Sowjets ziehen mit der Gründung der Deutschen Demokratischen Republik am 7. Oktober 1949 nach. Das Knirschen des sich absenkenden »Eisernen Vorhanges« wird nur wegen des permanenten Dröhnens der »Candy Bomber« überhört.

*

Der Weiler Ruh muss seinen Namen einst von einem sehr vorausschauenden Namensgeber erhalten haben. Der Ort war erst von den Nazis und dann vom Krieg mehr oder weniger links liegen gelassen worden, aber auch vom neuerdings gewaltigen Betrieb in der Luft blieb er unbeleckt.

Selbst der kleine Onkel Wilhelm, ein Bruder von Setta, wollte nicht mehr kommen.

Früher hatte er regelmäßig jede Woche einmal bei den Simons vorbeigeschaut, *ein bei uns nicht unbeliebtes Hutzelmännchen, bis auf die Knochen stockkonservativ in seiner Glaubenshaltung.*

Irgendwie hatte er in Erfahrung gebracht, dass die gesamte Familie Simon nach dem Krieg zu überzeugten SPD-Anhängern geworden war. Das war für den armen Onkel Wilhelm zu viel. Ab diesem Tag mied er den Hof, als wäre auf diesem die Pest ausgebrochen, nahm für seine Glaubenshaltung auch in Kauf, dass er von diesem Moment an keine Waren an die Simons mehr würde verkaufen können.

Diese Episode erinnert Helmut Simon an Eindrücke aus seiner Kindheit, als nämlich das Reichsbanner, ein sozialdemokratischer Kampfbund, zur Verteidigung der Republik mit seinem Dreizack-Symbol

ihm und den anderen Kindern als die wahrhaftige Verkörperung des Bösen ausgegeben wurde.
Und die Einstellung dieses kleinen, verängstigten Onkel Wilhelm war das oberbergische Synonym für ein Nachkriegsphänomen, das sich in den Vereinigten Staaten wie ein Fluch ausbreiten sollte und auch über den großen Teich in das verletzliche Nachkriegseuropa hinüberschwappen sollte: »der McCartyism«. Er begann etwa 1947, auch als Folge des beginnenden Kalten Krieges, und klang erst gegen 1956 wieder ab. Er beruhte auf (teilweise auch mystischen) Ängsten, eine fremde Macht würde mit Hilfe subversiver Elemente die Kontrolle über die Vereinigten Staaten übernehmen wollen. Die Verfolgungen, die nun begannen, vor allem linker und liberaler Intellektueller bis hinein in die Regierungsetagen und in die Filmmetropole Hollywood, wurde zu einer regelrechten Hexenjagd, bei der Grund- und Menschenrechte oft hemmungslos verletzt wurden. Illegale Abhör-, Verfolgungs- und Verhörmethoden waren an der Tagesordnung, das Spitzeltum feierte eine Blütezeit.
Als gegen 1956 die Hexenjagd auf vermeintliche linke Agitatoren langsam ausklang, begannen sich in den Vereinigten Staaten die mystischen Ängste auf subversive Außerirdische zu konzentrieren.

In seinem Leben hat und hatte Helmut Simon nichts übrig für Mystizismus – und in seinem Glauben nichts für Mystik. Ihm geht es 1949 um Lebensbewältigung und Lebensaufbau. Seine Prüfung hatte er kurz nach der Verkündung des Grundgesetzes und praktisch zeitgleich zur Geburt der Bundesrepublik Deutschland bestanden. Es waren kausale und keine temporalen Zusammenhänge, aus denen für ihn gegenüber dieser Republik und dieser Gesetzgebung eine mentale Verpflichtung erwuchs und an denen er festhielt, obwohl noch einmal ein Schicksalsschlag die Kontinuität seiner Lebensplanung unterbrechen sollte.
Was war geschehen?
Es war Juli, in der Sommerhitze standen die Wiesen voll im Saft, für die Simons und alle anderen bäuerlichen Betriebe war die Zeit der Heuernte angebrochen. Die Wiesen wurden gesenst, dann das Heu zum Trocknen ausgebreitet, gewendet, danach gesammelt und in trockenem Zustand eingefahren. Dabei passierte es.
Nach dem Beladen seines Heuwagens stand Vater Eduard oben auf und versuchte eben, den Langbaum zu spannen. Doch dessen Holz

war im Laufe der Jahre spröde geworden, oder der kräftige Eduard, der 1949 immerhin schon neunundsechzig Jahre zählte, hatte ihn zu fest angezogen. Auch musste er die akustischen Vorboten der zu hohen Spannung – das erste noch leise, das Unglück ankündigende Reißen des Holzes – wegen der körperlichen Anstrengung überhört haben. Der materialmüde Langbaum jedenfalls versuchte sich aus der aufgezwungenen Spannung zu befreien, zerbarst ächzend und schleuderte dabei Eduard vom Heuwagen auf den Boden.

Für ihn und die Familie war die Diagnose niederschmetternd, Eduard hatte sich die Wirbelsäule angebrochen.

Dieser Unfall hätte sich zu einem wirtschaftlichen Totalausfall entwickeln können, wäre da nicht der frisch examinierte Helmut gewesen. Er verschob seine Referendarausbildung und übernahm für die restlichen Monate des Jahres die Bewirtschaftung des Hofes, sodass sich Eduard in aller Ruhe von seinem Ernteunfall erholen konnte.

Helmut Simon war das Arbeiten auf dem Hof und mit den Tieren durch seine Mithilfe von Kindesbeinen an gewohnt, trotzdem unterlief ihm, in dieser für ihn neuen Situation, ein Fehler, vielleicht weil er jetzt die ganze ungewohnte Verantwortung schultern musste. Der Fehler war nicht gravierend, aber er trug zum Amüsement der Familie bei. Er wollte einen hausnahen Acker pflügen, hatte zu diesem Zweck einen Ochsen aus dem Stall geholt, bedachte aber nicht, dass dieser schon längere Zeit quasi im Standby Modus im Stall gestanden hatte.

Es gelang Helmut noch, den Ochsen vor den Pflug zu schirren und mit diesem und dem Pflug in Richtung Acker loszutrotten, als der an sich gutmütige und geduldige Ochse unvermittelt Morgenluft witterte und spontan einem tiefen Bedürfnis nach Bewegung freien Raum ließ. Kurz, der Ochse beschleunigte für Helmut unerwartet, dieser musste zwangsläufig hinterher und aus der Sorge heraus, der Pflug könne an einem größeren Stein Schaden nehmen, bemühte sich der frisch examinierte Jurist und momentane Jungbauer mit seiner ganzen Kraft und seinem ganzen Verantwortungsgefühl den Pflug während des Galopps über den Acker anzuheben.

Kaum gebremst durch den angehobenen Pflug freute sich der Ochse über seine vermeintliche Freiheit. Er tobte, den hilflosen Helmut hinter sich herziehend, kreuz und quer über den Acker, während sich die »holde Weiblichkeit« der Familie vor dem Haus herzhaft an dem Anblick erfreute, ja, sich vor Lachen die Bäuche hielt.

Heute sieht Helmut Simon das Abenteuer pragmatisch, sein Kommentar hierzu gibt sich eher nüchtern.

Ochsen sind zwar geduldiger als Pferde, aber auch viel stärker als diese. Sie lassen sich gegen ihren Willen einfach nicht zügeln.

Seine Lebensalternative aus der Jugendzeit jedoch, nämlich immer noch Bauer werden zu können, sollten sich die anderen Berufswünsche zerschlagen, wurde in diesem Halbjahr als Vollzeitbauer gecancelt.

Bauer wollte ich lieber nicht mehr werden, da mir die bäuerliche Arbeit vor allem im regnerischen Oberbergischen wegen der Wetterabhängigkeit verleidet war.

Gerne Jurist sein

Anfang der 50er Jahre betrat Helmut Simon als Referendar in Köln die Bühne der Juristerei. Zu einem Zeitpunkt, als viele der in diesem Metier Beschäftigten die fünf Jahre seit Kriegsende dazu benutzt hatten, ihre Tätigkeit für oder an den NS-Gerichten vollständig unter den Tisch zu kehren. Und zu einem Zeitpunkt, an dem die deutsche Politik in den Köpfen der Bürger eine Mauer zu errichten begann, lange bevor die Mauer in Berlin Realität werden würde, auch wenn Konrad Adenauer tönte: »Die Sowjets (»Ssowffjets«) sind ein friedliebendes Volk.« »Der Iwan« war zu »Dem Russen« geworden – und der stand schließlich überall vor der Türe und wollte den Deutschen all das wegnehmen, was sie sich gerade zu erarbeiten begonnen hatten: Radios, Kühlschränke, Autos, Plattenspieler, Aktien, Frauen.
Etwas grotesk war die Situation ja schon. Da hatten sich die Alliierten alle Mühe gegeben, die Deutschen zu entmilitarisieren, gleichzeitig aber benötigte die westliche Welt ein schlagkräftiges Bollwerk gegen den Kommunismus. Ein Gordischer Knoten, der mit einem Schwertstreich allein nicht zu lösen war.
Da wurde etwas angedacht, was dem jungen Juristen und Schüler Karl Barths, Helmut Simon, so gar nicht gefallen wollte, denn er und seine Freunde wurden von einer so ganz anderen Sehnsucht getrieben, der Sehnsucht nämlich, dass Frieden und Friedenserhalt auch durch Entspannung möglich sein müsste.
Aber noch wurde über dieses Thema nur hinter vorgehaltener Hand geredet, die Einflussnahme würde langsam und diplomatisch vor sich gehen.

Das junge Paar lebte immer noch in der Abgeschiedenheit des Bergischen Landes, sozusagen in politischer Diaspora. Dort kam 1951 ihre Tochter Beate zur Welt. In jenem Zimmer, in dem Helmut und Ruth 29 Jahre vorher das Licht der Welt erblickt hatten.

Dieses Mal allerdings war es nicht die Hebamme, die bei der Geburt behilflich war, sondern Professor B., Ekas Chef. Ebenfalls bei der Geburt anwesend war der stolze Vater, der somit zum Thema »Emanzipiertes Leben in der Ehe« für Millionen von Vätern in der Zukunft ein Zeichen gesetzt hätte, wenn er damals schon bekannt gewesen wäre.
Neben der größer werdenden Familie drängten sich Anfang der 50er zwei weitere Schwerpunkte in Helmut Simons Leben. Der eine war seine Doktorarbeit, der andere eine neu gegründete Partei, die seine ganze Zustimmung, aber auch die seiner Familie fand.
Gustav Heinemann, juristischer Berater der Bekennenden Kirche und mittlerweile Innenminister in der Adenauer-Regierung, verließ die CDU aus Unzufriedenheit und gründete eine eigenständige Partei, die Gesamtdeutsche Volkspartei (GVP).
Sie wollte der Gegenpol zur beginnenden Wiederbewaffnungsdebatte sein, folgte dem Grundsatz der Nichteinmischung in fremde Angelegenheiten, gab sich blockfrei, bekämpfte also aus diesen Inhalten heraus die Politik Adenauers.
Für Helmut Simon und seiner Familie war die SPD Schumachers auch vor dem Hintergrund der Bekennenden Kirche und der Lehre Karl Barths zu nationalistisch geworden. Hinzu kamen inzwischen auch hier wegen des beginnenden Kalten Krieges und der sich anberaumenden Wiederbewaffnung antikommunistische Töne.
Dieser Zeitpunkt war es, an dem sich das große taktische und sprachliche Geschick von Helmuts Mutter Setta zeigte. Wieder und wieder trat sie in Ruh und Umgebung persönlich für die Partei Heinemanns ein, machte die GVP bekannt.
Während diese bei den Bundestagswahlen 1953 im Rest des Landes gerade mal einen Achtungserfolg erhielt, aber ohne Mandat blieb, erreichte sie in Ruh eine eindeutige Mehrheit von knapp 80 Prozent der Stimmen.

Helmut Simons Gedankengebäude erhielt mit der Arbeit an seiner Dissertation den ersten Feinschliff des Innenausbaus. Wieder waren es Fragen, die ihn beschäftigten, ja sogar Fragen, die für ihn eine existenzielle Bedeutung erhielten. Fragen, denen er sich bei dieser Gelegenheit wissenschaftlich nähern, in die er sich vertiefen würde.
Ich nahm dabei keinerlei Rücksicht, ob mir die Dissertation gelingen würde oder nicht.

Wissen wollte er, was der Glaube für ihn als Juristen und für die daraus resultierende Arbeit bedeuten würde, oder umfassender, welche Orientierungshilfe der Glaube für die rechtliche Gestaltung des menschlichen Zusammenlebens geben kann.
Seine Fragen basierten auch auf einem für ihn *erheblichen Bedürfnis nach rechtsphilosophischer und rechtstheologischer Klärung des nationalsozialistischen Unrechts.* Natürlich wurden in diesem Zusammenhang auch Fragen nach dem Naturrecht aufgeworfen.
Die Doktorarbeit stand unter dem Titel: »Der Rechtsgedanke in der gegenwärtigen deutschen, evangelischen Theologie unter besonderer Berücksichtigung des Problems materialer (sich auf den Inhalt beziehender) Rechtsgrundsätze.« Sie wurde mit einem »Magna Cum Laude« bewertet und fand Eingang in die wissenschaftliche Literatur. Damit war Helmut Simons Berufsausbildung 1953 abgeschlossen.

Unter Theologen hatte sich aus den bereits erwähnten Fragen zur rechtsphilosophischen und rechtstheologischen Klärung nationalsozialistischen Unrechts eine Diskussion entwickelt, an der sich Helmut Simon später durch Beiträge in Festschriften beteiligte (1956 für Karl Barth, 1962 für Ernst Wolf, sowie auch Mitte der 50er Jahre am theologischen Rechtsgespräch der Institutionen-Kommission).

In folgendem Vortrag beschäftigt Helmut Simon sich in Anlehnung an die vorher benannten Fragen mit den drei theologischen Richtungen, die sich im Nachkriegsdeutschland entwickelt hatten, jeweils anknüpfend an ein heilsgeschichtliches Ereignis:

Die erste Richtung ist am Schöpfungsereignis orientiert und will aus der Seinsordnung der Schöpfung (der Schöpfung selbst) anwendbare Naturrechtssätze herleiten; sie hat ihre eigentliche Heimat im Katholizismus und übte in der ersten Nachkriegszeit erhebliche praktische Einflüsse aus.
Im Protestantismus herrscht seit jeher eine zweite Richtung vor, die vom Erhaltungswillen Gottes auf dem Hintergrund des Sündenfalls her denkt, wie er besonders sinnfällig im Bund mit Noah nach der Sintflut wird.
Hier wird der Staat als eine zwischenzeitliche Erhaltungs- und Notordnung verstanden, nötig und der gefallenen Welt von Gott als relatives, vorläufiges und notwendiges Gegengewicht gegen den Einbruch des Chaos in die noch unerlöste Welt verordnet.

So sehr beide Richtungen wichtige Einsichten vermitteln, so sind sie doch schon deshalb auf Widerspruch gestoßen, weil sie zu Spekulationen über irgendein Wesen des Staates und zu einer vom Evangelium losgelösten Jedermanns-Ethik oder gar zu einer doppelten Moral für Christen verleiten.
Dabei gelangte die erste zur Überbewertung ungesicherter Naturrechtsideologien und setzte sich dem Vorwurf aus, sie hole als objektives Naturrecht vom Himmel herunter, was sie zuvor als subjektive Wertvorstellung hinaufprojiziert habe.
Mir war allerdings diese erste Richtung in einem Punkt sympathischer als die zweite:
Immerhin hält der Naturrechtsgedanke gleichsam als das Gewissen des Rechtes das Gespür für die Unzulänglichkeit alles menschlichen Rechtes wach; auch erscheint mir die Vorstellung unaufgebbar, dass es – wie Judenmorde, Rassismus und der faktische Gebrauch von Massenvernichtungsmitteln zeigen – eine Art Naturunrecht als schlechthin ausgeschlossene Möglichkeit menschlichen Verhaltens gibt.
Dies lässt sich bei der zweiten Richtung nur schwer erkennen. Mit dem Nachdruck, den sie auf ein starkes Gegengewicht gegen die Macht des Bösen legt, gelangt sie fast zwangsläufig zur Überbetonung von Ordnungsdenken und Staatsgewalt.
Dies ist einer der Gründe für die eigentümliche Rechtsfremdheit des Protestantismus, die der marxistischen Rechtsfremdheit in Wenigem nachsteht und die man auf folgende Formel bringen könnte:
Weil sie des Rechtes nicht mächtig werden, erklären sie die Macht für rechtens.
Erst auf diesem Hintergrund wird verständlich, dass im evangelischen Denken eine bestimmte isolierte Interpretation von Römer 13 so zählebig vorherrschte, dass man kaum eine Rechtsethik, wohl aber ausgeprägte protestantische Staatslehren mit einer oft erstaunlich unnüchternen Ermächtigung des staatlichen Schwertamtes findet und dass sich manche lutherischen Theologen so anfällig für den starken Führerstaat erwärmten.

Für meinen eigenen rechtstheologischen Standpunkt und ebenso für die politische Ethik der Bruderschaften wurde eine dritte Strömung bestimmend, die man die christologische nennt. (Christologie: Lehre von der Person Christi, der christlichen Theologie.) *Sie befragt die herkömmliche Ordnungstheologie kritisch danach, was eigentlich das Christuszeugnis und die darin offenbarte Gerechtigkeit Gottes für den Bereich der menschlichen Rechtsordnung bedeutet.*

Richtungsweisend dafür waren zwei Aufsätze von Karl Barth:
»Rechtfertigung und Recht« sowie
»Christengemeinde und Bürgergemeinde«
Diese Ansätze wurden später durch Ernst Wolf im Rahmen der lutherischen Theologie fortentwickelt. Selbstverständlich wird in dieser Richtung nicht einfach alles gegenstandslos, was aus dem Schöpfungs- und Erhaltungsgedanken an Einsichten herleitbar ist; aber diese werden, wie man damals sagte, trinitarisch (dreifach) *eingebunden. Vor allem ist die Fragestellung anders. Hier ist man weniger an Verhaltenskriterien für jedermann interessiert, sondern hier fragt man vordringlich:*
Was ist dem Christen im Stande der Nachfolge zu tun geboten?
Wie verhält sich der Christ gegenüber dem jeweils vorfindlichen Staat?
Diese Fragestellung deckt sich doch wohl mit dem Interesse der Evangelisten und der Apostel. Sie verwischt keineswegs die Unterschiede zwischen Kirche und Staat in dem richtig verstanden Sinn der Zwei-Reiche-Lehre, wonach der Staat keine kirchlichen und die Kirche keine staatlichen Aufgaben wahrzunehmen haben.
Sondern sie nimmt ernst, was die zweite These der Barmer Theologischen Erklärung unmissverständlich bezeugt hat:
»Wie Jesus Christus Gottes Zuspruch der Vergebung aller unserer Sünden ist, so – und mit gleichem Ernst – ist er auch Gottes kräftiger Anspruch auf unser ganzes Leben.
... Wir verwerfen die falsche Lehre, als gäbe es Bereiche unseres Lebens, in denen wir nicht Jesus Christus, sondern anderen Herren zu eigen wären.«

Auf mich hat dieser christologische Ansatz und die daraus folgende veränderte Fragestellung überzeugend und zugleich befreiend gewirkt. Fragt man nämlich unter Verzicht auf ordnungstheologische Spekulationen nach dem christlich gebotenen Verhalten gegenüber dem faktisch Vorfindlichen, dann befreit dies zunächst einmal zu einer nüchternen, ideologisch unverstellten Sicht eben dieses Vorfindlichen.
Nicht ein vermeintliches Wesen des Staates interessiert hier, sondern seine Aufgabe und die Art, wie diese angesichts der jeweiligen Nöte wahrgenommen wird. Dabei ist klar, dass die Wahrnehmung der staatlichen Aufgaben – wie es in der Barmer Theologischen Erklärung illusionslos heißt – in der noch unerlösten Welt und also durch fehlbare Menschen geschieht. In dieser unerlösten Welt wird staatliche Politik stets ein Gespinst von verantwortlichem Handeln, ethischen Motiven, Machtstreben, Interessensdurchsetzung und Hilflosigkeit gegenüber Zwängen sein.

Politisches Handeln ist immer nur ein Prozess von »trial and error«.
Dieser abstoßende Zustand der Politik hat evangelische Christen immer wieder zum Aussteigen verleitet. Dies begünstigte die am Sündenfall und an Erhaltungsnotordnungen orientierte traditionelle Lehre, die ja den gefallenen Äon (Weltalter/Ewigkeit) *bewusst als nicht mehr Schöpfung und noch nicht Reich Gottes sieht und der ein heimlicher Hang zur Flucht aus der dämonisierten Welt und deren Preisgabe an ihre Eigengesetzlichkeit innewohnt. Gerade hier zeigt sich der Lebenswert der christologischen Sicht:*
In deren Zentrum steht die biblische Aussage über die verborgene, aber für den Glauben deshalb nicht minder reale Herrschaft Christi über alle Mächte und Gewalten. Das Verhältnis von Christengemeinde und Bürgergemeinde kann geradezu mit dem Bild zweier konzentrischer Kreise beschrieben werden, deren Mittelpunkt der Kyrios Christos (der mächtige Gott Christus) *ist.*
Der Glaube an die Herrschaft Christi tröstet und ermutigt zu legitimer evangelischer Daseinsbejahung.
Es fällt auf, dass die Vertreter der christologischen Sicht ähnlich wie die Anhänger der naturrechtlichen Schöpfungsordnungslehre die Welt als Herrschaftsbereich Christi bzw. als ursprüngliche Schöpfung Gottes trotz aller Vorbehalte grundsätzlich positiv werten. Und sie rechnen mit deren Verbesserlichkeit. Ein Rückzug aus dieser Welt wird erschwert, wenn der Zusammenhang zwischen dem Bereich rechtlicher Ordnung und der Herrschaft Christi erkannt wird.
Dann darf sich gerade der verantwortliche Christ dem Engagement für eine menschenwürdige Rechtsordnung nicht entziehen!
Dann ist diese geradezu ein bevorzugter Ort seiner irdischen Bewährung!
Diese Sicht befreit den Christen – nach einer Formulierung von Rudolf Smend – zu einer bewussten und volleren Weltlichkeit, zu einer intensiveren und aktiveren Existenz in der christlichen Freiheit zu einem positiven Verhalten im Bereich der staatlichen Wirklichkeit.
Dem Juristen kann sie dazu verhelfen, gerne Jurist zu sein und zu wissen, weshalb er es ist.

Unabhängig von ihrer Herkunft spricht sich Helmut Simon also nicht unbedingt gegen die Idee eines Naturrechtes aus, sieht allerdings die Gefahr einer Überbewertung und Ideologisierung. Gleichzeitig fasziniert ihn die Idee eines vorgegebenen Naturunrechts. Beide, also Naturrecht sowie Naturunrecht, sind Mahner, rütteln am Gewissen des Rechtes und seiner Unzulänglichkeit.

Weiter bescheinigt er so manchem Protestanten eine Überbetonung von Ordnungsdenken und Staatsgewalt und begründet dies mit einer zu einseitigen Interpretation von »Römer 13« (Es geht darin um das Verhalten gegenüber der Obrigkeit: »Wo aber Obrigkeit ist, die ist von Gott verordnet«).
In dieser Interpretation sieht er auch einen Grund für das Verhalten von Theologen zur NS-Zeit.

Für Helmut Simons Denken wirkte die »Zweite Barmer These« wie eine Befreiung. Es geht nicht mehr um den Staat an sich, es geht um dessen Aufgaben und um die Art und Weise, wie er sich diesen widmet. Und es geht darum, dass dies (in der unerlösten Welt) durch fehlbare Menschen geschieht, dass Politik also ein Zustand von »Versuch und Irrtum« ist.
Dieser – wie Helmut Simon sagt – abstoßende Zustand sollte den (evangelischen) Christen eben gerade nicht zum Aussteigen veranlassen, denn der Glaube (an die Herrschaft Christi) tröstet und ermutigt zu legitimer (evangelischer) Daseinsbejahung.
Die Vertreter dieser These bewerten trotz aller Vorbehalte die Welt als Herrschaftsbereich Christi, beziehungsweise als ursprüngliche Schöpfung Gottes, grundsätzlich positiv – ebenso wie die Anhänger der naturrechtlichen Schöpfungslehre. Und sie rechnen mit deren Verbesserung.
Also eine Aufforderung an den verantwortlichen Christen im Allgemeinen, sich für eine menschenwürdige Rechtsordnung einzusetzen. Und eine Aufforderung an den Juristen im Besonderen, gerne Jurist zu sein und zu wissen, warum er diesen Beruf ausübt. Und diesen Anspruch bezieht Helmut Simon auf seine eigene Person.

*

Bei einem unserer Gespräche haben wir uns über Sprachformen und Sprachqualität unterhalten. In diesem Gespräch ging es um die Verständlichkeit wissenschaftlicher und (in seinem Fall) auch juristischer Publikationen sowie um die Erreichbarkeit des Lesers.
An diesem Nachmittag haben wir ihm, wohl immer noch unter dem Eindruck seiner Sprachgewalt stehend, vorgehalten, dass Texte, die man mit Fug und Recht als »trocken« bezeichnen kann, genau den Leser nicht erreichen, den der Autor eigentlich erreichen möchte, ja,

dass manche Texte sogar eine gewisse Arroganz gegenüber dem Leser ausdrücken, weil das oft eigentliche (aber unbewusste) Ziel dieses Textes ist, den Autor im Verhältnis zum Leser zu erhöhen.
Helmut Simon hat dieses Manko zugegeben.
Man rutscht eben mit der Zeit in diese Art Sprache hinein.
Und er erzählt, dass ein Freund einmal zu ihm gesagt habe:
Mein lieber Mann, dein Stil ist aber versaut.
Dann entspannte er sich ein wenig und erzählte, dass ihm dies einen Schock versetzt habe und ihm so die Qualität seiner Sprache bewusst geworden sei und dass er sich bemüht habe, diese zu verändern, farbiger zu formulieren. Andererseits habe er sich oft so intensiv an manchen Formulierungen gerieben, an ihnen herumgefeilt, dass er zum Schluss regelrecht in diese verliebt gewesen sei.
Aber die Sprache hat sich im Laufe der Zeit verbessert.

*

Während Helmut Simon in der »Zweiten Barmer These«, also durch seinen Vordenker, den großen Schweizer Theologen Karl Barth, gedankliche Freiheit suchte und fand, wirkte auf die Deutschen ein anderes Ereignis wie eine Befreiung. Sie hatte ihren Ursprung ebenfalls in der Schweiz und wurde durch eine legendäre Radioreportage in die meisten deutschen Haushalte getragen.
Ein Wunder hatte in Bern stattgefunden.
Ausgerechnet die nur als Außenseiter gehandelte deutsche Fußballmannschaft gewann die WM '54 gegen den Favoriten Ungarn mit drei zu zwei.
»Tooor! Tooor! Tooor! Tooor!«
Diese vier Worte des sich stimmlich fast überschlagenden Radioreporters wirkten nach dem verlorenen Krieg und den Enthüllungen der Nazi-Verbrechen wie eine kollektive Befreiung, sie wurde zum Symbol für einen neuen Aufbruch, und der Torschütze Helmut Rahn sechs Minuten vor dem Schlusspfiff zu dessen Idol.

Hut ab vor Konrad Adenauer

Helmut Simon beschreibt in seinen Lebensskizzen die Zeit der 50er Jahre als *recht geist- und trostlos, materialistisch, bleiern.* Auch Eka muss diese so gesehen – und die Zeit der Wiederbewaffnungsdiskussion sogar als bedrohlich empfunden haben, so bedrohlich, dass sie in dieser Zeit und in dieser Welt zunächst kein zweites Kind mehr bekommen wollte.

Vor den Wahlen 1953 hatte Gustav Heinemann der CDU ihr Wahlprogramm ausschließlich als Dreipunkteprogramm vorgeworfen: Viel verdienen – Soldaten, die dies verteidigen – Kirchen, die beides segnen.

Nachdem Adenauer dann die Wahlen mit absoluter Mehrheit gewonnen und sogar in Zusammenarbeit mit kleineren Parteien die verfassungsändernde Mehrheit errungen hatte und die GVP bedingungslos abgeschlagen war, schrieb Helmut Simon, der sich in seiner Aufbruchstimmung zu einer neuen Freiheit enttäuscht sah, einen Alarmbrief an seine Freunde, in dem er unter anderem seiner Angst vor der Gefahr einer medien- und gesellschaftspolitischen Gleichschaltung Ausdruck gab:

Selbst Leute, die sicher nicht der Opposition verdächtig sind, zeigen sich besorgt; Gleichgesinnte sind sämtlich so deprimiert wie nie zuvor … das Volk hat sich wieder einmal für saturiertes Wohlleben, für den starken Mann und das Primat der sogenannten Realpolitik entschieden, hinter dem sich folgendes verbirgt, nämlich Vertrauen auf militärische Stärke, bedingungslose Anlehnung an die Vereinigten Staaten und blinder Russenkomplex … künftig wissen wir, wie hoffnungslos vereinzelt wir dastehen … was werden wir tun?

Klar ist mir nur soviel, dass ich mich um keinen Preis gleichschalten lassen werde, sondern bemüht bleibe, mir meinen Bereich der Freiheit mit allen Mitteln zu erhalten.

Aber Helmut Simon, aus dessen Worten seine verhaltene Wut abzulesen ist, relativiert auch. Er bescheinigt jener Zeit, sozialer gewesen

zu sein als die des heutigen Neo-Kapitalismus und er begrüßt, dass es gelang, Rückfälle in revanchistischen Nationalismus zu verhindern. Und er bestätigt uns in einem Gespräch, dass er die vorsichtige deutsch-französische Annäherung guthieß.
Aber es war eben auch die Zeit, in der man sich allenthalben bemühte, der Sinnlosigkeit mit neuen Gütern Geschmack zu verleihen und darauf des Bürgers existenzielles Glück zu gründen. Und die Frauen, die nach dem Gesetz endlich gleichberechtigt waren, sie wurden von der Werbung zu Haus, Herd und Familie verdammt und die »ach so toleranten Ehemänner« waren sogar dagegen, dass sie einen Führerschein erwarben. Die Stimmung bei Helmut Simon und seinen Freunden muss wohl so ähnlich gewesen sein wie knapp 40 Jahre später, als die Bürger Ostdeutschlands nach der friedlichsten Revolution aller Zeiten ihre Hoffnung auf wahre Freiheit von den Maßnahmen der westlichen Ellbogengesellschaft in Grund und Boden gestampft sahen.

*

Wie kann ich als Jurist unabhängig bleiben?
Gibt es eine juristische Tätigkeit, zu der ich parallel meine weiteren Lebensvorstellungen realisieren kann?
Was ist mir wichtiger, großartige Verdienstmöglichkeiten, eine erfolgreiche Karriere oder größtmögliche Freiheit?
Schon während des Studiums hatte sich Helmut Simon diese Fragen gestellt und sich schließlich entschlossen, um Übernahme in den Justizdienst zu bitten.
Als Resultat seiner Überlegungen war es zu seinem erklärten Ziel geworden, Richter zu werden – kein Problem bei seinen Prüfungsergebnissen. Dass daraus später einmal eine erfolgreiche Karriere werden sollte, nein, das konnte er zu diesem Zeitpunkt nicht ahnen.

Anfang der 50er Jahre begann die Elite der Fachanwälte für gewerblichen Rechtsschutz ihre Prozesse von Berlin nach Düsseldorf am Rhein zu verlagern, mehr und mehr fanden dort Prozesse solcher Art mit teilweise immensen Streitwerten statt: Die dortige Kammer für Patent-, Wettbewerbs-, Kennzeichnungs-, Urheber- und Kartellrecht war bald hoch angesehen, genoss einen überregionalen Ruf. Dieser Kammer wurde Helmut Simon nach einer gewissen Einarbeitungszeit zugeteilt und die Arbeit dort, die so gar nichts mit Politik zu tun hatte,

forderte ihn, ja, übte auf ihn *zumindest anfänglich einen starken intellektuellen Reiz aus.*
Überhaupt gestaltete sich das Leben plötzlich ganz anders, positiver, stärkend.
Der Kontrast für den immer noch Suchenden hätte nicht größer ausfallen können, wäre er nach Paris oder New York versetzt worden. Dort das immer noch beschauliche Ruh, in dem jeder jeden von klein auf kannte und in dem es möglich war, dass eine einzelne starke Frau eine ganze Ortschaft von ihrer politischen Meinung überzeugte. Hier die Großstadt in der Nähe der neuen Hauptstadt mit all den kulturellen Angeboten und ihrer weltläufigen Atmosphäre, die Rheinische Lebensart, der Altvater Rhein selbst, der die hektischer werdende Zeit durch seinen stetigen, sich kaum verändernden Rhythmus harmonisiert. Und die neue Arbeit, interessante Kollegen und deren Akzeptanz sowie die erste richtige Wohnung für die junge Familie im Zooviertel, eine Altbauwohnung in einer von alten Bäumen – die den Krieg und sogar den kalten Nachkriegswinter überstanden hatten – umsäumten Straße. Auch freundliche Gärten hinter den Häusern.
Trotz des Todes von Vater Eduard, der den Start der juristischen Karriere seines Sohnes immerhin noch miterleben durfte, und der unwillkommenen politischen Nackenschläge blühte Helmut Simon auf, begann in seinem Dasein einen Sinn zu erspüren. Seine körperliche Stärke wandelte sich in Schaffenskraft, die allerdings durch seine Tätigkeit bei Gericht bei weitem nicht ausgefüllt war.
Dort war plötzlich das technische Wissen gefragt, das er von seinem Vater geerbt oder gelernt hatte. Er musste sich in Materien einarbeiten, die eine gewisse Sachkenntnis in diesen Bereichen einfach voraussetzten – lebensnah, unter wirtschaftlichen Gesichtspunkten und den Eindruck des Endverbrauchers einbeziehend.

Für die Simons folgte eine Zeit, die man als glücklich bezeichnen kann. Die Familie wuchs zusammen, der Familienvater konnte relativ frei über seine Zeit verfügen. Seine Arbeit brachte er, wo es ging, mit nach Hause und die kleine Beate spielte um seinen Schreibtischstuhl herum, während sich Helmut Simon dank großartiger Konzentrationsfähigkeit Problemen wie der Verlagerung der Zeiss-Werke von Ost nach West widmete oder der künstlerischen Eigenart des Igels Mecki, ohne sich von dem Kind stören zu lassen. Und es kam zu einer Art Zusammenarbeit zwischen Helmut und Eka. Sie zeigte ihm

Werbeanzeigen mit der Frage, ob diese denn so zulässig seien, und er befragte sie nach ihren Eindrücken, wenn es um die Beurteilung durch den Verbraucher ging.
Eines Tages brachte der Jurist sogar Miederwarenmuster zur Beurteilung mit nach Hause. Das Ergebnis gipfelte in dem Urteilsspruch, dass der ästhetische Gesamteindruck eines Büstenhalters naturgemäß durch die Vorderansicht bestimmt werde.
Doch wäre Helmut Simon nicht Helmut Simon, wenn er sich zu diesem Zeitpunkt nicht auch weiter leidenschaftlich zur Theologie hingezogen gefühlt hätte.
War es nicht er, der in Anlehnung an die Lehre Karl Barths und nach inneren Kämpfen in der Jugend so viel lieber Theologie studiert hätte, während er sich als Student in der Studentengemeinde engagierte? Einem nicht vorhandenen Gegengewicht gleich fehlte ihm ohne die Theologie irgendetwas in diesem aufstrebenden bürgerlichen Leben.
Nach wie vor erschien ihm auch die Institution Kirche als unentbehrlich. Und er wollte – so wie sich Karl Barth einmal ausgedrückt hatte – intensiv Theologie betreiben. Irgendwo musste es doch Institutionen geben, in denen dies auch für ihn möglich war, und wo er die Angebote der verfassten Kirche ernst und diese mit ihren Chancen in Anspruch nehmen konnte.

Man mag über das Engagement und die Einstellung Helmut Simons denken, was man will, aber er war niemals jemand, dem es wichtig war, die Erwartungen anderer zu erfüllen. Er versuchte, seine eigenen Erwartungen zu analysieren und diese dann konsequent durchzusetzen. Gerade deshalb vielleicht wurde er so oft den Erwartungen der anderen gerecht. Und er war auch nicht der Mensch, dem auf Dauer Mecki, Mode und Mieder zum Lebensglück und zur Lebenserfüllung genügten.
Also versuchte er jetzt diejenige Arbeit, die er bereits in der Studentengemeinde als Verantwortlicher für soziale Fragen begonnen hatte, als Mitglied eines evangelischen Kirchenvorstandes (Presbyter), als Kirchenmeister einer großen Düsseldorfer Gemeinde sowie in der Kreissynode Düsseldorf, ehrenamtlich fortzusetzen. Doch er beklagte, dass diesen Ehrenämtern nur sehr begrenzte Einflussmöglichkeiten gegeben waren. Auch wenn es anderen für ein ganzes Leben gereicht hätte – für ihn war dies nicht genug.

Er schloss sich freien Organisationen an. Seine Mitarbeit dort empfand er als wichtiger, aufwändiger und ergiebiger, die Organisationen selbst als beweglicher, wagemutiger und schöpferischer.
Aus dem Kreis der illegalen Hilfsprediger und der Vikare der Bekennenden Kirche waren sie hervorgegangen – die Bruderschaften ..., ganz und gar keine Geheimgesellschaften. Weitgehend aus Schülern Karl Barths bestehend, verpflichteten sich diese bevorzugt auf dem Feld der politischen Ethik, ihre besondere Leidenschaft gehörte der engagierten politischen Predigt.
Was die Bruderschaften in klerikalen Kreisen nicht gerade beliebt machte.
Ein Widersacher war der konservative, antisozialistische Dr. Dibelius, der sich 1945 selbst zum Bischof erhoben hatte. *Er bezeichnete uns als die Kosaken der Kirche.* Andere kamen aus der Politik. *Diese nannten uns, also die Bruderschaften, eine kleine, aber aktive Minderheit, deren staatspolitische Zuverlässigkeit zu wünschen übrig lasse.*

Die irrsinnigen Verwüstungen des Zweiten Weltkrieges, das unendliche Leid der Menschen, doch vor allem der Beginn der Entwicklung von Massenvernichtungswaffen hatte die meisten Mitglieder der Bruderschaften zu Gegnern der Wiederbewaffnung und zu überzeugten Kriegsdienstverweigerern gemacht. Von diesen Gedanken geleitet und auch von der Idee, dass es möglich sein müsse, Frieden durch Entspannung zu bewahren, ging Helmut Simon auf die Bruderschaften zu und stieß dort auf fruchtbaren Boden.
Auch stand für ihn jetzt fest, dass der christliche Glaube politische Konsequenzen habe, dass der Christ als Bürger politische Mitverantwortung tragen müsse und dass der Kirche ein Öffentlichkeitsauftrag obliege. Diese Verklammerung von Christ-Sein und Handlung, von der hier die Rede ist, hatten die Bruderschaften ebenfalls erkannt und dazu klar Position bezogen. Deren Auffassungen harmonierten mit Helmut Simons Grundgedanken, die er bereits in seiner Dissertation ausgearbeitet hatte, und die deshalb auf seine volle Zustimmung stießen.
Allerdings bedauert er noch heute den endlos langen Weg, den die evangelischen Christen und ihre Kirche in Deutschland genommen hatten, bis sie ihre politische Mitverantwortung erkannten.
Die Widerstände von Seiten der Bruderschaften, die kaum ernst genommen und häufig als linke Spinnereien belächelt wurden, stellten

für die Politik Adenauers kein Hindernis dar. Der Bundestag stimmte ausgerechnet am 20. Juli, also dem Jahrestag des Hitler-Attentats, dem vorgelegten Wehrpflichtgesetz zu.
Die Wiederbewaffnung fand statt, der Lotse hatte für den Moment seine Schuldigkeit getan und nahm sich sechs Wochen Urlaub auf der Bühler Höhe im Schwarzwald. Er ging dort spazieren, wo heute ein Schild auf den Adenauer-Rundweg hinweist.
Am 1. Januar 1956 rücken die ersten tausend Freiwilligen in ihre Kasernen ein.
Also: Hut ab vor Konrad Adenauer und – Helm auf! (Aus dem Kabarettprogramm von Werner Fink: »Am Besten nichts Neues«).

Von schmutzigen Hemdkragen, Atomwaffen und Halbstarken

Ob sich Eka von Helmut umstimmen ließ oder ob in ihr die Überzeugung gewachsen war, dass die Zeiten für Kinder doch nicht so schlecht seien, lässt sich heute nicht mehr beurteilen. Vielleicht waren es ja auch die nachhaltigen positiven Eindrücke, die das Leben in Düsseldorf für sie bereithielt. Und der berufliche Erfolg ihres Mannes sowie die Sicherheit eines Richtergehaltes. Oder der inzwischen gewachsene Rückhalt, den sie inzwischen in Helmuts Familie, im Freundes- und Kollegenkreis spürte. Jedenfalls wurde 1955, also zehn Jahre nach Kriegsende, das zweite Kind geboren: Sohn Andreas erblickte in Düsseldorf das Licht der Welt.

Und Helmut Simon begann, unbekannt wie er noch war, aus seinem durchdachten Rechtsverständnis heraus, sich mit so manch Großem der Politik anzulegen und – sich mit anderen anzufreunden. Über die Bruderschaften lernte er Gustav Heinemann, den späteren Justizminister Diether Posser und Johannes Rau kennen. Im Heinemann-Kreis in der Schinkelstraße 34 in Essen oder bei den Simons in Düsseldorf diskutierten sie – basierend auf seinen vier Urfragen »Was sollen wir jetzt tun, was ist jetzt gefragt, wo ist jetzt unser Auftrag, wo unsere Chance?« – nächtelang in rauchgeschwängerten Räumen über Wiederbewaffnung und eine mögliche Annäherung an den Osten.

Die Angriffe gegen dieses Denken kamen zumeist aus den konservativen Lagern.

Dabei waren es doch gerade Helmut Simon, Johannes Rau, Gustav Heinemann und deren Mitstreiter, die mit beiden Füßen auf dem Boden des Grundgesetzes standen, während Herren wie zum Beispiel Hans Globke mit seiner diffusen Vergangenheit in der NS-Zeit – er war unter anderem für die Verschärfung der Nürnberger Rassengesetze eingetreten – zu den intimsten Beratern von Konrad Adenauer gehörten.

Helmut Simon erzählte von einem Briefwechsel mit dem oberbergischen CDU-Abgeordneten Dresbach, der in einem offenen Brief an denselben gipfelte:
Es gehört zu den beklemmenden Eindrücken im Nachkriegsdeutschland, dass man sich anfangs um eine Belebung verantwortungsbewusster politischer Gesinnung gerade auch unter der Jugend alle Mühe gab, dass aber später unbequeme Äußerungen dieser Gesinnung eilfertig als »Druck der Straße« und »rote Köpfe mit grünem Salat«, oder sogar als Infragestellung des parlamentarischen Systems schmähte. Es ist kein gutes Zeichen, dass in den letzten Jahren schon wieder Mut zur Opposition gehört.
Weitergehend erzählt Helmut Simon, dass von ihrer Seite sogar gerichtliche Schritte angedroht werden mussten und dass Journalisten, zum Beispiel Ludolf H., sich nicht scheuten, Äußerungen von Helmut Simon erst drastisch zu verfälschen und diese dann in einer Rundfunksendung zu kritisieren.

*

Das Amt »Blank«, eine Dienststelle, deren Aufgabe es gewesen war, sich denjenigen Fragen zu widmen, die sich durch die Vermehrung der alliierten Truppen aufwarfen, war linguistisch befördert worden. Es hieß jetzt »Verteidigungsministerium« und der langjährige Dienststellenleiter Theodor Blank hatte selbstverständlich ebenfalls eine Beförderung erfahren. Aus dem Dienststellenleiter wurde 1955 der Verteidigungsminister. Mit einem hochrangigen Vertreter dieses Ministeriums hatte sich Helmut Simon 1956 wegen der geplanten engherzigen Auslegung des Grundrechtes auf Wehrdienstverweigerung angelegt.
Helmut Simon engagierte sich vor allem dafür, Diskriminierungen der Kriegsdienstverweigerer abzuwehren, den Freiraum für Gewissensentscheidungen freizuhalten und auch situationsbedingte und ethisch begründete Entscheidungen der Kriegsdienstverweigerer anzuerkennen.
Und diese Gedanken machte er publik. Er hatte durch verschiedene Artikel (unter anderem: »Das Recht zur Kriegsdienstverweigerung in Gesetzgebung und Rechtsprechung«) über die damals noch kaum bekannte Rechtslage informiert. Dies war dem Amt »Blank« zu weit gegangen. Der Streit brachte Helmut Simon nach außen hin erstmals eine Erwähnung im »Spiegel« ein. Und er bestärkte nach innen, was

er seit seinem »Nein« zu den Nazis bereits wusste, nämlich dass er auch als Außenseiter bestehen konnte.

*

Die Töne werden schärfer.
Und der Verfassungsschutz beobachtet misstrauisch, was sich da so Bedrohliches am linken Rand der Republik zu schaffen macht. Da soll es doch tatsächlich so ein paar Unbelehrbare geben, die es mit den von der Verfassung gewährten Rechten ernst meinen. Rechte haben, also gut, aber diese dann auch noch einfordern, wo kommen wir denn da hin? Kriegsdienstverweigerung, aber doch bitte nicht bei uns! Könnte es sein, dass das Grundgesetz zu weitreichend ist? Schließlich herrscht Vollbeschäftigung, die Währung zeigt sich stabil, die Deutschen sind zufrieden.
Und dann bezeichnet Konrad Adenauer 1956 taktische Atomwaffen als »Weiterentwicklung der Artillerie«. Und Außenminister Strauß die Aufrüstung mit denselben als ein »Zeichen der Gleichberechtigung« sowie als »unverzichtbar«.
Knapp zehn Jahre nach dem Krieg wäre Deutschland mit Atomwaffen schließlich wieder wer und nicht nur ein Halbstarker am äußersten Rand eines Kreises von Starken, dürfte ganz ungestraft wieder Muskeln zeigen. Den Bürgern wird empfohlen, bei einem nuklearen Angriff entweder unter dem Schreibtisch Schutz zu suchen, oder sich eine Aktentasche über den Kopf zu ziehen.
Zugegeben, die Schreibtische in den 50ern waren noch sehr massiv und die Aktentaschen aus dickem Leder, doch diese Ratschläge banalisierten die Gefahren angesichts der Auswirkungen der Atombombenabwürfe auf Hiroshima und Nagasaki aufs Peinlichste und Menschenverachtendste.

Natürlich nahm Helmut Simon an der Gründungsveranstaltung »Kampf dem Atomtod« in Frankfurt teil. Wie Karl Barth konnten sich Helmut Simon, seine Freunde und die Bruderschaften zu einem grundsätzlichen Pazifismus nicht entschließen: Zu stark waren die Erinnerungen an die Gräuel des Nazi-Unrechtstaates und die Schlussfolgerungen daraus, dass ein staatlicher Gewaltgebrauch gegen Kriminelle und Aggressoren nötig sei.

Umso radikaler und nachhaltiger fiel dann Mitte der 50er ihr Nein zu der neu diskutierten atomaren Aufrüstung sowie zu Massenvernichtungsmitteln im Allgemeinen aus. Auch 18 führende Kernphysiker protestierten gegen die ungeheure Verharmlosung der atomaren Gefahr durch die Regierung, einer der Physiker beschrieb die tiefgreifenden Veränderungen durch die Massenvernichtungswaffen so: »Der Mensch lebt auf demselben Planeten wie früher, aber dieser Planet ist eine terra infirma (zerbrechliche Welt) geworden. Die Welt unterscheidet sich heute so grundlegend von der voratomaren Erde, dass es fast so ist, als ob der Mensch auf einem neuen Planeten von ungeheurer Gefährlichkeit wiedergeboren worden sei. Aber dieser Planet scheint noch derselbe zu sein wie früher. Die Bäume sind immer noch grün, die Seen und Ozeane scheinen unverändert, und so verharrt die Menschheit im Denken der Vergangenheit. Die Staatsmänner betreiben ihr Geschäft wie früher, die Generale planen neue Kriege und die Völker der Erde schlummern weiter.«

Noch vor Ostern 1957 waren die Bruderschaften – seit kurzem unter dem Vorsitz von Helmut Simon – zusammengekommen und hatten unter Anlehnung an die Erklärung der Kernphysiker vor dieser noch nie dagewesenen Bedrohung gewarnt.
Helmut Simon und sein Mitstreiter Heinz K. arbeiteten daraufhin eine Anfrage aus, die sie im Namen von acht kirchlichen Bruderschaften und Sozietäten im Frühjahr 1958 der Synode der EKD vorlegten:

Dürfen wir als Christen unseren und unserer Mitmenschen irdischen Schutz der Erprobung, Herstellung, Lagerung und – in äußerster Konsequenz – der Anwendung atomarer Waffen anvertrauen und dürfen wir sie als Mittel der Politik einplanen? »Hier ist ein vorbehaltloses Nein geboten, weil spätestens mit den neuen Vernichtungswaffen der Krieg endgültig so bestialisch geworden ist, dass eine Teilnahme an ihm mit dem Willen Gottes unmöglich vereinbart werden kann.« (Gollwitzer)

1. Allein durch ihre Beschaffenheit und nicht erst durch ihren Missbrauch erlauben diese neuen Waffen keine Unterscheidung mehr zwischen Kämpfern und Nichtkämpfern. Sie treffen wahllos alle Menschen des gegnerischen Volkes. Vom Krieg als Mittel der Rechtswahrung kann hier nicht mehr die Rede sein.

2. Die neuen Waffen führen zur totalen Vernichtung des Gegners und erlauben als Kriegsziel keine andere Forderung als die der bedingungslosen Kapitulation. Sie erzwingen eine Gesinnung einer absoluten Kampfausschaltung des Gegners; sie sind als Abschreckungs- und Kampfmittel nur brauchbar, sofern wir bereit sind, zur Verteidigung der eigenen Güter, des eigenen Rechts und der eigenen Freiheit Millionen von Menschen des anderen Lagers das Leben und/oder anderen Generationen die Gesundheit zu nehmen. Von einem Miteinanderleben im Frieden als Ziel des Krieges kann daher nicht mehr die Rede sein.

3. Die neuen Waffen machen den allenfalls unter dem Gesichtspunkt der äußersten Staatsnotwehr erlaubten Verteidigungs-Krieg illusorisch.
»Durch die Massenvernichtungsmittel wird in jedem Fall verraten, was man retten will und seien es Freiheit und Frieden.« (Synode der EKU)
Wer sich auf einen atomaren Krieg einstellt muss bereit sein, die Vernichtung auch des eigenen Volkes von vorneherein in Kauf zu nehmen. Diese Bereitschaft unter der romantisch-idealistischen Parole »Lieber tot als Sklave« ist heidnisch. Ein Christ achtet die Gabe und Aufgabe des irdischen Lebens und wirft es nicht weg.

5. Die neuen Waffen treffen im Unterschied zu allen bisherigen die gänzlich Unbeteiligten ebenso wie die kommenden Generationen aller Kreatur, und zwar nicht erst in der Anwendung, sondern schon in der Erprobung.
Die Evangelische Kirche bekennt, dass ihr »durch Jesus Christus frohe Befreiung aus den gottlosen Bindungen dieser Welt zu freiem, dankbarem Dienst an seinen Geschöpfen widerfährt.« (These 2 der Barmer Erklärung)
Das verbietet ihr nicht nur jegliche Billigung und Mitwirkung an einem atomaren Krieg und seinen Vorbereitungen, sondern ebenso ein stillschweigendes Geschehenlassen. Diese Erkenntnis gebietet zugleich, im Gehorsam des Glaubens – wie überall, so auch hier – mit der Abwehr drohenden Verderbens selbst den Anfang zu machen und der Wirklichkeit des Wortes Gottes mehr zu vertrauen als den »Realitäten« des politischen Kalküls.

Dieser Anfang ist ein Akt der Diakonie, den wir Christen der bedrohten und geängstigten Welt heute schulden. Mögen andere, (die Ungläubigen), damit zögern, wir Christen dürfen und müssen ihn wagen im Vertrauen auf Gott, der diese Welt samt aller Kreatur in West und Ost auf den leidenden und siegenden Christus hin geschaffen hat und durch ihn und die Verkündigung seines Evangeliums erhalten will bis auf seinen Tag.

Meint die Synode, diesem Bekenntnis nicht zustimmen zu können, so müssen wir sie fragen, wie sie uns durch Gründe der Schrift des Bekenntnisses und der Vernunft widerlegen kann.
Um der uns anvertrauten Menschen und um unserer selbst Willen müssen wir darauf bestehen, dass wir auf diese Frage eine Antwort erhalten. Wir sind es der Synode schuldig, sie an ihre geistliche Verantwortung zu erinnern, da sie sich in der Wahrnehmung dieser Verantwortung als rechtmäßige Leitung der Kirche erweist. Nach unserer Erkenntnis ist für die Kirche in dieser Frage jetzt der Status Confessionis gegeben. (Eine Verfälschung oder Unterdrückung der wahren Lehre sowie eine Verleugnung der christlichen Freiheit.)
Stimmt die Synode aber mit uns überein, dass den Christen angesichts der neuen Waffen ein vorbehaltloses NEIN geboten ist, muss sie dann nicht dem Staat gegenüber rechtzeitig und deutlich sagen, dass auch in der Militärseelsorge rechte Verkündigung des Evangeliums die Bezeugung einschließt, dass sich der Christ an der Konstruktion, Erprobung, Herstellung, Lagerung und Anwendung atomarer Waffen sowie an der Ausbildung an diesen Waffen nicht beteiligen kann oder darf?

Wir fragen darum die Synode, ob sie die folgenden zehn Sätze zur Unterweisung der Gewissen als Antwort auf die Frage nach dem Handeln des Christen angesichts der Atomwaffen mit uns gemeinsam sprechen kann:

1. Der Krieg ist das letzte in allen seinen Gestalten von jeher fragwürdige Mittel politischer Auseinandersetzung zwischen Völkern und Staaten,

2. Kirchen aller Länder und Zeiten haben die Zubereitung und Anwendung dieses Mittels bis heute aus verschiedenen guten und weniger guten Gründen nicht für unmöglich gehalten.

3. Die Aussicht auf einen künftigen unter Gebrauch der modernen Vernichtungsmittel zuführenden Krieg hat eine neue Lage geschaffen, angesichts derer die Kirche nicht neutral bleiben kann.

4. Krieg als Atomkrieg bedeutet die gegenseitige Vernichtung der an ihm beteiligen Völker mit Einschluss unzähliger Menschen anderer Völker, die am Kampf beider Seiten nicht beteiligt sind.

5. Krieg als Atomkrieg ist damit als zur politischen Auseinandersetzung untaugliches, weil ihre Voraussetzung aufhebendes Mittel erwiesen.

6. Die Kirche und der einzelne Christ können darum zu einem als Atomkrieg zuführenden Krieg im Voraus nur Nein sagen.

7. Schon die Vorbereitung eines solchen Krieges ist unter allen Umständen Sünde gegen Gott und den Nächsten, an der sich keine Kirche, kein Christ mitschuldig machen darf.

8. Wir verlangen darum im Namen des Evangeliums, dass der Vorbereitung dieses Krieges im Bereich unseres Landes und Staates ohne Rücksicht auf alle anderen Erwägungen sofort ein Ende gemacht werde.

9. Wir fordern alle diejenigen auf, die mit Ernst Christen sein wollen, sich der Mitwirkung an der Vorbereitung des Atomkriegs vorbehaltlos und unter allen Umständen zu versagen.

10. Ein gegenteiliger Standpunkt oder Neutralität dieser Frage gegenüber ist christlich nicht vertretbar. Beides bedeutet die Verleugnung aller drei Artikel des christlichen Glaubens (Status Confessionis).

Brisant. Ein Eklat!

Zum ersten Mal wurde hier der Standpunkt vertreten, auch ethische Lehren könnten zum »Status Confessionis« führen. Wagte da nicht jemand, an den Grundfesten der Evangelischen Kirche Deutschlands zu rütteln?
Das fragte sich wohl auch ein übereifriger Militärpfarrer. Und er überzeugte einen Staatsanwalt, ein Ermittlungsverfahren gegen Helmut Simon und die Bruderschaften zu eröffnen. Ein Staatsanwalt befragt einen Richter. Wegen Wehrkraftzersetzung! Also eine verfassungsfeindliche Einwirkung auf die Bundeswehr sowie auf öffentliche Sicherheitsorgane. Ein Staatsanwalt befragt ausgerechnet Helmut Simon, der sich aus innerer Überzeugung schon sehr früh als Verfassungspatrioten bezeichnet hatte.
Natürlich wurde das Verfahren eingestellt.

Die »zehn Sätze zur Unterweisung des Gewissens« stammten übrigens von Karl Barth, doch das wusste damals niemand. Er hatte gesagt, die Bruderschaften sollten diese Sätze in eigener Verantwortung in den Gesamtkontext der Anfrage übernehmen. Und dann

tauchte plötzlich das Gerücht auf, sogar Karl Barth habe sich von diesen zehn Sätzen distanziert. Davon berichtete ihm Helmut Simon und jener antwortete:
»Sagen sie allen und jedem, Karl Barth stehe zu diesen zehn Thesen, als habe er sie selbst entworfen.«
Als Karl Barth zu Helmut Simon vor dessen Studium sagte, »werden Sie Jurist, wir brauchen welche«, hatte er wohl solche oder ähnliche Situationen vorausgesehen.

Helmut Simon bemühte sich, die konservativen Kreise der Evangelischen Kirche und die Bruderschaften auf eine Linie zu bringen. Zum Beispiel arbeitete er an einer Untersuchung mit dem Titel: »Wie weit ist eine Einigung in der Atomfrage denkbar«, legte diese vor, scheiterte jedoch an der starren Unbeweglichkeit der Gegenseite. Die Synode, eine Versammlung der Kirchenleitung, schaffte es gerade mal, einen mit Massenvernichtungswaffen geführten totalen Krieg zu verwerfen. Außerdem blieb es bei folgender Ohnmachtserklärung: »Wir bleiben unter dem Evangelium zusammen und bemühen uns um die Überwindung der Gegensätze.«
Doch diese Überwindung wollte nicht gelingen. Nicht einmal auf einem von der EKD berufenen Atomausschuss, an dem Helmut Simon für die Bruderschaften teilnahm. Als dort ein Oberkirchenrat auf Helmut Simon aufmerksam wurde, bemühte dieser ein auch heute noch gehätscheltes, lieb gewordenes Vorurteil, indem er erstaunt ausrief: »Was, Sie sind das! Ich hatte mir Sie als Fanatiker mit schmutzigem Hemdkragen und dreckigen Fingernägeln vorgestellt.«

Neben seinen Tätigkeiten für die Bruderschaften widmete sich Helmut Simon einem weiteren Interessensgebiet, das seiner tiefsten inneren Überzeugung entsprach, nämlich der Friedenssicherung durch Entspannung, während in den Köpfen der Bundesbürger immer noch die Gespenster der Vergangenheit herum spukten.
1955 waren noch 48 Prozent der deutschen Männer der Meinung, Adolf Hitler wäre ohne den Krieg einer der größten Staatsmänner gewesen (nach einer Umfrage des Allensbacher Umfrage-Institutes).
Und weitere Mauern wurden in den Köpfen errichtet, die eine Wiedervereinigung zu verhindern halfen. Die »Hallstein-Doktrin« besagte, dass die Bundesrepublik Deutschland ausschließlich nur mit

solchen Ländern Botschafterkontakte haben dürfe, die die »sogenannte Deutsche Demokratische Republik« völkerrechtlich nicht anerkennen würden.
Und wiederum schwamm Helmut Simon gegen den Mainstream. Er versuchte für sich und im Heinemann-Kreis, politisch und theologisch zu klären, wie er sich aus seinem christlichen Hintergrund heraus in und gegenüber kommunistischen Staaten verhalten solle, und er versuchte seinen Teil zur Entspannungspolitik beizutragen, indem er persönliche Kontakte mit dem Osten aufbaute. Eine erste Reise hierzu unternahm er 1956 nach Prag, weitere sollten folgen. Hier arbeitete ein Vordenker bereits in den 50ern an der späteren Entspannungspolitik Willy Brandts.
Und wieder sahen sich er und die Bruderschaften – jetzt wegen dieser Reisen – Verdächtigungen des Verfassungsschutzes ausgesetzt, womit Helmut Simon allerdings langsam zu leben lernte.
Doch auch diese Nebentätigkeiten genügten seiner Schaffenskraft noch nicht. Er begann, sich der Ökumene zu widmen, von der er erzählt, sie habe sich sogar stärker noch als die Laienbewegung des Kirchentages von jeher mit unbeirrbarer Selbstverständlichkeit an der (unauslöschlichen) Einheit von Glaube und Gehorsam, Dogmatik und Ethik, Zuspruch und Anspruch des Evangeliums – und jetzt gebraucht er wieder einmal ein Lieblingsbild aus der Mathematik – *der Vertikalen des Gottesglaubens und der Horizontalen der Glaubensbewährung festgehalten.* Und er bestätigt der Ökumene, dass sie den häufig zögerlichen und reservierten deutschen Positionen in diesen Bereichen oft genug weit vorausgeeilt war. All dies waren Tätigkeiten, die er parallel zu seinem Amt als Richter in Düsseldorf ausübte.

Seine Lebensskizzen lassen vermuten, dass Helmut Simon seinen Nebentätigkeiten, wie er seine Engagements im Heinemann-Kreis, bei den Bruderschaften, in der Ökumene oder im Bereich der Friedensbewahrung bescheiden nennt, einen viel breiteren Raum einräumte als seiner Tätigkeit als Richter, die ihn zu diesem Zeitpunkt zwar intellektuell forderte, aber offensichtlich keinerlei emotionale Befriedigung bescherte.
Ob jetzt dieses oder jenes Unternehmen das patentierte Produkt darstellte, oder ob diese oder jene Firma eine bestimmte Kennzeichnung benutzte – all dies ließ ihn inzwischen innerlich unberührt. Einen tieferen Sinn für sich selbst konnte er in dieser Art Beschäftigung nicht

mehr finden. Im Prinzip war er trotz seines momentanen Erfolges, trotz des ihm genügenden Sozialprestiges, trotz der gesellschaftlichen Anerkennung weiterhin ein Suchender.
Die Arbeitsbedingungen allerdings waren befriedigend, der Lebensunterhalt für die vierköpfige Familie gesichert – und die Tätigkeit bei Gericht erlaubte es ihm, den Spielraum für seine »nebenberuflichen Engagements« so auszudehnen, wie es ihm richtig und sinnvoll erschien.

*

Unterdessen kriselt es in der Regierung. Atomminister Strauß sägt fortwährend am Stuhl von Herrn Blank, doch der bleibt trotz des immer instabiler werdenden Gleichgewichtes einfach sitzen. Auch fragen sich viele, ob Herr von Brentano seinen Job als Außenminister überhaupt noch ausübt. Und warum erkennen plötzlich so viele afrikanische Staaten die Deutsche Demokratische Republik an?
Trotz der »Hallstein Doktrin«?
Selbst die »Frankfurter Allgemeine Zeitung« schreibt: »Dass die Regierung sich ihrerseits zu regenerieren hätte oder doch ihre Kräfte zusammenfassen muss, wird längst eingesehen. Gespräche in Bonn bestätigen, dass diese Einsicht auch unter Ministern verbreitet ist ...«
Im selben Artikel wird der Ruf nach einem Cincinnatus laut, also nach einem Mann, der von der Regierung um Hilfe gerufen, alles stehen und liegen lässt, den Karren aus dem Dreck zieht und dann ohne Bedauern zu seiner vorherigen Beschäftigung zurückkehrt. Der selige Lucius Q. Cincinnatus hat solcher Art dem römischen Staat gleich zweimal aus der Patsche geholfen und für seine Hilfe noch nicht einmal eine Bezahlung gefordert.
Heute kaum vorstellbar, oder in den inzwischen fernen 50er Jahren, wo doch jeder an seinen Ämtern und Pfründen klebt, es sei denn, es winkt Lohnenderes. So also sah die »Frankfurter Allgemeine Zeitung« damals die politische Situation, ein Blatt, dem man selbst in den 50ern nicht unbedingt nachsagen konnte, auch nur annähernd linkslastig zu sein.

*

Die braven Bürger allerdings plagen unterdessen ganz andere Sorgen. Da rotten sich doch neuerdings mehr und mehr aggressive Jugendliche mit schmierigen Haartollen, schwarzen Lederjacken und diesen amerikanischen Nietenhosen in Parks, ja, sogar auf öffentlichen Plätzen zusammen, knattern mit ihren Mopeds durch Landschaften und Städte, hören diese entsetzliche »Negermusik« lautstark aus ihren Kofferradios und stören das normale Leben überhaupt ganz ungemein.

»Richtig halbstark, diese Typen«, meinen die einen und schlagen entsetzt die Hände über dem Kopf zusammen. »Also bei Adolf hätte es so etwas nicht gegeben«, kontern die anderen und wenden ihr Haupt mit Grausen. Die Springerpresse jedoch jubiliert insgeheim und stürzt sich in die Startlöcher, macht aber gerade dadurch diese völlig neue Form des sozialen Protestes publik.

Währenddessen arbeitet in Frankreich Jean Paul Sartre an seiner »Critique de la raison dialectique« (Kritik der dialektischen Vernunft), in der er versucht, die marxistische Dialektik mit seinem Existenzialismus und dessen Betonung des freien Willens zu verbinden. Und es formiert sich die »Nouvelle Vague«.

Geschichten und Geschichte

Wie sehr sich inzwischen die in Helmut Simon als Jugendlicher gefühlte, eher unkoordinierte Stärke, aber auch seine damalige Unsicherheit in Selbstwertgefühl und Selbstsicherheit gewandelt hatten, lässt sich an folgendem Ereignis erkennen, das sich 1957 abspielte.
Zu dieser Zeit begannen mehr und mehr sogenannte linksprotestantische Kräfte in die SPD einzutreten, welche in der Folge den Weg der Partei zum Godesberger Programm spürbar beeinflussten.
Dies gefiel Helmut Simon, die Partei begann durch diese Erneuerung als solche für ihn und seine Freunde wieder interessant zu werden, und so schrieb er in seiner Eigenschaft als Vorsitzender der Rheinischen Bruderschaften an den Parteivorstand der SPD, dass die Bruderschaften und somit auch er von der Partei erwarteten, dass für den mit der GVP gescheiterten und somit politisch momentan heimatlosen Gustav Heinemann im Falle seines Eintritts eine angemessene politische Mitwirkungs- und Mitgestaltungsmöglichkeit erwartet würde.
Zu diesem Zeitpunkt war Helmut Simon noch nicht einmal Mitglied dieser Partei.
Gustav Heinemann löste noch im selben Jahr seine GVP auf und empfahl ihren Mitgliedern, der SPD beizutreten. Er selbst wurde sofort in den Vorstand der Bundestagsfraktion gewählt. Sein Beitritt zur SPD stärkte dort einerseits den radikaldemokratischen Flügel, andererseits aber auch die Akzeptanz der Partei im industriell geprägten Großbürgertum.

*

Ebenfalls 1957 fand Helmut Simon zwischen seinen Haupt- und Nebenbeschäftigungen auch noch die Zeit, den Führerschein zu erwerben. Diese Entscheidung hatte eigentlich einen beruflichen

Hintergrund, gab es doch in den 50ern so manch potenziellen Verkehrssünder, der sich in seiner Hoffnung, vor Gericht Recht zu erhalten, nur deshalb enttäuscht sah, weil der dem Prozess vorsitzende Richter selbst keinen Führerschein besaß und sich in die entsprechende Situation mangels eigener Erfahrung einfach nicht eindenken konnte. Um diesen Missstand zu beheben, erhielten Richter die Möglichkeit, ihren Führerschein durch einen Kurs bei der Polizei zu erwerben. An einem solchen Kurs nahm auch Helmut Simon teil, setzte die bestandene Prüfung für sich und die Familie positiv um, erwarb sein erstes Auto, einen Käfer, packte Beate, Andreas und Eka hinein und fuhr zum ersten Mal im eigenen Auto zu Setta und Elisabeth nach Ruh.
Und er dachte aufgrund der neuerworbenen Mobilität an all diejenigen Reisen, die er gerne mit der Familie unternehmen würde. Es würde viel zu entdecken geben im Schwarzwald, in den Alpen, an der Ostsee, in Italien, Österreich, Jugoslawien, Dänemark und seinem geliebten Norwegen.
Auch fanden er und Eka inzwischen trotz der Arbeit, die er oftmals zu Hause erledigte, endlich die Zeit, das Theater in Düsseldorf zu besuchen, oder mit Freunden aus den Bruderschaften zu Kay und Lore Lorentz ins »Kom(m)ödchen« zu gehen, die für Helmut Simon und die Bruderschaften sogar Sondervorstellungen einschoben und seine nachhaltige Liebe zu anspruchsvollem politischen Kabarett begründeten.
Durch seine Engagements mit den Bruderschaften sowie durch weitere »Nebentätigkeiten« taten sich plötzlich neue Betätigungsfelder auf. So war er jetzt als Referent an der Evangelischen Akademie in Mülheim tätig, und er sollte 1961 an der Kirchlichen Hochschule Wuppertal einen Lehrauftrag für Einführungsvorlesungen in die Welt des Rechtes (Rechts- und Staatswissenschaft) erhalten. Das alles neben seiner Richtertätigkeit.
13 Jahre nach Kriegsende fühlte er sich in der Entscheidung zu seiner Berufswahl und in der Beschäftigung mit seinen theologischen Interessen bestätigt und bestärkt, die vierköpfige Familie lebte gerne in Düsseldorf, bis, ja bis 1958 Helmut Simon auf Grund seiner guten Beurteilungen als HiWi oder wissenschaftlicher Assistent oder *als Hilfsarbeiter an den Bundesgerichtshof* gerufen wurde.
Düsseldorf – Karlsruhe, das bedeutete eine große Distanz in einer Zeit, als das Autobahnnetz noch nicht ausgebaut war und sich ein

kleiner »Käfer« mit 90 oder 100 Stundenkilometern eher bockig in die zu fahrende Strecke verbiss. Und so war das mit der neu erworbenen Mobilität eigentlich auch nicht gemeint gewesen.

Nachträglich stellte sich für Helmut Simon die Trennung von der Familie als belastend und höchst problematisch heraus, doch er folgte dem Ruf, da er für sich selbst neue und interessantere berufliche Perspektiven und Aufgaben an demjenigen Gericht erwartete, das Zivilsowie Strafsachen in letzter Instanz entscheidet und Hoch- sowie Landesverrat aburteilt. Und welches der unmittelbare Nachfolger des ehemaligen Reichsgerichtes in Leipzig war, einem Gericht, dem zu Zeiten Bismarcks und während der Weimarer Republik eine hohe Reputation entgegengebracht wurde. Dort, in Karlsruhe, sah sich Helmut Simon einem Mann gegenüber, der gedanklich völlig anders orientiert war als er.

Und dieser anders denkende Herr, BGH-Präsident Dr. h.c. Hermann Weinkauff, ein überzeugter Naturrechtler, zeigte seinem neuen HiWi, wie Demokratie im positiven Sinne funktionieren kann, trotz der mentalen Unterschiede und trotz des vertikalen Arbeitsverhältnisses.

Er brachte mir gegenüber ein großes Maß an Fairness und Toleranz auf. So machte ich eine Erfahrung, von der ich nicht wusste, inwieweit dies zu verallgemeinern sei. Ich konnte damals am eigenen Leib erfahren, dass es Menschen gab, die völlig anders dachten als ich, die jedoch wünschten, dass auch Stimmen, wie ich sie vertrat, ihre Chance bekamen. Es lag Herrn Weinkauff viel daran, Andersdenkende zu fördern.

Wegen seines Einsatzes gegen die Wiederbewaffnung und seiner Aufklärungsarbeit in Sachen Kriegsdienstverweigerung, die als angeblich unzulässige Werbung für dieselbe beanstandet worden war, war der Verfassungsschutz auf Helmut Simon aufmerksam, sein Handeln dort bereits aktenkundig geworden.

Von seinem neuen Chef am Bundesgerichtshof wurde er aufgefordert, sich zu den vagen Vorwürfen des Verfassungsschutzes zu äußern, was Helmut Simon als Chance zu einer brillanten Rechtfertigung nutzte, die er folgendermaßen beendete und mit der die Angelegenheit für Herrn Weinkauff abgeschlossen war:

In einem Rundschreiben des Fränkischen Kreises, einer oppositionellen Vereinigung, heißt es: Derjenige bedarf heute des Mutes, mit dem früher ganze Länder erobert wurden, der in unseren Tagen seine Meinung kundtut, wenn diese nicht mit der herrschenden Ideologie übereinstimmt. Meinerseits habe ich mit einiger Verwunderung zur Kenntnis genommen, wie leicht ein unbe-

scholtener Staatsbürger, der eine andere als die gerade vorherrschende Meinung vertritt, sich sogar in einem freiheitlichen Rechtsstaat verdächtig machen kann.

*

Die Trennung von seiner Familie belastete Helmut Simon.
Da saß er im Badischen und arbeitete an einem Nachschlagewerk der gesamten bisherigen Rechtssprechung des Bundesgerichtshofes, eine Dokumentationsarbeit für den Senat, welche ihn zum wohl *bestinformiertesten* Richter in dieser Angelegenheit machte, doch in seiner Freizeit vermisste er seine bisherige Heimat, seine Eka, seine Beate und natürlich Andreas, der als Säugling an Keuchhusten erkrankt und durch die langjährige medikamentöse Behandlung geschwächt war und von seiner größeren Schwester langsam dominiert zu werden begann.
Kein Wunder also, dass er an Ostern unbedingt nach Hause fahren wollte, trotz, ja trotz der erst diffusen, dann aber immer stärker werdenden und wie langgezogene Wellen auftretenden Schmerzen im Unterleib. Da half auch die Wärmflasche nicht mehr, die er sich selbstbehandelnd verschrieben hatte, die Schmerzen wurden schlimmer und schlimmer.
Kurz vor seiner geplanten Abreise erschien er noch schmerzgebeugt zu einer Stippvisite bei Hannelore Hansch, einer guten Freundin, die nach einem genaueren Blick sowie einem kurzen Wortwechsel blitzartig erkannte, »wohin der Hase lief« – und trotz heftigster Proteste den ärztlichen Notdienst rief und somit umgehend dafür sorgte, dass der sich krümmende Helmut ins Krankenhaus eingeliefert wurde.
So hat mir damals Hannelore Hansch das Leben gerettet, denn, wie mir die behandelnde Ärztin nach der Operation versicherte, der Blinddarm war bereits durchgebrochen.
Trotz seines beruflichen Erfolges und seiner gesellschaftlichen Akzeptanz war Helmut Simon der Mann geblieben, der immer wieder aufs Neue nach dem Sinn seines Lebens und seines Glaubens suchte und weiter suchen würde. Da bot die aufgezwungene Ruhe auf dem Genesungsbett gerade nach einer lebensbedrohenden Situation die Zeit und Muße, die Ursuppe des Zweifelns am Köcheln zu halten.
Hatte sich die Auseinandersetzung mit seinem Glauben denn immer geradlinig vollzogen? War doch auf der einen Seite die pietistische Frömmigkeitserfahrung der Kindheit mit dem daraus folgenden und

wie ein großes Geschenk wirkendes Urvertrauen nie ganz verlorengegangen. Und auf der anderen Seite die Zweifel, die ihn unregelmäßig, aber immer wieder heimsuchten.
Während dieser Genesungszeit schrieb er in seine Lebensskizzen:
Ich hatte gehofft, das Krankenlager würde eine entscheidende Wende in meinem Leben auslösen. Das ist nicht geschehen. Es hat mir zwar einiges klarer gemacht: zum Beispiel dass ich noch nicht sterben möchte, dass ich bewusst im Heute leben sollte und dass es morgen zu spät für Entscheidungen sein könnte.
Als überraschend unwichtig hat sich das Berufsleben erwiesen, die familiäre Existenz hingegen als bestimmend.
Unklar sind die Glaubensfragen geblieben. Wenn ich Christ sein will, müsste ich doch zu einer entschiedenen Glaubensposition in Richtung auf Nachfolge und Anderssein bereit sein.
Warum habe ich dem gegenüber Hemmungen und Zweifel?
Hat dies intellektuelle Gründe oder sträubt sich hier sogar ein elementares Lebensgefühl?
Ich fürchte, in die Enge und Unfreiheit zu geraten, auf einen Weg mit einem Stich ins Muffige, Trübselige, Kleinkarierte, Duckmäuserhafte, in einen Hang zu Verzicht und Weltflucht.
Das engt das reale, reiche freie Leben ein, das verschließt Möglichkeiten, statt sie zu öffnen.
Ja, wenn es das gäbe: Befreiung durch und in der Nachfolge, Weite, Heiterkeit, die Fülle des Lebens und der Freude, Freisetzung der Kräfte und Handlungsmöglichkeiten, volle Weltlichkeit. Das müsste es doch eigentlich geben, wenn die Verheißung: ›Alles ist euer‹ und die herrliche Freiheit der Kinder Gottes kein Geschwätz sein soll.

*

Der Grad der Berühmtheit von Menschen oder Gebäuden, von Städten, Parks, Kompositionen und Bildern wird oft durch blühende Legenden genährt, die sich um diese ranken wie die Glyzinie um ihr Gerüst. Je mehr Legenden es gibt, je mehr diese variieren oder sich gar widersprechen, desto mehr regt dies zum Nachdenken oder Diskutieren an und macht in der Folge die Persönlichkeit oder das Gebäude noch berühmter.
Sattsam bekannt, die zwei unschuldige Knaben säugende römische Wölfin.

So werden Geschichten fast zur Geschichte. (Oder Damen schräger Profession zu Wölfinnen: »lupa« heißt Wölfin, aber »lupanar« das Bordell.)
Die Geschichten säubern die Geschichte wohl auch von der Erotik.
So auch im Falle des Stadtgründers von Karlsruhe, des Markgrafen Karl Wilhelm von Baden-Durlach, der nach längerer sowie eingehender Betrachtung seiner auch auf den fremden Betrachter eher trocken wirkenden Gemahlin beschloss, seine barock erotische Lebensführung in einem noch zu bauenden Schloss im Hardtwald fortzusetzen. Dort würden ihn, so seine Hoffnung, die ständigen Vorwürfe seiner Gattin ob seines Lebenswandels nicht mehr erreichen können.
Die Gründung der Stadt selbst war dann wohl eher Alibi für die sich bald ausbreitende Mähr, der liebende Markgraf habe auf der Suche nach dem bei einer Jagdgesellschaft verlorenen Fächer seiner Gemahlin unter einer Eiche wohlverdiente Ruhe gefunden. Dort sei ihm im Schlaf der verlorene Fächer erschienen, nach dessen Geometrie er daselbst und nach seinem Erwachen die Gründung Karlsruhes initiierte.
Und so gibt es auch eine Geschichte, die erzählt, wie das Bundesverfassungsgericht nach Karlsruhe kam – allerdings gänzlich ohne Erotik.
Der Jurist Dr. Thomas Dehler, der von den Nazis als echter »Judengenosse« tituliert worden war, weil er während der NS-Zeit als Ehemann an seiner sogenannten Mischehe, sowie als Anwalt an seinen jüdischen Mandanten festgehalten und sogar Mandate von Regimegegnern übernommen hatte, war 1949 als FDP-Mitglied von der Adenauer-Regierung zum Justizminister ernannt worden. Und dieser Thomas Dehler hatte eine Nichte, eine evangelische Theologin, von den Nazis als jüdisch verfolgt, die er liebte, mit der er gerne diskutierte und mit der er seine Leidenschaft für die freiheitliche Demokratie teilte. Sie wohnte über Karlsruhe-Durlach auf dem Rittnerthof, war Mitglied der Bekennenden Kirche und in dieser Funktion mehrfach Gastgeberin der »Badischen Sozietät« sowie Karl Barths.
Auch sie hatte sich während der NS-Zeit für Verfolgte eingesetzt und sogar zusammen mit ihrem Ehemann zwei Berliner Jüdinnen auf dem Rittnerthof Unterschlupf gewährt.
Um diese taffe Frau auch in seiner Eigenschaft als Justizminister öfter sehen zu können, soll sich Thomas Dehler für Karlsruhe als Standort des Bundesverfassungsgerichtes ausgesprochen haben (vielleicht mit

der Argumentation, dass der Bundesgerichtshof sowieso schon dort sei und das platzmäßig noch bescheidene BVG schließlich in dessen Räumen unterkommen könne).
Und diese von Thomas Dehler so geliebte Nichte war eben jene Hannelore Hansch, welche Helmut Simon kurz vor Ostern noch besuchen wollte und die ihm mit ihrem »Ab-ins-Krankenhaus-Diktat« das Leben rettete.
Zur Frage, inwieweit diese Geschichte glaubhaft sei: *Wenn man die Protagonisten kennt, die die Geschichte erzählt haben – und ich kenne sie – tendiert man dazu, dieselbe für wahr zu erachten.*
Über Hannelore Hansch hatte sich in der Folgezeit für Helmut Simon eine freundschaftliche Beziehung zu ihrem Onkel Thomas Dehler entwickelt, der sich zu diesem Zeitpunkt mehr und mehr zu einem Kritiker Adenauers entwickelt hatte.

*

Unterdessen war in der Evangelischen Kirche in Deutschland der Versuch einer Schlichtung in Sachen atomare Bewaffnung weitergegangen.
Von Seiten der Bruderschaften hatte man sich intensiv mit der inzwischen reichlich erschienenen Gegenliteratur auseinandergesetzt, diese ausgewertet und sich mit den Einwänden auf einer großen Studientagung in Frankfurt befasst.
Das Ergebnis wurde einschließlich eines Gutachtens von 30 namhaften Theologen 1959 publiziert, das Vorwort dazu stammt von Helmut Simon. In zahlreichen Buchbesprechungen wurde das Werk anschließend als eine der wichtigsten Neuerscheinungen gewürdigt.
Über die im selben Jahr erschienenen Thesen einer Kommission der Evangelischen Studiengemeinschaft »Atomzeitalter – Krieg und Frieden« korrespondierte Helmut Simon anschließend kritisch mit dem Herausgeber Günter Howe.

Ein Hoftheater macht Platz

Zur selben Zeit gärte es in Karlsruhe, Helmut Simons Interims-Heimat. Die Ruine des ehemals vom Theaterpublikum heiß geliebten Hoftheaters sollte abgerissen werden, um so später dem Neubau des Bundesverfassungsgerichtes Platz zu machen, das noch immer die Position eines Untermieters in den Räumen des Bundesgerichtshofes inne hatte.

Fragen wurden laut: Lässt sich die Würde eines Verfassungsgerichtes mit der eines Untermieters vereinbaren?

»Natürlich nicht«, meinten die einen und »ist mir doch wurscht, ich war selber jahrelang Untermieter, was ist denn so schlecht daran«, die anderen.

Die gängige Meinung unter den Gegnern war die, »dass die Herren Richter doch gefälligst Recht sprechen sollten«, anstatt vom schönsten Grundstück der Stadt in den schönsten Park der Stadt zu schauen.

Doch die Entscheidung wurde natürlich nicht von der Meinung von Denkmalschützern oder Theaterfreaks, Parkschützern oder Historikern getroffen. Es war eine lokalpolitische Entscheidung, die auch auf dem ständigen und völlig überflüssigen Gerangel der Städte Karlsruhe und Stuttgart um ihre Wichtigkeit basierte und darauf, dass die Stadt Karlsruhe durch die Zusammenlegung von Baden und Württemberg ihre bisherige Position eingebüßt hatte.

Die Angst ging um im Rathaus, dass das höchste Gericht der Republik vielleicht abwandern könne (vielleicht sogar nach Stuttgart), wenn dem Abriss des unaufdringlich spätklassizistischen Heinrich Hübsch-Theaters sowie dem Neubau des Bundesverfassungsgerichtes nicht stattgegeben würde. Und Thomas Dehler war bereits 1953 wegen seiner Differenzen mit Adenauer nicht wieder in die Bundesregierung berufen worden, hätte also den Stadtvätern in dieser Angelegenheit nicht hilfreich zur Seite stehen können.

Bürgernähe oder städtische Potenz, das war die Frage, der sich der Gemeinderat zu stellen hatte.

Ein kleines zeitliches Gedankenspiel soll die Situation verdeutlichen: Wäre die politische Situation 1959 ähnlich der des Jahres 2010 gewesen, hätten sich Gemeinderat und die Bürgermeister längerfristig einer größeren Menge von Abrissgegnern gegenübergesehen und wäre dann ausgerechnet Helmut Simon zum Schlichter gewählt worden, wäre dieses Bundesverfassungsgericht zumindest im Schlossgarten von Karlsruhe wohl niemals erbaut worden. Man hätte das Theater restauriert und die Stadt würde über ein publikumswirksames und für die Öffentlichkeit zugängliches Gebäude mehr verfügen.

Karlsruhe hätte ein wenig »gefühlte Wichtigkeit« weniger, aber ein Stück erlebbare Identität mehr, die vermeintlich sich ergebende Schwäche hätte sich zur Stärke gewandelt.

Die Ruine des Hoftheaters wurde 1959 abgerissen, oder, wie man heute sagt, durch den Abriss wurden Tatsachen geschaffen: Das Bundesverfassungsgericht konnte wie gewünscht gebaut werden.

Ruine des Hoftheaters Karlsruhe

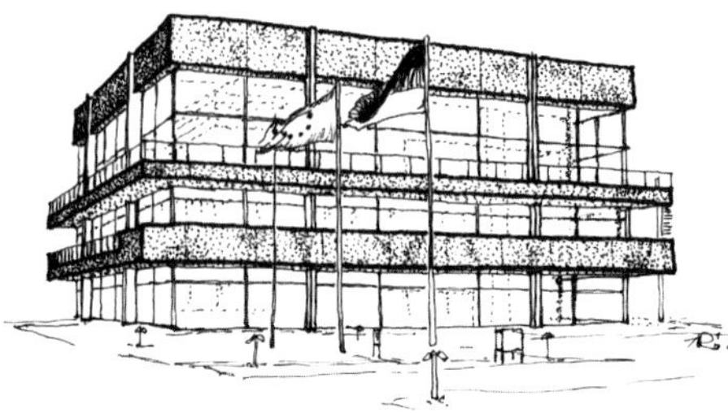

Bundesverfassungsgericht

Vom Verfassungsschutz verdächtigt, von der Stasi beschimpft

Nach zwei Jahren war die Dokumentationsarbeit am Bundesgerichtshof beendet und Helmut Simon wurde in seine alte Funktion als Richter nach Düsseldorf entlassen (und die Beatles spielten zum ersten Mal unter diesem Namen in Hamburg).
Zurück bei der Familie, zurück in den Schoß der Rheinischen Bruderschaften, zurück in die Diskussionsrunden mit den politisch Gleichgesinnten. Nach wie vor galt Helmut Simons Engagement der Friedenssicherung ohne atomare Waffen. Also musste sich auch er die Frage gefallen lassen und sich dieser stellen, wie sich denn er den Schutz gegen die kommunistische Bedrohung vorstellen würde. Diese Diskussion war hochgradig von Emotionen belastet, und so versuchten er und die Bruderschaften mit immer häufiger stattfindenden Ostkontakten die schwierigen Bemühungen um eine Versöhnung mit den östlichen Nachbarn durch Kontakte zu Christen jenseits des »Eisernen Vorhangs« voranzutreiben, auch um so auf die oben genannte und immer wiederkehrende Frage eine zufriedenstellende Antwort zu finden.
Sie gehörten zu den ersten, die lernen wollten, wie Mitchristen in einer so ganz anders strukturierten, andersdenkenden und für manche sogar feindlichen Umwelt lebten: wie diese Mitchristen als Kirche im (sogenannten real existierenden) Sozialismus ihren Weg zwischen Widerstand und Anpassung finden – und wie die Bruderschaften diesen Schwestern und Brüdern helfen könnten.
All dies war auch 1956 Inhalt der Reise von Helmut Simon nach Prag gewesen und sollte 1960 Inhalt einer Reise in die Sowjetunion werden. Für eine Bruderschaftsdelegation war es eine kleine Gruppe, die die Reise unternehmen sollte. Oberkirchenrat Kloppenburg, Hannelore Hansch, Herbert Probst und Helmut Simon folgten der Einladung eines estnischen Erzbischofs. Im Verlauf dieser Reise besuchten sie Tallin, Riga, Leningrad, Moskau und Sogorsk.

In folgendem Dankschreiben hielten sie die Ergebnisse ihrer Reise fest:

Unsere Reise, die wir als Mitglieder der Kirchlichen Bruderschaften in die Sowjetunion unternommen haben, nähert sich dem Ende. Wir möchten Ihnen herzlich dafür danken, dass Sie die Einladung des Herrn Erzbischofs der evangelisch lutherischen Kirche Estlands ermöglicht und unsere Reise mit allen Kräften gefördert haben. Wir danken auch den Vertretern der Friedensbewegung, die uns die Reise auf jede nur erdenkliche Weise erleichtert haben. Wir sind beschämt von der Herzlichkeit und Aufgeschlossenheit, mit der man uns überall begegnet ist. Das ist für uns besonders nach all dem, was in der Vergangenheit durch unser Volk geschehen ist, keine Selbstverständlichkeit, auch angesichts aller Umstände, die heute ein gegenseitiges Verstehen erschweren.
Unsere Reise war ein Besuch von Kirche zu Kirche. Es war schön, dass wir darüber hinaus viele Eindrücke aus dem wirtschaftlichen, kulturellen sowie aus dem politischen Leben sammeln konnten.
Wir sind dankbar, dass wir vor großen Gemeinden in Tallin und Riga sowie vor der Baptisten-Gemeinde in Moskau das Evangelium in Freiheit bezeugen konnten. Wir waren mit unseren Mitchristen in den Kirchenleitungen zusammen, auch die orthodoxe Kirche hat uns herzlich aufgenommen; wir haben verschiedene Ausbildungsstätten der Kirche besucht und uns auch vom Aufbau kriegszerstörter Kirchen überzeugt. Wir haben hier in einer marxistischen Umwelt eine Kirche erlebt, die sich in der Auseinandersetzung mit dem Atheismus erneut auf das Zentrum ihres Glaubens zu besinnen hat. Die klare Einsicht in die Unterschiede zwischen Atheismus und christlichem Glauben hindert unsere Brüder aber nicht an gemeinsamen Anstrengungen zur Rettung des Friedens und zum Wohle der Völker. Wir haben unsererseits vom Kirchenkampf unter dem Nationalsozialismus in Deutschland berichtet und am Beispiel unseres Widerstandes gegen die atomare Aufrüstung erläutert, dass unser Glaube ein ihm entsprechendes Handeln verlangt.
Auf unserer Reise begegneten wir immer wieder einer sehr lebendigen Erinnerung an die Schrecken des Krieges. Auf diesem Hintergrund wurde uns deutlich, dass die Friedensparole kein leeres Wort, sondern Ausdruck der tiefen Friedenssehnsucht eines (und ihres) *Volkes ist. Dieses Volk hat schon eine große Aufbauarbeit geleistet, von der wir uns an verschiedenen Stellen mit großer Hochachtung überzeugen konnten.*
Es war uns wichtig, dass wir in mehreren Orten in Universität und Schulen, Fabrik und Kolchose Einblick nehmen und mit Stadtverwaltungen über ihre

Arbeit in großer Sachlichkeit sprechen konnten. Man hat uns nicht verschwiegen, wie viel noch zu leisten ist. Dazu braucht dieses Volk den Frieden. Wir haben auch von unserem Friedenswillen im Westen gesprochen und von unserer Überzeugung, dass gerade auch wir Christen in der Versöhnungsarbeit nicht müde werden dürfen.
Der bestimmende Eindruck unserer Reise ist der:
Wer aus den zweifellos vorhandenen Unterschieden zwischen Ost und West die Notwendigkeit einer gewaltsamen Auseinandersetzung folgert, versündigt sich. Unsere gemeinsamen Gegner sind Krieg, Hunger, Angst und Hass in aller Welt.
Wir sind gewiss, dass über die wichtigen bisherigen Besuche hinaus ein noch stärkerer Ausbau der Besuche hinüber und herüber unerlässlich ist, damit aus dem gegenseitigen Kennenlernen die Einsicht in die Möglichkeit einer wahrhaftigen Koexistenz wächst und der Frieden dadurch eine reale Chance erhält. Dazu sollen auch unsere Berichte in der Heimat beitragen, über all das, was wir gehört und gesehen haben …

Dieses Schreiben hatten sie bereits während der Reise verfasst und bei einem Empfang in Moskau die Chance genutzt, es vorzulesen. Worauf ein Parteifunktionär, stolz darauf, seinen gelebten Atheismus unter Beweis stellen zu können, bei seiner Tischrede auf die technische Führungsrolle der Sowjetunion einging, mit einem Schlenker auf den 1957 gestarteten Sputnik zu sprechen kam und süffisant bemerkte, dass dieser auf seinen Umlaufbahnen durch den Orbit keineswegs und nirgendwo auf Gott gestoßen sei.
Und ein weiterer Redner, dem diese Bemerkung ganz offensichtlich peinlich war, beklagte, dass ihre Jugend die in den Kirchen des Kreml ausgestellten Kunstwerke mit ihren christlich-orthodoxen Motiven, welche die Reisegruppe ebenfalls bewundert hatte, heute leider nicht mehr verstehen könne.
Als persönliches Resümee aus dieser Reise stellte Helmut Simon fest, dass es für Christen im kommunistischen Machtbereich eine Gratwanderung bedeutete, eine positive Einstellung gegenüber dieser Staatsform mit ihrer marxistisch bedingten Kirchenfeindlichkeit aufzubauen sowie dieselbe zu leben. Und dass es für die dortigen Christen schwierig sei, einen Neubeginn zu wagen.
Aber auch im Westen herrschte wenig Klarheit über das (christlich gebotene) Verhalten in und gegenüber den Staaten hinter dem »Eisernen Vorhang«.

Bei einer gesamtdeutschen Bruderschaftstagung 1960 in Berlin-Weißensee wurde über diese Problematik mit viel Emotion diskutiert. Zu dieser Tagung schrieb Helmut Simon in Zusammenarbeit mit Hannelore Hansch folgende Einleitung, die allerdings erst Monate später in einer Festschrift für Diether Posser veröffentlicht wurde:

Als »Anwalt im Kalten Krieg« und als Mitglied der Gesamtdeutschen Volkspartei (GVP) war Diether Posser schon früh einer der wenigen, die um eine zukunftsgerichtete Gestaltung des deutsch-deutschen Verhältnisses bemüht waren.
Ich selbst gehörte damals zu den linksprotestantischen Bruderschaften und den Kreisen um Karl Barth, Gustav Heinemann, Kurt Scharf, Helmut Gollzwitzer, Ernst Wolf und Martin Niemöller, welche sich für eine Versöhnung mit den Nachbarn im östlichen Herrschaftsbereich einsetzten, welche als Ursache für die deutsche Teilung die schrecklichen Verbrechen des »Dritten Reiches« erkannten, welche das Freund-Feind-Denken im Kalten Krieg und die beiderseitige Drohung mit Massenvernichtungsmitteln als unerlaubt bekämpften, welche den selbstgerechten Antikommunismus, der den Gegner verteufelte und für eigene Reformbedürfnisse blind machte, als unerträglich empfanden, welche den Kommunismus auch als Buße für das Versagen der Christen in den sozialen Fragen verstanden und welche den tastenden Weg der ostdeutschen Kirchen auf dem schmalen Grat zwischen Anpassung und Verweigerung für geboten hielten. Dieser Weg ist inzwischen nachträglichen Angriffen namentlich von solchen Kritikern ausgesetzt, die schon wegen ihres Alters die Schwierigkeiten der damaligen Situation nur schwer nachvollziehen können oder die sich damals herausgehalten und allenfalls mit wohlfeilen Deklamationen begnügt hatten.

Wegen dieser Einleitung kam Helmut Simon in die Stasi-Akten. Die Herren verfassten einen Bericht über innerkirchliche Oppositionsgruppen und in diesen wurde Helmut Simon eben wegen der oben zitierten Einleitung als Reaktionär eingestuft. Wofür er, was charakteristisch für ihn ist, auch noch Verständnis zeigte und dieses so begründete:

Wie unser Lehrer Karl Barth waren wir zwar keine Antikommunisten und wussten durchaus zwischen Kommunismus und Nationalsozialismus zu unterscheiden. Aber wie Karl Barth brachten wir für den real existierenden östlichen Sozialismus keine Zuneigung auf und zogen es entschieden vor,

nicht in seinem Bereich leben zu müssen, und wünschten das auch niemandem andern.
Die Frage nach dem christlich gebotenen Verhalten als Bürger eines kommunistischen Staates versuchten wir mit dem von der Institutionen-Kommission entwickelten Begriff der »Annahme« zu beantworten, die in kritischer Mitverantwortung unter Berücksichtigung der jeweiligen Verhältnisse, aber niemals in unbegrenzter Weise zu geschehen habe.
Was das konkret bedeuten könnte, wird in unserem Vorentwurf in nachdenklich-entschiedener und zeitgeschichtlich-informativer Weise erörtert. Dass damals die Bruderschaften unter dem blockierenden Einfluss gleichgeschalteter ostdeutscher Tagungsteilnehmer dem fälligen Klärungsprozess ausgewichen sind, hat sich rückblickend als Anfang ihres Weges in die Bedeutungslosigkeit erwiesen.

Hätten sich die Beamten des Verfassungsschutzes die Mühe gemacht, sich auch nur ein wenig intensiver mit der Person Helmut Simon zu beschäftigen, hätten sie zum Beispiel nur diese wenigen Zeilen gelesen, wären sie unweigerlich zur Überzeugung gekommen, dass ihre Verdächtigungen unsinnig waren.

Nach seiner Reise in die Sowjetunion wurde Helmut Simon noch zum rheinischen Justizminister gerufen und von diesem getadelt. Warum er denn ausgerechnet und unbedingt jetzt nach Russland habe fahren müssen, wo er doch genau wisse, dass seine Beförderung zum Oberlandesgerichtsrat anstünde. Da würden sich solche Reisen nicht unbedingt günstig auswirken.
Bei seiner späteren Wahl zum Bundesrichter sollten diese Akten mit seinen Urlaubsgesuchen zu den beiden Reisen nach Prag und nach Russland sogar als Nachweis dafür herhalten, dass Helmut Simon sogenannte problematische Ostkontakte habe.
Wie man sieht, war es noch nie besonders beliebt, wenn Einzelne versuchen, sich ein eigenes, ein persönliches Bild zu verschaffen. Doch Helmut Simon begann, sich an seine Außenseiterrolle zu gewöhnen und sich mit ihr abzufinden.
Wie verklemmt die Vorstellungen in den 50ern und 60ern waren, wird beispielsweise auch dadurch deutlich, dass Helmut Simon sowie seine Kollegen am Oberlandesgericht schriftlich gegenüber dem jeweiligen Dienstvorsitzenden erklären sollten, welchen verfassungsfeindlichen Organisationen sie angehören würden. Helmut Simon

und ein Freund, Kurt K., hatten dies abgelehnt, während alle anderen Kollegen diesem *unsinnigen Ansinnen nachkamen und diese Erklärung abgaben.*
Nach offizieller Aufhebung des Ansinnens ärgerten sich dann dieselben Kollegen über die Vermerke, die sich jetzt in ihren Personalakten befanden.
Wahrscheinlich fühlte sich Helmut Simon nach dieser Reise so, wie bei seinem legendären Tutzinger Vortrag, den er in etwa mit folgenden Worten beendete:
... und im Übrigen lassen mich diese Verdächtigungen innerlich kalt!

Auch nach dem Beginn des Mauerbaus am 13. August 1961, als Panzer aufgefahren waren und der Frieden zu Ende schien, ließen sich Hannelore Hansch und Helmut Simon, manchmal auch Eka, nicht davon abbringen, den Osten zu besuchen. Dort diskutierten sie unter anderem mit den Herren Ringhandt, Kähler und Hamel, standhafte und angesehene Theologen in damals einflussreichen Positionen, die dem Regime äußerst kritisch gegenüberstanden, aber sich wie viele andere Oppositionelle weigerten, ihr Land zu verlassen.
Bis kurz vor Mitternacht, sodass sie gerade noch kurz vor der Schließung der Grenzübergänge in den Westen kamen, haben sie in Ostberlin intensiv Informationen ausgetauscht und konnten sich so mehr und mehr über die Situation im Osten eine Meinung bilden. Ende der 60er und in den 70ern gehörten die beiden dadurch zu den informiertesten Bundesbürgern, was auch ihrem und besonders Helmut Simons politischem Umfeld sowie der späteren Entspannungspolitik zugute kommen sollte. Mitgewirkt hat Helmut Simon auch an den rechtstheologischen Aussagen der »Zehn Artikel über Freiheit und Dienst der Kirche«, welche von der Kirchenleitung der DDR 1963 veröffentlicht werden sollte. Eines aber sollte bis zu seiner Berufung zum Verfassungsrichter gleich bleiben: Jede einzelne Reise in Richtung Osten musste dem jeweiligen Dienstvorgesetzten angezeigt werden.
Und so wurde die Akte Helmut Simon beim Verfassungsschutz immer dicker.

Ich bin Deutschland

Die Ära Adenauer ging ihrem skandalumwitterten Ende entgegen, ein ungekrönter absolutistischer Monarch schickte sich an, die Bühne seines Lebenswerkes zu verlassen, nicht ohne darüber öffentlich nachgedacht zu haben, ob nicht er der geeignete Kandidat für das Bundespräsidentenamt wäre. Was dieser Kanzler für richtig hielt, sollte Gesetz werden, auch wenn dies nicht unbedingt vom Gesetz so vorgesehen war, da spielte die Meinung des Volkes oder sogar die der Parlamentarier kaum eine Rolle. So wurde Anfang der 50er öffentlich, dass er von sich aus dem amerikanischen Hochkommissar die Bereitschaft der Bundesrepublik Deutschland signalisiert hatte, sich wiederbewaffnen zu wollen. Gefragt hatte er bis dahin allerdings niemanden.

Oder das Adenauer-Fernsehen, auch die »Adenauer Fernseh GmbH« genannt, die in Köln ihren Sitz finden sollte. Und mit der er politischen Einfluss hätte ausüben können.

Was allerdings verboten war, denn basierend auf Artikel 5 Grundgesetz schließt der Gesetzgeber aus, dass der Staat unmittelbar oder mittelbar eine Anstalt oder eine Gesellschaft beherrschen darf, die Rundfunk- oder Fernsehsendungen veranstaltet.

Ein säuerlicher Geruch begann durch die Medienanstalten zu ziehen.

Die haben das wirklich versucht, der Adenauer kannte da nix!

Aus diesem geplanten staatstragenden Sender wurde dann durch den Beschluss des Bundesverfassungsgerichtes vom 28. November 1961 eine von allen Bundesländern getragene Fernsehanstalt, nämlich das ZDF mit Sitz in Mainz (und nicht in Köln).

In Berlin ließ sich Adenauer nach dem Mauerbau auch nicht sehen. Zwei Wochen mussten die Berliner auf den Kanzler warten. Dieser nutzte die Zeit, Willy Brandt, damals Oberbürgermeister des westlichen Teils der geteilten Stadt, heftig zu kritisieren.

Und hinter vorgehaltener Hand wurde von so manchem in der Republik die Meinung geäußert, dass Adenauer vor einem protestantischen und deshalb möglicherweise sozialdemokratischen Osten einen solchen Horror gehabt hätte, dass er deshalb schon früh eine Wiedervereinigung mit allen Mitteln zu verhindern versucht habe. Und wie hatte er sich in seinen Wahlkämpfen – für Adenauer war praktisch immer Wahlkampf – eloquent für die Bewahrung des Christentums eingesetzt, natürlich immer unter der Prämisse, dass Christentum ausschließlich katholisch und nur mit der CDU/CSU möglich sei. Doch dann traute sich dieser »drei-Parteien-Heinemann« am 23. Januar 1958 ihn, den Kanzler, vor dem Bundestag heftig wegen der Wiederbewaffnungspolitik sowie seiner Atomträume zu kritisieren und zu attackieren. Er ging sogar soweit, die Argumentation der christlichen Werte einfach umzudrehen, indem dieses SPD-Mitglied mit dem Hintergrund einer gescheiterten Partei es wagte, in die Argumentationsstapfen der CDU/CSU folgendermaßen zu treten: »Hier geht es nicht um Christentum gegen Marxismus, Herr Bundeskanzler, hier geht es um die Erkenntnis, dass Christus nicht gegen Karl Marx gestorben ist, sondern für uns alle!«

Urplötzlich mussten Adenauer und seine Parteimitglieder vor der Öffentlichkeit konstatieren, dass Christentum auch unter Protestanten und sogar in der SPD möglich sei. Drei Jahre später verlor er die absolute Mehrheit und wurde nur deswegen – sogar gegen den Willen einiger Parteimitglieder und der FDP – wieder zum Kanzler gewählt, weil er versprach, noch vor der nächsten Wahl als solcher zurückzutreten. Doch dann platzte der von den Regierungsparteien so unbeliebte »Spiegel« mit dem Artikel »Bedingt abwehrbereit« in die trügerische Ruhe, in dem all das drinstand, was informierte Kreise (wie zum Beispiel die Herren der gegnerischen Geheimdienste) sowieso schon wussten, dass nämlich die Bundeswehr für alles mögliche, nur nicht für den Ernstfall, gerüstet sei.

Verfassungsschutz und Polizei erschienen in den Redaktionsräumen des »Spiegels«, wendeten das Unterste zu Oberst und verhafteten Rudolf Augstein und seine »Kollaborateure«, darunter auch den für den Artikel verantwortlichen Hans Schmelz. In Spanien wurde Conrad Ahlers von der Polizei inhaftiert. Damit waren all diejenigen, die in »heimtückischer Absicht dem Staat in den Rücken gefallen waren« vorsorglich in dessen Verwahrung. Doch der Staat selbst gab sich unwissend.

Nur Konrad Adenauer vermutete hinter dem Artikel – die SPD aufklärend – »einen Abgrund von Landesverrat«, mit dem der »Spiegel«

auch noch Geld verdienen würde. Und Franz Josef Strauß, der erst einmal gar nichts wusste, dann wenigstens etwas, später dann immer mehr, tobte am 24. Oktober 1962 im Bundestag, Carlo Schmid solle ins Gefängnis, Helmut Schmidt sei reif fürs Zuchthaus und Gerhard Jahn (parlamentarischer Geschäftsführer der SPD) gehöre aufgehängt. So jedenfalls wusste es der »Spiegel« vom 7. November desselben Jahres zu berichten.

Und der höhere Beamte, der von Spanien aus aufgebrochen sein soll, die sogenannten Missverständnisse aufzuklären, ist bis heute nicht angekommen.

Übrigens war es dann Gustav Heinemann, der den »Spiegel« prozessual gegen Franz Josef Strauß vertrat. Und erst viel später wurde bekannt, dass die Initiative von Adenauer ausgegangen war, der Kanzler Franz Josef Strauß zu dessen Handlungen ermächtigt hatte. Die »Spiegel-Affäre« bewirkte schließlich, dass Adenauer den lang erwarteten Termin zu seinem versprochenen Rücktritt bekanntgab. Die Verabschiedung des verbitterten Mannes fand am 12. Oktober 1963 statt. Was ihm blieb war, auf seinen ungeliebten Nachfolger Ludwig Erhard zu schimpfen und denselben zu verunglimpfen. Und im Bundestag wurde er immer noch – unwirsche Gesten machend – als »Herr Bundeskanzler« tituliert.

Was sich Helmut Kohl wohl gedacht haben mag, als er sich zum geistigen Enkel des Altkanzlers benannte, ob ihm diese Verhaltensmuster wirklich bewusst waren, ob er wohl daran gedacht haben mag, dass Konrad Adenauer in seiner Kölner Zeit sogar ein Gemälde des Malers Otto Dix aus einem Museum entfernen ließ oder Bartóks Tanzpantomime »Der Wunderbare Mandarin« verbot und sogar persönlich Textstellen in Brechts »Dreigroschenoper« veränderte, weil es für den damaligen katholischen Zentrumspolitiker eben keine wirkliche Freiheit von Kunst und Wissenschaft gab, zumindest, wenn es um Fragen der katholischen Grundanschauung ging. Bei aller nicht abzusprechenden Leistung Adenauers kann man heute nur konstatieren, dass sein Demokratieverständnis allenfalls rudimentär war, er eher eine Nachkriegspolitik nach Gutsherrenart betrieben hatte.

Über ein Urteil des Bundesverfassungsgerichtes nörgelte Konrad Adenauer:

»Dat ham wa uns so nich vorjestellt.« Für ihn muss wohl so etwas wie ein persönlich interpretiertes, katholisches Naturrecht gegolten haben.

Aufgeklärte Kreise waren nach der »Spiegel-Affäre« schockiert und teilweise leider wie gelähmt. Doch – was kann man in einer solchen Situation schon tun?
Helmut Simon jedenfalls ließ sich vom allgemein vorherrschenden Phlegma nicht anstecken. Unter seiner Federführung gestaltete und finanzierte ein Kreis junger Unternehmer, Mitglieder des hoch geachteten Düsseldorfer Industrieclubs, eine Zeitungsanzeige, in der eindringlich vor der Gefährdung rechtsstaatlicher Grundlagen gewarnt und die »Virginia Bull of Rights« zitiert wurde:
»Die Freiheit der Presse ist eines der großen Bollwerke der Freiheit und kann niemals – es sei denn durch despotische Regierungen – eingeschränkt werden!«

Von Aufklärern und Revanchisten

Intensiver als mit den Problembereichen Wiederbewaffnung oder Verständigung mit dem Osten hat sich Helmut Simon nach dem Mauerbau mit dem, wie er sagt, merkwürdig blassen Rechtsstaatsgedanken unter Christen beschäftigt.
Mehr und mehr wundert er sich darüber, wie wenig das Grundgesetz auf seine Mitbrüder und Mitschwestern (und Mitbürgerinnen und Mitbürger) Einfluss ausübte, ihr Handeln bestimmte, theologisch gewürdigt wurde.
Aus diesem Dunstkreis heraus waren es ausgerechnet die von vielen Politikern als staatspolitisch unzuverlässig getadelten Bruderschaften, die im protestantischen Lager eine positive Würdigung der grundgesetzlichen Verfassungsordnung unternommen hatten.
Unter dem Titel »Die Annahme der grundgesetzlichen Verfassungsordnung als Christenpflicht« schrieb Helmut Simon:

Vielen ist heute gar nicht mehr bewusst, dass die Deutschen nur langsam den Lebenswert der grundgesetzlichen Verfassungsordnung begriffen haben. In den vom Kalten Krieg und wirtschaftlichem Wiederaufbau beherrschten fünfziger Jahren hatte die verfassungsrechtliche Gestaltung des Provisoriums Bundesrepublik im öffentlichen Bewusstsein so gut wie keine Rolle gespielt. Die von den Siegern importierte Staatsform hob sich zwar in klaren Konturen vom düsteren Hintergrund unserer Geschichte ab und unterschied sich vorteilhaft von den benachbarten Volksdemokratien. Bis in die Kirche hinein begnügte man sich aber mit einem vordergründigen Demokratiepragmatismus; die Rechtsstaatsidee mit ihren konkreten Elementen war hier so gut wie unbekannt.
Als ich 1956 in meinem Artikel »Alleinstellungswerbung« angedeutet hatte, bei der Beurteilung von Werbemaßnahmen müsse man im Lichte der Meinungsfreiheit im Prinzip von ihrer Zulässigkeit ausgehen, wurde ich belächelt, weil ich auf dem seriösen und bewährten Gebiet des gewerblichen Rechtschutzes Verfassungsrecht anwenden wollte.

Diese Reserve änderte sich erst langsam in den folgenden Jahrzehnten. Meinerseits habe ich in mehreren Rundfunksendungen – erstmals 1963 im Deutschlandfunk in einem Feature »Fragen eines Juristen an die Theologie« und später erneut in der auch im Druck erschienenen Sendereihe »Politik für Nichtpolitiker« – mit guter Resonanz versucht, den Rechtsstaatsgedanken in seinen auch für die Praxis wesentlichen Ausprägungen näher darzustellen und theologisch zu würdigen. Während der »Spiegel-Affäre« musste ich beobachten, dass in kirchlichen Äußerungen allenfalls der Schwund staatlicher Autorität, nicht hingegen die geschehene Rechtsbeugung beklagt wurde. Der Rechtsstaatsgedanke kam – wie eine Prüfung der gesamten einschlägigen Literatur ergab – in der damaligen politischen Ethik nur vereinzelt und mit Ausnahme bei Karl Barth bevorzugt distanziert vor. Daraufhin habe ich 1963 einen zornigen Artikel geschrieben »Ist in der evangelischen Ethik Platz für den Rechtsstaat?«

1964 gelang es, die Bruderschaften für die wichtige und gewichtige Studientagung »Der Rechtsstaat – Angebot und Aufgabe« zu gewinnen.
Thematisch wurde dabei an eine Studientagung von 1957 angeknüpft (»Der Christ im Staat«), die der Mentor von Helmut Simon und der Bruderschaften, Ernst Wolf, maßgeblich geprägt hatte, indem er bereits an den Nachkriegsstudien über eine theologische Begründung des Rechts beteiligt gewesen war und später die Bruderschaften im Streit um die atomare Aufrüstung beraten hatte. Mitgewirkt hatten ebenfalls Helmut Simons Doktorvater Ulrich S. sowie Gustav Heinemann, der daraufhin später vor dem Parteivorstand der SPD über den demokratischen Rechtsstaat als theologisches Problem referierte.
In und für diese Studientagung entwickelte Ernst Wolf »Das den Christen gebotene Verhalten gegenüber dem jetzt existierenden Rechtsstaat«.

Die Vorträge zu dieser Tagung wurden in der Reihe »Theologische Existenz heute« veröffentlicht, von Helmut Simon stammte die Sammlung von Konkretisierungen der Rechtsstaatsidee in der Rechtsprechung (Machtbegrenzung durch Grundrechtstheorien/Gewaltenteilung/Gesetzmäßigkeit staatlichen Handelns/Rechtskontrolle durch unabhängige Gerichte/Grundsätze der Verhältnismäßigkeit und des Vertrauensschutzes).

Weitere Engagements ergaben sich im Öffentlichkeitsausschuss der Rheinischen Kirche.
Dort befassten sich Helmut Simon und die Bruderschaften mit einer Neuregelung der völlig antiquierten Religionsdelikte und mit einer erheblichen Einschränkung des Sexualstrafrechtes.
Hierzu schrieb Helmut Simon zwei Artikel:
Zur rechtlichen Beurteilung von Schwangerschaftsabbrüchen und Sterilisation sowie *Zur strafrechtlichen Regelung der Religionsdelikte.*
In beiden Artikeln setzte er sich erstens für eine maßvollere Anwendung der bestehenden Strafvorschriften, solange diese in dieser Form noch existierten, und zweitens für deren baldmöglichste Reform ein.
Im Zentrum von Helmut Simons Gedankengebäude steht weiterhin neben der Freiheitsidee und dem Friedensgebot die Forderung nach sozialer Gerechtigkeit in ebensolchem Gemeinwesen. Auch hierüber referierte er in den 60ern. In diesen Referaten machte er die *Fortentwicklung des bürgerlichen zum sozialen Rechtsstaat* sowie *diesen als Alternative zu einer formierten Gesellschaft* zum Thema.

*

Während sich tatkräftige und der Demokratie verpflichtete Menschen zum Beispiel für Grundgesetz und Verfassung engagierten oder dem Gedanken der Ökumene verpflichteten, die Helmut Simon als eine Orientierung am Modell einer verantwortlichen Gesellschaft bezeichnete, gerade weil dort auch durch Verelendung und von Rassismus Betroffene Gehör oder Begriffe wie Ökologie ihren Eingang in den Sprachgebrauch fanden – während sich also Menschen guter Hoffnung in einer geistlichen und geistigen Aufbruchstimmung befanden, wurden am Rande der Gesellschaft unüberhörbar aufs Neue völkische und revanchistische Töne laut. Rechte Gruppen formierten sich, schlossen sich zusammen, gründeten 1964 die NPD und konnten zum maßlosen Entsetzen der Aufgeklärten in einigen Landtagen die Fünf-Prozent-Hürde überspringen.
So kamen wieder diejenigen zu Wort, die in der Nachkriegszeit wohlweislich die Öffentlichkeit gescheut hatten.
War die Zeit für diese sogenannten anständigen Deutschen schon wieder reif? Was für eine Art von Anstand ist damit eigentlich gemeint? Liegt es vielleicht daran, dass der neue Bundeskanzler Ludwig Erhard gerade eben zum »Maßhalten« aufrief?

Läuft denn doch nicht alles so hervorragend, wie die Regierung unter Adenauer der Bevölkerung glauben machte?
Ist das in der Vorstellung der Menschen auf ewig anhaltende Wirtschaftswachstum, der sich ständig steigernde Wohlstand, bereits wieder zu Ende?
Konsumieren die Menschen nicht genug, oder werfen sie nicht schnell genug wieder weg, um Neueres zu erwerben?
Kann man mit der aufkeimenden Angst der Menschen wieder auf Stimmenfang gehen?
Im Ausland stößt der Erfolg der NPD auf Unverständnis und Misstrauen und wird dort mit der Schlussphase der Weimarer Republik verglichen. Und Frankreich wird durch die neue Politik Ludwig Erhards vor den Kopf gestoßen, die alte Achse »De Gaulle-Adenauer« besteht nicht mehr.

*

Helmut Simon bilanziert die ersten zwei Jahrzehnte nach Kriegsende folgendermaßen:
In dieser Zeit gab es bis zum Beginn des Vietnamkrieges in Deutschland (West) keinen Antiamerikanismus im heutigen Sinne, trotz der Vorbehalte der älteren Generation gegen so manchen amerikanischen »Kulturimport« wie Comics, Musik und Kleidung.
Für ihn und viele andere galt die US-Demokratie, gerade wegen ihrer imponierenden Verfassungstradition, als Hoffnungsträger. Der Marshall-Plan, die Luftbrücke (Rosinenbomber) und die Unmengen von Care-Paketen hatten Zutrauen geweckt und freundschaftliche Gefühle aufkommen lassen.
Als großen Erfolg sieht Helmut Simon, dass den Kirchen nach Kriegsende als ersten gesellschaftlichen Kräften der Kontakt über die Grenzen hinaus geglückt ist.
Trotz der Vorbehalte gegenüber manchen ökumenischen Aktivitäten hat deren weltweite Offenheit auch in der Folgezeit angedauert.
Er sieht so positiv in die Zukunft, wie dies einem Denker möglich ist, ahnt wohl im Innersten seinen baldigen Durchbruch.

Eine Urkunde en passant

In seinen Lebensskizzen schreibt Helmut Simon, dass er seinen nebenberuflichen Tätigkeiten weit mehr Raum einräumte, als seiner Tätigkeit als Richter am Düsseldorfer Gericht.

Das liegt sicher daran, dass er als Vollblutjurist und überzeugter Verfassungspatriot nicht verstehen kann, dass der Rechtsstaatsgedanke in seiner letzten Konsequenz und das Grundgesetz in seiner freiheitlichen Ausrichtung bisher weder in den Gedanken der Bundesbürger, noch im Handeln der Politiker so recht Fuß fassen konnte. Dies zeigte sich durch die bisher praktizierte Politik, die partiell auf Rechtsbrüchen basierte, aber auch auf deren Aufdeckung, welche von den Medien und dann erst recht von den Bürgern als Autoritätsverlust der Regierenden interpretiert wurde.

Dasselbe Phänomen stellt er bei den Kirchen fest. Noch weniger Raum als der eigentlichen Berufstätigkeit jedoch widmet Helmut Simon in dieser Zeit seiner Familie. Zwei Sätze aus den Lebensskizzen sprechen für sich:

Mit jedem einzelnen Mitglied der Familie verbanden und verbinden mich enge emotionale Beziehungen. Und *die Familie hat mich mit meinen Fehlern und Schwächen liebevoll ertragen – auch getragen –, sowie mich als Patriarchen erduldet.*

Wenn Helmut Simon auch über seine Zeit als Richter relativ frei verfügen und teilweise zu Hause arbeiten konnte, so war es doch bei seinen zeitraubenden politisch-juristischen und juristisch-theologischen Engagements praktisch unmöglich, ein annähernd »normales« Familienleben zu führen, was er heute bedauert.

Und seine Zeit wurde noch knapper, nahm er doch inzwischen auch an Juristentreffen im Ausland teil.

Unter anderem 1964 in Bossey über Genf, wo er sich an einer grandios offenen und weiten Landschaft erfreute und sich von einer mitreißenden Aufbruchstimmung anstecken ließ.

Diese Stimmung nahm er mit in das dritte Jahrzehnt nach Kriegsende, das mit einer zweiten, diesmal länger andauernden Trennung von der Familie beginnen sollte. Zum Bedauern vieler Kollegen des Oberlandesgerichtes Düsseldorf, aber auch von ihren Glückwünschen begleitet, wurde Helmut Simon mit dreiundvierzig Jahren ein zweites Mal in den Süden gerufen, zwei Monate nach dem Einmarsch der Amerikaner in Vietnam.
Diesmal allerdings war er als Richter an den Bundesgerichtshof gewählt worden.
Eine lange Reihe von Briefen bestätigt die Gefühle der Kollegen und Fachanwälte. Hier nur ein Beispiel:

»Lieber Dr. Simon!
Die Zeitungen sind voll Ihres Namens! Es ist also nun endlich soweit, dass Sie als Bundesrichter nach Karlsruhe gehen.
Mit einem heiteren und einem trüben Auge – das heitere ist das Glasauge – gratuliere ich Ihnen dazu sehr herzlich ...«
Der Absender war ... ein Freiherr von Münchhausen.

Dabei hatte es zuerst nicht so ausgesehen, als würde Helmut Simon die Wahl zum Bundesrichter schaffen, fast wäre ihm sein Streben nach Frieden durch Verständigung jetzt zum Verhängnis geworden. Eine Sonderakte war zu der Wahl vorgelegt worden, aus der problematische Ostkontakte der zu wählenden Person ersichtlich wurden. Bedenken gegen ihn wurden laut. Doch einige ihm wohlgesonnene Wahlmänner erzwangen die Offenlegung dieser Sonderakte. Und siehe da – die problematischen Ostkontakte stellten sich als die Urlaubsgesuche für seine kirchlich bedingten Reisen nach Prag und Russland heraus.
Nichts Ächtendes stand seiner Wahl mehr im Wege.

*

Es war im Sommer 1965 und Ferienzeit. Die Simons wollten eben mit ihrem Käfer in den Urlaub aufbrechen, als das Telefon klingelte.
Das Justizministerium.
Wie bereits brieflich angekündigt, wäre vor Ort und bitte noch heute die Ernennungsurkunde zum Bundesrichter abzuholen.
Ja, im Justizministerium.
Genau, noch heute.

Nein, aus versicherungstechnischen Gründen könne man die Übergabe der Urkunde und damit die Ernennung unmöglich verschieben.
Stumm schauen sich die Simons in ihrer Freizeitkleidung an, Eka geht zum Schrank, holt einen Anzug heraus, den guten schwarzen, Schuhe, Hemd, Krawatte, packt alles sorgfältig in den platzmäßig nicht gerade großzügig ausgestatteten und mit Koffern bereits gefüllten Käfer.
Sie fahren los.
Kurz vor Bonn halten sie in einem Wald, hinter einem Baum zieht sich Helmut Simon um.
Sie setzen die Fahrt fort und fahren schließlich mit dem bepackten Käfer vor das Justizministerium.
Dort empfängt der Jurist seine Urkunde, womit versicherungstechnisch alles in Ordnung wäre, steigt wieder ins Auto, steuert aufs Neue einen Wald an und tauscht Anzug, Schuhe, Hemd und Krawatte wieder gegen die bequeme Freizeitkleidung ein.
Die Urlaubsfahrt in Richtung Österreich kann beginnen.
Wäre Helmut Simon an diesem Tag von Verfassungsschutzbeamten beobachtet worden, hätten diese beim Abendbrot mal etwas anderes zu erzählen gehabt.

*

Carlo Schmid schrieb in den 50ern über die Stadt der höchsten Gerichte, dass Karlsruhe, die einst so stille und geruhsame Residenzstadt des liberalsten Bundesstaates des Kaiserreiches, eine neue Würde erhalten habe. Schließlich sei sie Sitz des Bundesgerichtshofes geworden. Dieser Stadt wäre auch dann eine besondere Rolle unter den deutschen Städten zugewachsen, selbst wenn nur der Bundesgerichtshof hier seinen Sitz genommen hätte.
Doch nun sei diese Stadt auch Sitz des Bundesverfassungsgerichtes geworden, das die Schöpfer des Grundgesetzes sich als ein Verfassungsorgan auf höchster Ebene vorgestellt hatten.

Der Grundriss der Stadt und ihres Schlosses ist absolutistisch – und auch wieder nicht. Geht man nämlich auf das Schloss zu oder betrachtet die Anlage aus der Vogelperspektive, erkennt man das Abknicken des östlichen und westlichen Schlossflügels in Richtung Süden, also zur Stadt hin gerichtet, und der Eindruck entsteht, das

Schloss würde – gänzlich unabsolutistisch – die Stadt und ihre Bürger mit einer zärtlichen Geste zu umarmen versuchen.
Diese Geste wirkt auf den Besucher einladend, verständnisvoll, freundlich, leutselig, eben so, wie sich der Karlsruher im wirklichen Leben gibt. Bewohner und Besucher umgibt hier ein Hauch von Mediterranem, vielleicht auch, weil die Architektur der Stadt auf Grund ihres italienischen Einflusses die deutsche Schwere weit hinter sich lässt.
Hier trifft der Greis »Absolutismus« auf dem Marktplatz seine junge Geliebte, die »Dolce Vita«.
Das Schloss und der ganze Park gehören den Bürgern und wird von diesen für allerhand Aktivitäten genutzt. Zum Spazierengehen, zum oft von einer Flasche Rotwein begleiteten Boule-Spiel, zum Philosophieren, für Feste, Verliebte, Konzerte, Feuerwerke oder einfach nur, um sich in der Sonne zu aalen – sei es im Winter auf einer Bank im Schutz des Schlosses oder zu anderen Jahreszeiten auf den Grünflächen.
Doch ist es wirklich der ganze Park, der den Bürgern gehört? Steht in der Verlängerung des Westflügels nicht auf dem Boden der Schlossanlage eine Gebäudegruppe ganz anderer Couleur? Modern, cool, zurückhaltend, sonnendurchflutet, bewacht.
Nämlich das von 1965 bis 1969 gebaute Bundesverfassungsgericht an der Stelle des ehemaligen Hoftheaters, von manch einem älteren Karlsruher Spaziergänger immer noch mit Verachtung durch Wegsehen gestraft – allerdings nicht wegen seiner Funktion.
Dabei hatte man sich in den vergangenen 40 Jahren alle Mühe gegeben, das Gericht mittels behutsam gesetzter Pflanzen in den Rahmen des Schlossgartens und des angrenzenden Botanischen Gartens einzufügen.
Und das Gebäude versinnbildlicht durch Architektur und Standort, wie man sich die Handhabung des Grundgesetzes wohl gedacht haben mag: volksnah, offen, transparent, leicht nachvollziehbar, aber eben auch nicht von jedem unbedingt geliebt.
Und genauso langsam wie das Gebäude von den Karlsruhern an Akzeptanz gewann, genauso langsam fing die Idee des Rechtsstaates in den Köpfen der Menschen an, Fuß zu fassen.
Viel zu langsam für Helmut Simon wie für die vielen anderen, die diesen Prozess ungeduldig bis heute mitverfolgt haben.
Natürlich sind die Karlsruher inzwischen auch stolz auf ihre Gerichte und darauf, dass diese für Deutschland so wichtigen Institutionen

dort ihren Sitz fanden, wo nach 1818 – übrigens dem Geburtsjahr von Karl Marx – das erste (relativ) frei gewählte Parlament Deutschlands seinen Dienst aufgenommen hatte.

Im Bundesgerichtshof wurde Helmut Simon nach seinem Urlaub in Österreich auf Grund seiner Vorkenntnisse am Oberlandesgericht Düsseldorf dem für ihn vertrauten Fachsenat für gewerblichen Rechtsschutz zugeteilt, was ihm *den Wechsel nach Karlsruhe und die räumliche Trennung von seiner alten Heimat erleichterte.*
Und in Durlach, bezeichnenderweise in der Rittnertstraße unterhalb des Rittnerthofes, also da, wo ihm Hannelore Hansch das Leben gerettet hatte, kauften die Eheleute Simon eine größere Eigentumswohnung mit Garten.
Doch leider verzögerte sich die Fertigstellung der Immobilie und eine geeignete Mietwohnung konnte für die Überbrückungszeit nicht gefunden werden.
Deshalb die zweite Trennung.
Zu einer Zeit, als Tochter Beate vor den Toren der Pubertät stand und Sohn Andreas unter ihrer Regie. Auch konnte dieser durch die zweimalige Trennung keine richtige Vaterbeziehung aufbauen. Helmut Simon meint heute, dass beide Kinder ihn so dringend gebraucht hätten.
Für ihn selbst wurde das Einleben im Süden durch die badische Liberalität, die Lebensqualität der Stadt Karlsruhe und die – wie er sagt – ungemein reizvolle Umgebung erleichtert und versüßt.
In dieser Zeit habe ihm Hannelore Hansch viel geholfen. Sie war inzwischen Mentorin (Beraterin, Ratgeberin) der Theologischen Sozietät Baden geworden, wo Helmut Simon alte Bekannte wiederfand und auf neue stieß. Über Hannelore Hansch und die *gescheite und charmante* Gerda Krüger-Nieland, die den Vorsitz über den Fachsenat am Bundesgerichtshof inne hatte, spricht er voller Dankbarkeit. Und im gleichen Tonfall von den Karlsruher Rotariern, die er als frei von elitärer Arroganz empfunden habe, da sie ihn trotz seiner Außenseiterrolle als der, der er war, tolerierten.
Eka unterstütze diese »Herrenabende«, weil diese bewirkt hätten, dass er so nicht ständig – wie sie sich ausdrückte – im eigenen Saft schmorte.
Ein Mensch wie Helmut Simon, der den Dingen auf den Grund geht, Zusammenhänge solange hin und her bewegt, bis dieselben klar und

präzis vor ihm stehen, beschäftigt sich natürlich fast zwangsläufig mit der Geschichte der Stadt, die zu seiner Heimat werden soll.
Und so stieß er auf die Badische Revolution von 1948/1949.
Diese Revolution hat mich stark beeindruckt. Sogar das Militär hatte sich den Freiheitskämpfern angeschlossen, während die preußischen Invasoren schlimmer hausten als die Russen bei ihrem Einmarsch in Prag.

Nachdem die Wohnung in der Rittnertstraße endlich fertiggestellt war und die Familie wieder gemeinsam leben durfte, für die Kinder eine Schule gefunden war, und die Simons sich gesellschaftlich ein wenig etabliert hatten, schreibt Helmut Simon in seinen Lebensskizzen, dass sie sich anfangs im neuen Umfeld wohlgefühlt und die neue Wohnungssituation genossen hätten. Mit der Sicherheit eines Richtergehaltes am Bundesgerichtshof im Rücken. Doch warum bemüht er an dieser Stelle das Wort »anfangs«? Wo er diese Zeit doch an anderer Stelle als die Zeit der »ersten Ernte« bezeichnet. Ahnte er die Probleme der nächsten Jahrzehnte?
Die Eskalation des Vietnam-Krieges, die Zeit, in der das Wort »Student« zum Schimpfwort wurde und Bärte zum Synonym für Revolution, die Probleme seiner Kinder, der Terrorismus, die unendlichen Abrüstungs- und Aufrüstungsdebatten, die lange Krankheit Ekas?
In seinen Lebensskizzen gibt er darauf keine Antwort.
Aber resigniert hat er nicht. Bis heute nicht, soviel ist sicher.
Auch wenn er nicht auf jede seiner Fragen eine Antwort finden konnte, weder auf die theologischen, noch auf die juristischen.
Sollte er also ein Suchender bleiben?
Wie entwickelte sich das weitere Leben und Denken dieses Außenseiters?
Wie hat er sich zum Terrorismus geäußert?
Wie zum Kniefall Willy Brandts?
Wie lernte er diesen kennen?
Wie stand er als überzeugter Entspannungs- und Friedenspolitiker Helmut Schmidt und dessen Politik gegenüber?
In welche Richtung entwickelten sich die Kirchentage unter seiner Leitung?
Wie kam er zum Bundesverfassungsgericht und wie lässt sich sein Wirken dort beschreiben?
Blieb er der, der er bis dahin war?

Teil III

Im richtigen Leben angekommen

Wenig Sinn für die Kategorie des relativ Besseren

Was Helmut Simon am Richterberuf besonders schätzte, war die Unabhängigkeit dieses Berufsstandes. Und er gibt gerne zu, dass es gerade diese Unabhängigkeit war, die ihm seine »Nebentätigkeiten« überhaupt erst ermöglicht habe. Welche er während seiner Zeit als Richter am Bundesgerichtshof selbstverständlich beibehielt.
Auf die Juristentagung in Bossey über Genf folgte 1966 die *legendäre Weltkonferenz für Kirche und Gesellschaft*, diesmal direkt in Genf, für die er den Bericht der Sektion II über »Wesen und Auftrag des Staates in einer Welt des Umbruchs« zu entwerfen hatte.
Parallel hierzu reflektierte er generell über das Verhältnis von Kirche und Staat, jenes Verhältnis, das nach dem Krieg in den ersten Jahren als ein System der partnerschaftlichen Koordination aufgefasst worden war, so in Gelehrtenstuben, Ministerien und Kirchenkanzleien vor sich hin schlummerte und das auch er selbst lange Zeit als eine sachgerechte und glückliche Lösung angesehen hatte.
Da es in der zweiten Hälfte der 60er Jahre zu Warnungen vor einer Ideologisierung dieser Partnerschaftsidee kam, führte dies zu Überlegungen, ob es nicht das Menschenrecht der Religionsfreiheit an sich sei, welches als geeignetes Fundament und zentrales Kriterium des Staatskirchenrechtes herangezogen werden müsse.
Diese Frage sollte ihn in der Folgezeit nicht mehr loslassen. Außerdem arbeitete er jetzt auch im Atomausschuss der Evangelischen Kirche Deutschlands, während sich Herbert Wehners Traum von einer großen Koalition langsam anschickte, Realität zu werden.

Ludwig Erhard hatte das Problem der ersten Wirtschaftskrise der Nachkriegszeit mit seinen »Maßhalte-Apellen« nicht in den Griff bekommen. Die Arbeitslosenzahlen stiegen weiter, und da sollte es eben die Große Koalition richten. Außerdem hatte die FDP behauptet, mit Franz Josef Strauß nichts mehr zu tun haben zu wollen.

Die Große Koalition galt als der neue »starke Mann«, mit einem Kanzler, der ganz gemütlich zugab, Mitglied der NSDAP gewesen zu sein. Mit dem Propagandaministerium sollte er damals zu tun gehabt haben – »was genau, wusste keiner nicht«.
Und die SPD hatte sich inzwischen zu einer Regierungspartei etabliert, nachdem sie sich von den sozialistischen Gruppierungen getrennt hatte.
Also gab es praktisch keine funktionierende Opposition mehr im Land, die Gesellschaft war verknöchert und immer noch gab es Altnazis in Politik, Rechtsprechung und Kultur in »Amt und Würden«.
Die Franzosen wüteten in Algerien, die Amerikaner in Vietnam, der Lack der westlichen Zivilisation und deren Kultur war erheblich angekratzt. Eine neue, eine bessere Welt sollte her.
Ohne Altnazis, die von welcher Ordnung auch immer faselten, ohne soziale Ungerechtigkeit, ohne Imperialismus. Und junge Menschen sind ungeduldig.
Da wirken Männer wie Helmut Simon, die Veränderungen und Verbesserungen mittels Gesetz langfristig und durchdacht anstreben, nur störend. Und werden sicher nicht zum Idol. Im Gegenteil.
Von denen, die die Veränderungen radikal und hier und jetzt oder besser schon gestern wollen, werden diese Männer als »Scheißliberale« tituliert.
Andere Idole müssen her. Männer, die ihre Ideen lauter nach außen tragen oder getragen haben und im Idealfall für diese gestorben sind. Selbst wenn diese Ideen aus alten verstaubten Schubladen stammen und lediglich frisch aufpoliert wurden.
Da ist man dann gerne ein bisschen blind, wenn es mit der Umsetzung in die Realität ein wenig hapert.
Pragmatismus!
Wie wurde dieses Wort gehasst.
Dagegen standen Mao Tse-Tung, Che Guevara, Ho Tschi Minh.
Oder solche, die sich um eine neue Philosophie bemühten. Einen neuen Humanismus.
Ohne Gott, denn der war tot. (Oder schlief er nur?)
Im Gegensatz zu Jean Paul Sartre, der zum »Maitre à Penser« gekürt wurde. Also auch zu einem Vordenker.
Wie Helmut Simon.
Nur eben radikaler, besessener, inkonsequenter und sehr sehr arbeitswütig. Seine Aussage, dass der Mensch selbst aktiv werden müsse,

selbst den Versuch unternehmen müsse, seinem Leben einen Sinn zu geben, passte zum neuen Tatendrang und Lebensgefühl: zum »Auf die Straße gehen«, zu den »Go ins«, »Sit ins«, »Teach ins«.
Und über allem schwebte das Bild von Eugene Delacroix »la liberté, guidant le peuple«.
Es war fast so, als würde der hinreißend nackte Busen der Liberté nach getaner »Schlacht« zur freien Liebe auffordern, und als würden die ängstlich beäugten Revolutionäre der APO und des SDS und deren Mitläufer die braven Bürger auch noch mit dieser freien Liebe schockieren wollen. Dazu hämmerte die »Revolution« der Beatles oder der von obszönen Bewegungen begleitete Aufschrei der Stones, dass es um deren körperliche Befriedigung nicht so gut bestellt sei.
Und so wurde die neue Musik, die so drastisch und laut gegen fragwürdige Volksmusikidylle oder süßliche Operettenklänge ankämpfte, ebenfalls zum Sprachrohr der Proteste.
In Berlin (West) hetzte ein Herr Lemmer (CDU) wegen der tiefen Freundschaft zu den Amerikanern die Bevölkerung gegen die Studenten auf und Rudi Dutschke begann nach seiner Genesung von einer Kopfschusswunde durch den Anstreicher J. Bachmann (»Ich hasse Kommunisten«) mit den ersten Gehversuchen.
War es nicht eben dieser Rudi Dutschke, der in einem Interview mit Günter Gaus zur Mäßigung aufgerufen hatte?
Und in Prag tanzte die Bevölkerung zusammen mit den Touristen auf dem Wenzelsplatz. Dubèek und Swoboda waren ihre Helden. Weil diese das Land »titoisieren« wollten. Also raus aus dem russischen System des Kommunismus, aber auch nicht rein in den Kapitalismus. Selbst so mancher Einheimische konnte sich nicht vorstellen, dass sich die Russen diesen Dubèek mit seinem inakzeptablen Traum von Unabhängigkeit und Freiheit gefallen lassen würden. Womit diese Skeptiker Recht behalten sollten (Ungarn ließ grüßen). Und das vorsichtige Schielen so mancher DDR-Bürger in Richtung Prag wurde selbstverständlich ebenfalls sofort und drastisch unterbunden.
Zum Höhepunkt der Auseinandersetzungen in Deutschland kam es dann durch die Notstandsgesetzgebung, die selbst in so manch bürgerlichem Haus kritisiert wurde. Helmut Simon hat an dem Memorandum der Badischen Theologischen Sozietät zu dieser heftig umstrittenen Gesetzgebung mitgearbeitet.
Und, oh Wunder, die Protestaktionen, zu denen die Gewerkschaften aufgerufen hatten, sowie die Demonstrationen von Schülern und

Studenten in fast ganz Deutschland, verliefen überwiegend friedlich. Unterstützt wurden diese Proteste unter anderem von Walter Jens, Heinrich Böll, Theodor Adorno, Rudolf Augstein und Rolf Hochhuth. Noch heute irritiert, wie hilflos oder wütend Politiker und Professoren, Lehrer und Lehrherren dieser Protestgeneration begegneten – Tränengas und Wasserwerfer, statt stichhaltige Argumente einsetzend. Aber auch, dass manche Demonstranten in den hinteren Reihen von dem, was da vorne gefordert wurde, so gar keine Ahnung hatten.

Symptomatisch für diese Zeit: Trat doch der Rektor der Technischen Universität Berlin nur deswegen zurück, weil Studenten einen Vortrag zum Andenken an den vier Jahre zurückliegenden Besuch Königin Elisabeths der Zweiten gestört hatten.
Die Verunsicherung der Bürger wurde durch das Ergebnis der Wahlen in Baden-Württemberg deutlich. Fast 10 % der Stimmen erhielt die NPD. Ministerpräsident dort war H. K. Filbinger, ein Mann, der diejenigen Todesurteile, die er in der NS-Zeit gefällt hatte, einfach vergessen hatte.
Es waren wenige Einzelgänger, die sich in der Folgezeit soweit radikalisierten, dass sie glaubten, ihre Ziele mit Maßnahmen des Terrors verfechten zu müssen. Die Mehrheit derer, die ihr politisches Engagement fortsetzten, tat dies im Rahmen demokratischer Formen.
Was blieb, war das erste heftige Aufbegehren von Massen, welches die Gesellschaft daran erinnerte, dass in einer Demokratie alle Macht vom Volke ausgeht, und selbiges gefälligst in Entscheidungsprozesse eingebunden werden sollte.
Und ein neues Verständnis für Kultur und Kunst.
Helmut Simon sagt, er habe für die Ziele der 68er, für ihre Befürchtungen, Nöte und Ängste Sympathie empfunden, versprach sich von der Revolte eine Stärkung kritischer Positionen. Auch faszinierte ihn dieser Ansturm auf das erstarrte Establishment unter Anwendung der marxistischen Gesellschaftsanalyse, doch die selbstgerechte Arroganz so mancher Rebellen, ihre militante Intoleranz gegenüber anderen Meinungen und die doktrinäre Verengung auf einen teils radikalen, teils allzu schlichten Vulgärmarxismus unter Vernachlässigung verfassungsgemäßer Reformen stieß den Richter in ihm wiederum ab.

Er schreibt hierzu:

Junge Menschen haben schon von Haus aus wenig Sinn für die Kategorie des relativ Besseren und reagieren umso empfindlicher, wenn diese Kategorie als Alibi für die Duldung von Ungerechtigkeiten herhalten muss.
Dies gilt verstärkt für jene Generation, die Ende der sechziger Jahre an einen Aufbruch zu neuen Ufern geglaubt und diesen mit der Hoffnung verbunden hatte, ungerechte Verhältnisse in einem großen Anlauf rasch und weltweit verändern zu können.
Es gehört zur Tragik dieser Jugendrebellion, dass diese unter dem Schock des moralischen Versagens der westlichen Demokratie in Vietnam und gegenüber der »Dritten Welt« begann und sich bevorzugt an der revolutionären Gerechtigkeitsidee des Marxismus orientierte, also an einer Idee, für die Recht und Rechtsstaatlichkeit zum ideologischen Überbau zählen und die daher von der Aufgabe ablenkt, unsere Wirklichkeit zäh und geduldig nach dem Leitbild der Verfassung zu verändern.
Dass sich dieses Denken weithin zu einem wirklichkeitsfernen Vulgär-Marxismus verdünnte, könnte die historische Strafe dafür sein, dass unsere Generation eine gründliche Auseinandersetzung mit dem Marxismus, der immerhin einen großen Teil der Welt beherrscht(e), unterlassen oder gar verfemt hat.

Und diese Art zu denken sollte er im Laufe einer weiteren Nebentätigkeit, nämlich für seine Arbeit bei der Ökumene und beim Evangelischen Kirchentag, anwenden und umsetzen.
1968 nahm Helmut Simon als deutscher Delegierter und Berichterstatter an der Ökumenischen Vollversammlung in Uppsala teil.
Charakteristisch für die mitreißende Aufbruchstimmung dort empfand er deren Schlussbotschaft, die zeigte, wie weit und in welche Kreise der Aufschrei der 68er bereits vorgedrungen war:
»Wir hören den Schrei derer, die sich nach Frieden sehnen. Die Hungernden und die Ausgebeuteten rufen nach Gerechtigkeit. Die Verachteten und die Benachteiligten verlangen ihre Menschenwürde. Millionen suchen nach dem Sinn ihres Lebens.«
Etwa zeitgleich sinniert Helmut Simon darüber, dass die Bruderschaften, bei denen er eine Heimat gefunden hatte, seiner Meinung nach immer mehr an Bedeutung verloren und deren gesellschafts- sowie kirchenpolitische Positionen auf die Evangelische Akademikerschaft und ganz besonders auf ökumenische Gremien übergingen.

Don't let it be – oder mehr Demokratie wagen

Es ist schwer zu sagen, was die Jugendlichen Anfang 1969 mehr beschäftigte, der letzte öffentliche Auftritt der Beatles am 30. Januar auf dem Dach der Apple Studios oder die Wahl Gustav Heinemanns am 5. März zum Bundespräsidenten, welche in Deutschland als Zeichen gegen den Fortbestand der sowieso nur auf kurze Zeit ausgerichteten und ungeliebten großen Koalition verstanden wurde – auch wenn Heinemann erst im dritten Urnengang und auch da nur mit knapper Mehrheit gewählt wurde. Für Helmut Simon bedeutete letzteres jedenfalls ein Signal.

Johannes Rau hatte ihn gerade angerufen, ob er denn nicht kurzfristig und endlich Parteimitglied werden könne und wolle. Man würde ihn gerne in den Rechtsausschuss der SPD wählen, dem verständlicherweise nur Mitglieder angehören dürften. Dieser Anruf auf der einen Seite, aber eben auch die Tatsache von Gustav Heinemanns Präsidentschaft waren die Zündfunken, die Helmut Simon dazu bewegten, in die SPD einzutreten. Leicht gemacht hatte er sich diese Entscheidung nicht.

Hin und her hatte er seine Gedanken gewälzt, ob denn eine Parteimitgliedschaft mit dem Amt eines Bundesrichters zu vereinbaren wäre, bis er endlich zu der Überzeugung gelangte, nicht zu denjenigen Bundesrichtern gehören zu wollen, die sich für eine Parteimitgliedschaft zu schade dünkten. Und nicht zu denen, die sich etwas auf ihre parteipolitische Neutralität einbildeten, in Wahrheit aber politisch unbeweglicher und auch weniger selbstkritisch waren als die verbleibende Minderheit. Die Bundestagsvizepräsidentin Liselotte Funke erzählte ihm später, man habe in ihrer Partei eigentlich erwartet, dass er der FDP beitrete. Also einer Partei, die ihm zwar innen- und verfassungspolitisch sehr zusagte, deren Wirtschafts- und Sozialpolitik er als die »Partei der Besserverdienenden« jedoch schon damals ablehnte.

Und Gustav Heinemann war wie Karl Barth für Helmut Simon zu einer Persönlichkeit gereift, die er verehrte und bei der er sich mit Freundschaft bedankte, wie eine später gehaltene ausführliche Laudatio eindrucksvoll beweist. Diese Freundschaft entwickelte sich so weit, dass die Simons die Heinemanns öfter im Präsidentenpalast besuchten oder in den Ferien im wilden Hotzenwald (Südschwarzwald), wo die Heinemanns zusammen mit den Gollwitzers ihren Urlaub verlebten.

Doch das Fass, angefüllt mit seinen Nebentätigkeiten, war Helmut Simon noch nicht voll genug. Ende der 60er Jahre nahm er eine weitere ehrenamtliche Tätigkeit als Mitarbeiter beim Deutschen Juristentag als Gutachter und Referent auf. Dieser Juristentag beschäftigt sich satzungsgemäß damit, ob und welche Neuregelungen sich zu einem zu behandelnden Themenbereich empfehlen würden – also hauptsächlich mit Reformen.

Bei seinem Einführungsreferat (»Über die Haftung von Produzenten gegenüber dem Verbraucher«) wurde er von den anwesenden Vertretern der Wirtschaft derart heftig angegriffen, dass er sein Schlusswort um folgenden Einleitungssatz ergänzte:

Ist es schlimm, wenn ich nicht ganz so zerknirscht bin, wie es vielleicht ein Teil von Ihnen erwartet?

Helmut Simons Ausführungen zu diesem Thema wurden später in der entsprechenden Rechtssprechung durchgesetzt (BGHZ 51,91). Kurze Zeit darauf wurde er in den Vorstand des Juristentages berufen, danach zum stellvertretenden Vorsitzenden gewählt. Die ihm angetragene Kandidatur für den Vorsitz musste er wegen Überlastung absagen. Trotz so mancher Attacke oder vielleicht gerade deswegen empfand er die Arbeit für den Juristentag als befriedigend. Genauso befriedigend wie seine Tätigkeit beim Evangelischen Kirchentag.

*

Während in Baden 1848 die Revolution ihren Anfang nahm, trafen sich zum ersten Mal in Wittenberg »Evangelische Männer« zu einer Versammlung.

Johann Hinrich Wichern war es, der dort seine Rede über die Liebe hielt, die aus dem Glauben heraus tätig werden müsse und vom notwendigen Dienst an den Entrechteten und Entfremdeten handelte. Hier wurde ein Grundstein für einen Geist gelegt, der für weitere Ver-

sammlungen dieser Art maßgeblich und befruchtend sein sollte, diese Rede würde es den Teilnehmern in der Zukunft unmöglich machen, gesellschaftspolitisch neutral zu bleiben.
Nach 1949 trat die gesellschaftspolitische Relevanz der Kirchentag-Bewegung noch deutlicher in Erscheinung. Sie wurde inzwischen von Laien getragen, die ihre Erfahrungen in weltlichen Berufen gemacht hatten und die wissen wollten, welch existentielle Bedeutung der Glaube für das Leben hat. Helmut Simon teilt die unterschiedlichen Wahrnehmungen politischer Mitverantwortung in Dekaden ein:

Die großen volkskirchlich-missionarischen Kirchentage der fünfziger Jahre beeindruckten vor allem als engagierte Frömmigkeitsdemonstrationen. Von Anfang an aber forderte der Gründer Reinold von Thadden zugleich eine »radikale Aufgeschlossenheit für die Existenzfragen des Menschen von heute, für seine Lebensbedingungen und vielfältigen Nöte«.
Zu diesen Nöten gehörte damals vor allem die fortschreitende Verfestigung der deutschen Teilung auf dem Hintergrund des »Kalten Krieges«. Insoweit übte der Kirchentag bis 1961 faktisch eine eminent politische Funktion als gesamtdeutsche Klammer aus; der Leipziger Kirchentag mit 650 000 Teilnehmern an der Schlussveranstaltung war ein gesamtdeutsches Ereignis ersten Ranges. Das Durchdenken dieser Funktion blieb freilich im Wesentlichen bei der Einsicht in die Schuldursachen der Teilung stecken.
Zum anderen ging es damals um den wirtschaftlichen Wiederaufbau und um die Integration des Millionenheeres der Vertriebenen.
Insoweit sah es der Kirchentag als seine selbstverständliche Aufgabe an, dem einzelnen Christen zu helfen, an diesem Aufbau im Vertrauen auf die Herrschaft Gottes mitzuwirken und seinen Glauben in Ehe, Familie, Beruf, Arbeitswelt und der Gestaltung des Zusammenlebens praktisch zu bewähren. Kennzeichnend dafür sind die eindringlichen Losungen der ersten Kirchentage:
»Rettet den Menschen« (Essen 1950), »Wir sind doch Brüder« (Berlin 1951), »Wählt das Leben« (Stuttgart 1952), »Werft euer Vertrauen nicht weg« (Hamburg 1953), »Seid fröhlich in Hoffnung« (Leipzig 1954).

Diese Zurüstungen des Einzelnen zur Ausübung politischer Mitverantwortung sowie seine persönliche Gewissensschärfung sind bis heute ein zentraler und unaufgebbarer Schwerpunkt der Kirchentagsveranstaltungen geblieben. Sie bedeuteten bereits eine entschiedene Abkehr vom überlieferten Obrigkeits-

denken. Freilich dachte man in der Anfangszeit eher an mittelbare politische Wirkung. So heißt es in einem Beitrag von Reinold von Thadden »Was will der Kirchentag« (1950):
»Wenn der einzelne Christ es unternimmt, im Bereich der säkularen Welt dem Wort Gottes praktisch zu folgen ..., dann wird sich ungewollt in den wirtschaftlichen, sozialen und politischen Zusammenhängen ein Vorgang vollziehen, der nicht ohne Wirkung auf das öffentliche Leben bleiben kann.«
Auch war die Anfangszeit wohl noch zu sehr von der Erwartung bestimmt, es genüge zur Bewältigung der Gegenwartsaufgaben, wenn Menschen zum Glauben zurückkehrten, und wenn gläubige Christen personale Verantwortung übernehmen würden. Dies lief im Ergebnis auf eine systemkonforme Mitwirkung am Wiederaufbau hinaus. Demgemäß kommt eine kritische Würdigung zu dem Ergebnis, die ersten Kirchentage hätten zwar politische Fragen behandelt, sich aber mit Appellen an die persönliche Verantwortung des Einzelnen begnügt; letztlich hätten sie sich noch als unpolitisch verstanden und damit der Bestätigung des Bestehenden gedient; ihre Gesellschaftskritik habe auf Verbesserungen, nicht auf Veränderungen gezielt. Mit der heftig umstrittenen Wiederbewaffnung hat sich der Kirchentag beispielsweise damals nicht befasst.

In der zweiten Phase in den sechziger Jahren kam es zu ersten deutlichen Akzentverschiebungen, verbunden mit einem veränderten Arbeitsstil. Es war nicht nur in der deutschen Frage nach dem Mauerbau Ernüchterung eingetreten. Auch im Übrigen rückten die realen Sach- und Strukturprobleme der modernen Welt in ihrem rapiden Wandel sowie zunehmend auch das Bedürfnis nach strukturellen Reformen und Neuorientierung in den Vordergrund.
Unter den Losungen »Mit Konflikten leben« (Dortmund 1963), »In der Freiheit bestehen« (Köln 1965), »Der Frieden ist unter uns« (Hannover 1967), »Hunger nach Gerechtigkeit« (Stuttgart 1969) begann der Kirchentag, die konkreten sozialen und politischen Sachverhalte gründlicher zu analysieren, die bestehenden Verhältnisse kritisch und veränderungsbereit zu durchleuchten und sich den Konflikten des gesellschaftlichen Lebens zu stellen.
Ebenso wichtig wie das Gemeinschaftserlebnis wurde die Lernerfahrung durch Analyse, Information und kontroversem Dialog, bei der sich Glauben und Wissen verbündeten. Ähnlich wie die Akademien wurden auch die Kirchentage zu Orten ethisch fundierter politischer Bildung; sie verstanden sich als »Einladung an Jedermann« und entwickelten das, was später als Forum des Protestantismus bezeichnet wurde.

Auf dem Stuttgarter Kirchentag 1969 waren erstmals in größerer Zahl gesellschaftskritische Resolutionen verabschiedet worden, über die sogar in der Schlussversammlung berichtet wurde, die indessen nicht den erhofften Einfluss auf die öffentliche Meinung ausübten, sondern eher für die interne Meinungs- und Willensbildung bedeutsam waren.
Deutlicher, wenn auch schwerer messbar, waren die gesellschaftspolitischen Auswirkungen, die der Kirchentag in seiner dritten Phase seit Anfang der siebziger Jahre durch seine veränderten Arbeitsstrukturen, die wachsende Beteiligung junger Menschen, den Stil der Beratungen und des Umgangs miteinander und das dadurch geprägte öffentliche Erscheinungsbild ausübte.
In einer Zeit, in der andere vor der bekannten Forderung »mehr Demokratie (zu) wagen« zurückschreckten, hat der Kirchentag freiheitliche partizipatorische Arbeitsformen eingeführt und dadurch eine Vielzahl aktiver Mitarbeiter gewonnen, welche ihre konkreten Erfahrungen und Anfragen aus den verschiedensten Lebensgebieten einbrachten und welche die Kirchentage zu Ereignissen von bunter, kreativer und ansteckender Vielfalt machten.
Dabei bewährte sich, dass der Kirchentag als Institution nicht unter Überlebenszwang steht, dass er daher wagemutiger sein und die Glaubens- und Sachprobleme unbefangener, kritischer und radikaler ansprechen kann. Thematisch blieb nunmehr keines der bedrängenden Probleme der Gegenwart ausgespart.
Anfangs schien dabei noch die weltweite Aufbruchstimmung und Reformbegeisterung tonangebend. Als diese allzu bald auf harte Grenzen stieß und in Resignation und Zukunftsängste umschlug, suchten viele im Gemeinschaftserlebnis der Kirchentage eine Ermutigung, die Bedrängnisse der Gegenwart nicht zu fliehen, sondern ihnen stand zu halten. Dass in dieser Situation die Bibelarbeiten zu den am stärksten besuchten Veranstaltungen wurden, sollte nicht verwundern.

Anfang 1969 hielt Helmut Simon, passend zu der politischen Situation, vor der Evangelischen Akademikerschaft Berlin einen Vortrag mit dem brisanten Thema »Freiheitliche Verfassung und Demonstrationsrecht«, in dem er eine Reform der antiquierten Strafvorschriften über Ablauf, Aufruhr und Zusammenrottung einforderte, sowie einen zurückhaltenden Umgang mit den noch bestehenden Regeln. Dieser Vortrag wurde im Rahmen der »Berliner Reden« publiziert. Im Vorwort beschreibt Pastor Heinrich Albertz, ehemaliger Regierender Bürgermeister, Helmut Simon folgendermaßen: »Ein couragierter,

dem inneren Sinn der Verfassung verpflichteter Richter kommt zu Wort! Wer wird ihn hören?«
Nur wenige Monate später begann – auch im Geiste dieser Rede – Helmut Simons Mitwirkung im Kirchentag, der 1969 in Stuttgart tagte.
Der Einfluss der 68er war dort mit allen Sinnen spürbar, die Veranstaltung gestaltete sich angeregt, erregt, turbulent. Er stand unter der Losung: »Hunger nach Gerechtigkeit«.
Helmut Simon oblag die Moderation des »Tribunal des Glücks«.
Eine Moderation, die neu war in ihrer Art und die sich in der Kirchentagsgeschichte einen legendären Ruf erworben hat. Und die durch ihre Aussage und Offenheit für den Evangelischen Kirchentag Aufbruch sowie einen neuen Zulauf bedeutete.
Zu den früheren gesamtdeutschen Demonstrationen der Frömmelei hatte Helmut Simon keinen so rechten Zugang gefunden. Sie waren ihm zu unkritisch, zu erbaulich vorgekommen. Mit dem Hochhalten kirchlicher und politischer Traditionen konnte man doch 1969 kein Land mehr gewinnen, weder bei Helmut Simon, noch bei den 68ern.
Das wurde in Stuttgart zum ersten Mal ganz anders. Nein, da wurden keine längeren Referate mehr gehalten. Ein neues Konzept der Teilnahme und des Teilhabens, der Offenheit und des fairen Umgangs miteinander wurde hier ausprobiert. Auf brisante Themen wurde selbstverständlich nicht verzichtet. Aber dieses Mal wurden sie mit Mitteln des Filmes und des Kabaretts offengelegt und verdeutlicht. Dann wurde es richtig spannend.
Mitglieder des SDS (Sozialistischer Deutscher Studentenbund) und der CDU wurden aufgefordert, im Rahmen kurzer, präziser, aber kontrovers geführter Plädoyers beispielsweise zum Thema »Veränderung gesellschaftlicher Zustände durch revolutionäre Gewalt oder Veränderungen derselben durch Gewaltlosigkeit« öffentlich miteinander zu diskutieren.
Im Anschluss an diese Diskussionen wurden dann zu den entsprechenden Themen weltliche sowie theologische Sachverständige gehört. Es war im doppelten Sinne heiß im großen und vollkommen überfüllten Zelt, doch die Teilnehmer wischten sich lieber den Schweiß von der Stirn, als die Veranstaltung zu verlassen. Für die »FAZ« schrieb Gisela Uellenberg über das, was sie nach drei Tagen vom »Tribunal des Glücks« mit nach Hause genommen habe, nämlich, dass es ein heißer, ungeheuer spannender und von den Kontra-

henten außergewöhnlich fairer sowie von Helmut Simon außergewöhnlich souverän geführter Kampf gewesen sei, der in Stuttgart stattgefunden habe.
Sie habe von hier und heute das Bewusstsein mitgenommen, eine neue Epoche der Kirchentagsgeschichte sei von diesem Kirchentag ausgegangen.
Eberhard Stammler, der neben Helmut Simon saß, beschrieb seinen Eindruck vom Kirchentag folgendermaßen:
»Ich habe es als besonders beglückend empfunden, dass ich einen Menschen erleben durfte, der bis ins Mark von der Leidenschaft zur Freiheit erfasst ist und dem es deshalb möglich ist, dem Nächsten und Anderen seine Freiheit zu gewähren. Wie ich selber spüren konnte, erwächst daraus auch jene erstaunliche Gelassenheit, welche wahre und echte Autorität ermöglicht.«

Nach seinem so erfolgreichen Start auf dem Kirchentag 1969 wurde Helmut Simon alsbald ins Präsidium berufen, und Richard von Weizsäcker bemühte sich darum, ihm das Amt des Kirchentagspräsidenten als seinen Nachfolger schmackhaft zu machen.
Doch Helmut Simon musste zu diesem Zeitpunkt und zu seinem Bedauern ablehnen.
Warum aber erschien ausgerechnet diesem Mann, der sich sonst vor keinem positiven Engagement scheute, gerade in diesem Moment die Belastung zu groß?
Und wie reagierte Richard von Weizsäcker?
Fanden beide später doch noch einen gangbaren und zufriedenstellenden Weg?
Jedenfalls war Gott doch nicht so tot, wie man es die letzten drei Jahre vermutet hatte.

Der Verfassungspatriot (Grundrechte-Trilogie I)

Beruf: Richter am Bundesgerichtshof, Nebentätigkeiten: in der Amtskirche, der Ökumene, im Kirchentagspräsidium, Juristentag, im rechtspolitischen Ausschuss der SPD, Moderationen bei Kongressen zu sozialen sowie rechtspolitischen Themen, Beteiligungen an Kuratorien. Eine Ehefrau, zwei Kinder in der Pubertät.

Wann hat Helmut Simon eigentlich geschlafen? Hatte er nicht einmal von seinem immensen Schlafbedürfnis gesprochen? Wann hat er gegessen, geliebt? Wie hat er seine spezielle Lebenssituation gesehen, wie sie verkraftet?

Dies alles war schon eine außergewöhnliche Belastung, doch ich konnte sie durchhalten, weil sich die gesamte Situation positiv-erfolgreich gestaltete, und so der Stress zu ertragen war. Ein positiver Nebeneffekt war, dass sich in mir eben durch die nebenberuflichen Aspekte das Problembewusstsein für die Anforderungen der Gegenwart vertiefte. Das alles hat mich beweglich und lernfähig gehalten, meine Position als streitbarer Demokrat gestärkt und auch bewirkt, dass ich mich nicht aus der Verantwortung stehlen konnte.

Die Kirchentagserfahrung sowie der Umgang mit meinen Kindern haben mich vor allem für die Nöte der jungen Generation sensibilisiert.

Und er sollte weiterhin bei steigendem Arbeitsanspruch beweglich und lernfähig bleiben und für die Nöte der anderen ein offenes Ohr und ein mutiges Herz haben, denn die Zeit, in der sich berufliches Engagement und Nebentätigkeiten inhaltlich annähern und miteinander verknüpfen, ja sich ineinander verhaken würden, stand unmittelbar bevor.

Ganz überraschend, so schreibt er in seinen Lebensskizzen, sei er 1970 ans Bundesverfassungsgericht gewählt worden.

Sein Vorgänger sei zum Bundesverwaltungsgericht gewechselt und habe ihm, Helmut Simon, ein völlig überlastetes Dezernat überlassen.

Doch überlastetes Dezernat hin, Berge von Arbeit her – für Helmut Simon, der bereits am Oberlandesgericht Düsseldorf bei seinen

Urteilsbegründungen oftmals mit dem Grundgesetz argumentiert hatte, war ein Traum in Erfüllung gegangen.
Der Beruf des Verfassungsrichters stellt die Krönung eines Richterlebens dar.
Den besonderen Lebenswert der grundgesetzlichen Verfassungsordnung sieht Helmut Simon darin, dass hier die Idee des Rechtsstaates zusammen mit dem Prinzip der Demokratie sowie dem Gebot des Sozialstaates in einem historischen Kompromiss zu einem (hoffentlich) unauflösbaren Dreiklang miteinander verschmelzen.
Er bringt dies auf folgende Formel:
Der Staat ist die Gesamtheit aller gleichberechtigten Bürger, welche als Inhaber der öffentlichen Gewalt eine Herrschaft auf Zeit verleihen.
Und er fügt folgenden rechtsstaatlichen Gedanken hinzu:
Der Staat – auch die frei gewählte Mehrheitsdemokratie – kann und darf nicht alles.
Doch dies bedarf eines bestimmten Menschenbildes: nämlich desjenigen Bürgers, der mitverantwortlich und selbstbestimmend an einer freien Gesellschaft teilnimmt und sich nicht verweigert.

Grundrechte im Rechtsstaat I

(aus Helmut Simons Trilogie über die Grundrechte)

Die enge Verknüpfung der drei elementaren Strukturprinzipien ist das kostbare Ergebnis einer 200-jährigen Entwicklung, die erst in der Nachkriegszeit zum Abschluss gelangt ist. Die klassische deutsche Theorie hatte ursprünglich den Schwerpunkt bei der Rechtsstaatsidee gesehen, die man formal verstand und mit verschiedenen Staatsformen für vereinbar hielt.
Demgemäß konnte man sich mit einem obrigkeitlich verordneten Rechtsstaat begnügen, für den es ausreichte, Eingriffe in Freiheit und Eigentum der Bürger nach dem Grundsatz der Gesetzmäßigkeit staatlichen Handelns an förmliche Gesetze – von wem auch immer verabschiedet – zu binden.
Nun ist sicherlich schon ein formal verstandenes Prinzip der Gesetzmäßigkeit staatlichen Handelns ein Fortschritt gegenüber der Willkür im Polizeistaat, da es dieses Handeln durchschaubarer, vorausberechenbar und kontrollierbar macht.
Spätestens das »Dritte Reich« hat aber gelehrt, dass das formale Gesetz zum Vehikel des Unrechts werden kann. Mindestens so wichtig wie die Form ist der greifbare Inhalt staatlichen Handelns. Daher verstärkte sich das Bemühen, die ursprüngliche formale Rechtsstaatsidee inhaltlich aufzufüllen.

Was das bedeutet, wird besser verständlich, wenn man sich die schleichenden Umwertungen vergegenwärtigt, denen die Rechtsstaatsidee in jüngster Zeit ausgesetzt ist.
Heute muss die Rechtsstaatsidee vielfach zur Zementierung ungerechtfertigter Besitzstände herhalten und hat daher in Ostdeutschland rapide an Zutrauen verloren, hierzu das böse Wort von Bärbel Bohley:
»Wir haben Gerechtigkeit erwartet und bekamen den Rechtsstaat«.
Vor allem wird der Rechtsstaatsgedanke erneut und fälschlicherweise obrigkeitlich interpretiert und mit dem Gehorsam des Bürgers gegenüber staatlichen Vorschriften gleichgesetzt.
Werden diese verletzt – etwa durch Protest Jugendlicher gegen Missstände – wird lamentiert, der Rechtsstaat schlechthin sei in Gefahr und es wird lautstark gefordert, der Rechtsstaat habe auf solche Verletzungen mit majestätischer Härte zu reagieren.
Nun ist es sicher richtig, dass jeder Staat, auch der Rechtsstaat, auf die Gesetzestreue seiner Bürger angewiesen ist und auf die Achtung legaler Entscheidungen, deren Geltung nicht davon abhängen kann, ob diese jedermann als legitim anerkennt.
Recht bändigt die Gewalt und ist in seiner friedensstiftenden Funktion auch dort zu achten, wo es noch unzulänglich ist.
Aber die Gemeinschaft vor Rechtsbrüchen zu schützen, war bereits Aufgabe des obrigkeitlichen Polizeistaates.
Die spezifische Besonderheit der Rechtsstaatlichkeit, ihr eigentlicher Lebenswert und der Grund für ihre Unverzichtbarkeit liegen anderswo:

Sie zielt zuerst und vor allem auf die Bindung der staatlichen Organe an das Recht, auf die Begrenzung und die Bändigung der Staatsgewalt durch das Recht. Und sie schützt durch rechtsstaatliche Vorkehrungen den Bürger vor staatlichen Übergriffen.
Schaden leidet die Rechtsstaatsidee weniger durch Rechtsverstöße von Bürgern, sondern vor allem durch staatlichen Missbrauch. Diesem Machtmissbrauch sollen mannigfache Vorkehrungen vorbeugen: Die Teilung der Gewalten zwischen Volksvertretung, Regierung und Gerichten, die sich gegenseitig hemmen und kontrollieren sollen; die Grundsätze der Verhältnismäßigkeit und des Vertrauensschutzes sowie das Rückwirkungsverbot; das Recht des Bürgers, gegen staatliche Eingriffe in seinen Interessenbereich unabhängige Gerichte anzurufen, die ihrerseits in einem rechtsstaatlich geordneten Verfahren und unter strikter Wahrung des Rechts auf Gehör zu entscheiden haben.

Das alles sind spezifische Charakteristika der Rechtsstaatsidee und kennzeichnend für deren Anwendung in der Rechtspraxis.
Wo diese Merkmale entgegen allen Umwertungen und Verfälschungen herausgestellt werden, dort sind nach meinen Erfahrungen auch skeptische Bürger bereit, sich für den Rechtsstaat zu engagieren.

Zu den rechtsstaatlichen Vorkehrungen gegen Machtmissbrauch gehören neben den bereits genannten Strukturelementen vor allem die Grundrechte in ihrem klassischen Verständnis als Freiheits- und Abwehrrechte. Sie orientieren sich nach der verfassungsgerichtlichen Rechtsprechung an der Würde des Menschen, die im Grundgesetz der oberste Wert ist. Sie garantieren, »dass dem einzelnen Bürger eine Sphäre privater Lebensgestaltung verfassungskräftig vorbehalten ist, also ein letzter unantastbarer Bereich menschlicher Freiheit, der der Einwirkung der gesamten öffentlichen Gewalt entzogen ist«. (BVerfGE 6,41 – Ausreisefreiheit).
Als das Unabstimmbare sind die Grundrechte in ihrem Wesensgehalt selbst für Mehrheitsentscheidungen unverfügbar und kommen demgemäß gerade auch Minderheiten zugute. An diesen wenigen Sätzen wird deutlich, dass gerade die Einbeziehung der Grundrechte in den Rechtsstaatsgedanken diesen über sein ursprünglich formales Verständnis hinaus entscheidend fortentwickelt hat.

Anders als in Deutschland wurde die neuere angelsächsische und französische Verfassungsentwicklung schon früh durch das Bekenntnis zu unveräußerlichen vor- und überstaatlichen Menschenrechten bestimmt.
Vor allem aus der Frühzeit der Vereinigten Staaten gibt es denkwürdige Dokumente, die durch religiöse Toleranz und das Vernunftrecht der Aufklärung geprägt waren und die bis heute als großartige Zeugnisse des politischen Liberalismus gelten können. So heißt es in der Unabhängigkeitserklärung von 1776:
»Folgende Wahrheiten erachten wir als selbstverständlich:
Dass alle Menschen gleich geschaffen sind, dass sie von ihrem Schöpfer mit gewissen unveräußerlichen Rechten ausgestattet sind, dass dazu Leben, Freiheit und das Streben nach Glück gehören; dass zur Sicherung dieser Rechte Regierungen unter den Menschen eingerichtet werden, die ihre rechtmäßige Macht aus der Zustimmung der Regierten herleiten;
dass, wenn irgendeine Regierungsform sich für diese Zwecke als schädlich erweist, es das Recht des Volkes ist, sie zu ändern oder abzuschaffen und eine neue Regierung einzusetzen und sie auf solchen Grundsätzen aufzubauen

und ihre Gewalten in der Form zu organisieren, wie es zur Gewährleistung ihrer Sicherheit und ihres Glückes geboten zu sein scheint.«
In der kurz zuvor beschlossenen Virginia Bill of Rights werden an konkreten Rechten insbesondere die Glaubens- und Gewissensfreiheit, die Pressefreiheit, eine Reihe von Verbürgungen bei staatlicher Freiheitsentziehung, das Privateigentum und schließlich das Widerstandsrecht eines Volkes gewährleistet.
Diese amerikanischen Dokumente waren das Vorbild für die berühmte Erklärung der Menschen- und Bürgerrechte in der französischen Revolution von 1789. Inhaltlich besagt diese wenig Neues. Ihre Bedeutung besteht vor allem darin, dass sie – anders als die amerikanischen Erklärungen – als revolutionäre Kampfansage gegen die bestehenden Herrschaftsstrukturen wirkte und insoweit ganz auf der Linie der späteren rechtsstaatlichen Forderung nach Machtbegrenzung lag.

– Selbst ein Dichter wie Johann Wolfgang von Goethe war von diesem Freiheitsgedanken tief beeindruckt: »Wer leugnet es wohl, dass hoch sich das Herz ihm erhoben, … als man hörte vom Rechte der Menschen, das allen gemein sei, von der begeisternden Freiheit und von der löblichen Gleichheit.« (Aus »Hermann und Dorothea«). –

Im 19. Jahrhundert verblasste das Bekenntnis zu Menschen- und Freiheitsrechten unter dem Einfluss von Reaktion und Restauration zunehmend. Sowohl die Bezeichnung Menschenrechte als auch der Brauch, sie in den Verfassungen feierlich zu proklamieren, verschwinden allmählich. Während die Frankfurter Nationalversammlung noch große Sorgfalt auf einen Grundrechtskatalog verwandt hatte, verzichtete die Reichsverfassung von 1871 ganz auf die Aufnahme von Grund- und Bürgerrechten, weil man deren verfassungskräftige Verankerung für ähnlich entbehrlich hielt wie heute die Aufnahme von sozialen Rechten.
Eine erneute Blüte erlebte der Menschenrechtsgedanke nach dem Ersten Weltkrieg. In der Weimarer Verfassung hatten indessen die Grundrechte mehr den Charakter von auszuführenden Programmsätzen als von klar formulierten, unmittelbar geltenden Rechten. Ihre Schwäche zeigte sich auch, beziehungsweise gerade darin, dass sie vom Reichspräsidenten teilweise durch Notverordnung außer Kraft gesetzt werden konnten, eine Möglichkeit, welche das NS-Regime schon bald nach der Machtergreifung nutzte.

Diese Erfahrungen haben die Entstehung des Grundgesetzes maßgeblich beeinflusst. In seinem Schwerpunkt konzentrierte es sich auf die klassischen

Freiheits- und Abwehrrechte, die – ganz im Sinne des Rechtsstaates – dem staatlichen Handeln Grenzen setzen. Als äußerst folgenreich erwies sich die Entscheidung, die Grundrechte als unmittelbar geltendes Recht auszugestalten, das vor den Gerichten, insbesondere mit dem Mittel der Verfassungsbeschwerde eingeklagt, und durch Inanspruchnahme herausprozessiert werden kann.
Dies ist in einer Serie denkwürdiger Verfahren geschehen, die bestätigt haben, wie kostbar und unaufgebbar gerade die rechtsstaatliche Garantie einklagbarer Freiheits- und Abwehrrechte ist.
Diese Verfahren betrafen naturgemäß in erster Linie die herkömmlichen Verbürgungen wie Glaubens- und Gewissensfreiheit, Berufsfreiheit, Garantie bei Freiheitsentziehungen, Recht auf Leben und körperliche Unversehrtheit, Recht auf Gehör, die Eigentumsgarantie und den Gleichheitssatz.
Aus diesen Verbürgungen hat das Bundesverfassungsgericht eine »grundsätzliche Freiheitsvermutung zugunsten des Bürgers« hergeleitet, die in Verbindung mit der Rechtsstaatsidee zu der Forderung führt, dass der Einzelne nicht nur im Sinne des formellen Rechtsstaatsgedankens vor ungesetzlichen Eingriffen, sondern auch vor unnötigen Eingriffen der öffentlichen Gewalt bewahrt bleiben muss (»in dubio pro übertäte«, vgl. dazu Denninger, Alternativ-Kommentar, Rdnr. 12 vor Art. 1).
Der ungeschriebene rechtsstaatliche Grundsatz der Verhältnismäßigkeit, gelegentlich auch als das Verbot übermäßiger staatlicher Eingriffe bezeichnet, hat sich in dieser Rechtsprechung zu einer Art Supergrundrecht entwickelt. Gelegentlich musste das Bundesverfassungsgericht autoritären und patriarchalischen Auffassungen in der Grundrechtsinterpretation entgegentreten.
Ein berühmtes Beispiel hierfür ist die Entscheidung zum Stichentscheid im Gleichberechtigungsgesetz von 1957 (BVerfGE 10,59).

Das Bundesverfassungsgericht hat sich nicht nur auf eine konventionelle Auslegung der herkömmlichen Freiheits- und Abwehrrechte beschränkt, sondern diese in wichtigen Punkten fortentwickelt.
So hat es ein informationelles (erklärendes) *Selbstbestimmungsrecht über die persönlichen Daten durchgesetzt und die Eigentumsgarantie auf sozialversicherungsrechtliche Positionen erstreckt:*
Hierzu heißt es im Urteil zur Volkszählung (BVerfGE 65,1 [43]):
»Wer nicht mit hinreichender Sicherheit überschauen kann, welche ihn betreffenden Informationen in bestimmten Bereichen seiner sozialen Umwelt bekannt sind, und wer das Wissen möglicher Kommunikationspartner nicht einigermaßen abzuschätzen vermag, kann in seiner Freiheit wesentlich ge-

hemmt werden, aus eigener Selbstbestimmung zu planen oder zu entscheiden. Mit dem Recht auf informationelle Selbstbestimmung wären eine Gesellschaftsordnung und eine diese ermöglichende Rechtsordnung nicht vereinbar, in der Bürger nicht mehr wissen können, wer was wann und bei welcher Gelegenheit über sie weiß.
Wer unsicher ist, ob abweichende Verhaltensweisen jederzeit notiert und als Information dauerhaft gespeichert, verwendet oder weitergegeben werden, wird versuchen, nicht durch solche Verhaltensweisen aufzufallen.
Wer damit rechnet, dass etwa die Teilnahme an einer Versammlung oder einer Bürgerinitiative behördlich registriert wird und dass ihm dadurch Risiken entstehen können, wird möglicherweise auf eine Ausübung seiner entsprechenden Grundrechte verzichten.
Dies würde nicht nur die individuellen Entfaltungschancen des Einzelnen beeinträchtigen, sondern auch das Gemeinwohl, weil Selbstbestimmung eine elementare Funktionsbedingung eines auf Handlungs- und Mitwirkungsfähigkeit seiner Bürger begründeten freiheitlichen demokratischen Gemeinwesens ist.«
Zum Eigentumsschutz sozialversicherungsrechtlicher Positionen heißt es (BVerfGE 40,83): »Dafür würde sprechen, dass die Eigentumsgarantie in ihrer freiheitsverbürgenden Funktion darauf zielt, dem Einzelnen die wirtschaftlichen Voraussetzungen für eine eigenverantwortliche Lebensgestaltung zu gewährleisten, sodass in der modernen industriellen Dienstleistungsgesellschaft die große Mehrzahl der Staatsbürger ihre wirtschaftliche Existenzsicherung weniger durch privates Sachvermögen, sondern durch den Arbeitsertrag und die daran anknüpfende solidarisch getragene Daseinsvorsorge erlangt.«

Diese Rechtsprechung hat sich übrigens im Grundrechtskatalog der Brandenburgischen Landesverfassung aus dem Jahre 1992 niedergeschlagen (an der Helmut Simon federführend mitarbeiten sollte), *die zutreffend als die modernste Ausformung der Grundrechte gilt (vgl. etwa Art. 8: Jeder hat das Recht auf Leben, Unversehrtheit und Achtung seiner Würde im Sterben).*
Dass nicht nur das Bundesverfassungsgericht, sondern je länger desto mehr auch andere Gerichte die Grundrechtsverbürgungen besonders wirksam gestaltet – und zugleich die Staatsorgane verfassungsrechtlich sensibilisiert haben, dürfte die Lebensqualität unseres Gemeinwesens verbessert und erheblich zur Wertschätzung der Verfassung beigetragen haben.

Hier verdichten sich die Denkstrukturen, welche Helmut Simon begeistern, ja ihn vorwärtstreiben. Hier wendet er sich mit Verve gegen falsch verstandene Rechtsstaatsvorstellungen und Missinterpretationen, hier bestätigt er die ungemein positive Verfassungsstruktur unseres Landes als Basis unseres Gesellschaftssystems.
Bei den Gesprächen über diese Themen fangen seine Augen an zu leuchten und er strahlt trotz seiner inzwischen achtundachtzig Jahre eine ungeheure Kraft aus, die mitreißt und begeistert, wohl aufblühend aus dem eben dargestellten Rechtsverständnis. Hier wird verständlich, was Helmut Simon unter positivem Stress versteht.
Kein Wunder fühlte er sich beim Bundesverfassungsgericht im richtigen, ja fast für ihn geschaffenen Amt, betrachtete er dies als die Krönung (s)eines Richterlebens, auch wenn er um die Problematik der Verfassungsgerichtsbarkeit durchaus weiß und vor ihr nicht die Augen verschließt.
Zum Beispiel, dass ein Gericht, das mit einer solchen Machtfülle ausgestattet ist, besonders sorgfältig auf die Grenzen seiner Kompetenzen achten sollte und achten muss. Oder dass oft der Vorwurf laut wird, das Gericht überschreite immer wieder als Ersatzgesetzgeber, Honoratiorenparlament, Schattenkabinett, Superrevisionsinstanz oder Richtersouverän seine Grenzen gegenüber anderen Staatsorganen.
Diese Vorwürfe habe das Gericht durchaus ernst genommen und versucht, eine Überbeanspruchung und somit einen Ausverkauf der Verfassung zu vermeiden. Hinreichend gelungen sei dies bis heute nicht.
Und dann seien da auch noch die immer wieder beliebten und oft laut werdenden Appelle, das Bundesverfassungsgericht möge doch Selbstbeschränkung üben und eine Einmischung in die Politik vermeiden, vielleicht gerade von denjenigen, deren Ziel es ist, nicht gerechtfertigte Besitzstände zu wahren. Denen sei folgendes gesagt:
Natürlich ist Selbstbeschränkung eine hohe Tugend.
Diese zu üben steht allerdings nicht im Belieben des Richters.
Denn der ist zur Einhaltung bestehender Gesetze verpflichtet.
Und der Rechtsuchende kann verlangen, dass das Gericht im konkreten Streitfalle seine Kompetenzen notfalls bis zum äußersten Rahmen ausschöpft. Schließlich ist es die Verfassung selbst und nicht das Bundesverfassungsgericht, welche in den verfassungsrechtlichen unbedingten Forderungen entweder zurückhaltend oder deutlich befehlend ist.

Nach den Erfahrungen mit der nationalsozialistischen Diktatur wollte das Grundgesetz den politischen Bereich eben gerade nicht von rechtlichen Bindungen freistellen, sondern es galt, das staatliche Handeln möglichst umfassend einer Nachprüfbarkeit durch unsere Verfassung zu unterwerfen.
Schließlich und demgemäß sind Auslegung und Anwendung des politischen Rechtes der Verfassung bereits ihrer Natur nach politisch. Unser politisches System ist auf Machtmäßigung ausgelegt.
Und gerade deshalb ist die Verfassungsgerichtsbarkeit ein eminent politisches Mittel mit hochpolitischen Befriedungsfunktionen. Auf Länder-, auf Staats- sowie auf europäischer Ebene.

Helmut Simon hat immer gerne »inter pares« gearbeitet. Gerade für seine Streitbarkeit in der Sache brauchte er um sich herum eine kollegiale, freundliche Arbeitsatmosphäre.
Aus der Anfangsphase beim Bundesverfassungsgericht stammt folgender Traum, der seine gefühlte Arbeitsatmosphäre zutreffend beschreibt: Helmut Simon saß am Steuer eines Fahrzeuges, das seiner Anatomie nicht angepasst war. Ständig rutschte er, ob nun beim Bremsen oder um Gas zu geben unter das Steuer, konnte deshalb seinen Blick nicht auf die Straße und die zu fahrende Strecke richten. Allein auf die Zurufe seiner Mitfahrer angewiesen habe er das Fahrzeug steuern müssen, hätte dieses aber trotzdem sicher fortbewegen können.
Erst als er begann, den immer wiederkehrenden Traum zu analysieren, war es mit diesem abrupt vorbei.

Abrupt vorbei wäre es dann beinahe gleich wieder mit der so geschätzten Tätigkeit beim Bundesverfassungsgericht gewesen, hätte der damalige Präsident Gebhard Müller Helmut Simons Rücktrittsgesuch wegen dessen kleiner privaten »Spiegel-Affäre« angenommen.
Wie war es dazu gekommen?

Kaum stehen Frau oder Mann an so exponierter Stelle wie zum Beispiel im Bundestag, bei der Bundesbank oder eben beim Bundesverfassungsgericht, werden ihre oder seine Handlungen sowie die naher Angehöriger mit Argusaugen beobachtet und im Falle eines Falles zu Medienfutter verwurstet, solange dieses sich halbwegs gewinnversprechend verkaufen lässt. Das nennen die, die daran verdienen, dann Pressefreiheit, egal ob deren Recherchen richtig oder falsch sind.

In dieses Schema passte die eifrig demonstrierende Tochter eines frischgebackenen Verfassungsrichters, liiert mit einem Anwalt der linken Szene.
Jedenfalls behauptete ausgerechnet der »Spiegel«, Helmut Simons Tochter Beate habe im Laufe einer Großdemonstration in Heidelberg einen konservativen Professor geohrfeigt.
Verkaufte sich, war aber nicht wahrheitsgemäß berichtet, oder anders ausgedrückt, konservativ – ja, Ohrfeige – nein. Die Angelegenheit war insofern brisant, weil dieser Professor eine Verfassungsbeschwerde ausgerechnet gegen die Studentische Mitbestimmung erwirkt hatte, für die zuvor Tausende auf die Straße gegangen waren. Und diese Verfassungsbeschwerde sollte gerade zu diesem Zeitpunkt vor dem Bundesverfassungsgericht verhandelt werden.
Selbstverständlich fragt dann eine engagierte Zeitung wie der »Spiegel« auch nach den Konsequenzen. Doch es war nicht Beate gewesen, die den Professor geohrfeigt hatte. Jener war es, der im Zustand großer psychischer Erregung eine Mitstudentin geschlagen hatte. Beate hatte die Geschehnisse lediglich beobachtet, stand als Zeugin nur in zweiter Reihe.
Doch Helmut Simon wäre nicht Helmut Simon, wenn er nicht trotz unrichtiger Berichterstattung die Konsequenzen hätte tragen wollen.
Mir erschien es als frisch gewähltes Mitglied des Senates nicht richtig, in einem solchen Falle an richterlichen Entscheidungen brisanter sowie umstrittener Streitigkeiten beteiligt zu sein.
Auch glaubte er, dass sich aufgrund seiner erst kurzen Amtszeit ihm gegenüber noch keine genügende Vertrauensgrundlage im Senat habe ausbilden können.
Doch Verfassungsgerichtspräsident Gebhard Müller sah dies anders. Er riet ihm von einem Rücktritt ab, ja er versuchte Helmut Simon mit dem Argument zu trösten, dass sein Sohn ebenfalls lange Haare trage, was zu dieser Zeit ein Synonym für Demonstrationsbereitschaft war.
Helmut Simon verzichtete auf sein Rücktrittsgesuch, und zwischen ihm und dem Verfassungsgerichtspräsidenten entwickelte sich nach und nach ein Verhältnis gegenseitigen Respektes, das bisweilen auch freundschaftliche Züge annahm.

Schon aus seinem Verständnis für die Verfassung und dem daraus resultierenden Gerechtigkeitsgefühl sowie aus der politischen Situation Anfang der Siebziger heraus musste Helmut Simon auch seine

nebenberuflichen Engagements einfach fortsetzen. Wieder setzte er sich für die Rechte der Kriegsdienstverweigerer ein, wieder wurde er deswegen kritisiert.
So wurde zum Beispiel bemängelt, dass er als Beistand in Anerkennungsverfahren für die Söhne von Freunden und Bekannten auftrat. Auch für Andreas. Diese Tätigkeiten wurden als unzulässige geschäftsmäßige Rechtsberatungen bezeichnet.
Und dann tadelte er auch noch als Richter des Verfassungsgerichtes die Entscheidung des II. Senates desselben Gerichtes zur Ungleichbehandlung von Soldaten und Kriegsdienstverweigerern als verfassungswidrig.
Was der II. Senat nicht auf sich sitzen lassen konnte. Dieser schickte eine Delegation und verlangte von Helmut Simon, in Zukunft ihre Rechtsprechung nicht mehr öffentlich zu kritisieren. Was dieser auch bereitwillig versprach. Allerdings nur unter der Prämisse, dass der II. Senat in Zukunft keine so schlechten Entscheidungen mehr treffen werde.
Somit war sein Ruf als »enfant terrible« des Verfassungsgerichtes begründet.

Fronten brechen auf, Fronten verschärfen sich

Bereits 1969 hatte Willy Brandt innerhalb seiner Regierungserklärung angekündigt, die politische Situation in Europa so zu akzeptieren, wie sie war, den Status Quo zu zementieren, und als Bundeskanzler die DDR anerkennen zu wollen.
Zum Klären der grundlegenden Fragen schickte er Egon Bahr, seinen engsten Vertrauten in Sachen Ostpolitik, nach Moskau, wo im Endeffekt die Weichen gestellt werden würden.

An dieser Politik Willy Brandts nahmen Helmut Simon und seine Freunde lebhaften Anteil, sie hatten bereits die Ostdenkschrift der EKD begrüßt und unterstützt. Wie zu erwarten war, gerieten die Auseinandersetzungen um die Ost-Verträge in einen heftigen Sog von Emotionen, da konnte die Regierung jegliche Unterstützung gebrauchen.
Helmut Simon, sein Freund Manfred L., der Vorsitzende des Evangelischen Presseverbandes Heßler sowie Erhard Eppler bemühten sich im Frühjahr 1972 erfolgreich, 25 namhafte Protestanten zu einem öffentlichen Aufruf für die Ratifizierung der Ostverträge zu bewegen.
Dieser Aufruf löste ein erhebliches Echo aus und wurde von der Regierung Brandt dankbar als wesentliche Entlastung begrüßt. Hatten doch inzwischen bereits einige Abgeordnete der Regierungsparteien das Lager gewechselt und waren der Opposition beigetreten, sodass der SPD/FDP-Koalition die Gefahr drohte, ihre Mehrheit zu verlieren.
Und der Versuch der Opposition, mittels Misstrauensvotums Rainer Barzel zum Bundeskanzler wählen zu lassen, war nur knapp gescheitert.
Helmut Simon und seine Freunde hatten ihre Initiative damit begründet, dass es keine Ausreden für ein Versagen geben dürfe. Schließlich habe die Evangelische Kirche Politiker seit Jahren

bedrängt, mit den östlichen Nachbarn einen Ausgleich zu bewerkstelligen. Da könne sie im entscheidenden Augenblick nicht schweigen und diejenigen Politiker, die ihrer Auffassung entsprechend handelten, im Stich lassen.
Am 17. Mai war es dann soweit, die Ostverträge wurden im Bundestag angenommen. Dies gelang nur, weil eine Mehrheit der Union beschlossen hatte, sich der Stimme zu enthalten. Bis zu den vorgezogenen Wahlen im November war der Rest des politischen Jahres von einem harten, ja einem erbitterten Wahlkampf geprägt. An unzähligen Autos waren schmale Aufkleber mit der Aufschrift: »Willy Brandt muss Kanzler bleiben!« zu sehen. Selbst an Fahrzeugen, deren Größe und Preis auf eine andere politische Meinung des Eigentümers hätte schließen lassen. Und es gab Auftritte eines so ganz anderen Heiner Geißlers, der damit von Stadthalle zu Stadthalle und von Audimax zu Audimax tourte und in deren Verlauf er die Studentenbewegung demagogengleich geißelte.
Am 19. November gewann die SPD/FDP-Koalition nicht nur die Wahlen, sondern ging auch noch gestärkt aus diesen hervor.

Möglich war dies alles auch deshalb geworden, weil ein Mann, der niemals an Kriegshandlungen oder Gräueln Nazi-Deutschlands teilgenommen hatte, die Polen und die Welt für das begangene Unrecht um Verzeihung gebeten hatte. Ein Bundeskanzler, der die Größe hatte, im Mahnmal der Ungeheuerlichkeiten und weil ihm dort die Sprache versagte, Demut durch einen Kniefall zu zeigen.
Und der am gleichen Tag als Geste der offenen Hand innerhalb des Warschauer Vertrages die Unverletzlichkeit der polnischen Grenze anerkannte. Nur 41 Prozent der Deutschen empfanden damals diese Geste als angemessen, unter ihnen auch der Bundesrichter Helmut Simon.

*

Doch wie hatten sich Helmut Simon und Willy Brandt kennengelernt?
Während einer Zugfahrt hörte Helmut Simon zufällig, dass sich auch Willy Brandt im selben Zug befinden sollte. Kurzentschlossen machte er sich auf die Suche, fand den Waggon und wegen der Sicherheitskräfte das entsprechende Abteil, stellte sich kurz vor und fragte, ob es nicht möglich sei, mit Willy Brandt zu sprechen.

Willy Brandt besuchte Helmut Simon später während einer Kirchentagsveranstaltung

Ein kurzes verbales Hin und Her, Helmut Simon wurde eingelassen, die zwei Herren lernten sich kennen und wegen ähnlicher Einschätzung der politischen Situation auch schätzen.

Bei Helmut Simon hatte sich inzwischen immer deutlicher in Sachen Ostpolitik ein zweigleisiges Denken durchgesetzt: Er nahm die staatliche Mehrheitsentscheidung zum Aufbau einer militärischen Verteidigung *zähneknirschend* als gegeben und von ihm nicht veränderbar hin, doch gleichzeitig galt für ihn die Friedenssicherung durch Abbau von Konfliktursachen sowie durch alternative Konfliktregulierung als vorrangig. Da ihm dieses zweite Gleis in der Politik als viel zu schwach ausgeprägt erschien, engagierte er sich darin besonders.

So beurteilte er zum Beispiel die Verweigerung des Kriegsdienstes als ein deutliches Zeichen des christlichen Friedensglaubens. Als dann Anfang 1973 hochrangige amerikanische Politiker laut über den Einsatz von Atomwaffen in Vietnam nachdachten, griff Helmut Simon trotz seines Amtes als Richter am höchsten Gericht in die Politik ein. Er schrieb einen Brief an Willy Brandt, in dem er diesen unter Hinweis auf seine theologischen Positionen (und die seiner Mitstreiter) bat, das bisherige offizielle deutsche Schweigen zur amerikanischen Vietnampolitik aufzugeben, dem gefährlichen Prozess der Abstumpfung und Gewöhnung gegenüber der Einplanung von Massenvernichtungswaffen entgegenzuwirken und eine klare Position dahingehend zu beziehen, dass es schlechthin ausgeschlossene Möglichkeiten menschlichen Verhaltens gebe. Dem Freund und Bundespräsidenten Gustav Heinemann ließ er eine Kopie dieses Schreibens zukommen, wonach dieser den Brief Helmut Simons an Willy Brandt als Lektüre empfahl.

Wie recht er mit diesem Brief behalten sollte, zeigte sich nur wenig später, als manche Militärs skrupellos und zynisch Atommüll zur »abgereicherten Munition« erklärten, oder als die Entschädigungen für die Opfer von Atomwaffentests mittels einer Banalisierung zu

sogenannten Kollateralschäden bei militärischen Einsätzen abgelehnt worden waren.
Trotzdem, Helmut Simons Lebensgefühl Anfang der 70er Jahre grenzte fast an Euphorie, er sympathisierte mit der Person Willy Brandt und dessen vorgestellten sozialen Reformplänen, von denen dann später viele nicht realisiert werden konnten, und dessen Ostpolitik. Die Begeisterung trug ihn so weit, dass sie sich *mit der erwünschten verfassungsrichterlichen Distanz manchmal nicht mehr vertragen habe.*
Seine Geistesverwandtschaft ging so weit, dass ihm zum großen Amüsement von seinen Kindern ein Satzanfang von Willy Brandt genügte, um den Satz selbst in Tremolo und Inhalt genauso zu Ende zu sprechen, wie er vom Kanzler persönlich ebenfalls gesprochen und beendet worden wäre.
Es war die Zeit des Aufbrechens, des Aufbruchs und des Ausprobierens, symptomatisch hierfür die sexuelle Revolution, einer liberaleren, weltoffeneren und toleranteren Gesellschaft. Plötzlich gelang vielen, was zuvor nicht möglich gewesen war: nämlich sich mit ihrem Land, mit der Bundesrepublik Deutschland zu identifizieren.
Es lag ein Zauber über dem Beginn der Dekade, die in Frankreich als »parenthèse enchantée« empfunden und bezeichnet wurde. In den Jugendzimmern begann es zu glitzern und zu glittern, die Mädchen trugen Hot Pants über Plateauschuhen und waren übergeschminkt, Suzi Quatro sang acht Wochen lang in den deutschen Charts »can the can« und Ältere freuten sich über Loriots »Wum«, der sich eine kleine Miezekatze wünschte. Nur Pink Floyd sahen alles etwas schwärzer und besangen bereits zu diesem Zeitpunkt den Mega-Kapitalismus mit ihrem XXL-Erfolg »dark side of the moon« und mit dem Titel »money«. Wahrscheinlich ahnten sie bereits, dass sich die »parenthèse« irgendwann wieder schließen würde.

H. S. for president? (Grundrechte-Trilogie II)

Allenthalben war 1973 auch das Jahr, in dem man sich Gedanken darüber machte, wer wohl als Nachfolger von Gustav Heinemann zur Verfügung stehen würde. Da und dort wurden Schubladen oder Hintertüren geöffnet und wieder geschlossen, Figuren wurden entstaubt und dann wieder weggestellt, es wurde spekuliert und fantasiert – und es zeigte sich mal wieder, dass Kandidaten für ein solches Amt nicht aus dem Ärmel zu schütteln sind.

Auch »Die Zeit« widmete sich diesem Problem und resignierte darüber, dass das Potential der SPD innerhalb der Länder dafür eher schmal sei.

Und sie schrieb weiter (und über die Köpfe der Persönlichkeiten hinweg):

»Ministerpräsident Albert Osswald oder Verfassungsrichter Helmut Simon – wer kennt sie schon?«

Als gäbe es für einen Verfassungsrichter nichts Bedeutenderes zu tun als zu repräsentieren. Vermutlich hat Helmut Simon keinen Gedanken daran verschwendet. Dafür war ihm seine Arbeit beim Bundesverfassungsgericht sowie die Freiheit, die dieses Amt mit sich brachte und die ihm seine Nebentätigkeiten erlaubte, zu wichtig. Außerdem würde er seinen Lieblingsthemen dann keine Zeit mehr widmen können. Denjenigen Themen, die ihn immer mehr zum Verfassungspatrioten werden ließen. Für ihn war klar: Er würde sich weiterhin auf sein Denken und Vordenken konzentrieren, so wie er es in den 50ern und 60ern bereits mit seiner »privaten Ostpolitik« gehandhabt hatte.

Die politischen Konsequenzen hieraus würden andere vollziehen müssen.

So machte er sich zum Beispiel auch unter dem Eindruck der erlebten Demonstrationen darüber Gedanken, dass sich die verfassungsgerichtliche Rechtsprechung durch die nachhaltige Durchsetzung der Meinungs- und Pressefreiheit besondere Verdienste erworben habe, was zum zweiten Teil von Helmut Simons Trilogie der Grundrechte überleitet, jetzt unter dem Titel:

Grundrechte und Demokratieprinzip

In der deutschen Verfassungstradition hatte sich recht spät die Erkenntnis durchgesetzt, dass die Rechtsstaatsidee erst in einem demokratischen Gemeinwesen voll wirksam werden kann.
Das mag überraschen!
Denn die ursprüngliche rechtsstaatliche Forderung nach der Gesetzmäßigkeit staatlichen Handelns führt doch direkt zu den Fragen, wer denn a) über den Inhalt der Gesetze entscheidet und b) welchen Einfluss die Bürger darauf haben.
Für das Prinzip der »rule of law«, das im angelsächsischen Sprachbereich an die Stelle des unübersetzbaren Rechtsstaatsbegriffes tritt, ist es wichtig, dass die Gesetzgebung durch das Parlament erfolgt. Inzwischen hat sich diese Auffassung auch bei uns durchgesetzt.

Bei uns waren aber das Demokratieprinzip ähnlich wie der Rechtsstaatsgedanke ursprünglich allzu eng verstanden worden; zunächst wurde es kurzerhand mit dem allgemeinen Wahlrecht gleichgesetzt. Das Demokratieprinzip ist ferner ähnlich wie die Rechtsstaatsidee heimlichen Erosionen und Umwertungen ausgesetzt. Dabei verflüchtigt sich die zentrale Aussage, dass alle Staatsgewalt vom Volke ausgeht, mehr und mehr zu einem bloßen Ursprungsmythos.
Protestbewegungen werden gerne arrogant als Druck der Straße abgetan. Bedenklich erscheint vor allem, dass ein einzelner Bestandteil der Demokratie, nämlich das Repräsentationsprinzip überfrachtet und dem Bürger im Sinne eines repräsentativen Absolutismus angesonnen wird, gefälligst zu parieren, wenn und was die mehrheitlich gewählten Repräsentativorgane entschieden haben.
Zwar sind Repräsentativ- und Mehrheitsprinzip unverzichtbare Notbehelfe, um die Massendemokratie funktionstüchtig zu machen.
Aber diese Notbehelfe sind nicht das maßgebliche Kennzeichen des demokratischen Gedankens und dürfen dessen eigentlichen Lebenswert nicht verdrängen. Dieser Lebenswert nämlich zielt auf Mitbestimmung und teilnehmende Mitwirkung aller Bürger bei der Bildung des Staatswillens, auf das Recht zur Bildung sowie der Ausübung von Opposition, auf andauernde öffentliche Kontrolle der Regierenden und deren Rechenschaftspflicht gegenüber den

Regierten sowie auf eine möglichst weitgehende Selbstbestimmung des Einzelnen.
Ist es denn nicht endlich an der Zeit, dem Volk als Träger der Staatsgewalt durch Volksbegehren und Volksentscheid eine breitere Möglichkeit zur unmittelbaren Beteiligung an der Staatswillensbildung einzuräumen?
Die plebiszitäre Enthaltsamkeit des Grundgesetzes, die anfangs vielleicht verständlich war, dürfte inzwischen eher schädlich als nützlich sein, da sie Staatsferne und Ohnmachtsgefühle fördert und dadurch die Stabilität unseres Gemeinwesens in Krisenzeiten gefährdet.

Der Widerspruch gegen eine Reduzierung des demokratischen Gedankens auf das Repräsentationsprinzip kann sich auf die verfassungsrechtliche Rechtsprechung berufen. In einem der grundlegenden Urteile zur Parteienfinanzierung heißt es, in einer Demokratie müsse die Willensbildung vom Volke zu den Staatsorganen und eben nicht umgekehrt verlaufen; das Recht des Bürgers auf Teilhabe an der politischen Willensbildung äußere sich nicht nur in der Stimmabgabe bei Wahlen, sondern auch in der Einflussnahme auf den ständigen Prozess der politischen Meinungsbildung, die sich in einem demokratischen Staatswesen frei, offen, unreglementiert und grundsätzlich staatsfrei vollziehen müsse (BVerfGE 20,56 [98f.]).
Im KPD-Urteil wird die demokratische Willensbildung mit dem Bild vom Parallelogramm der Kräfte beschrieben:
Die freiheitliche demokratische Ordnung gehe davon aus, dass die bestehenden, historisch gewordenen staatlichen und gesellschaftlichen Verhältnisse verbesserungsbedürftig und -fähig seien; damit werde eine nie endende Aufgabe gestellt, die durch stets erneute Willensentscheidung gelöst werden müsse (BVerfGE 5,85 [197]).
Der Weg zur Bildung dieser Willensentscheidungen wird als ein Prozess von »trial and error« beschrieben, der durch ständige geistige Auseinandersetzungen, gegenseitige Kontrolle und Kritik die beste Gewähr für eine (relativ) *richtige politische Linie als Resultante und Ausgleich zwischen den im Staat wirksamen politischen Kräften gebe (a.a.O., S. 135; vgl. BVerfGE 12,113 [125]).*

Es dürfte unmittelbar einleuchten, dass in dieser Sicht die Grundrechte, insbesondere die Meinungs-, Presse- und Demonstrationsfreiheit eine überragende Rolle spielen.
Hier zeigt sich, dass die Grundrechte nicht nur als rechtsstaatliches Mittel zur Machtbegrenzung unverzichtbar, sondern zugleich für den demokratischen

Gedanken bestimmend sind. Die fundamentale Bedeutung des Gleichheitssatzes in der egalitären – auf politische, soziale oder bürgerliche Gleichheit gerichtete – Demokratie dürfte auf der Hand liegen; dieser Gleichheitssatz hat das Bundesverfassungsgericht in zahlreichen Verfahren, insbesondere auch zur Ausgestaltung des Wahlrechts, beschäftigt.
Nicht weniger bedeutsam für eine funktionierende Demokratie sind die politischen Freiheitsrechte, also die Meinungsfreiheit, die Medienfreiheit und die Demonstrationsfreiheit, für deren Verwirklichung das Bundesverfassungsgericht in mehreren wegweisenden Urteilen Entscheidendes geleistet hat. Das begann mit der denkwürdigen Lüth-Entscheidung aus dem Jahre 1958 zur Meinungsfreiheit (BVerfGE 7,198 [208]):

»Dieses Grundrecht, nämlich das der Meinungsfreiheit, ist als unmittelbarster Ausdruck der menschlichen Persönlichkeit in der Gesellschaft eines der vornehmsten Menschenrechte überhaupt. ... für eine freiheitliche demokratische Staatsordnung ist es schlechthin konstituierend, denn es ermöglicht erst die ständige geistige Auseinandersetzung, den Kampf der Meinungen, die ihr Lebenselement ist. Es ist in gewissem Sinne die Grundlage jeder Freiheit überhaupt.«

Diese Erwägungen werden in weiteren Entscheidungen auf die Presse- und Rundfunkfreiheit angewandt, welche als Wesenselemente des freiheitlichen Staates und als unentbehrlich für eine moderne Demokratie beurteilt werden (vgl. etwa BVerfGE 52,283 [296]).
Später dann hat das Bundesverfassungsgericht vor überhöhten Anforderungen an die Zulässigkeit öffentlicher Kritik gewarnt. Grundsätzlich unterliege auch die Form einer Meinungsäußerung der durch Art. 5 GG geschützten Selbstbestimmung. Das gelte namentlich für das gesprochene Wort, könne aber auch bei Presseäußerungen nicht außer Betracht bleiben (BVerfGE 54,129 [139]):

»Im Interesse freier Rede, für deren Zulässigkeit die Vermutung spricht, müssen im Einzelfall Schärfen und Überspitzungen des öffentlichen Meinungskampfes hingenommen werden. Die Befürchtung, wegen einer wertenden Äußerung einschneidenden gerichtlichen Sanktionen ausgesetzt zu werden, trägt die Gefahr in sich, öffentliche Kritik und öffentliche Diskussion zu lähmen oder einzugrenzen und damit Wirkungen herbeizuführen, die der Funktion der Meinungsfreiheit in der durch das Grundgesetz konstituierten Ordnung zuwiderlaufen.«

In der Brokdorf-Entscheidung zum Demonstrationsrecht (BVerfGE 69, 315 [346f.]) wird darauf hingewiesen, dass die Bürger in unterschiedlichem Maße am Prozess der politischen Meinungsbildung beteiligt seien:
Große Verbände, finanzstarke Geldgeber oder Massenmedien können beträchtliche Einflüsse ausüben, während sich der Staatsbürger eher als ohnmächtig erlebt.
In einer Gesellschaft, in welcher der direkte Zugang zu den Medien und die Chance, sich durch sie zu äußern, auf wenige beschränkt ist, verbleibt dem Einzelnen neben seiner organisierten Mitwirkung in Parteien und Verbänden im allgemeinen nur eine kollektive Einflussnahme durch Inanspruchnahme der Versammlungsfreiheit für Demonstrationen.
Die ungehinderte Ausübung des Freiheitsrechts wirkt nicht nur dem Bewusstsein politischer Ohnmacht und gefährlichen Tendenzen zur Staatsverdrossenheit entgegen.
Sie liegt letztlich auch deshalb im wohlverstandenen Gemeinwohlinteresse, weil sich im Kräfteparallelogramm der politischen Willensbildung im Allgemeinen erst dann eine relativ richtige Resultante herausbilden kann, wenn alle Vektoren einigermaßen kräftig entwickelt sind.
(Siehe die Rede von Horst Köhler – nach Textvorgaben von Helmut Simon – in »Intermezzo: Freitag, der Vierzehnte«)

Nach alldem werden Versammlungen in der Literatur zutreffend als wesentliches Element demokratischer Offenheit bezeichnet:
Sie bieten … die Möglichkeit zur öffentlichen Einflussnahme auf den politischen Prozess, zur Entwicklung pluralistischer Initiativen und Alternativen oder auch zu Kritik und Protest …; sie enthalten ein Stück ursprünglich-ungebändigter unmittelbarer Demokratie, das geeignet ist, den politischen Betrieb vor Erstarrung in geschäftige Routine zu bewahren! … namentlich in Demokratien mit parlamentarischem Repräsentativsystem und geringen plebiszitären Mitwirkungsrechten hat die Versammlungsfreiheit die Bedeutung eines grundlegenden und unentbehrlichen Funktionselementes.«

Soviel zu den klassischen demokratischen politischen Freiheitsrechten. In der bereits erwähnten Brandenburgischen Landesverfassung wird über die herkömmlichen Grundrechte hinaus ein besonderes Recht auf politische Mitgestaltung gewährleistet, das unter anderem Informationsrechte für Bürgerinitiativen sowie ein Recht auf Akteneinsicht umfasst (Art. 21).
Die enge Zusammengehörigkeit von Grundrechtsverbürgungen und Demokratieprinzip hat das Bundesverfassungsgericht noch in einem weiteren

Zusammenhang herausgearbeitet, nämlich im Zusammenhang mit der Frage, wer für grundrechtsrelevante Entscheidungen zuständig ist.
Die Grundrechte sind zwar in ihrem Kernbestand als das Unabstimmbare staatlichen Eingriffen entzogen. Vielfach sieht aber die Verfassung ausdrücklich die Möglichkeit zu Einschränkungen oder eine nähere Regelung vor. Erstaunlicherweise herrschte bis in die siebziger Jahre die Vorstellung, dass im Rahmen sogenannter allgemeiner Gewaltverhältnisse – Strafvollzug, Militär, Schule – Eingriffe in Grundrechte auch ohne gesetzliche Regelung durch bloße Verwaltungsvorschriften statthaft seien.
Mit dieser weit verbreiteten Meinung hat das Bundesverfassungsgericht in einer Grundsatzentscheidung zum Strafvollzug im Jahre 1972 aufgeräumt (BVerfGE 333,1).
Dies hatte erhebliche Auswirkungen, im Besonderen im Schulrecht, wo die Gesetze zumeist recht inhaltsleer und die wichtigsten Ausführungen in Erlassen geregelt waren. Gerade für dieses Gebiet und ebenso zur Reduzierung berufsständischer Reglementierungen der Berufsfreiheit hat das Gericht die sogenannte Wesentlichkeitstheorie entwickelt.
Danach ist in einem demokratischen Gemeinwesen vor allem der vom Volk unmittelbar legitimierte, parlamentarische Gesetzgeber dazu berufen, durch förmliches Gesetz im öffentlichen Willensbildungsprozess über die grundrechtsrelevanten Fragen zu entscheiden. Dies habe unter Abwägung der verschiedenen, unter Umständen widerstreitenden Interessen nach dem Mehrheitsprinzip über die von der Verfassung offen gelassenen wesentlichen Fragen zu geschehen (BVerfGE 76,171 [184f] Anwaltsrecht; m.w.N.).
Es ist höchste Zeit, dass sich diese Rechtsprechung auch auf dem militärischen Gebiet durchsetzt, das früher ebenfalls zu den besonderen Gewaltverhältnissen zählte und das sich mit seinen vordemokratischen Strukturen und Machtzentren immer noch als resistent gegenüber verfassungsrechtlicher Durchdringung erweist.
Ist es nicht eigentlich grotesk, dass nach der verfassungsgerichtlichen Rechtsprechung über die Einführung der Sexualkunde im Schulunterricht der parlamentarische Gesetzgeber entscheiden muss (BVerfGE 47,46), während für Nachrüstung, Tiefflugübungen und sogar für den Einsatz der Bundeswehr im Bündnisfall die Exekutive oder gar anonyme Generalstäbe zuständig sein sollen?
Mit Recht wird die einschlägige Rechtsprechung des Bundesverfassungsgerichts zum militärischen Bereich in mehreren Sondervoten als unbefriedigend kritisiert. (Sie wurde inzwischen nachgebessert; vgl. BVerfGE 90,286.)

Da das Bundesverfassungsgericht in meinem Beitrag gut abschneidet, möchte ich in diesem Zusammenhang ausdrücklich klarstellen, dass dessen Rechtsprechung durchaus auch Anlass zur Kritik bietet. Sie sieht sich einem doppelten Vorwurf ausgesetzt:
Einerseits überschreite das Gericht – beispielsweise in den Urteilen zum Schwangerschaftsabbruch – seine Grenzen im Verhältnis zu anderen Organen der rechtsstaatlichen Demokratie, andererseits übe es an falschen Stellen Zurückhaltung und übernehme im Konflikt zwischen Bürgerfreiheit und Staatsräson bevorzugt die Rolle des »defensor rei publicae«. (Verteidiger des Staates). In diesem Zusammenhang muss auch auf den politischen Staatsschutz bis hin zu den Berufsverboten hingewiesen werden, der die Leuchtkraft unserer Verfassungsordnung verdunkelt hat und bei dem außer Acht blieb, dass die »streitbare Demokratie« am zuverlässigsten durch »streitbare Demokraten« geschützt wird (vgl. Helmut Simons Sondervotum zur Verfassungstreue der Rechtsanwälte BVerfGE 63,298).
Ich kann auf diese Kritik leider nicht näher eingehen, sondern konzentriere mich auf die Frage, ob nicht auch die zurückhaltende Rechtsprechung des Bundesverfassungsgerichts zum Sozialstaatsgebot zu überprüfen wäre.

*

Das Amt des Bundespräsidenten wird einerseits als »über den drei Gewalten stehend« bezeichnet. Andererseits aber auch als das »pouvoir neutre«, also als »neutrale Gewalt«.
Und da hätte es mit dem streitbaren Verfassungsrichter wohl Probleme gegeben.
Denn Helmut Simon war und ist ein Mann, der den Finger in die Wunden legt und Missstände benennt.
Wie Helmut Simon in seinen Lebensskizzen beschreibt, nahmen er und seine Frau den »Zeit«-Artikel gelassen. Und übten im darauffolgenden Dänemark-Urlaub, den sie mit den Eheleuten Johanna und Manfred L. verbrachten, schon einmal »Bundespräsident«. Doch schnell war das Spiel beendet, weil Manfred L. keine Lust mehr hatte, ständig für Helmut Simon Reden zu schreiben.

Die Quick-Affäre und ihre Auswirkungen

Fast über Nacht war Willy Brandt über einen vermeintlichen Freund gestolpert, einen hugenottischen Meisterspion. Ausgerechnet über diesen Guillaume, der aussah, als habe er persönlich die Unauffälligkeit erfunden und der just dem rechten Flügel der SPD zugeordnet worden war.

Auch bei den Landtagswahlen 1973 lief es für die SPD nicht gut, es gab Verluste bis zu 10 %. Was aber von den Erzeugerpreisen wieder kompensiert wurde, die stiegen nämlich um dieselbe Prozentzahl. Die Börse zeigte sich lustlos und die Opposition hackte auf Egon Bahr herum, als habe er persönlich mit »seinen Ostverträgen« die Bundesrepublik an den Osten verraten und verkauft.

Und in Bayern schärfte sich ein Strauß schon einmal den Schnabel am Verbalwetzstein und suchte die Startlöcher nach Bonn.

Die »Bild am Sonntag« jammerte dazu: »Hört endlich auf, unser Geld kaputt zu machen.« Keine Frage, die Zeit war reif für einen Macher. Da hatte der Mann gute Karten, der Hamburg schon einmal vor einer Sintflut beschützt hatte.

Ein Krisensenator. Einer, der handelt, nicht lamentiert.

Und das Band, das bisher die »Sozialdemokratische Wählerinitiative« – einen bunten Strauß aus Intellektuellen jeglicher Couleur – zusammengehalten hatte, war nun endgültig zerschlissen.

Übrig blieben: Schmidt-Freunde und Brandt-Freunde (oder Brandt-Gegner und Schmidt-Gegner).

Trotzdem, Helmut Simon begegnete dem Kanzler Helmut Schmidt mit Respekt. Was hatte dieser nicht auch alles zu bewältigen, im »Deutschen Herbst«? Atomare Eskalation, Nachrüstung, den Terror der RAF, Wirtschaftkrise …

Helmut Simon erzählt von diversen Treffen mit dem Kanzler und dass er offenbar auf diesen provozierend gewirkt habe, denn Helmut Schmidt verfiel dem Bundesrichter gegenüber jedesmal in Sticheleien.

Helmut Simon und Helmut Schmidt

Und dann gerät Helmut Simon über die Probleme dieser Generation ins Sinnieren.
Über die schier unbegrenzten Möglichkeiten einer vermeintlich dauerhaften Wachstumsgesellschaft, welche eine Erwartungshaltung an sich ständig verbessernde Lebensbedingungen mit sich brachte (und auch heute noch bringt), bis hin zu der bitteren Erkenntnis, doch innerhalb (auch physikalisch) vorgegebener Grenzen leben zu müssen.
Und vom Glauben an die Überlegenheit der jetzigen Generation bis hin zum Frust über das Erkennen der eigenen Fehlleistungen. Also konstatiert er, dass es seine eigene Generation (psychisch) leichter hatte, da sie gebraucht wurde, während sich viele Angehörige der geburtenstarken Jahrgänge als überflüssig empfinden mussten.
Mit Hochachtung erzählt Helmut Simon, *wie sich Andreas in der Schule so fürchterlich plagen musste,* um dann an einer anderen Schule in Pforzheim schließlich doch das Abitur zu bestehen, wie er nach seinem Zivildienst in Berlin eine Weile gejobbt – sowie parallel hierzu alternative Lebensformen ausprobiert habe und dabei jegliche väterliche Unterstützung ablehnte. Dass er dann in Berlin eine Gärtnerlehre – und darauffolgend in Nürtingen ein Fachhochschulstudium absolvierte.
All das hat den Vater tief beeindruckt.
Dass Andreas den Zivildienst leistete, also im Einklang mit der rechts- und glaubensphilosophischen Einstellung Helmut Simons handelte, muss diesem ebenfalls gefallen haben.
Dass Andreas diesen Zivildienst, der ein halbes Jahr länger dauerte als der Wehrdienst, auch noch bei der Aktion »Sühnezeichen« in Israel durchführte, und so gleichsam die Schuld der Väter abzuarbeiten half, das hat dem Verfassungsrichter jedenfalls imponiert.

*

Die Stimmung in der Politik war 1974 mit der Kanzlerschaft Helmut Schmidts von emotional auf hanseatisch-kühl umgeschlagen. Intellektuelle setzten sich für die inhaftierten Terroristen ein, zum Beispiel Heinrich Böll, der sich als Präsident des Pen-Clubs um Gnade für Ulrike Meinhof aussprach. Und der inzwischen praktisch blinde Jean Paul Sartre übte den deutsch-französischen Schulterschluss auf seine Art, indem er, heftig kommentiert, den (seiner Meinung nach politischen) Häftling Andreas Baader in der JVA Stuttgart besuchte, der für andere eher ein arroganter Polit-Dandy und Terrorbube war.

Seit geraumer Zeit beschäftigte sich Helmut Simon auch noch damit, rechtspolitische Kongresse für die SPD vorzubereiten und zu planen. Auf dem Kongress, der 1975 in Düsseldorf stattfand und den er als außerordentlich gelungen bezeichnet, referierte er über den Themenbereich »Soziale Sicherung als neue Form freiheitsverbürgenden Eigentums«.
Die spätere verfassungsgerichtliche Rechtsprechung (beginnend mit BVerfGE 40,83) entsprach dem Ergebnis dieses Kongresses.
1975 war auch das Jahr, in dem einundneunzigjährig Helmuts Mutter Lisette starb.
Und in dem seine Wiederwahl zum Verfassungsrichter anstand.
Helmut Simon war übrigens der letzte Richter, bei dem auf Grund von noch geltenden Übergangsvorschriften eine Wiederwahl möglich war. So erreichte er als Verfassungsrichter die stolze Amtszeit von fast 18 Jahren.

*

Aus der Zeit, als die Familie noch getrennt lebte und Beate in Düsseldorf zur Schule ging, stammte eine Mädchenfreundschaft zwischen Beate Simon und Carmen R.
Diese junge Frau wurde später als Begleitung des am 2. März 1972 in Augsburg bei einem Polizeieinsatz gegen Terroristen erschossenen Studenten Thomas Weisbecker fest- und in Isolationshaft genommen. Später wurde sie innerhalb dieser Haft zwangsnarkotisiert. (Die RAF rächte sich auf ihre Weise, indem sie einen Bombenanschlag auf das Augsburger Polizeipräsidium sowie auf das bayerische Landeskriminalamt in München unter dem Namen Kommando Thomas Weisbecker verübte, sowie einen Bombenanschlag auf das Fahrzeug des

Richters Buddenberg am Bundesgerichtshof, der für die Haftbedingungen der Terroristen verantwortlich gemacht wurde.)
Auch Helmut Simon hatte Carmen R. noch in Düsseldorf als Freundin von Beate kennengelernt, lange bevor diese sich im Netzwerk des Terrorismus verfing. Und offenbar existierte ein späterer Briefwechsel zwischen Carmen R. und Rainer E., dem Freund von Beate, der in Berlin auch als Funktionär der »Roten Hilfe« agierte und deshalb dort und in den entsprechenden Kreisen eine Rolle spielte.
Und diese Briefe kamen – Katharina Blum lässt grüßen – kurz vor der Wiederwahl von Helmut Simon und auf welchem Weg auch immer in die Hände von Redakteuren der Zeitschrift »Quick«.
In den Redaktionsräumen dieser Zeitschrift begann jetzt eine Art hektisches Erwachsenenpuzzle. Die Briefe wurden verschnippelt und irgendwie wieder zusammengesetzt, da wo Vakanzen blieben, wurden diese nach eigenen Textideen frei ersetzt, so lange, bis die Inhalte einem der Redaktion passenden Kontext entsprachen.
So entstand der Sensationsartikel mit der Überschrift:
»Der Bundesrichter und die Terroristin!«
– und damit die Geschichte vom Verfassungsrichter Helmut Simon, der von der prominenten Terroristin Carmen R. angehimmelt wurde ...
Ging es da wirklich nur darum, auf Teufel komm raus Geld zu verdienen, oder fühlte sich irgendjemand, vielleicht ein »aufrechter Deutscher«, der im Dunkeln blieb, von Helmut Simon dauerhaft auf den Schlips getreten? Die Macher des Blattes jedenfalls bewirkten genau das Gegenteil von dem, was sie erreichen wollten.
Von Seiten des Diffamierten wurden der Richterverein sowie der Presserat eingeschaltet und das so erfolgreich, dass Helmut Simon – dieses zweite Mal sogar einstimmig – in seinem Amt bestätigt wurde.
Für die Zeitschrift, die sich nach neuen Opfern umsehen musste, war das Thema Helmut Simon damit erledigt, nicht jedoch für den Verfassungsrichter, für den sich gänzlich ungewollt aus dieser Farce eine neue Nebentätigkeit entwickelte.
Carmen R., die sich nach Italien abgesetzt hatte, erinnerte sich (vielleicht auch wegen des Artikels) an den prominenten Bekannten, kontaktierte ihn und bat darum, ihr dabei zu helfen, Möglichkeiten für einen Besuch nach Deutschland zu eruieren. Daraufhin verhandelte der Bundesverfassungsrichter mit der Bundesanwaltschaft, die in der Folge den Haftbefehl gegen sie aufhob.

Auch einer weiteren Freundin von Beate konnte er helfen. Christina B., die über das Patientenkollektiv in Heidelberg in die terroristische Szene geraten war.
Sie war zwar nicht so stark belastet wie Carmen R., trotzdem saß sie aufgrund eines deutschen Haftbefehls ein Jahr lang in amerikanischer Auslieferungshaft.
Von dort bat sie Helmut Simon um Hilfe.
Und dann spulte sich ein Szenario ab, das wie aus einem Agentenfilm übernommen schien. Wiederum verhandelt Helmut Simon mit der Bundesanwaltschaft, die sich schließlich unter dem Vorbehalt, dass die Simons Christina B. bei sich aufnähmen, zur Aufhebung des Haftbefehles bereiterklärt. Diese Nachricht wird nach Amerika an die zuständige Stelle gefaxt und dort überprüft.
Dann holen zwei FBI Beamte Christina B. aus der Auslieferungshaft und fahren mit ihr zum Flughafen. Während sich Stunden später die Maschine dem Kontinent nähert, starten in Karlsruhe zwei dunkle Dienstlimousinen, eine für Helmut Simon plus Chauffeur, die zweite für eine Polizeieskorte, in Richtung Frankfurt. Auf dem Flughafen übergeben die FBI-Agenten die junge Frau in die Obhut der Deutschen. Die beiden dunklen Limousinen donnern unter Einsatz von Blaulicht zurück in die Stadt der höchsten Gerichte.

Diesmal hatte sich die Presse während dieses Aktes der Menschlichkeit fair zurückgehalten. Und die Kollegen am Bundesverfassungsgericht haben Helmut Simons Handlung akzeptiert und sogar bei der Reintegration geholfen.
Die Bundesanwaltschaft kam nach diesen Geschehnissen auf die Idee, Helmut Simon zum Chef der Anlaufstelle für ausstiegswillige RAF-Mitglieder zu machen – doch das war dann selbst einem Helmut Simon zu viel.
Er engagierte sich (lediglich) für diejenigen, die aus dem ehemaligen Umfeld beziehungsweise Freundeskreis von Beate stammten.
Der Witz an der Quick-Affäre war eigentlich der, dass besagter Artikel über Umwege zu der Diskussion um die Gnadenakte gegenüber Terroristen angeregt hatte, eine Intention, die ganz sicher nicht im Interesse jener Zeitungsmacher gestanden hatte, welche einen unbequemen Mitbürger und prominenten Richter mit ihrem Artikel verunglimpfen wollten, indem sie ihm das Kainsmahl »Terroristenfreund« aufbrannten.

»Ich bin schrecklich glücklich«

»Ihre Absage habe ich mit großem Bedauern und Ratlosigkeit gelesen«, schrieb Richard von Weizsäcker an Helmut Simon nach dessen »Nein« zum angebotenen Amt des Kirchentagspräsidenten Anfang der 70er; und weiter: »Für die vorgesehene ›Fruchtfolge‹ gibt es nun keinen Ersatz mehr.«

Doch Helmut Simon hatte das Amt nicht abgelehnt, weil es ihn nicht interessiert hätte – es war sein Verantwortungsgefühl gegenüber der gerade angenommenen Tätigkeit am Bundesverfassungsgericht gewesen, das ihn diese Entscheidung treffen ließ. Doch eine Lösung sollte sich auf eine andere, für den Kirchentag völlig neue Art finden lassen.

Und zwar wurde beschlossen, von jetzt an einen dreiköpfigen Vorstand zu wählen, dem der Verfassungsrichter dann zweimal angehören sollte.

Das erste Mal (von 1971 bis 1977) wurden es die Herren Heinz Zahrnt, Kurt Sontheimer und Helmut Simon, die als die »drei K« bekannt wurden: Der Ketzer, der Kommunist und der Kindesmörder (Helmut Simon hatte als Verfassungsrichter zu Paragraph 218 ein Sondervotum, also eine abweichende, begründete Meinung, abgegeben).

In diese Zeit fielen die Kirchentage 1973 in Düsseldorf, in Frankfurt 1975 sowie in Berlin 1977.

Helmut Simon meint, dass bereits die Losungen für diese Kirchentage »Nicht vom Brot allein«, »In Ängsten – und siehe, wir leben«, sowie »Einer trage des anderen Last« in ihrer Anlehnung an biblische Texte als stärkend empfunden wurden und sich als geistliche Signale zur Überwindung von Defiziten erwiesen hätten.

In einer Rückschau auf diese Kirchentage schrieb das »Sonntagsblatt«, die »drei K« hätten bewirkt, dass die Kirchentage heiterer, theologischer und anziehender geworden wären.

Beim letzten Kirchentag seiner ersten Vorstandsphase, also 1977 in Berlin, war Helmut Simon dann zum ersten Mal Kirchentagspräsident.
Wie dieser Kirchentag von außen gesehen und empfunden wurde, machen die folgenden Worte des damals noch jungen Pfarrers Hartmut Walsdorff deutlich:
»Sie (also Helmut Simon) haben dem Kirchentag durch Ihre Art, denselben zu repräsentieren, zu einem überwältigenden Echo verholfen –, egal ob im Gespräch, bei Reden nach Manuskript oder gar bei der Pressekonferenz.
Manchmal mag es ja den Anschein haben, als ob wir Jüngeren Respekt und Ehrerbietung gegenüber Autoritäten und Honoratioren nicht mehr kennen. In Wirklichkeit bewirkt der absolut partnerschaftliche Umgang, den etwa Kurt Scharf, Heinrich Albertz und Sie gegenüber jedermann pflegen, dass viele von uns Sie zutiefst innerlich verehren und dankbar für Ihr Tun und Ihre Stimme sind.«

Die »Gott ist tot«-Mentalität der 68er, der versuchte Bruch mit dem Überkommenen, die Suche nach einer neuen Philosophie wie eben der des Existentialismus hatten sich auch bei den Kirchentagen durch dramatisch gesunkene Besucherzahlen ausgedrückt.
Da war es ausgerechnet ein Rock-Musical, das dem »out« gewordenen Glauben und den christlichen Werten zumindest bei vielen Jugendlichen wieder auf die Sprünge half. »Jesus Christ Superstar« feierte im Oktober 1971 in New York seine Uraufführung.
In der Passion von Andrew Lloyd Webber und Tim Rice werden die letzten sieben Tage Christi anhand der hinlänglich bekannten Geschichte geschildert, die Betonung liegt hier auf dem Menschen Jesus Christus, den die anderen für Gottes Sohn halten, der Prostituierten Maria Magdalena, die sich in Christus verliebt und nicht weiß, auf welche Art sie sich ihm nähern soll und auf den Jüngern, die ihren eigenen Erfolg und Ruhm im Sinn haben, indem sie darüber nachdenken, schnellstmöglich für die Zukunft die Evangelien niederschreiben zu können.
Während in Amerika fanatisch christliche Sekten gegen das Rock-Musical Sturm liefen und die Aufführungen in Südafrika verboten wurden, konnte man diesen »Jesus Christ« sogar über Radio Vatikan hören.

Die Stimmung schlug um. Nicht Agression, sondern Liebe sollte praktiziert werden, die sexuelle Revolution ersetzte die auf der Straße. Jesus und auch Siddharta wurden zu Leitfiguren und mit Siddharta Hermann Hesse zu einem von der Jugend favorisierten Schriftsteller.

Anfang der 70er allerdings musste ein Ruck durch den Kirchentag gehen, dessen waren sich die »drei K« bewusst. Sonst würden die Kirchentage sterben. Nur 7 500 Dauerteilnehmer waren 1973 nach Düsseldorf gekommen.
Doch dass der neue Vorstand etwas verändern würde, dass neue Strukturen der Teilnahme und der Teilhabe geschaffen wurden, neuere und attraktivere Programme sowie neuere und attraktivere Musik angeboten wurden, sich der Arbeits- und Umgangsstil verändert hatte, das sollte sich schnell herumsprechen.
Nach Düsseldorf war die Talsohle überwunden, die Zahl der Dauerteilnehmer sollte wieder kontinuierlich ansteigen. So stark, dass Helmut Simon, 1977 in seiner Funktion als Kirchentagspräsident, in Berlin eine Ansprache mit der Überschrift: »Das Wunder an der Spree« halten konnte.
Der Kirchentag hatte mit der eher rationalen, oft recht angestrengten und im Grunde genommen etwas freudlos daherkommenden deutschen Frömmigkeitstradition gebrochen. Er hatte ernst damit gemacht, dass der christliche Glaube neben verbaler Wortverkündung und ethischer Anstrengung – quasi als »Dritte Dimension« – die Fähigkeit zu gefeierter Versöhnung in Musik, Spiel, Fest und Feier einschließt.
Diese »Dritte Dimension« wurde als drittes Element in die Kirchentagsarbeit aufgenommen und dort als lebendige Liturgie bezeichnet. Helmut Simon meint, dass dies *die Wiederentdeckung und Erfahrbarmachung derjenigen Verheißung sein kann und soll, die besagt, dass Christen zu den ersten Freigelassenen der Schöpfung gehören können und dass das Evangelium eine wirklich frohe und befreiende Botschaft ist.*
Als Mitglied des Kirchentagsvorstandes hatte er sich im Vertrauen auf positive ökumenische Erfahrung von Anfang an für diese »Dritte Dimension« eingesetzt und sich darüber gefreut, dass sich begabte Kreative finden ließen, die dieselbe verwirklichen konnten.
Angefangen hatte das alles auf dem Kirchentag in Düsseldorf 1973.
Unvergesslich ist Helmut Simon die damals als Wagnis empfundene liturgische Nacht geblieben, sowie eine Beat-Messe mit Liedern, wel-

che nicht nur ihm eine Ahnung davon vermitteln konnte, wie intensiv in dieser »Dritten Dimension« Kopf und Herz angesprochen werden: »Wenn das rote Meer grüne Wellen hat, wenn unsre Träume Früchte tragen, dann bleiben wir hier, weil sich das Land gewandelt hat.«
Die »Frankfurter Rundschau« schrieb über die liturgische Nacht auf dem legendären Berliner Kirchentag von 1971: »Strahlend, das Hemd offen bis zum Hosenbund, verschwitzt, aber offensichtlich begeistert – so trat Kirchentagspräsident Helmut Simon ans Mikrophon: *Ich bin schrecklich glücklich!* Dies rief er den sechstausend, meist jugendlichen Teilnehmern der liturgischen Nacht zu. Ein jubelnder Aufschrei aus Tausenden von Kehlen zeigte: Der beschwingte Verfassungsrichter sprach (nein schrie) seinen Zuhörern aus der Seele.«

Ich bin schrecklich glücklich!

Dass sich in den liturgischen Nächten, den Beatmessen, dem Feierabendmahl sowie einer Fülle weiterer kommunikativer Veranstaltungen etwas von dem ereignete, was ein Beobachter als die ganzheitliche Lebensfreude einer politisch engagierten, also lebendigen Frömmigkeit beschrieb und was Heinrich Böll einmal die »Theologie der Zärtlichkeit« genannt hatte, das hat nicht nur Helmut Simon eine neue Dimension des Christseins erschlossen.
Trotzdem galt weiterhin für ihn, was Heinz Zahrnt bereits 1973 klargestellt hat:
»Die Zukunft des Protestantismus lässt sich nicht nur ertanzen. Henning Schroer, einer der Väter der lebendigen Liturgie, hat bei den später eingeführten Liturgischen Tagen immer wieder den Zusammenhang von inhaltlichen Sachthemen mit dem Fest und der Feier betont. Es bleibt zu hoffen und zu wünschen, dass der Kirchentag nicht dem Sog zur Erlebnis- und Spaßgesellschaft, zum unterhaltsamen Event oder zum bloßen Festival erliegt.
Die Elemente ›Fest und Feier‹ können doch wohl auf Kirchentagen nicht Selbstzweck sein, sondern sollen als ›Dritte Dimension‹ dazu

verhelfen, die beiden anderen Dimensionen ganzheitlich, gleichsam mit allen Sinnen, zu begreifen und zu entdecken sowie auch einladend zu präsentieren.«
Anzumerken wäre noch, dass Helmut Simon trotz seiner Begeisterung über den Verlauf des ersten Berliner Kirchentags und dem Einfluss der mitreißenden Stimmung dort niemals zum Glaubenseuphoriker wurde.
Vielmehr ist ihm der Glaube Stütze und Hilfe, auch auf der Suche nach dem Sinn seines Lebens und des Lebens im Allgemeinen, den er immer wieder hinterfragt, so wie er als Verfassungsrichter das Gesetz hinterfragt.
Fragen gab es immer ... Und damit natürlich auch Zweifel. Im Sommer 2003 formuliert er diese in einem Brief an Beate:
Ich kann und will nicht verschweigen, dass ich immer noch durch massive Zweifel am Sinn meines Lebens angefochten bin. Nicht nur beobachte ich in meiner Umgebung so viel nicht-gelingendes Leben. Auch ich selbst plage mich immer wieder mit Sinnlosigkeit und Enttäuschungen bis hin zum Lebensverdruss.
Wenn ich gleichwohl einigermaßen getrost und sogar dankbar weiterleben kann, hängt das wesentlich mit meinem Glauben zusammen.
Wie sonst – so habe ich in meiner Schlussansprache zum ersten Berliner Kirchentag 1977 ausgeführt – könnten wir in den Bedrängnissen unserer Zeit und im Verzagen über eigenes Unvermögen standhalten und eben nicht flüchten?
Ich jedenfalls wüsste nicht, wie ich ohne den letzten Halt dieses Glaubens mit meinem Leben und seinen Anforderungen zurecht kommen sollte ...

Glücklich war Helmut Simon in diesem Jahr auch über die Verleihung der Carl von Ossietzky-Medaille – nicht über jede Ehrung hat er sich gefreut –, die ihm zusammen mit Willi Bleicher von der Internationalen Liga für Menschenrechte in einer eindrucksvollen Feierstunde der Universität Oldenburg verliehen wurde. Hiermit reihte er sich in eine Gruppe von Nonkonformisten wie Heinrich Böll, Günter Grass und Helmut Gollwitzer ein.

Heinrich Albertz, selbst ein früherer Preisträger, nannte Helmut Simon in seiner Laudatio einen Mann, der Zeichen der Hoffnung in der Welt setzt, der Recht und Freiheit mit Klauen und Zähnen verteidigt, und der die bestehende Verfassungswirklichkeit, welche vom

Angebot der Freiheit im Grundgesetz leider oft ebenso weit entfernt sei wie die christlichen Kirchen vom Evangelium Jesu Christi, sensibel und kritisch beobachtet.

Und er verweist in seiner Laudatio auf die Abschlussrede, die Helmut Simon als Kirchentagspräsident 1977 in Berlin gehalten hatte und ganz besonders auf seine letzten drei Sätze:

Schenk der Hoffnung langen Atem,
schenk der Liebe große Augen,
schenk dem Glauben starke Arme.

»Schmusen als Skelette«

Nach wie vor versuchte Helmut Simon lebhaft an dem teilzunehmen, was sich hinter dem »Eisernen Vorhang« so tat.
Hatte sich nach Willy Brandts Demutsgeste etwas verändert?
Wirkte sich die Entspannungspolitik dort auch positiv für die normalen Menschen aus?
Wo und wie könnte er vielleicht noch helfen?
Bereits 1974 unternahmen Eka und er eine private Reise nach Leningrad und Moskau, weiter über den Ural bis hinein nach Mittelasien (Taschkent, Buchara, Samarkand) und hoch hinauf in den Norden bis Sibirien.
Eine weitere Reise folgte 1977 nach Polen. Eine kleinere Delegation des westdeutschen Juristentages hatte sich entschlossen, mit hochrangigen polnischen Juristen über die rechtspolitischen Entwicklungen zu diskutieren.
Dort konnte er erfahren, wie sich die Probleme der Menschen so ganz anders darstellten als in den westdeutschen Medien.
Bei einer späteren gemeinsamen Reise 1981 an Ekas früheren Wohnsitz östlich von Breslau, zu einer Zeit also, als mit Solidarność ein Hauch von Freiheitsgefühl wie Vorfrühling über Polen schwebte, musste Helmut Simon wie auch bei seinen früheren Reisen in den Osten an Mark Twain und sein Buch »Reisen durch die alte Welt« denken, aus dem er zitiert:
Wer Russland kenne, wisse, welch überwältigendes Ausmaß an Gastfreundschaft einem dort begegnen könne; er sei bislang noch nie in einem Land so freundlich und mit einem solchen Ausdruck von Herzlichkeit empfangen worden …, die – so fügt er hinzu – *auf dem Hintergrund leidvoller Erfahrungen der Menschen im Osten sehr viel echter wirkt als so manche Oberflächlichkeit in der westlichen Welt.*

*

Ob und inwieweit diejenigen, welche sich der Wehrpflicht stellten oder diejenigen, welche soziale Arbeit am und für ihren Nächsten, also einen Ersatzdienst, wählten, Drückeberger oder Verweigerer waren, weil die einen Gefahren ausgesetzt waren und die anderen vermeintlich nicht – diese Frage stellte sich plötzlich den Simons am eigenen Leibe.

Denn auf Andreas und einige andere, die in Israel bei der Aktion Sühnezeichen arbeiteten, war ein Attentat verübt worden. Mehrere Tote und Schwerverletzte waren das traurige Ergebnis, und Andreas war nur wie durch einen Zufall mit dem Leben davongekommen.

Saß er doch in jenem Bus, auf den das Bombenattentat verübt wurde auf dem »falschen« Platz. Derjenige, der auf dem Andreas zugedachten Platz saß, wurde genau dort getötet.

Ein Moment im Leben eines jungen Menschen, in dem er sich Fragen über Fragen zu stellen beginnt, jedoch niemanden findet, der mit Antworten helfen kann. »Warum der Andere? Warum nicht ich?«

Die Ersatzdienstleistenden sind damals von so manchem Politiker und nachahmend vom Volksmund zu Drückebergern abgestempelt worden. Spätestens nach diesem Attentat hätte sich ein wahrer Drückeberger wirklich verdrückt. Nicht so der Zivildienstleistende Andreas Simon. Er blieb in Israel, wollte dort seinen Einsatz zu Ende bringen.

Und dann folgte der Tragödie zweiter Teil.

Eka und Helmut flogen nach dem Attentat nach Israel, fanden Andreas zumindest körperlich wohlauf und begannen, die Heimat dreier Religionen für sich zu erkunden, unter anderem mit einem Ausflug in den Sinai. Auf der Rückfahrt von diesem Ausflug versagten die Bremsen des Jeeps, in dem die Simons saßen. Um das Fahrzeug zu verlangsamen, hatte der Fahrer den Wagen an die ansteigende Seite der Straße gelenkt, doch die Reaktion musste zu heftig gewesen sein, der Jeep konnte das Gleichgewicht nicht halten und kippte um, Eka flog heraus und geriet unglücklich zwischen das umgestürzte Fahrzeug und einen Felsen. Helmut Simon versuchte zu helfen, konnte sich aber wahrscheinlich wegen eines Schocks kaum auf den Beinen halten, musste also praktisch wie gelähmt abwarten bis weitere Fahrzeuge kamen und hielten und Eka aus ihrer misslichen Lage endlich befreit werden konnte.

Glück im Unglück. In der Nähe befand sich ein israelisches Militärlager. Von dort konnten die verletzte Eka und Helmut nach Tel Aviv geflogen werden.

Im Krankenhaus konnten sich die Ärzte über die Diagnose nicht einig werden, irgendwie stimmten gefühlte Schmerzen und Verletzungen durch den Unfall nicht überein. Eka kam in Gips, der kurz darauf wieder entfernt wurde. Helmut Simon erinnert sich noch gut an einen Arzt, der mit brennender Zigarette am Rande von Ekas Bett saß, dabei auf den Gips klopfte, woraufhin Wolken von Staub in den Krankenzimmerzenit aufstiegen.

In dieser vertrackten Situation ließ Helmut Simon zum ersten Mal in seinem Leben seine Beziehungen als Verfassungsrichter spielen.

Er rief den deutschen Botschafter an und erklärte ihm die Situation, woraufhin dieser seinen Wagen schickte und überhaupt bei Rückflug und Rücktransport in die Heimat behilflich war. Doch auch in Deutschland blieb für die Simons das Diagnosebild erst einmal diffus. Eka klagte vor allem über Schmerzen in der Brust.

Die Untersuchungen wurden ausgeweitet, bis schließlich Brustkrebs diagnostiziert wurde, der wegen der heftigen Prellungen und Quetschungen durch den Unfall wohl verborgen geblieben war.

Nach einer dringend notwendigen Operation verbesserte sich Ekas Zustand.

In dieser Zeit bedeutete es für sie und Helmut eine große Hilfe, dass die beiden ihren Enkel Jan bei sich aufgenommen hatten, den Sohn von Beate und Rainer E. Während Beate inzwischen in Tübingen ein Studium aufgenommen hatte, wohnte Jan in Karlsruhe in der Rittnertstraße und brachte Licht in den Alltag der Großeltern.

Mit Feuereifer stellte sich Eka ihrer neuen Aufgabe und Helmut fielen jetzt all die pädagogischen Fehler, die er bei Beate, aber vor allem bei Andreas, gemacht hatte, wie Schuppen von den Augen. Dadurch spürte er, wie negativ sich die früheren berufsbedingten Trennungen von der Familie auf die Kinder ausgewirkt haben mussten.

Liebevoll kümmerte er sich um Jan, nahm ihn mit ins Verfassungsgericht und natürlich in die Ferien, lernte aber auch, wie wichtig körperliche Nähe gerade für ein Kind war.

Jan durfte nachts zu Eka und ihm ins Bett klettern, was diesem wiederum half, die körperliche Trennung von der Mutter besser zu verwinden.

So begann auch für den Richter eine neue Zeit der Zärtlichkeit. Wie stark der Einfluss von ihm auf Jan war, wird daraus deutlich, dass der Bub ernsthaft versicherte, er wolle später auch einmal Verfassungsrichter werden. Und wie zärtlich die Beziehung war, aus Jans folgendem denkwürdigen Ausspruch: »Wenn der Opa stirbt, will ich in der gleichen Sekunde auch sterben. Dann kommen wir in ein Grab und schmusen als Skelette.«

Eka, Helmut und Jan

Zu den erfreulicheren Ereignissen dieser Dekade, die mit der Entspannungspolitik so hoffnungsvoll begonnen hatte und dann in ihrer zweiten Hälfte zu einer Zeit der Wirtschaftsprobleme (vor allem wegen rapid steigender Energiepreise) und des Terrors wurde, gehörte für Helmut Simon neben den Kirchentagen, der Angst um Ekas Gesundheit und der Beschäftigung mit seinem Enkel Jan 1978 die Gründung der »Gustav-Heinemann-Bürgerinitiative«.
Mit ihm engagierten sich hier prominente aufgeklärte Bürger, unter ihnen Erhard Eppler, Carola Stern sowie die Ehepaare Dirks, Gollwitzer und Jens, »um für die Erhaltung eines freiheitlichen Grundklimas in der Bundesrepublik einzutreten und Fragen aufzugreifen, die von grundsätzlicher Bedeutung sind, die aber innerhalb des derzeitigen Parteienspektrums nicht oder nicht deutlich genug aufgreifbar und durchsetzbar sind«.
Zu der Gründungsveranstaltung in Rastatt fuhren Helmut Simon und Erhard Eppler gemeinsam mit dem Zug, der etwa auf halber Strecke wegen einer Panne nicht weiterfahren konnte. Also mussten die beiden zwischen Feld, Wiesen und einer Landstraße aussteigen. Und sie beschlossen, mit Hilfe der damals sehr beliebten Fortbewegungsmethode des Trampens ihr Glück zu versuchen.
Von denjenigen, die dann anhielten, wurden die beiden – ausgerechnet Erhard Eppler und Helmut Simon – erst einmal für Terroristen gehalten, die den Zug gestoppt hätten, allerdings nach gelungener Aufklärung dieser Fehleinschätzung auch bis zur avisierten Pressekonferenz mitgenommen.
Diese erste Veranstaltung der »Gustav-Heinemann-Bürgerinitiative« stand unter dem Einfluss der überschreibenden Frage: »Bekommen wir eine andere Republik?«, die gleichermaßen Befürchtungen und Hoffnungen miteinander verband.
Das Einführung hielt Helmut Simon.

Das könnte denen so passen

In Helmut Simons Lebensskizzen findet sich wenig über dessen Zwillingsschwester Ruth.
Zweifellos hat sie ihn verehrt: »Er war immer der Beste von uns allen ... auch unsere Mutter wurde eine sanfte Frau in seiner Nähe, seine Gemütsruhe und Loyalität brachten das spielend zustande ...«, aber dies sagt wiederum mehr über ihn selbst aus, als über sie.
Und dass Helmut Ruth während des Krieges unzählige Briefe geschrieben hatte, in denen von (seinem) Kampf, vom Durchhalten und Härte gegen sich selbst die Rede war, woraufhin sie »ein Gefühl des eigenen Ungenügens empfand, das alle Fragen«, wie sie schreibt, »die ein junger fühlender Mensch hat, verstummen ließ«.
Der Bruder beschreibt sie als begabte und attraktive Frau, die unter ihren engen Entfaltungsmöglichkeiten gelitten habe. In der Nachkriegszeit war sie wohl eine Art »Hans Dampf in allen Gassen«, zu der Zeit also, in der sie Helmut bei der Wohnungssuche oder beim Verkauf des Flugzeugmotors half. Doch dann hat sie im Verlauf einer unheilbaren psychischen Erkrankung mit fünfundfünfzig Jahren, also 1977, den Freitod gesucht, auf den die Familie hilflos reagierte.
Doch die Hilflosigkeit, hinter der sich Helmut Simon in seinen Lebensskizzen zurückzieht, wird beim Erzählen offenbar. Die Unterhaltungen werden zögerlicher, verstummen schließlich ganz – und das bei einem Mann, dessen Erzählungen normalerweise vor Eloquenz sprühen.
Dass Ruth in ihren letzten Jahren teilweise sehr aggressiv geworden sei, kann man heraushören, dass sie vor ihrer Einweisung in die Psychiatrie noch bei der ältesten Schwester Elisabeth gewohnt habe, die ihr zu helfen versuchte, dass sie Stimmen hörte und wunderliche Briefe an den Bundespräsidenten schrieb ...
Kein Wort darüber, wie sich Helmut Simon bei Ruths Tod gefühlt haben mag.
Hier spricht die Zurückhaltung des Bruders Bände.

In diesem Moment tauchen »die Lebenszahlen« von Dan Millman (siehe Kapitel 1, Die Gnade der späten Geburt) wieder auf. Die wie für Helmut auch für die Zwillingsschwester Ruth eine treffende Interpretation bereithalten: Die erste Quersumme des Geburtstages der beiden ist die »16«, daraus resultierend die zweite die »7« – die negative Gestalt:
Die Menschen der 16/7 werden mit der Zeit verbittert und leben in dem Gefühl, betrogen worden zu sein. Das Leben auf dieser Erde fällt ihnen schwer, sie sehnen sich nach einer idealeren Welt, doch da sie glauben, hierzu nichts beitragen zu können, schwindet für sie jegliche Hoffnung. Außerdem fürchten sie Kritik von anderen und werden so zu Einzelgängern, die sich in Phantasiewelten flüchten, an ihre Illusionen glauben und dadurch immer unsicherer und schließlich selbstzerstörerisch werden.
Ruth hatte ein Buch geschrieben, das sie schließlich im Eigenverlag veröffentlichte. Es trug den Titel: »Wirf dein Vertrauen nicht weg!«

*

Mehrmals war der Terror der 70er Jahre Helmut Simon sehr nahe gekommen.
Da waren einmal seine Hilfsbemühungen um die Resozialisierungsversuche für die Freundinnen von Beate und die daraus resultierende »Quick-Affäre«, dazu schlich sich die Angst, als in Israel auf Andreas und dessen Gruppe der Bombenanschlag verübt wurde sowie die Sorge um den Freund Heinrich Albertz, der während der Entführungsphase von Peter Lorenz die freigepressten Terroristen in den Jemen begleitete.
Doch das sicher nachhaltigste Ereignis war für Helmut Simon die Entführung von Hanns Martin Schleyer, in deren schreckliches Ende er durch seine Tätigkeit beim Bundesverfassungsgericht direkt involviert war.
Dessen Sohn versuchte mit allen Mitteln das Leben des Vaters zu retten, auch gegen die »vermeintlich alttestamentarische« Maxime von Helmut Schmidt, der die Meinung vertrat, der Staat dürfe sich auf keinen Fall von den Terroristen erpressen lassen.
Und dies konnte ihm – wenn überhaupt – nur mit einem Eilantrag beim höchsten Gericht gelingen. Dabei berief er sich auf die Rechtssprechung desselben Gerichtes zu Paragraph 218, nämlich darauf,

dass es die Pflicht des Staates sei, eine Schutzfunktion für seine Bürger gegen tödliche Maßnahmen einzunehmen (im Falle von Paragraph 218 für das Kind und gegen die Mutter, im Zweifel sogar mit Mitteln des Strafrechtes). Und in der Angelegenheit Hanns Martin Schleyer eben für den Arbeitgeberpräsidenten, beziehungsweise dafür, dass sich der Staat positiv für dessen Recht auf Leben einsetzt – und somit auf die Bedingungen sowie die Erpressung der Terroristen einzugehen habe.
(Grundrechte bedeuten Rechte zum Schutze des Lebens, aber als klassische Freiheitsrechte eben auch Abwehrrechte gegen staatliche Eingriffe.)
Helmut Simon sagt dazu: *Somit stellte sich im Nachhinein heraus, dass ich mit meiner abweichenden Meinung zur Rechtsprechung des Senates im Falle von Paragraph 218 recht gehabt habe.*

An diesem Tag gingen die Lichter im Bundesverfassungsgericht nicht mehr aus. So mancher späte Spaziergänger, dem vielleicht gerade die in den Medien omnipräsente Entführungsodyssee der Lufthansamaschine »Landshut« durch den Kopf ging, wird sich gewundert haben, was denn die Herren Richter um diese späte Zeit noch an ihrem Arbeitsplatz zu tun hätten, nicht ahnend, dass es dort und in diesen Stunden um Leben und Tod von Hanns Martin Schleyer, aber andererseits auch um das Bestehen des Rechtsstaates ging.

Im Gericht selbst war man sich relativ schnell einig, wie die Entscheidung auszusehen habe, denn von Seiten der Verfassung – so das BVG – kann niemals vorgeschrieben werden, welche Art von Schutzmaßnahmen in welchem (und im besonderen) Fall zu treffen seien. Das höchste Gericht kann zwar sagen, dies oder das müsse geschützt werden, doch eingreifen kann es nur dann, wenn eine Maßnahme evident falsch sei.
Und im Falle des Arbeitgeberpräsidenten wäre es evident falsch gewesen, der Erpressung der Terroristen nachzugeben, weil so auf jeden Fall die Gefahr von Wiederholungstaten (und damit die Entführung und Ermordung weiterer Persönlichkeiten) zu befürchten gewesen wäre.
Somit war die juristische Entscheidung unausweichlich.
Also musste in dieser Nacht Herr Dannemaier, das Bundesverfassungsgerichtsfaktotum im Untergeschoss des BVG, bis um 5 Uhr mor-

gens warten, bis er das von Helmut Simon und Konrad Hesse formulierte Urteil endlich kopieren konnte.
Etwas später sprach Golo Mann die folgenschweren Worte: »Das Land befindet sich mit den Terroristen im Krieg«, welche in der Öffentlichkeit sehr ernst genommen wurden und Helmut Simon in eine heikle Situation bringen sollte.
Der Südwestfunk nämlich bat Helmut Simon in seinen Funktionen als amtierender Kirchentagspräsident und als Verfassungsrichter um einen Kommentar zu Golo Manns These. Diesem Wunsch kam er innerhalb eines nachdenklichen Interviews nach:

Juristisch klar, menschlich eine unerträgliche Tragödie

Da es nur eine begrenzte Anzahl von Terroristen gäbe, sei auch die Gefahr, die von ihnen ausginge, nur begrenzt. Eine These wie die von Golo Mane führe dazu, dass man den Tätern eine Bedeutung zukommen lasse, die gerade denen nicht gebühre, außerdem führe dies zu einer Überschätzung des Terrorismus.
Nein, dass wir uns mit diesen Leuten im Krieg befänden, das könne denen so passen.

In diesem Gespräch wollte Helmut Simon vor Überreaktionen warnen und zur Besonnenheit aufrufen, wurde aber offensichtlich ganz bewusst missinterpretiert.
Jedenfalls löste es öffentliche Angriffe von Seiten der CSU aus und der damalige Generalsekretär der CDU, Heiner Geißler, steckte Helmut Simon gar in die Sympathisanten-Dokumentation. Und dann war da noch der berühmt berüchtigte CSU-Abgeordnete Spranger. Der verlangte vom Bundesverfassungsgericht sowie von der Evangelischen Kirche Deutschlands »notwendige Konsequenzen« gegen Helmut Simon.
Des Weiteren wehklagte Herr Spranger im »Bayernkurier« und für dessen Leser über eine solche »Verharmlosung und Verniedlichung«. Und überhaupt, wer so rede, müsse sich den Vorwurf gefallen lassen, »mitschuldig an weiteren Verbrechen zu werden«. (Was Heiner Geißler damals wohl genauso sah.)

Und dann bemühte Herr Spranger noch eine seiner Lieblingsformulierungen, als er laut fragte, wie einer, der gar noch Präsident des Evangelischen Kirchentages und zudem Verfassungsrichter sei, dergleichen »ungestraft von sich geben« könne.
Mit Heiner Geißler jedenfalls hat sich Helmut Simon vor und nach der Affäre um die gewagte These von Golo Mann gut verstanden. Besonders sympathisch fand der Verfassungsrichter die frühe Freundschaft des CDU-Mannes mit einem Zigeunerjungen, den dieser häufig in dessen Wohnwagen besucht hatte.
Bei einem Treffen des Bundesverfassungsgerichtes mit der pfälzischen Landesregierung gerieten Helmut Simon und Heiner Geißler in ein so intensives Gespräch über Kriegsdienstverweigerung, dass sie etwas zu spät und damit als letzte in das Sitzungszimmer kamen. Quer durch den Raum begrüßte sie Helmut Kohl, der damalige Ministerpräsident, mit den Worten:
»Da kommen ja die beiden Linken Arm in Arm!«
Auf Grund der bisherigen und aus Angst vor weiteren terroristischen Anschlägen drängte die Sicherungsgruppe des Bundesverfassungsgerichtes darauf, Maßnahmen zum Schutze des Gebäudes zu ergreifen. Dies wurde im Plenum diskutiert, doch die Herren waren sich nur darüber einig, dass sie sich über die Art der Maßnahmen nicht einig seien. Außerdem bestanden Zweifel an deren Wirksamkeit.
Der Sicherungsgruppe schwebte ein Stacheldraht-Gitter-Monster und/oder die Anpflanzung einer sehr breiten Hecke vor, wie bei dem Palais, in dem der Bundesgerichtshof residiert. Dieses erweckt dadurch den Eindruck eines Hochsicherheitsgefängnisses für reiche und ihre Unterkunft selbst bezahlende Schwerverbrecher. Doch damit wäre die transparente lichtdurchflutete Architektur des Verfassungsgerichtes erheblich gestört worden.
Worauf die Richter einen Wassergraben vorschlugen, der sich in den umgebenden Park nach ihrer Meinung eher eingefügt hätte, doch die Sicherungsgruppe argumentierte folgerichtig, dass Wasser im Winter zufriere, oder sich Terroristen unerkannt unter Enten fütternde Spaziergänger mischen könnten.
Im Endeffekt blieb es dann lediglich bei einer verstärkten Sicherung der Pforte durch schussfestes Glas.
Über ihre eigene Sicherheit machten sich Eka und Helmut erst Gedanken, seitdem Enkel Jan bei ihnen wohnte.

Eklat in Tutzing

Menschen können die unterschiedlichsten Beweggründe verspüren, an den Starnberger See fahren zu wollen.
Zum einen diejenigen, welche sich abends nach einem Segeltörn vor eindrucksvoller Alpenkulisse in einem Biergarten direkt am See mit Schweinshaxen und einer Maß verwöhnen möchten, dann die Ornithologen, die sich an Rohrdommeln, Seetauchern und verschiedenen Möwenarten erfreuen. Manche suchen diejenigen Örtlichkeiten auf, an denen Heinz Rühmann und Loriot die letzten Lebensjahre verbrachten, wieder andere versuchen bei Spaziergängen unter weiß-blauem Himmel am See zu verstehen, warum die CSU so ist, wie sie ist.
Und zum anderen die, welche an der Evangelischen Akademie Tutzing Vorträge halten oder hören, an einem Ort, an dem sich zum Beispiel Willy Brandt und Josef Strauß 1961 die Hände gaben, an dem Herbert Wehner pfeiferauchend tagte und Helmut Schmidt 1982 als Exkanzler über »Glaube und Politik« laut reflektierte.
Die Evangelische Akademie Tutzing, 1947 gegründet, hatte es sich nach der Zeit extremster Intoleranz in Deutschland zur Aufgabe gemacht, die »Toleranz der Weltoffenheit« auszuprobieren und zu praktizieren (nach einem Zitat von Alexander Mitscherlich die freieste Form der Toleranz).
Des Weiteren »versteht sich die Akademie als ein Forum für kontroverses Denken und argumentatives Prüfen, als Faktor der öffentlichen Meinungs- und Willensbildung sowie als Mittler zwischen verschiedenen, sich auch konträr gegenüberstehenden Positionen. Das alles, um einer verantwortlichen, gerechten und partizipativen, also mitwirkenden Gesellschaft den Weg zu ebnen«.

Ein Ort, so recht geschaffen für das Denken von Helmut Simon, der mehrfach gebeten wurde, in Tutzing am Starnberger See zu referieren. So hielt er dort 1978 sein »Plädoyer für eine rechts- und sozialstaat-

liche Demokratie«, für das er von den meisten Zuhörern einen fast frenetischen Applaus sowie »Standing Ovations« erhielt.
Nur der anwesende bayerische Ministerpräsident und das fast vollständig anwesende Kabinett der Landesregierung ließen es an kontroversem Denken und argumentativem Prüfen, der Tutzinger Toleranz also, fehlen. Mit versteinerten Mienen verweigerten sie Helmut Simon sogar die Begrüßung.
Das Referat wurde in der Reihe »rororo aktuell« zusammen mit »republikanischen Reden« von Max Güde, Ludwig Reiser sowie C.F. v. Weizsäcker veröffentlicht.
Helmut Simon glaubt, dass es der letzte Teil gewesen sei, der die Ablehnung der Bayerischen Staatsregierung ausgelöst habe – deshalb hier dieser Ausschnitt:

Es ist nach den Erfahrungen unserer Geschichte nicht nur politisch geboten, sondern geradezu Christenpflicht, die Wohltat der rechtsstaatlichen und sozialen Demokratie als die relativ beste aller unvollkommenen Menschenordnungen mit Zähnen und Klauen zu verteidigen; die streitbare Demokratie braucht aber vor allem streitbare Demokraten, während ein übermäßiger institutioneller Schutz (also ein Schutz, der die Unantastbarkeit bestimmter Einrichtungen garantiert) das Schutzobjekt erstickt.

Trotz aller Verbesserungsbedürftigkeit hebt sich unsere Ordnung des relativ Besseren vom düsteren Hintergrund unserer (jüngsten) Geschichte ebenso attraktiv ab wie von den benachbarten totalitären Volksdemokratien. In ihrer Selbstbindung an Freiheitsrechte und in der Offenheit ihrer demokratischen Strukturen ist diese Ordnung freilich besonders störanfällig, ihr Funktionieren erfordert ein Mindestmaß an Fairness im Umgang mit den Spielregeln. Sie sieht sich zusätzlich dadurch gefährdet, dass wir Deutschen in unserer herkömmlichen Anfälligkeit für den starken Staat uns leicht im Zutrauen zur rechtsstaatlichen Demokratie erschüttern lassen und dass wir gerne vergessen, dass ihre leichtere Verwundbarkeit der Preis für ihre unaufgebbaren Vorzüge ist.

Nach den Erfahrungen mit der Weimarer Demokratie, die ihren Gegnern relativ wehrlos zum Opfer fiel, ist es daher mehr als verständlich, dass wir versucht haben, den Staat des Grundgesetzes gegen seine Gegner zu stärken.

Demgemäß haben wir den Gedanken der streitbaren Demokratie entwickelt und ein umfangreiches Verfassungsschutzsystem aufgebaut. Auch hier kann die Entwicklung Anlass zu einer Effektuierung dieses Schutzes geben. Dass aber auf diesem Gebiet bislang zu wenig geschähe, kann niemand ernsthaft behaupten, der unsere Verhältnisse mit etwas mehr Abstand beobachtet. Dass gleichwohl das Thema der inneren Sicherheit für viele Staatsbürger an erster Stelle steht, während – wie bereits zur gleichen Zeit geschehen – eine Hitlerwelle über unser Land geht, das löst im Ausland manches Befremden aus. Meinerseits beschränke ich mich auf einige Bemerkungen zur Kehrseite des Staatsschutzes.
Objekt dieses Schutzes ist nicht irgendeine beliebige, sondern speziell diejenige politische Ordnung, für welche die demokratisch-rechtsstaatliche Freiheitlichkeit konstitutiv ist, wobei Freiheit immer auch Freiheit für Andersdenkende ist.
Zu diesem Selbstverständnis steht der Staatsschutz von je her in einem problematischen Spannungsverhältnis, das im KPD-Urteil des Bundesverfassungsgerichtes anschaulich beschrieben worden ist (BVerfGE 5, 85,134ff; vergleiche auch mein Sondervotum BVerfGE 33, 78, 84ff).
Je perfekter der Schutz ist, desto mehr wächst die Gefahr, dass das Schutzobjekt selbst verändert, unansehnlich oder gar erstickt wird.
Solche Maßnahmen sind doppelt heikel, wenn sie in einer Zeit des Wandels ein Klima von Immobilität und Ängstlichkeit erzeugen. Denn gerade dann ist der Weg in die Zukunft unvermeidbar ein Prozess von »trial and error«, der eine offene Auseinandersetzung zwischen den verschiedenen Ideen erfordert und der nicht selten erst durch furchtbare Irrtümer in die richtige Richtung gelenkt wird. Vordringlich, gerade in solchen Zeiten, ist ein positiver Verfassungsschutz in dem Sinne, dass unsere Verfassungsordnung ihre Überlegenheit beweist und die ihr gestellten Aufgaben bewältigt.

Wegen dieser Zusammenhänge hat man im angelsächsischen Bereich – wohl nach den schlimmen Erfahrungen mit der McCarthy-Ära – den Grundsatz entwickelt, dass repressive Staatsschutzmaßnahmen nur zur Abwehr klarer und gegenwärtiger Gefahren entwickelt und eingesetzt werden dürfen.
Eine solche Gefahr ist sicherlich der Alptraum des Terrorismus, der uns heimgesucht hat.
Nach den vielen Auseinandersetzungen und Klärungen brauche ich darauf nicht im Einzelnen einzugehen. Diese Auseinandersetzungen haben wenigstens die Einmütigkeit darüber vertieft, dass terroristische Gewaltakte unter den Bedingungen unseres Gemeinwesens durch nichts zu rechtfertigen

und politisch nur schädlich sind. Sie gaben aber auch Anlass zur Wachsamkeit gegen Überreaktion und vor einem Freund-Feind-Denken, das den lebensnotwendigen Grundkonsens aller Demokraten zerstört.
Es bleibt die bittere Erfahrung, dass es einen vollständigen Schutz gegen mörderische Aktionen nicht gibt, es sei denn, wir ließen uns auf Maßnahmen nach Art lateinamerikanischer Polizeistaaten ein und begingen auf diese Weise aus Angst vor terroristischem Mord demokratischen Selbstmord. Angesichts der Gefahr neuerer Terrorakte stehen wir vor einer neuen Herausforderung für unser Staatsbewusstsein und einer Umkehr des bislang üblichen Anspruchsdenkens:
Wie weit sind wir fähig, als Preis für die Wohltaten unserer Ordnung Risiken zu tragen, soweit sich diese durch vertretbare Schutzmaßnahmen nicht vermeiden lassen?
Für mich persönlich bleibe ich bei der Auffassung, dass wir zu einem solchen begrenzten Risiko eher bereit sein müssen als zu Maßnahmen, die die Substanz unserer sozialen- und rechtsstaatlichen Demokratie schmälern würden. Dass mir diese, wenn man so will »preußische«, Auffassung harte Kritik und die Aufnahme in die zu recht schon vergilbte Sympathisanten-Dokumentation eingetragen hat, stimmte zwar traurig, hat mich aber im Übrigen kalt gelassen.

Während der Terrorismus eine klare und gegenwärtige Gefahr darstellt, lässt sich dies für den Bereich der sogenannten Extremistenbekämpfung sehr viel weniger eindeutig nachweisen. Es geht hier um den Zugang zum Staatsdienst. Selbstverständlich ist es berechtigt, den Zugang solchen zu verweigern, die die rechts- und sozialstaatliche Demokratie ihrerseits ablehnen. Mich irritiert auch, wie überempfindlich und wehleidig manche darauf reagieren. Aber schon hier ist gegenüber Jüngeren jedenfalls Großzügigkeit geboten.
Gerade eine Generation, die für die Irrtümer ihrer eigenen Jugend so sehr auf Nachsicht angewiesen ist und die ihren Staat mit zahllosen alten Nazis aufgebaut hat, sollte ihren eigenen Kindern die Chance lassen, Irrtümer durch den Lernprozess praktischer Bewährung zu überwinden.
Davon abgesehen stellt sich die Frage, ob nicht die Art und Weise der Extremistenbekämpfung sehr viel mehr Schaden als Nutzen anrichtet. Ihr positiver Effekt kann nur gering sein, zumal unser Volk gegen die besonders befürchtete kommunistische Infizierung weitestgehend immun ist und weil sich die wirklich Gefährlichen tarnen.
Das staatspolitisch Schädliche sehe ich vor allem darin, dass die Schutzmaßnahmen weit über den kleinen Kreis derjenigen, von denen ich hier spreche,

hinauswirken. Die Art der Ermittlungen und deren unkontrollierbare Speicherung, mancherlei unwürdige Befragungen durch unsensible Bürokraten, die Ausdehnung der Vorschriften auf untergeordnete Beschäftigungen – das alles erzeugt namentlich in einer Zeit verknappter Ausbildungs- und Berufsaussichten eine übervorsichtige Haltung bis hin zu Heuchelei, Anpassung und Mitläufertum, die zur Bewältigung der Zukunftsaufgaben unfähig machen. Meinerseits kann ich nur wiederholen, was ich schon früher gesagt habe: Ich schäme mich dafür, wie schlecht meine Generation mit diesen heiklen Problemen fertig geworden ist, dass wir die Leuchtkraft unserer Verfassungsordnung durch eine Gesinnungsschnüffelei verdunkeln, die man bereits als Gesinnungs-TÜV bezeichnet hat, und dass der Begriff »freiheitlich-demokratische Grundordnung« zur Litanei und auf das scheußliche Kürzel »FdGO« reduziert werden konnte. Bei alle dem blieb außer Acht, dass die streitbare Demokratie am verlässlichsten durch streitbare Demokraten geschützt wird und dass der Preis für die Freiheit steigt, wenn die Nachfrage sinkt.

Der Radikalenerlass, vor dem Herbert Wehner und Helmut Schmidt gewarnt hatten, ging ursprünglich auf Willy Brandt zurück, der sich allerdings später dafür entschuldigte.
Das war neu in der Politik.

Ich kann nicht erwarten, dass jeder meinen Ausführungen zustimmt und bin selbstverständlich bereit, mich korrigieren zu lassen. Nichts wäre mir lieber, als wenn meine Befürchtungen als unberechtigt widerlegt oder das, was ich meine, überzeugender oder weiterführend ausgedrückt würde. Meinerseits möchte ich dies abschließend im Blick auf die junge Generation zuspitzen.

Junge Menschen haben schon von Haus aus wenig Sinn für die Kategorie des relativ Besseren und reagieren umso empfindlicher, wenn diese Kategorie als Alibi für die Duldung von Ungerechtigkeiten herhalten muss. Das gilt verstärkt für jene Generation, die Ende der sechziger Jahre an einen Aufbruch zu neuen Ufern geglaubt und gehofft hatte, ungerechte Verhältnisse in einem großen Anlauf rasch und weltweit verändern zu können. Es gehört zur Tragik dieser Jugendrebellion, dass sie unter dem Schock des moralischen Versagens der westlichen Demokratie in Vietnam und gegenüber der »Dritten Welt« begann und sich bevorzugt an der revolutionären Gerechtigkeitsidee des Marxismus orientierte, also an einer Idee, für die Recht und Rechtsstaatlichkeit zum ideologischen Überbau zählen und die daher von der Aufgabe ablenkt, unsere Wirklichkeit zäh und geduldig nach dem Leitbild der Verfas-

sung zu verändern. Dass sich dieses Denken weithin zu einem wirklichkeitsfernen Vulgär-Marxismus verdünnte, könnte die historische Strafe dafür sein, dass unsere Generation eine gründliche Auseinandersetzung mit dem Marxismus, der immerhin einen großen Teil der Welt beherrscht(e), unterlassen oder gar verfemt hat.

Seit sich jene Generation dann doch auf den langen Marsch durch die Institutionen einließ, also für Reform statt für Gewalt optierte, sah sie sich sehr bald nicht nur notwendiger Kritik, sondern weitgehenden Verdächtigungen ausgesetzt, ebenso wie jene Parteien, die die mühsame, aber staatspolitisch unerlässliche Integration der jugendlichen Störenfriede wagten. Inzwischen ist die damalige, fast enthusiastische Aufbruchstimmung radikal umgeschlagen in Enttäuschung, Lebensangst, Ohnmachtserfahrungen bis hin zu tiefen Selbstzweifeln. Fast möchte man sagen, dass sich für jene Generation psychisch etwas Ähnliches wiederholt wie die Parusieverzögerung (Parusie: Wiederkehr Christi) *für die erste Christenheit.*
Statt der vor wenigen Jahren erträumten emanzipatorischen Befreiung von Zwängen sieht sie sich mehr denn je einem erbarmungslosen Leistungs- und Selektionsdruck und wachsenden Abhängigkeiten vom staatlichen Machtapparat ausgesetzt. Bei zahlreichen Angehörigen der geburtenreichen Jahrgänge erzeugen düstere Ausbildungs- und Berufschancen sogar das zerstörerische Gefühl, eigentlich überflüssig zu sein.
Ihre Lage macht den lebensgefährlichen Mangel an Solidarität in unserer Gesellschaft offenkundig. Sie erleben am eigenen Leibe eine Art neuen Klassenkampfes zwischen denen, die drin sind und denen, die draußen sind.
Ich habe keine einfachen Rezepte zur Bewältigung dieser Notlage; gäbe es sie, wären sie wohl längst angewendet. Aber wäre hier nicht eine konzertierte Aktion aller Kräfte in einem Krisenstab ebenso dringlich wie bei der Bekämpfung des Terrorismus?
Und ist es wirklich so verwunderlich, dass diese Jugend bis hin zur extremen Linken zwar den Terrorismus entschieden verwirft, aber zugleich in weiten Teilen unserer rechts- und sozialstaatlichen Demokratie entfremdet ist und ihr erwartungslos bis ablehnend gegenüber steht?
Für die Zukunft dieser Verfassungsordnung wäre der Verlust vieler ihrer Kinder eine ihrer größten Gefährdungen. Aufgeschreckt durch den Terrorismus haben das endlich auch manche von uns begriffen und sind wieder zum Dialog bereit. Dieser Dialog ist höchst mühsam und sinnlos, wenn er herablassend aus der Position des Rechtgläubigen gegenüber den Verirrten geführt wird. Ich zweifle auch am Erfolg bloßer verbaler Überredungsversuche.

Je länger desto mehr frage ich mich, ob nicht jede Generation ihren eigenen Zugang zur rechts- und sozialstaatlichen Demokratie selbst finden muss. Wir Älteren werden diesen Zugang am ehesten erleichtern, wenn wir redlich und offen unser eigenes Fehlverhalten überprüfen und uns der doppelten Aufgabe stellen, die stets vorhandene Kluft zwischen Verfassungsangebot und Verfassungswirklichkeit einigermaßen zu überbrücken und die ererbten Strukturen der rechts- und sozialstaatlichen Demokratie behutsam weiter zu entwickeln.

Zu dieser Bereitschaft soll mein Plädoyer anregen. Es muss nicht mit düsteren Perspektiven schließen. Meinerseits stehe ich immer noch unter dem Eindruck des Berliner Kirchentages (1977), an dem sehr viele junge Menschen teilnahmen und der auch für unsere Problematik ermutigende Erfahrungen hinterließ, Erfahrungen, die nicht weniger Teil unserer Wirklichkeit sind als der Ungeist des Terrorismus.
Dieser Kirchentag hat Zeichen gesetzt für eine Gegentendenz gegen den allgemeinen Hang zu Unsicherheit und Mutlosigkeit. Er hat sich für offene, freiheitliche Arbeitsformen entschieden und – in einer Zeit, in der der Mut zur Freiheit schwindet – erfahrbar gemacht, dass das Risiko von Freiheit und Offenheit gering ist gegenüber dem Gewinn. Er hat sich mit drängenden Gegenwarts- und Zukunftsproblemen und insbesondere mit den Nöten der jungen Generation befasst.
Dabei wurde unter seiner Losung »Einer trage des anderen Last« ein hoffnungsvoller Verhaltenswandel spürbar. Während sonst auf Großveranstaltungen in erster Linie Forderungen an andere, an die Verantwortlichen erhoben werden, wurde in Berlin erkennbar, dass die dort versammelte Christenheit auch bereit ist, die Konsequenzen solcher Forderungen mitzutragen, sofern die Lasten solidarisch auf alle Gruppen der Gesellschaft verteilt werden.
Unter der Zustimmung Tausender fragten junge Sprecher, wo denn die Politiker bleiben, die auch einmal Opfer von unserer Gesellschaft verlangen. Ähnlich fragte ich in meiner Schlussansprache nach unserer Bereitschaft, im Lastenausgleich zwischen den Generationen lieber auf Einkommenszuwachs zu verzichten, als Ausbildungsverweigerung und Stelleneinsparungen auf Kosten unserer Kinder hinzunehmen. In diesem Geist wurde begonnen, über eine Umkehr in die Zukunft nachzudenken und über den neuen Lebensstil eines teilenden Miteinanders.

Wohin dies führt und welche Wirkungen das haben wird, vermag ich nicht zu übersehen. Unvergesslich bleibt mir aber ein Satz, in dem der damalige Berliner Regierende Bürgermeister (Stobbe) seine Beobachtungen zusammenfasste: »Es gibt derzeit eine breite Bereitschaft in unserem Lande, eine glaubwürdige, weiterführende Politik mitzutragen; diese Bereitschaft ist zeitlich nicht unbegrenzt und wehe uns, wenn wir die Gunst der Stunde versäumen.«

*

Seit den 60ern verlagerten sich Helmut Simons Gedanken – und damit auch der Inhalt seiner Vorträge sowie seiner Veröffentlichungen. Das heißt: Die rechtstheologischen, bei kirchlichen Veranstaltungen vorgetragenen Überlegungen gingen über zu verfassungsrechtlichen Untersuchungen für »Jedermann«. Dies besonders intensiv, seitdem er als Verfassungsrichter in diese Themen voll eingebunden war.
Zunächst ging es ihm dabei um diejenigen Informationen der westdeutschen Verfassungsordnung, die im Grundgesetz als konstitutive, also grundlegende, das Wesen einer Sache bestimmende Elemente angelegt sind – deren Bekanntheitsgrad allerdings ein Schattendasein fristen.
Es ging um demokratische, rechts- sowie sozialstaatliche Bestandteile bis hin zu deren Verschmelzung zu einem historischen Kompromiss – vor allem aber um die Durchsetzung verfassungsmäßig gewährleisteter Grundrechte.
Besonders wichtig war Helmut Simon, den Lebenswert dieser Ordnung als die Beste aller unvollkommenen Möglichkeiten darzustellen. So hat er immer wieder – wie auch im Tutzinger Vortrag – vor einem übermäßigen Schutz der grundgesetzlichen Ordnung gewarnt, aber auch vor der Tendenz, deren maßgeblichen Elemente gegeneinander auszuspielen, sie nach und nach kaum merklich auszuhöhlen oder gar umzuwerten.
Ihn persönlich hat dabei die stets vorhandene Kluft zwischen der Verfassungsnorm und ihrer Wirklichkeit beschäftigt.

Bei der »Passauer Neuen Presse« jedenfalls schien jemand offen für einfältige Fehldeutungen gewesen zu sein, sie bezeichnete Helmut Simons Tutzinger Vortrag als »Entgleisung und subtile Attacke gegen die Bayerische Staatsregierung und die Katholische Kirche«.

Deshalb freute sich Helmut Simon auch Ende der 80er umso mehr über einen Artikel der »Zeit«, die darin feststellte, dass sich das Grundgesetz einer wachsenden Wertschätzung unter den Bürgern erfreut, welche auf einem breiten Konsens beruht:
»Hört man sich unter den Verehrern und Kritikern der Republik um, kommt man zu einem verblüffenden Ergebnis. Alle, fast alle gehen mit der Republik vorsichtig, gelegentlich liebevoll und nie wie mit etwas Fremden um. Kritik richtet sich an die Defizite an innerer Toleranz und Demokratie, gegen Obrigkeitsdenken, auch gegen die Selbstzufriedenheit oder Mittelmäßigkeit, aber an den Fundamenten wird von links bis rechts selten gerüttelt.«

Basel, die Zweite

Wer erinnert sich heute noch daran, dass allein im Jahr 1979 in West-Deutschland mindestens 180 Störfälle in kerntechnischen Anlagen gemeldet wurden? Oder dass das ZDF das Thema »Terrorismus« für satireungeeignet erklärte?

Und dass zur selben Zeit bei steigenden Arbeitslosenzahlen der Spruch »die Kanaken müssen raus« eine Blütezeit erlebte, während sich Männer wie Helmut Simon in Vorträgen mit dem ungeliebten Thema »Rassismus« – auf der Weltkonferenz in Südholland – oder in Hearings unter der Überschrift »Before it's to late« mit der potentiellen Anwendung von Nuklearwaffen und deren Auswirkungen 1981 in Amsterdam beschäftigten – oder der Sänger Sting in einem Lied der Hoffnung Ausdruck gab, dass die Russen ihre Kinder (ebenfalls) lieben würden. Peanuts, gemessen an den Ängsten der Bürger, die durch die zweite Ölkrise, bedingt durch den Krieg zwischen Irak und Iran, geweckt wurden.

Denn da ging es um das persönliche Wohlbefinden, genauer gesagt um befürchtete Wachstumssteigerungsverluste, die sich zum einen in der Lohntüte, zum anderen im Aktiendepot auswirken könnten. Ängste, deren eiskalte Tropfen niemals Helmut Simons Stirn oder seinen Nackenbereich erschauern ließen, plädierte er doch sogar für partielle Lohn- oder Gehaltsverzichte zugunsten des Wohlergehens der Allgemeinheit.

Während sich die Gesellschaft also um das »Goldene Kalb« des vermeintlich permanent möglichen Wachstums sorgte, bemühte sich Helmut Simon innerhalb seiner Arbeit wie auch in seinem Denken darum, die Fundamente eines demokratischen Rechtsstaates zu festigen und durch seine Nebentätigkeit im Präsidium des Evangelischen Kirchentages Impulse zu kirchlicher und gesellschaftlicher Erneuerung zu geben und diese auch zu realisieren.

Außerdem setzte er sich in ökumenischen Gremien für die Menschenrechte, besonders aber für »rassisch Unterdrückte« ein.

Dieses dauerhafte Engagement verhallte nicht ungehört. Und so entschloss sich ein dafür zuständiges Gremium ausgerechnet derjenigen Universität, an der Karl Barth doziert hatte und an der Helmut Simon selbst als Gaststudent kurz nach dem Krieg die ersten Impulse von außen erhalten hatte, aus oben genannten Gründen den Verfassungsrichter und Kirchentagspräsidenten zu ehren.

Professor Dr. Franz Vischer, der Rektor der im Jahre 1460 gegründeten Basler Universität – an welcher seit 1890 auch Frauen zum Studium zugelassen sind – lud geziemend zur Verleihung der Ehrendoktorwürde im Rahmen des »dies academicus« am 28. November 1980 um 10 Uhr 30 in die Martinskirche ein, und das Ehepaar Simon folgte dieser Einladung gerne. Sie fuhren selbst im weißen Audi 80 die 200 Kilometer durch das neblig trübe Novemberwetter das Rheintal hinauf, um schließlich bei leichtem Schneefall im Hotel Ascot in Riehen Unterkunft zu nehmen.

Die »alten Burschen«

Und nutzten die Gelegenheit, sich mit Markus, dem Sohn Karl Barths, sowie dessen Ehefrau Rosemarie am Vorabend der Feier zu treffen, an welchem gemäß Karl Barths Leitspruch »wo theologisiert wird, muss es rauchen« die Pfeife und die Zigaretten kaum auszugehen schienen.
Feierlich angeführt von den »alten Burschen« in traditionellem Gewand begab sich der Lehrkörper der Universität am nächsten Morgen durch Gassen und über ausgetretenes Kopfsteinpflaster in die Martinskirche, wo das Ereignis Bach-umrahmt und Reden-begleitet (»Die Wissenschaft als Stiefkind des Urheberrechtes«) angemessen gefeiert wurde. Abgerundet wurde das Event mit einem gemeinsamen Essen im Stadtcasino sowie mit einem Fackelzug der »alten Burschen«.

Neben den drei bereits beschriebenen Gründen für die Verleihung der Ehrendoktorwürde waren es auch die Inhalte von Helmut Simons Doktorarbeit sowie seine späteren Arbeiten zum Verhältnis von Protestantismus zum Rechtsstaat, die für die Ehrung maßgeblich waren.

Und seine Gedanken über die Einflüsse des Naturrechtsgedankens, der seit den 60ern ebenso an praktischer Bedeutung verlor wie die Grund- und Menschenrechtskataloge als geltendes Recht an Bedeutung gewannen sowie als solche anerkannt und als handhabbare Prüfungsmaßstäbe angewandt wurden.

Deshalb hatte sich Helmut Simons Nachdenken über die Rechtsethik auf die Frage konzentriert, welches Verhalten den Christen besonders gegenüber der bestehenden rechts- und sozialstaatlichen Demokratie geboten sei.

Angefangen hatte das alles eigentlich mit der »Spiegel-Affäre« und der Tatsache, dass sich Äußerungen hierzu von kirchlicher Seite auf den Autoritätsverlust des Staates beschränkt hatten, was Helmut Simon maßlos aufregte.

Er wollte gegenargumentieren, musste allerdings auf der Suche nach geeigneter Hintergrundliteratur zu seinem Leidwesen feststellen, *dass der Rechtsgedanke in den Schriften der Evangelischen Kirche einfach nicht vorkommt.*

Das hat ihn so sehr geärgert, dass er sich hinsetzte und einen Aufsatz unter der Überschrift schrieb: »Ist in der theologischen Ethik überhaupt Platz für den Rechtsstaat?«

Diese Arbeit wurde innerhalb der Festschrift für die Kirchenhistoriker Karl Kupisch und Ernst Wolf veröffentlicht, weitere Texte sollten folgen.

Auch die Bruderschaften hatten sich inzwischen dieses Themas angenommen, und so waren diese und Helmut Simon (in Zusammenarbeit mit Ernst Wolf) die ersten überhaupt, die sich mit dieser Materie beschäftigen sollten.

Es folgten kritische Untersuchungen über konfessionelle Einflüsse auf die Gesetzgebung und auf die Rechtsprechung sowie Referate über die Funktion der Rechtsphilosophie aus der Sicht eines Rechtspraktikers.

Für Helmut Simon wurde zu dieser Zeit (1970) langsam erkennbar, dass sich *die professionellen Rechtsphilosophen mehr und mehr hinter Wirtschaftstheorien, Methodenkritik und Rechtssoziologie zurückzuziehen begannen.*

Der Mann der Stunde

Helmut Simon war inzwischen als der Mann bekannt, dem es im Kleinen wie im Großen immer wieder gelingen sollte, Wogen zu glätten und harmonisierend auf aufgebrachte Massen einzuwirken – also als Krisenmanager aufzutreten. Dies stellte sich auf solch vielgestaltigen sowie unberechenbaren Großveranstaltungen, zu denen die Kirchentage im Laufe seiner Mitarbeit im Präsidium inzwischen wieder geworden waren, als unverzichtbar heraus. Immer wieder war er die »Feuerwehr« in kritischen Situationen. Das begann bei einfachen Störungen von Veranstaltungen und ging bis zu einer geplanten polizeilichen Beschlagnahmeaktion auf dem »Markt der Möglichkeiten« in Berlin, bei einer Konsulatsbesetzung in Düsseldorf oder gar bei einer Bombendrohung.
Da er der Verfassungsrichter im Triumvirat war, musste er die Kontakte zur Polizei halten, die sich allerdings auf seinen Wunsch meist zurückhielt und ihm die Konfliktlösung überließ. Dabei bescheinigt er den Teilnehmern eine hohe Konfliktfähigkeit, da sie sich in der Regel für friedliche Lösungen entschieden und sich auch fair verhielten, so wie er sich darum bemühte, fair und offen zu handeln und in den kritischsten Momenten immer wieder die richtigen Einfälle zu haben.
So fand er auch auf dem »Markt der Möglichkeiten« in Frankfurt die richtige Lösung zur Deeskalation, als eine aufgebrachte Menge den Stand der Internationalen Gesellschaft für Menschenrechte stürmen wollte, welche unter dem Verdacht stand, mit dem Apartheidsystem in Südafrika zu sympathisieren. Mit einem Megaphon bewaffnet kletterte Helmut Simon vor dem Stand der Gesellschaft auf einen Tisch und forderte die aufgebrachten Menschen auf, vor weiteren Schritten erst ihn verprügeln zu müssen. So konnte er weitere Tätlichkeiten verhindern, auch indem er versprach, nach der abendlichen Schließung des Marktes das Thema in einer Diskussion wieder aufnehmen zu wollen.
Oder 1981 beim Kirchentag in Hamburg.

Durch den Nato-Doppelbeschluss Ende 1979 war der alte Streit über die Massenvernichtungswaffen wieder zu einer neuen Schärfe entbrannt. Die Entwicklung zielgenauer Erstschlagwaffen mit kurzen Vorwarnzeiten, der Übergang von der Strategie der massiven Vergeltung zur Strategie der flexiblen Response sowie die anhaltenden Spekulationen über die Möglichkeit des Gewinnens begrenzter atomarer Kriege hatten die in der Friedensdenkschrift der EKD ausgesprochenen Befürchtungen verstärkt, Skandal und Risiko der Rüstungsspirale könnten höher zu veranschlagen sein als der Nutzen des Abschreckungssystems.
Es wuchs die Einsicht, dass es Sicherheit nicht mehr gegen, sondern nur noch zusammen mit dem potentiellen Gegner geben könne.
Diese Diskussionen verbanden sich mit den Forderungen nach kernwaffenfreien Zonen, Teststopps, »Nuclear Freeze« (nukleares Einfrieren / vorgeschlagene Vereinbarung unter den Atommächten), Verzicht auf den Erstschlag, Rüstungsbeschränkungen, Verbot der weiteren Verbreitung von Massenvernichtungswaffen, Verlagerung auf konventionelle Rüstung für die Defensive sowie einseitige Schritte der Vorleistungen.
Hier trafen sich die Interessen der Kirchentagsteilnehmer und der Friedensbewegung mit einer Entscheidung des Bundesverfassungsgerichtes, denn die genannten Maßnahmen wurden auch zum Inhalt seiner ersten Entscheidung zu den Sitzblockaden.

Die Stimmung war auf-, die Menschen waren geladen. Helmut Schmidt befürchtete gar einen Sturm auf das Verteidigungsministerium auf der Hardthöhe.
Und genau in diese Zeit fiel 1981 der Termin für den Kirchentag in Hamburg. Helmut Simon hatte sich ein Podiumsgespräch über das Thema: »Den Frieden sichern« zu moderieren vorgenommen, an dem auch der damalige Verteidigungsminister Hans Apel teilnehmen sollte. Aus konservativen Kreisen waren schon im Vorfeld Meinungen laut geworden, dass es bei diesem brisanten Thema und zu diesem Zeitpunkt geradezu zu massiven Störungen kommen müsse. Pessimisten malten sogar das Scheitern der Veranstaltung an die Wand.
Das Szenario also war düster gezeichnet, die Halle war mit 8 000 emotionsgeladenen Menschen überfüllt, gespannt warteten Presse und über zwanzig Kamerateams auf das, was ihrer Meinung nach geschehen müsste.

Um die Situation schon vorher zu deeskalieren, baten Bischof Scharf und Helmut Simon eindringlich darum, aufkommende Meinungsunterschiede kirchentagsgemäß auszutragen.
Doch bereits zu Beginn von Hans Apels Rede begann die Unruhe aufs Neue aufzuflackern und im weiteren Verlauf intensivierte sich der Störpegel von laut bis sehr laut.
Auf vergangenen Kirchentagen hatte es sich inzwischen bewährt, aufkommender Unruhe durch musikalische Unterbrechungen entgegenzuwirken. Doch 1981 in Hamburg wirkte das Lied »Hinunter ist des Tages Schein, die finstre Nacht bricht stark hinein«, das von 300 Posaunisten in die Halle geschmettert wurde, eher kontraproduktiv, die dreihundert Posaunen heizten die Stimmung erst so richtig auf.
Pfiffe schrillten durch die Halle, die ersten Eier flogen, eine Gruppe übergoss sich aus Protest gegen die Politik Helmut Schmidts mit »Blut«, manche Kirchentagsteilnehmer stiegen als Skelette bemalt auf die Bänke. Kurz: Die Situation drohte außer Kontrolle zu geraten.
Um die Veranstalter und den Verteidigungsminister zu schützen, marschierte eine Gruppe Polizisten in Zivil mit Schutzschildern bewehrt auf die Bühne. Doch in diesem Moment schritt Helmut Simon ein, der von der vorgesehenen Polizeipräsenz nicht in Kenntnis gesetzt worden war.
Er verbat sich gerade als Inhaber des Hausrechts den Einsatz und forderte die verblüfften Polizisten auf, die Bühne zu räumen, was sie dann auch zögerlich befolgten, als ihm der rettende Einfall kam: Er bat das Plenum, den weiteren Verlauf der Veranstaltung mit dem jeweiligen Nachbarn zu diskutieren. Der Vorschlag wurde angenommen, der Sturm ebbte ab und tausende Gespräche setzten ein – bis nach geraumer Zeit sogar darüber abgestimmt werden konnte, ob Hans Apel seine Rede fortsetzen könne, was von einer breiten Mehrheit angenommen wurde.
Die Presse war begeistert.
Immer wieder sei es Helmut Simon gelungen, einen brodelnden Hexenkessel in ein friedfertiges Auditorium zu verwandeln (»Süddeutsche Zeitung«), und als Mann der Stunde habe er an

Polizisten in Zivil betreten die Bühne

diesem hektischen Vormittag den Kirchentag mutig und entscheidungsoffen vor dem Chaos gerettet (»Kölner Stadtanzeiger«) Helmut Simons Politik der Deeskalation sowie der Nichteinmischung der Polizei bei Veranstaltungen und Demonstrationen (siehe »Intermezzo: Freitag, der Vierzehnte«), die er während des Hamburger Kirchentages – so gelobt – erfolgreich praktiziert hatte, sollte sich gleich im Anschluss an den Kirchentag als richtig erweisen, nämlich bei einer ersten Großdemonstration gegen die Nachrüstung.

Und ein weiteres Mal in Bonn, am 10. Oktober bei der berühmt gewordenen Großdemonstration von etwa 300 000 Menschen sowie der sich hieraus entwickelnden Menschenkette. Beide Veranstaltungen wurden zu eindrucksvollen Beispielen für friedliche Demonstrationen, bei denen sich die Polizei zurückhielt und sich die Teilnehmer vorbildlich verantwortungsvoll verhielten. Diese Demonstrationen sollten zum Ausgangspunkt für Proteste gegen die atomare Aufrüstung in ganz Europa werden.

Merkwürdig war nur, meint Helmut Simon dazu, d*ass ausgerechnet diese friedliche Demonstration in Bonn von der Fernsehberichterstattung so gänzlich ignoriert worden war.*

»Möchten Sie Richter vergiften am BVG?«

Ich habe in meinem Leben viel Glück gehabt.
So erzählt Helmut Simon immer wieder von den unbeschwerten Kindheitstagen innerhalb einer intakten und liebevollen Familie und des funktionierenden Gemeinwesens um ihn herum. Oder vom Glück, im Krieg niemanden getötet haben zu müssen und danach tatsächlich das richtige Studium gewählt zu haben.
Auch später habe er immer wieder Glück gehabt, doch schaut man einmal genau hin, konzentrieren sich die Fakten darauf, dass er unendlich fleißig war und sehr sehr viel gearbeitet hat.
Sein persönliches Glück war, dass er für diese Arbeit lebte und in ihr (s)eine existentielle Bestätigung finden konnte. Und dass er gebraucht wurde.
Er lebte so sehr in seinem Beruf und in seinen Nebentätigkeiten, dass die Idee der »Zeit«, ihn als Präsidentschaftskandidaten ins Gespräch zu bringen, also für ein hohes politisches Amt zur Verfügung stehen zu müssen, Helmut Simon eher unangenehm berührt haben mag. Da täuschen auch seine »Präsidentenübungen« während der Ferien in Dänemark nicht darüber hinweg.
Diese Einstellung wird von einer anderen Geschichte belegt: Auf der Suche nach einem Justizminister für seine Landesregierung dachte Johannes Rau an seinen Freund Helmut Simon, scheiterte jedoch daran, diesen deshalb vorher telefonisch zu informieren. Als Helmut Simon kurz danach von Johannes Raus Bemühungen in Kenntnis gesetzt wurde, meinte er erleichtert:
Da war ich vielleicht froh, nicht erreichbar gewesen zu sein.
Zu seinem Glück allerdings gehörten der Arbeitsstil des Gerichtes, der kollegiale Umgang mit den sich ständig entwickelnden kontroversen Auseinandersetzungen sowie der sich hieraus ergebenden Streitkultur.
An Gerichten im Allgemeinen und am Bundesverfassungsgericht im Besonderen sind sachbezogene Argumentationen wichtig, aufmerk-

sames Zuhören sowie das intensive Eingehen auf Gegenargumente. Außerdem das Auseinandersetzen mit denselben sowie nachdenkliches Abwägen bis hin zum Ertragenkönnen schärfster Kritik.
Wer dazu nicht fähig ist, oder sich gar mit parteipolitischen Parolen begnügt, verlöre sehr bald in dem qualifizierten Gremium seinen Einfluss.
Die rechtspolitische Grundhaltung des einzelnen Richters, ob sozial, liberal oder konservativ, kann sich für den besonderen Fall dann auswirken, wenn die knapp formulierten Verfassungsnormen noch auslegungsfähig sowie wertungsabhängig sind – oder bei ihrer Interpretation einen rational nicht vollständig gedeckten Rest für die Entscheidungsfindung offen lassen.
Diese muss sich dann keineswegs mit der parteipolitischen Herkunft des entsprechenden Richters decken, was ein Artikel des »Spiegels« über Helmut Simon und dessen Kollegen Wolfgang Zeidler nach deren Ausscheiden vom Bundesverfassungsgericht bestätigte. In diesem Artikel unter dem Titel »Bürgerschützer und Staatsschützer« wurden die unterschiedlichen verfassungspolitischen Auffassungen der zwei Sozialdemokraten eindrucksvoll porträtiert: »Der eine möchte den Bürger vor dem Staat schützen (Helmut Simon). Sein Motto: Wer wenig im Leben hat, soll viel im Recht haben. Der andere (Wolfgang Zeidler) neigte dazu, den Staat vor den Bürgern zu schützen. Er hatte Angst vor einem »Grundrechte-Totalitarismus«, der den Staat schwächt und Sonder- sowie Gruppeninteressen begünstigt.«
Wolfgang Zeidler gehörte dem II. Senat des Bundesverfassungsgerichtes an, der nach Helmut Simons Einschätzung gelegentlich zu viel Gewicht auf das Funktionieren der Staatsorgane legte, während dem I. Senat, dem er selbst angehörte, eher bewusst war, dass im Interesse der Bürger die Grundrechte genau diesem Funktionieren Grenzen setzen können.

War oder ist der I. Senat das bessere Verfassungsgericht?, fragt Helmut Simon in seinen Lebensskizzen und gibt sich gleich selbst die passende Antwort, die von seinem Freund und Kollegen Mahrenholz stammt, dass nämlich die Herren des I. Senates wegen ihrer Hoffart allenfalls erst nach längerem Aufenthalt im Fegefeuer in den Himmel kämen.
Verfassungsrichter, die im eigenen Gremium überstimmt werden, dürfen den Standpunkt der Mehrheit des eigenen Senates in einer

»abweichenden Meinung« kritisieren, was den Schluss erlauben dürfte, dass es zulässig sein muss, wenn ein Richter auch die Rechtsprechung des anderen Senates kritisiert. *Doch in solchen Fällen konnte es dann zu nicht unerheblichen Spannungen kommen.*
In einer dementsprechenden Situation fragte ihn die im Senat neben ihm sitzende Kollegin Frau Rupp von Brünneck hinter vorgehaltener Hand:
»Möchten Sie jetzt nicht auch am liebsten Ihre Kollegen vergiften?«
Trotz der gelegentlichen Verhärtung der Fronten empfand Helmut Simon den Umgangsstil beim Verfassungsgericht als freundlich und kollegial. Er weist darauf hin, dass er sich als »Pluralist« empfindet und erinnert an seinen Traum, in dem er als zu kleiner Autofahrer auf die Zurufe seiner Mitfahrer angewiesen war.

Ganz sicher ist Helmut Simon kein Mann, der es verdient, der Vetterleswirtschaft bezichtigt zu werden. Nur ein einziges Mal war er von einem Kollegen gefragt worden, ob er nicht jemanden kenne, der für eine vakant gewordene Stelle am II. Senat in Frage käme.
Ich werde mich hüten, war seine ablehnende Antwort.
Doch entweder konnte wirklich kein geeigneter Kandidat gefunden werden oder die Wahlmänner wurden sich nicht einig, jedenfalls kam der Kollege ein zweites Mal auf ihn zu. Und da fiel ihm eben jener Gottfried Mahrenholz ein, der ihm dann später den längeren Aufenthalt im Fegefeuer androhen sollte. Jener hatte nach der Wahl von Ernst Albrecht zum Ministerpräsidenten des Landes Niedersachsen sein Amt als Kultusminister verloren und arbeitete danach als Anwalt und Abgeordneter. Also rief er diesen an und hatte bei dem Gespräch das Gefühl, Gottfried Mahrenholz fiele aus allen Wolken.
Aber wenn Sie gewählt werden, dann müssen Sie auch kommen, zur Probe geht das nicht, glaubt sich Helmut Simon an seine Worte zu erinnern.
Und so kam der Sohn eines protestantischen Pastors und Kirchenmusikers auf die entsprechende Liste und nach der positiven Entscheidung der Wahlmänner als oberster Richter an das Bundesverfassungsgericht. Gottfried Mahrenholz wurde später Vizepräsident des BVG und Vorgänger von Jutta Limbach.
Helmut Simon meint, dass sich aus ihrem Verhältnis inzwischen eine richtig gute Freundschaft entwickelt habe.

Irreversibel

Seit dem 17. September 1982 ist die sozialliberale Koalition Geschichte.
Die sich verschärfende Wirtschaftskrise hatte die Parteien entzweit, und der sich anschließenden Minderheitsregierung unter Helmut Schmidt das »Konstruktive Misstrauensvotum« vom 1. Oktober desselben Jahres ein Ende gesetzt. Ab jetzt sollte Helmut Kohl zum Prototypen des Bundeskanzlers an sich werden, ein Mann, dem Helmut Simon einerseits bestätigt, sich ihm gegenüber fair verhalten zu haben (im Gegensatz zur bayerischen Staatsregierung hatte Helmut Kohl Helmut Simon im Verfahren über Sitzblockaden nicht als befangen ablehnen lassen), dem er aber andererseits vorwirft, dass sich das Aussitzen seiner »geistig-moralischen Wende« zum Ende hin zur Beharrungskatastrophe entwickelt habe.
Und ein Kabarettist sagte über den alten neuen Koalitionspartner, dass FDP nur ein Synonym für »immer an der Macht« sei.
Nicht Geschichte dagegen war die Nachrüstung, mit der sich der Kirchentag 1983 beschäftigen sollte.
Vorbereitungen hierzu waren durch ein Expertenteam bereits ein Jahr vorher getroffen worden (Bad Boll 1982).
Helmut Simon, der nach dem Kirchentag in Hannover Ende 1983 zum zweiten Mal mit seiner Arbeit im Präsidium des Kirchentages begann, hatte zum Thema Nachrüstung in Briefen an Politiker sowie an den Ratsvorsitzenden der EKD eine konsultative Volksbefragung vorgeschlagen. Also eine Befragung, die zwar einerseits ein Stimmungsbild innerhalb der Bevölkerung entwirft, andererseits keinerlei (rechts-)verbindliche Auswirkung hat. Und in diesem Moment wird deutlich, wie eng Helmut Simons Tätigkeit als Verfassungsrichter mit der im »Triumvirat« des Kirchentagspräsidiums manchmal verknüpft war. Denn als Verfassungsrichter stellte sich ihm die Frage, wie mit Entscheidungen zu verfahren sei, die zwar auf den ersten Blick nicht als verfassungswidrig erkennbar waren, wohl aber ihrer Natur nach

und auch nach einem Mehrheitswechsel irreversibel waren (und sind) sowie verhängnisvolle Auswirkungen für alle Menschen – auch für eine Minderheit und für kommende Generationen – haben können, sollten sie sich zu einem späteren Zeitpunkt als falsch erweisen. Diese Überlegungen lösten ein – wie Helmut Simon sagt – recht lebhaftes Echo aus und, wie nicht anders zu erwarten war, auch mal wieder persönliche Angriffe.

Die Stimmung während des Kirchentages in Hannover wurde durch die allgegenwärtigen violetten Tücher der Friedensgruppen symbolisiert.
Helmut Simon referierte innerhalb der Themen »Frieden stiften – Umkehr aus der Ohnmacht« sowie »Die Hoffnung muss gehen lernen« über die verteidigungspolitische Situation und den Umgang miteinander:

Liebe Freunde! Ich gehöre zu einer aus dem Kirchenkampf hervorgegangenen Gruppe, die schon Ende der fünfziger Jahre bekannt hat, dass die Einbeziehung von Massenvernichtungsmitteln in den Gebrauch staatlicher Machtandrohung und staatlicher Machtausübung unvereinbar mit allen drei Artikeln des christlichen Glaubens ist. Zugleich bin ich Verfassungsrichter, dem es ganz gewiss nicht gleichgültig ist, wie im Streit um die Nachrüstung mit dem geltenden Recht umgegangen wird. Lassen Sie mich heute als einer der Mitverantwortlichen des Kirchentages in sechs Punkten andeuten, wie ich mir persönlich eine Umkehr aus der Ohnmacht vorstelle.

1. Wir sind uns in dem Wunsch einig, die Genfer Verhandlungen möchten eine Nachrüstung erübrigen. Es lässt sich aber nicht ausschließen, dass demnächst die Stationierung der Pershing II und der Cruise Missiles beginnt. Vielleicht einigt man sich in Genf als Zwischenlösung auf eine niedrigere Zahl von Raketen. Das wäre aber nicht weniger gefährlich. Denn ein solcher Scheinerfolg könnte einschläfern und davon ablenken, dass tatsächlich ein weiterer verhängnisvoller Schritt in die falsche Richtung der Hochrüstung erfolgt. Angesichts dieser möglichen Entwicklung kann der Kirchentag nach meiner persönlichen Meinung zweierlei nicht versuchen:
Er kann sich nicht mit Beruhigungsformeln begnügen etwa in dem Sinne: Im Ziel der Friedenserhaltung sind wir uns einig, nur die Wege gehen auseinander.

Das trifft zwar zu; aber es kommt entscheidend darauf an, dass der Weg auch wirklich zum Ziel führt, und darüber muss hart gestritten werden. Ebenso wenig kann der Kirchentag in Verhinderungsstrategien im Sinne der üblichen Warnung vor bürgerlichem Ungehorsam ausweichen. Diese Warnung hat sicher großes Gewicht, bleibt aber für sich allein die konkrete Solidarität mit den Nöten aller schuldig, die im atomaren Wettrüsten eine tödliche Menschheitsgefahr sehen.

2. Unser Blick ist heute auf die kommenden Monate gerichtet. Eine Umkehr aus der Ohnmacht wird aber nicht gelingen, wenn wir wie gebannt allein auf die Nachrüstung starren.
Hoffnung schließt die Fähigkeit ein, Niederlagen zu ertragen; aber Hoffnung ist Lust zum Erfolg, nicht zum ruhmreichen Scheitern. Hoffnung braucht einen langen Atem; sie wird nur gehen lernen, wenn sie auf das Ziel blickt und langfristig denkt. Das Ziel kann nur sein, in einem beharrlichen, durch Rückschläge oder Enttäuschungen nicht aufzuhaltenden Prozess die Delegitimierung, die Ächtung der Massenvernichtungsmittel durchzusetzen. Dafür gibt es viele Weggenossen, die untereinander und über die Grenzen hinweg Solidarität praktizieren, die eine Lobby gegen Enttäuschungen und Mutlosigkeit und für eine zukunftsgerichtete Politik der Sicherheitspartnerschaft bilden und die schon heute erreicht haben, dass Massenvernichtungsmittel nur noch mit schlechtem Gewissen eingeplant werden.

Rechtlich zielt dieser Prozess darauf ab, den Gebrauch von Massenvernichtungsmitteln – ebenso wie früher einmal die Sklaverei – zum Gegenstand des »Unabstimmbaren« zu machen.
Das bedeutet:
Nach unserer demokratischen Rechtsordnung wird über die meisten Streitfragen nach dem Mehrheitsprinzip entschieden. Aber auch die Mehrheit kann und darf nicht alles. Einige wichtige Fragen sind ihrer Entscheidungen schon jetzt von Rechts wegen entzogen, sie gehören zum Bereich des Unabstimmbaren wie etwa die Grundrechte, das Verbot der Todesstrafe und des Angriffskrieges. Eine entsprechende Behandlung der Massenvernichtungsmittel kann schon wegen der internationalen Verflochtenheit kein kurzer Weg sein. Wenn wir aber überhaupt überleben, wird sich die Idee von der Ächtung der Massenvernichtungsmittel auf die Dauer nicht in ihrem Siegeslauf aufhalten lassen. Ebenso wie bei der Sklaverei wird die Zeit kommen, dass auch eine demokratische Mehrheit den barbarischen Gebrauch von Massenvernichtungsmitteln nicht mehr rechtens beschließen kann.

3. Noch leben wir in einer Phase des Übergangs, in der sich Ethik und Recht nicht mehr voll decken. Noch halten die Politiker daran fest, dass über den Gebrauch von Massenvernichtungsmitteln nach dem Mehrheitsprinzip entschieden werden darf. Schon beurteilen aber andere diesen Gebrauch als Bekenntnisfrage, als Status Confessionis. Auch gesetzestreue Demokraten quälen sich verzweifelt mit der Frage des zivilen Ungehorsames. Machen wir uns nichts vor:
Das ist ein sehr ernster Augenblick für unser Gemeinwesen. Wie werden wir damit fertig, wenn wir uns vom Geist des Evangeliums leiten lassen und schweren Schaden vom Gemeinwesen abwenden wollen?

Bevor ich darauf in den beiden nächsten Punkten konkreter im Blick auf die Friedensbewegung einerseits und die staatlichen Organe andererseits eingehe, möchte ich zweierlei klarstellen:
Quer durch alle Lager hindurch sollte die Friedensbewegung als legitimes Kind unserer demokratischen Kultur anerkannt werden. Sie bleibt innerhalb der besten Traditionen der rechtsstaatlichen Demokratie, wenn sie dafür kämpft, Massenvernichtungsmittel zu ächten und zum Gegenstand des Unabstimmbaren zu machen. Es besteht weder zu Verdächtigungen noch zu Minderwertigkeitskomplexen irgendein Anlass.

Nicht weniger eindeutig sollten wir uns quer durch die Lager darüber einig sein, dass wir alle eine Demokratie wollen, in der Mehrheitsentscheidungen und die von der Mehrheit beschlossenen Gesetze grundsätzlich respektiert werden, soweit sie nicht unzulässig in den Bereich des Unabstimmbaren eingreifen. Wer im Verhältnis zwischen den Staaten kriegerische Konfliktlösungen bekämpft, wird die friedenstuende Funktion des Rechts auch dort achten, wo es noch unzulänglich ist; gerade er kann nicht wollen, dass wir im Innern in das Faustrecht des Mittelalters zurückfallen.

Lassen Sie uns auf dieser Grundlage gemeinsam allen Scharfmachern in allen Lagern widerstehen. Erkennen wir, dass der gefährliche Rüstungswettlauf der Gegner ist und nicht die Polizisten auf der einen und die Demonstranten auf der anderen Seite. Bemühen wir uns gemeinsam um eine Abrüstung auch im Innern.

4. Eine solche Abrüstung im Innern verlangt von der Friedensbewegung, dass der Kampf um die Ächtung der Massenvernichtungsmittel unter allen Umständen gewaltfrei bleiben muss. Darüber herrscht zumindest bei den christlichen Kreisen der Friedensbewegung Einigkeit, wobei ich mit Hochachtung beobachte, mit welchem Ernst und welcher Phantasie Gewaltfreiheit trainiert und Ängste verarbeitet werden. Ich möchte auch den Vertretern der Friedensbewegung ausdrücklich dafür danken, dass sie sich auf diesem Kirchentag um eine faire Kooperation bemüht haben. Die Friedensbewegung wird nur gewinnen, wenn sie die Leuchtkraft der guten Sache so praktiziert, dass möglichst viele mitmachen können. Sie wird daher bevorzugt danach streben, alle Möglichkeiten auszuschöpfen, die unsere Rechtsordnung ihr bietet. Dazu hören wir im Anschluss an meine Einleitung einige Beispiele. Meinerseits muss ich eindringlich vor dem Irrtum warnen, zu den rechtlich erlaubten Möglichkeiten gehöre auch das Widerstandsrecht im Sinne unserer Verfassung: Dessen Voraussetzungen liegen im Streit um den richtigen Weg der Friedenssicherung nicht vor. Was das Widerstehen durch bürgerlichen Ungehorsam – etwa in Gestalt gewaltfreier Blockaden oder eines Steuerboykotts – anbelangt, so maße ich mir kein Urteil über diejenigen an, die sich dazu in ihrer Verzweiflung ethisch für verpflichtet halten. Sie haben meine Sympathie, werden aber ohne Wehleidigkeit und in der illusionslosen Einsicht handeln müssen, dass ein solcher Schritt mit erheblichen rechtlichen Risiken verbunden ist. Die Geschichte der Menschheit lehrt, dass Übertretungen des geltenden Rechts und auch gewaltfreier bürgerlicher Ungehorsam – mögen sie ethisch noch so gewichtig sein – allenfalls nachträglich Anerkennung fanden, wenn sie Erfolg hatten, dass dieser Erfolg aber mit Opfern erkauft worden ist. Rechtsschutz gegen die Folgen der Verletzung verfassungskonformer Gesetze gibt es nicht.

5. So unmissverständlich der Kirchentag dies alles sagen muss, so eindringlich muss er zugleich die Inhaber der staatlichen Macht zum Einüben von Augenmaß und Weisheit anhalten. Auch und gerade ihnen sollte bewusst sein, dass wir im Blick auf Massenvernichtungsmittel in einer Übergangssituation leben, in der sich Ethik und geltendes Recht nicht mehr voll decken. Ist im Übrigen eigentlich die Rechtslage wirklich so eindeutig, wie manche meinen? Man mag darüber streiten, ob eine abgestufte Abschreckung durch atomare Erstschlagswaffen mit dem Friedensgebot der Verfassung und der staatlichen Pflicht zum Lebensschutz vereinbar ist und ob die Entscheidung darüber wirklich dem Verfassungsgericht zugeschoben werden kann. Dazu will ich mich nicht äußern, sondern nur an einige weitere Fragen aus der Diskussion erinnern, ohne sie zu beantworten: Darf denn stationiert werden, ohne dass darüber der Bundestag in einem öffentlichen Willensbildungsprozess durch förmliches Gesetz beschließt? Darf der Bund unter Beschränkung

seiner Souveränität in die äußerst gefährliche Stationierung von Waffen einwilligen, über deren Einsatz allein der Präsident der USA entscheidet?
Müssten nicht überhaupt die herkömmlichen Entscheidungsstrukturen unserer rechtsstaatlichen Demokratie teilweise fortentwickelt werden?
Sie haben sich durchaus bewährt und genügen für die Fülle der notwendigen Entscheidungen.
Aber reicht das einfache Mehrheitsprinzip außerhalb des unabstimmbaren oder noch nicht unabstimmbaren Bereichs wirklich stets aus?
Genügt es auch für folgenschwere Entscheidungen irreversibler Natur, das heißt für solche, die bei einem Mehrheitswechsel nicht mehr einfach rückgängig zu machen sind und die tödliche Folgen für Jedermann haben können, wenn sie falsch sind?
Müssen wir uns hier nicht verbesserte Entscheidungsstrukturen einfallen lassen, um wenigstens die Akzeptanz solcher Entscheidungen zu verbreitern?
In diesen Zusammenhang habe ich aus einer gewissen Verlegenheit eine konsultative Volksbefragung – etwa in Gestalt eines parlamentarischen Minderheitsrechts – angeregt. Ich habe dabei an unsere Vorfahren gedacht, die mit schöpferischer Phantasie die rechtsstaatliche Demokratie in ihrer heutigen Gestalt durchgesetzt haben. Diese wäre uns gewiss nicht als Erbe zugefallen, wären unsere Vorfahren so denkfaul und so angepasst gewesen wie wir.

Schon diese Fragen und Überlegungen sollten die Inhaber der staatlichen Macht nachdenklich machen und dazu veranlassen, ihre äußere Überlegenheit nicht allzu selbstgewiss auszuspielen, sondern eher in der Abrüstung im Inneren voranzugehen.
Das könnte etwa dadurch geschehen, dass sie sich – gleichsam im Sinne einer innenpolitischen Sicherheitspartnerschaft – mitverantwortlich fühlen für einen friedlichen Verlauf von Demonstrationen und dass sie im Übrigen auch ihrerseits rechtlich streng zwischen Gewalttätigkeiten und gewaltfreiem Ungehorsam unterscheiden und nicht etwa die Grenzen durch gleichmacherische Kriminalisierung verwischen.

6. Wird die Hoffnung gehen lernen, wenn wir uns auf der Linie der genannten Punkte bewegen? Ich weiß es nicht. Aber eins weiß ich, und das hat gerade ein Kirchentag zu bezeugen:
Es gibt Anlass zur Hoffnung, weil es die Realität eines Gottes gibt, neben dem die Regierenden dieser Welt letztlich nur Zwerge mit begrenzter Vollmacht sind. Der erste Schritt aus der Ohnmacht beginnt damit, dass man sich von den Mächtigen nicht länger imponieren lässt. Ich habe eingangs die Formu-

lierung gebraucht: Wenn wir überhaupt überleben. ... Das, liebe Freunde, liegt nicht in unserer Hand. Niemand weiß, wann und ob überhaupt die atomare Katastrophe eintritt (und wenn, welche?). Wir sind nicht die Weltenrichter. Daher haben wir im Vertrauen auf die Gnade des lebendigen Gottes so zu leben und so zu handeln, als ob eine Umkehr zum Leben möglich ist.

Helmut Simon ist inzwischen auch der Meinung, dass Atomtechnik – für welchen Zweck auch immer – nicht beherrschbar ist! Dass die vermeintliche Beherrschbarkeit wohl eher ein unter Ausschluss aller Imponderabilien entstandener, beliebter und tragender Euphemismus unserer Zeit ist.

Helmut Simon führte im Anschluss an dieses Referat ein Gespräch über die Nachrüstung mit dem »Spiegel« (38/1983), in dem er auf die Resistenz des militärischen Bereiches gegenüber verfassungsrechtlichen Durchdringungen aufmerksam machte.
Referat und Gespräch sollten deeskalierend wirken, was für den Kirchentag auch gelingen sollte, nicht so jedoch auf einen Richterkollegen des II. Senates.
Dieser beantragte, das Plenum des Bundesverfassungsgerichtes einzuberufen, da Helmut Simon in der Ansprache beim Kirchentag seine Sympathie für die »Blockierer« ausgesprochen habe.
Zu Beginn der seinetwegen einberufenen Sitzung erklärte Helmut Simon im Plenum, dass er sich zwar auf ein Gespräch unter Kollegen einlassen könne und würde, doch er stellte auch klar, dass dem Plenum außerhalb eines Amtsenthebungsverfahrens für Maßnahmen gegen ihn die Kompetenz fehle.
Eine weitere Bemerkung Helmut Simons, dass sich nämlich Recht und Ethik in dieser Übergangszeit nicht mehr decken würden, nahm der damalige Staatsminister Mertens zum Anlass, den Verfassungsrichter der autoritären Anmaßung zu beschuldigen, von der es dann wohl nicht mehr allzu weit zu einem totalitären und gewaltsamen Ausschließlichkeitsanspruch entfernt sei.
Innerhalb seines kruden Argumentationsverlaufes verstieg sich der Staatsminister dann soweit, diesen vermeintlichen Ausschließlichkeitsanspruch des Verfassungsrichters mit dem der Spanischen Inquisition, mit dem Terror Robespierres oder dem Verhalten von Stalin und Hitler gleichzusetzen.

Helmut Simon hatte bereits mehrfach festgestellt, dass er auch als Außenseiter bestehen müsse. Und könne.
Doch wenn schon eine abweichende Meinung, dann so: »Fortiter in re, suaviter in modo!« (Stark in der Sache, mild in der Art!).

Dieser Ausspruch von Claudio Aquaviva war Helmut Simon bei all seinem Abweichen von Mehrheitsmeinungen zum Wahlspruch geworden.
Je schärfer er also eine anders lautende Meinung vertreten habe, desto menschenfreundlicher und verbindlicher habe er sich im Übrigen verhalten und sich außerdem bemüht, auf die diversen Angriffe nicht empfindlich zu reagieren.
Gleichzeitig warnt er davor, Außenseiterpositionen aus bloßer Gruppenloyalität einzunehmen oder zu unterstützen, wozu gerade in Minderheitenkreisen oft genug Neigung bestehe.
Auf längere Sicht ließe sich die Freiheit für diese Positionen nur dann durchhalten, wenn man in Identität mit sich selbst und aus der eigenen Überzeugung heraus handele. Wichtig sei dabei, sich eine große Fähigkeit zur Selbstkritik zu bewahren.
Sollten diese Voraussetzungen vorliegen, ermutigt er zu Außenseiter- oder Minderheitenpositionen für den Fall, dass diese um des Gemeinwohls Willen eingenommen würden.
Doch er verweist auch darauf, dass ein solches Handeln zur Vereinsamung führen könne, ihm selber habe in einem solchen Fall immer wieder die Verbundenheit mit Gleichgesinnten geholfen und die Tatsache, dass er seinen beruflichen Verpflichtungen überkorrekt nachgekommen sei und auch deshalb unangreifbar dagestanden habe, weil er keiner noch so unangenehmen Aufgabe ausgewichen sei.
Und er gibt sich der Hoffnung hin, dass sein unangepasstes, ja manchmal sogar unkonventionelles Verhalten dazu beigetragen habe, den Spielraum für demokratisches Mitwirken sowie freiheitliches Opponieren in dieser, unserer Gesellschaft auszuweiten.

Diese Hoffnung wird durch ein Beispiel aus dem Jahr 1983 bestärkt: Der Präsident des Berliner Kammergerichtes lehnte die Eröffnung eines Disziplinarverfahrens gegen Richter, die sich an Aktivitäten gegen die Nachrüstung beteiligt hatten, aus dem Grund ab: Auch Richter des Bundesverfassungsgerichtes seien wegen ähnlichen Verhaltens nicht disziplinarisch zur Rechenschaft gezogen worden.

Der Kirchentag in Düsseldorf hatte sich 1985 einem neuen Themenbereich zugewandt, da 40 Jahre nach Kriegsende inzwischen Unsicherheiten über die staatspolitische Rolle des Protestantismus spürbar geworden waren.
Und weil es so manchem nach so vielen Jahren dämmerte, dass der »Staat des Grundgesetzes« auch verkommen oder sogar sterben könne.
Innerhalb seines Einleitungsreferates unter dem Titel »Protestantismus und Protest« gab Helmut Simon deutliche verbale Impulse dahingehend, dass die rechts- und sozialstaatliche Demokratie angenommen werden müsse, ja, dass geradezu eine Pflicht zu deren Annahme bestünde. Im »Sonntagsblatt« beschrieb Siegfried von Kortzfleisch diese Rede als »Seilakt ohne Netz« und die »Sonntagszeitung« schrieb dazu:
»Nicht Spruchbänder oder Schlagwort-Sprechchöre haben diesem Kirchentag seinen politischen Akzent gegeben. Neben anderen bedenkenswerten Referaten war es insbesondere die Rede des Verfassungsrichters Helmut Simon, der den evangelischen Christen von 1985 eine neue Handlungsperspektive gegeben hat.«

Helmut Simons Intention bestand darin, auf diesem Kirchentag zu einer bewussteren und kreativeren Beteiligung der Protestanten an den öffentlichen Geschehnissen in ihrem Staat aufzurufen und damit einen Durchbruch zu erzielen.
Ein Jahr zuvor erlitt Helmut Simon in seinem 16. Jahr als Verfassungsrichter seinen ersten Herzinfarkt, der aber *gut ausheilte und ihn vom Rauchen befreite.*
Und es war der 50. Jahrestag der »Barmer Theologischen Erklärung« gefeiert worden.
Hierzu hielt Helmut Simon auf einer Tagung der Gesellschaft für Evangelische Theologie ein Referat, das sich mit dem staatlichen Gewaltmissbrauch sowie mit der zweiten und fünften These der »Barmer Erklärung« beschäftigte.
Auch an dieser Stelle wies er daraufhin, dass es für die Bürger und besonders für Protestanten eine Pflicht zur Annahme, ja geradezu eine Pflicht zur Fortentwicklung der rechts- und sozialstaatlichen Demokratie gäbe.
Diese Rede wurde anschließend von dem Wuppertaler Theologen Berthold Klappert zusammen mit weiteren rechtstheologischen

Arbeiten von Helmut Simon auf das Ausführlichste in dessen Buch »Versöhnung und Befreiung« behandelt.
Explizit werden darin Karl Barth, Gustav Heinemann sowie Helmut Simon als die Wegbereiter der verspätet erschienenen EKD-Denkschrift »Evangelische Kirche und freiheitliche Demokratie« gewürdigt.
Den Autoren dieser Denkschrift hatte Helmut Simons Vortrag zum Kirchentag vorgelegen.
Ende 1985 befasste sich die EKD-Synode in Trier ausführlich mit dieser Denkschrift und hörte dazu als Einleitung zwei Stellungnahmen.
Die eine wurde vom SPD-Mitglied und Verfassungsrichter Helmut Simon, die andere von seinem Kollegen und Gerichtspräsidenten, dem CDU-Mitglied Roman Herzog gehalten.
Höchstwahrscheinlich hatten einige der Zuhörer von dieser Mixtur befürchtet oder erhofft, dass sie brisant werden könne, doch diese Zuhörer wurden enttäuscht.
Denn im Verlauf der Stellungnahmen konnte mit einiger Erleichterung zur Kenntnis genommen werden, dass Helmut Simon und Roman Herzog im Großen und Ganzen in ihrer Argumentationskette übereinstimmten.
Zudem hatte Helmut Simon die Verfasser der Denkschrift dahingehend gelobt, dass ihnen in breiter Front ein Durchbruch gelungen sei, es aber auch nicht unerwähnt gelassen, dass es 1963 die linksprotestantischen Bruderschaften gewesen seien, die bereits zu diesem frühen Zeitpunkt eine umfassende theologische Würdigung der bundesdeutschen Verfassungsordnung unternommen hätten.
Laut Helmut Simon brummelte der Konservative Synodale v. Gampenhauser vor sich hin und polemisierte in etwa folgendermaßen: ... schließlich wisse inzwischen sowieso jeder von Helmut Simons Gabe, allen Dingen einen dynamischen Zug zu geben und die Hörer mitzureißen ...
In einer späteren Besprechung der beiden Reden wurde Helmut Simons Stellungnahme wegen ihrer besonderen Akzentsetzung auf zivilen Ungehorsam, Warnungen vor überzogenem Staatsschutz sowie sozialstaatliche Defizite als der aktuellste und vielleicht wichtigste Beitrag entsprechend hervorgehoben.
So waren nach und nach vier vorwiegend rechtstheologisch orientierte Grundsatzreden entstanden.

Die Arbeit an diesen – oft in kirchlichen Gremien diskutierten – Reden hatte mit einem Referat im Ulmer Münster auf der Generalversammlung des Evangelischen Bundes begonnen, die Trierer EKD-Synode 1985 bedeutete für diese gedankliche Arbeit einen gewissen Abschluss. In überarbeiteter Form hat Helmut Simon diese Themen dann noch einmal 1988 auf einer Studientagung der westfälischen Kirchenleitung auf Norderney aufgegriffen.
Dort hielt er zusätzlich Vorträge über die Themen »Zwischen Naturrecht und Liebesgebot« und »Freie Kirche im demokratischen Gemeinwesen«.

*

Bereits seit 1983 gehörte Helmut Simon, diesmal zusammen mit Wolfgang Huber und Eleonore von Rotenhan, ein zweites Mal der Vorstandsriege des Kirchentages an.
Im Gegensatz zu den drei »K« (der Ketzer, der Kindesmörder und der Kommunist von 1971 bis 1977) wurde das neue Triumvirat in einem Artikel der »Zeit« als linksliberal und fromm, ja sogar als »Die heiligen Drei« eingestuft.
Helmut Simon sagt, dass in diesem Triumvirat ein außergewöhnlich gutes Einvernehmen bestanden habe, das sich vor allem bei den heftigen Auseinandersetzungen um die Kündigung von Kirchentags-Konten bei der Deutschen Bank wegen deren Investitionen im damaligen Apartheid-Regime Südafrikas bewährt habe.

Am Ende den Kollegen nicht in den Rücken fallen (Grundrechte-Trilogie III)

Helmut Simon hat seine Arbeit beim Bundesverfassungsgericht sowie seine Nebentätigkeiten nie als die eines Politikers eingestuft. Doch gibt es nicht auch die Bezeichnung »Kirchenpolitiker«? (Karl Barth hatte sich in einem seiner letzten Interviews als Theologe, aber gleichermaßen als Politiker bezeichnet.)
Hat er in diesem Bereich nicht gestaltend gearbeitet? Etwas schwieriger ist die Arbeit beim höchsten Gericht einzuordnen. Nach seiner eigenen Auslegung wollte das Grundgesetz den politischen Bereich eben nicht von rechtlichen Bindungen freistellen, sollte das staatliche Handeln möglichst umfassend einer nachprüfbaren Ausrichtung auf die Verfassung unterworfen sein. Und er zieht hieraus selbst den Schluss, dass Auslegung und Anwendung des politischen Rechtes der Verfassung schon ihrer Natur nach politisch sind.
Und dass für ein politisches System, das auf Machtmäßigung ausgelegt ist, die Verfassungsgerichtsbarkeit ganz zweifellos eine eminent politische Institution mit hochpolitischer Befriedigungsfunktion darstellt.
Ist die Arbeit eines verfassungsrechtlichen Kontrolleurs der Macht nicht auch die eines Politikers?
Oder gerade eben nicht?
Der »Spiegel« jedenfalls bezeichnete Helmut Simon 1987 zumindest als »politischen Richter«.
Also stellte sich auch für Journalisten diese Frage öfter, zumindest, wenn man Macht mit Politik und nicht mit Wirtschaft gleichsetzt. Denn wenigstens eine Frage wird an Verfassungsrichter offensichtlich öfter gestellt, ob nämlich diese nicht zu den mächtigsten Personen der Bundesrepublik gehörten, wo sie doch sogar durch das Parlament verabschiedete Gesetze aufheben könnten.

Jedenfalls gibt es eindeutige Unterschiede zwischen dem Beruf eines Richters und dem eines Verfassungsrichters.
Während die Tätigkeit des erstgenannten normalerweise in der Auslegung und Anwendung der von anderen beschlossenen Regeln besteht, müssen letztgenannte darüber hinaus prüfen, ob diese Regelwerke ihrerseits vor der Verfassung Bestand haben.
Auf die bereits erwähnte Frage von Journalisten hat Helmut Simon bestätigt, dass das Bundesverfassungsgericht tatsächlich über außergewöhnliche Befugnisse verfüge, allerdings nicht, um politisch zu gestalten, sondern:
Es habe diese Macht inne, um die politisch Handelnden und Gestaltenden kontrollieren und um diesem Handeln und Gestalten Grenzen setzen zu können. Diese Befugnis zur Kontrolle sei nur dann zu verantworten, wenn eine Aufarbeitung sehr sorgfältig und die Beratungen darüber gründlich und verantwortungsvoll stattfinden.
Helmut Simon bestätigt dem höchsten Gericht, dass dessen Arbeitsstil nach seiner Erfahrung diesen hohen Erwartungen gerecht werde. Das Bundesverfassungsgericht arbeitet mit zwei Senaten. Der I. Senat entscheidet über gesellschaftspolitische Streitfragen, der zweite arbeitet vornehmlich als Staatsgerichtshof. Die Zuständigkeit beider Senate ist mittels Gesetz sowie einer Geschäftsordnung festgelegt. Am Entwurf dieser Geschäftsordnung war Helmut Simon als Mitglied des entsprechenden Ausschusses beteiligt.
Die eigentliche Arbeit beim Bundesverfassungsgericht beginnt mit der Bearbeitung der Eingänge. Hierbei werden die Zulässigkeit einer Klage sowie danach deren Annahmefähigkeit von einem Ausschuss von drei Richtern überprüft.

Allein in diesem Annahmeverfahren wanderten jährlich etwa 450 Akten über Helmut Simons Schreibtisch. Daraufhin werden andere Verfassungsorgane und weitere sachkundige Stellen gehört, Gesetzesmaterialien, bestehende Rechtsprechung und Sekundärliteratur ausgewertet und schließlich wird ein schriftliches Votum erstellt, das zusammen mit den durchgearbeiteten Unterlagen den Kollegen im Senat vorgelegt wird. Schon der Arbeitsaufwand dieser Vorbereitungsphase ist immens, weshalb auch die Voten meist sehr umfangreich ausfallen. Anschließend beginnt in einem spartanisch eingerichteten Eckzimmer das Fegefeuer der Beratungen, welches wegen seiner Gründlichkeit oft wochenlang lodert.

Auf dem Hintergrund dieses Fegefeuers wird von dem entsprechenden Richter (Berichterstatter) ein Entscheidungsentwurf formuliert, welcher anschließend abermals Seite um Seite in zähem Ringen um Formulierungen beraten wird.
Es ist leicht vorstellbar, welche Aktenberge sich im höchsten Gericht allein im Laufe eines einzigen Verfahrens, bedingt durch verantwortungsvolle Gründlichkeit, stapeln, bis die Richter, für die Öffentlichkeit mit Barett und Beffchen (lateinisch »biffa«, die Halsbinde) sowie den nach Florentiner Vorbild (aus dem 15. Jahrhundert) gestalteten, weinroten Roben angetan ihr Urteil unter dem Adler aus Pinienholz der Öffentlichkeit präsentieren.
Zum Ende von Helmut Simons Amtszeit oblag es wiederholt ihm, die Entwürfe seiner Kollegen konsensfähig zu machen, was manchmal dazu führte, dass er einige wichtige Entscheidungen anderer Berichterstatter durch eigene Passagen ergänzen konnte, zum Beispiel die Entscheidung zum Facharztwesen (E 22,125), zur Rente als Eigentum (E 40,65), zur Mitbestimmung (E 50,290), zum Revisionszugang (E 54,277), zur Volkszählung (E 65,1), sowie zur Gleichberechtigung von Frauen durch Begünstigung (E 74,163).

Wiederholt wurde Helmut Simon während seiner Amtszeit beim höchsten Gericht als »Richter ohne Selbstbeschränkung« bezeichnet. Das lag vor allem daran, dass er sich immer wieder zu brisanten Themen öffentlich geäußert hat, was ihm allerdings nicht unbedingt leicht gefallen sei.
In einem Interview, das er der »Frankfurter Rundschau« aus Anlass seines Ausscheidens aus dem Bundesverfassungsgericht gab, hat er darzustellen versucht, dass er das richterliche Zurückhaltungsgebot, zementiert durch seine langjährige Tätigkeit, verinnerlicht habe und eigentlich jedes Mal eine Hemmschwelle überschreiten musste, wenn er seinen Elfenbeinturm zwecks Einmischung verlassen musste.
Dies sei vor allem dann geschehen, wenn er davon überzeugt gewesen sei, seine Stellungnahme wäre für das Allgemeinwohl wichtiger als seine Zurückhaltung.
Dann, und nur dann habe er von seinem Grundrecht auf Freiheit der Meinung Gebrauch gemacht und sich als der streitbare Demokrat, der er nun einmal sei, nicht den Mund verbieten lassen. Dieses Risiko sei er zum Beispiel bei der unverhältnismäßigen Bekämpfung »Radikaler« im öffentlichen Dienst, bei der Amnestie von Hausbesetzern, bei

zivilem Ungehorsam oder der Benachteiligung von Kriegsdienstverweigerern eingegangen.

Da sich der Bürger seinen Richter nicht aussuchen kann, muss ihm eine Ablehnung wegen Befangenheit möglich sein.

Befangenheit liegt aber vor allem bei persönlichen Feindschaften oder Interessensbindungen vor. Im Übrigen muss mir am Ende meiner Richterlaufbahn die Frage erlaubt sein, ob nicht schon die Absicht, auch Meinungsäußerungen könnten befangen machen, letztlich auf einem vordemokratischen und zugleich wirklichkeitsfernen Richterbild beruht. Wenn ich mich äußere, gebe ich damit dem anderen die Möglichkeit, sich mit dem Gesagten auseinanderzusetzen.

Bei einem stummen, schweigsamen Richter steht der Rechtsuchende wie vor einer Wand. Man soll mir doch nicht weismachen, schweigsame Richter seien unvoreingenommener und vertrauenswürdiger als Richter, die sich äußern. Eher im Gegenteil.

Wer sich äußert, steht viel stärker unter der Pflicht zur Selbstkontrolle!

Für ungeeignet halte ich einen Richter, der nicht hörfähig und somit nicht bereit ist, sich durch bessere Argumente überzeugen zu lassen.

Und dass dies nicht nur Helmut Simon so sieht, macht das bereits mehrfach zitierte Verfahren wegen »Sitzblockaden« deutlich. Denn innerhalb dieses Verfahrens wurden öffentliche Äußerungen von Richtern durch das Bundesverfassungsgericht als zulässig anerkannt und der Ablehnungsantrag gegen Helmut Simon zurückgewiesen.

Aus seiner Zeit als Verfassungsrichter stammen aus Helmut Simons Feder 95 Urteile und Beschlüsse, darunter: Mitbestimmung der Arbeitnehmer, Rundfunkfreiheit, Hochschulorganisation, Demonstrationsrecht, Gleichberechtigung, Rente als Eigentum, Ostverträge, lebenslange Freiheitsstrafe, wirtschaftliche Nutzung von Atomenergie, Entführung H. M. Schleyers sowie Sitzblockaden.

Da zu Helmut Simons Dezernat unter anderem auch Ausbildungsrecht sowie »Freie Berufe« zählten, konnte Helmut Simon den Senat zu mehreren Grundsatzentscheidungen (Numerus Clausus, Fortentwicklung des Grundrechtsschutzes, Teilhaberecht im Bildungsbereich) gewinnen. Diese Grundsatzentscheidungen wurden von dem renommierten Kenner der Materie Häberle in dessen ausführlicher Untersuchung über »das Bundesverfassungsgericht im Leistungsstaat« als gelungene Weiterentwicklung des Verfassungsrechtes gewürdigt.

Aus Anlass einer Brokdorf-Demonstration fällte Helmut Simon die erste Grundsatz- oder auch Leitentscheidung zum Demonstrationsrecht, in der staatliche Organe zu demonstrationsfreundlichem Verhalten aufgerufen werden, und die er zu seinen besonderen Verdiensten zählt.
In der »Zeit« wurde diese Leitentscheidung als eine »Demonstration für die Bürgerfreiheit« bezeichnet, durch die die Staatsmacht in ihre Schranken verwiesen werde.
Eine ähnliche Wirkung erzielte die Rechtsprechung zu den Sitzblockaden, allerdings erst nach Helmut Simons Ausscheiden aus dem Bundesverfassungsgericht (zu seiner Zeit hatten sich die dazu behandelten Entscheidungen mit Stimmengleichheit begnügen müssen).
Stolz ist Helmut Simon auf seine Dissentings, seine abweichenden Meinungen, seine Sonder- oder Minderheitenvoten.
Da diese extrem arbeitsintensiv seien, habe er sich in der Regel nur dann die Zeit dafür genommen, wenn es um gewichtige Meinungsverschiedenheiten ging.
Mehrere seiner sieben Minderheitenvoten habe er gemeinsam mit seiner Kollegin, Frau Wiltraud Rupp von Brünneck, formuliert. Allein für das Votum zur Schwangerschaftsunterbrechung, das Helmut Simon in der Folge den Titel »Kindesmörder« eintrug, brauchten die beiden sechs Entwürfe.
Wie bei der Schwangerschaftsunterbrechung formulierten die beiden auch im Falle der Hochschulmitbestimmung ein Sondervotum, da nach ihrer Meinung auch hier die Verfassung überstrapaziert und die gesetzgeberische Eigenverantwortung unvertretbar eingeschränkt wurde.
Trotz des immensen Arbeitsaufwandes habe sich *der Aufwand für diese Dissentings gelohnt und bewährt.*
Und sie erschienen ihm bei einem Gericht mit solch weitreichenden Befugnissen wie dem des Bundesverfassungsgerichtes ebenso unverzichtbar wie die Kritik durch die öffentliche Meinung. Und zwar deshalb, weil sie nicht nur einer bedenklichen Gefahr der Erstarrung in der Rechtsprechung entgegenwirkten, sondern in zweifelhaften Streitfällen auch eine Befriedung bewirken würden, indem sie einer Diskriminierung des oder der unterlegenen Rechtsuchenden als Verfassungsfeinde entgegenwirkten.
Hilfreich empfand Helmut Simon dabei auch die Pflicht, nur das in ein Sondervotum aufzunehmen, was zuvor während der Beratungen

auch tatsächlich geäußert worden war. Dies führte dazu, dass fragwürdige Mehrheitsbegründungen vermieden sowie überflüssige Sondervoten gespart wurden. Oft war es dann auch so, dass ein Sondervotum, wie das von Helmut Simon zur Genehmigung des Kernkraftwerkes Mülheim Kärlich, in der nachfolgenden öffentlichen Diskussion eine weit größere Bedeutung erlangte als die im Urteil dargestellte und fixierte Mehrheitsmeinung.
Um es noch einmal zu betonen: Ein Sondervotum oder ein Dissenting ist eine begründete abweichende Meinung eines Verfassungsrichters zu einem Urteil des Bundesverfassungsgerichtes, also innerhalb desselben ein Stück angewandte Demokratie. Auch gegen Tendenzen, Anwälten – ähnlich wie bei den Beamten – politische Treuepflichten aufzuerlegen, formulierte Helmut Simon ein Sondervotum.
Dieses Thema führt jetzt zum dritten Teil von Helmut Simons Grundrechte-Trilogie, diesmal unter der Überschrift:

Grundrechte und Sozialstaatsgebot

In der Weimarer Republik und noch Anfang der fünfziger Jahre ist viel darüber gestritten worden, ob das Sozialstaatsgebot überhaupt mit der Rechtsstaatsidee vereinbar sei. Denn der Sozialstaat erfordert vermehrte vorsorgende, planende und verteilende Staatstätigkeit.
Läuft diese gesteigerte sozialstaatliche Aktivität nicht dem Gedanken des Rechtsstaats zuwider, der gerade umgekehrt auf Begrenzung der Staatsmacht zielt?
Dieser Streit mutet heute antiquiert an und wie ein Paradebeispiel für bürgerliche Vorurteile. Schließlich ist die rechtsstaatliche Begrenzung der Staatsmacht kein Selbstzweck, sondern soll dem Einzelnen eine Lebensgestaltung in freier Selbstbestimmung ermöglichen. Für die Masse der Staatsbürger schafft aber erst der soziale Leistungsstaat die tatsächliche Chance dafür, bis ins Alter ein einigermaßen menschenwürdiges Leben in Freiheit und Selbstbestimmung zu führen. Ein Freiheitsrecht wäre – so heißt es im ersten Numerus Clausus-Urteil – wertlos ohne die tatsächliche Voraussetzung, es in Anspruch nehmen zu können.

Trotz dieser elementaren Bedeutung führt das Sozialstaatsgebot in der verfassungsgerichtlichen Rechtsprechung – wie die verstorbene Verfassungsrichterin Rupp von Brünneck schon vor Jahren in zwei eindrucksvollen Sondervoten beklagt hat (vgl. BVerfGE 32, 129 EI 393; 36, 247 C2483) – immer noch ein

Schattendasein. Das Bundesverfassungsgericht ist nicht müde geworden zu betonen, dass die Konkretisierung des Sozialstaatsgebots dem Gesetzgeber obliege, dass diesem dabei ein erheblicher Spielraum zustehe (insbesondere BVerfGE 59, 231 [263], 65, 182 [193]) und dass die Gerichte ihrerseits das Sozialstaatsgebot im wesentlichen nur zur Auslegung der vom Gesetzgeber erlassenen Vorschriften heranziehen könnten (BVerfGE 52, 283[298], 65, 182 C193]). Dahinter steht die Erwägung, dass in der Wirtschaft und Sozialpolitik Offenheit für gesetzgeberische Gestaltungen unerlässlich sei (BVerfGE 50, 290 [338]) und dass daher in diesem Bereich Rechtsfortschritte in erster Linie politisch erkämpft werden müssen und nur selten rechtlich über Gerichte erzwungen werden können.

Ich selbst habe an dieser Rechtsprechung allzu lange ohne Widerspruch mitgewirkt. Ein früherer Präsident des Bundesverfassungsgerichtes hat die sozialstaatliche Abstinenz unserer Rechtsprechung noch einmal ausdrücklich gebilligt und dies u.a. mit der inhaltlichen Unbestimmtheit des Sozialstaatsgebotes gerechtfertigt (NZA 89,1). Aber auch Roman Herzog räumt ein, dass andere Verfassungsprinzipien wie etwa die Rechtsstaatsidee im Verfassungstext nicht konkreter formuliert sind als das Sozialstaatsgebot.
Gleichwohl sind aus der Rechtsstaatsidee im Laufe der Zeit anwendbare, konkrete Kriterien hergeleitet worden, welche – wie beispielsweise die erwähnten Grundsätze der Verhältnismäßigkeit und des Vertrauensschutzes und das Rückwirkungsverbot – eine erhebliche Bedeutung für die verfassungsgerichtliche Überprüfung staatlichen Handelns gewonnen haben. Statt das Sozialstaatsgebot in ähnlicher Weise zu aktivieren und zu konkretisieren, ist es in jüngster Zeit ähnlich wie das Rechtsstaatsgebot sogar im Gegenteil der Gefahr von Umwertungen und Erosionen ausgesetzt. Diese Tendenz steigert sich bis zur Schmähkritik am Wohlfahrtsstaat und am vermeintlich zu engmaschigen sozialen Netz. Wortführer sind – ich kann das nicht ohne Bitterkeit sagen – jene, deren eigener Lebensstil nichts zu wünschen übrig lässt und die ihre systemverändernden Bestrebungen auch noch gerne als besonders verfassungstreu ausgeben, obwohl doch der Mangel an Solidarität zu den größten Zukunftsgefahren für unser Gemeinwesen gehört und von den politischen Führungskräften eigentlich zu erwarten wäre, dass sie der grassierenden Entsolidarisierung entschieden entgegenwirken.
Sind wir denn nicht in der Bundesrepublik im Vergleich zu den USA und zu Großbritannien gerade auch deshalb noch besser dran gewesen, weil unsere Wirtschaftsordnung bislang deutlich sozialer geprägt war? Besteht nicht nach dem weltweiten Sieg der Marktwirtschaft und dem Zusammenbruch

sozialistischer Gegenmodelle sogar ein vermehrtes Bedürfnis, die soziale und ebenso die umweltverträgliche Ausrichtung unserer Rechts- und Gesellschaftsordnung zu stärken und verfassungskräftig unzweideutig abzusichern?
Zu einer solchen Stärkung besteht umso mehr Anlass, als das Sozialstaatsgebot nach der verfassungsgerichtlichen Rechtsprechung in umfassender Weise die Idee der sozialen Gerechtigkeit verkörpert, die nach dem Selbstverständnis der freiheitlichen Demokratie als leitendes Prinzip aller staatlichen Maßnahmen gilt (BVerfGE 5, 85 [198]).
Daraus folgt – wie das Gericht mehrfach betont hat – die Pflicht des Staates, für einen Ausgleich der sozialen Gegensätze und damit für eine gerechte Sozialordnung zu sorgen (BVerfGE 22, 180 [204], 45, 376 [387]). Schließlich beruhen die sozialrechtlichen Positionen weitgehend auf grundlegenden sozialethischen Wertentscheidungen.
Unstreitig dient das Sozialrecht in besonderer Weise dem Schutz der Menschenwürde, die nach der verfassungsgerichtlichen Rechtsprechung ihrerseits der oberste Wert der grundgesetzlichen Ordnung ist; ihm geht es um Hilfen für ein gelingendes Leben und für eine verlässliche Lebensplanung von Menschen, die ihr je einmaliges Leben genauso wichtig nehmen wie jeder unter uns. Es kann doch nicht sein, dass wir dies alles mit Pathos behaupten, ohne dass sich daraus rechtserhebliche Konsequenzen für Inhalt und Verbindlichkeit des Sozialstaatsgebotes ergeben.

Im Bereich des Sozialstaatsgebotes wäre schon viel gewonnen, wenn wenigstens der erreichte Standard erhalten bliebe. Schon dies ist nach Meinung kritischer Beobachter seit der »Wohlfahrtswende« und der damit verbundenen Umverteilungspolitik in Frage gestellt. Diese Politik geht davon aus, dass der soziale Standard rechtlich beliebig abänderbar ist und bei einem Machtwechsel zur freien Disposition des Gesetzgebers steht.
Demgegenüber wird die Forderung lauter, aus dem Sozialstaatsgebot ein grundsätzliches Verschlechterungs- und Rückschrittsverbot herzuleiten, das dem Gesetzgeber nur dort einen Abbau von Sozialleistungen erlaubt, wo er dies mit überwiegenden Gemeinwohlbelangen rechtfertigen kann. Berücksichtigt man die erwähnte elementare Bedeutung des Sozialstaatsgebotes und seine ethische Verankerung in der Gerechtigkeitsidee, spricht viel für ein solches Verbot. Aber derzeit dürfte keinerlei Aussicht für seine Anerkennung bestehen.

Am fruchtbarsten hat sich das Sozialstaatsgebot bislang in Verbindung mit anderen Verfassungspostulaten, insbesondere in Verbindung mit Grundrechten erwiesen.

Größte Bedeutung hat in diesem Zusammenhang namentlich der Gleichheitssatz gewonnen. Daraus wurde nicht nur ein Willkürverbot, sondern die Forderung nach Chancengleichheit und beispielsweise nach Steuer- und Wehrgerechtigkeit hergeleitet. Ferner hat das Bundesverfassungsgericht in zahlreichen Verfahren leistungsrechtliche Regelungen beanstandet, weil der Gesetzgeber bei der Gewährung von Leistungen Personengruppen ohne sachlichen Grund benachteiligt hatte. Dahinter steht die Erfahrung, dass im modernen Leistungsstaat einseitige Begünstigungen und Benachteiligungen ein weit wirksameres Mittel willkürlicher Machtausübung sein können als etwa Zwang und Befehl in der klassischen Eingriffsverwaltung. Für die persönliche Lebensgestaltung dürfte zum Beispiel die Enteignung eines Grundstückes weniger folgenreich sein als die Vorenthaltung des angestrebten Ausbildungsplatzes.

Es ist wohl kein Zufall, dass es gerade im Ausbildungsbereich zur Fortentwicklung einer sozialstaatlich motivierten Grundrechtsinterpretation gekommen ist.
Diese Fortentwicklung war schon früher auf anderen Rechtsgebieten eingeleitet worden und hatte zu einer Ausweitung des Grundrechtsschutzes über die herkömmliche Funktion der Abwehr staatlicher Eingriffe hinausgeführt. Diese Ausweitung beruht auf der gefestigten Rechtsprechung, dass die Grundrechte als objektive Normen eine Wertordnung verkörpern, in »der eine prinzipielle Verstärkung der Geltungskraft der Grundrechte zum Ausdruck kommt und die als verfassungsrechtliche Grundentscheidung für alle Bereiche des Rechts gilt« (u.a. BVerfGE 35, 114). Dieser Ansatz hat sich in mehrfacher Richtung als äußerst fruchtbar erwiesen:

Als objektive Grundentscheidungen beeinflussen die Grundrechte nicht nur die Ausgestaltung des materiellen Rechts, sondern setzen auch Maßstäbe für eine den Grundrechtsschutz effektuierende Verfahrensgestaltung und für eine verfassungskonforme Anwendung der vorhandenen Verfahrensvorschriften. Demgemäß beispielsweise aus der Eigentumsgarantie und dem Grundrecht der Berufsfreiheit die Pflicht, bei Eingriffen in diese Grundrechte effektiven Rechtsschutz zu gewähren, der den Anspruch auf faire Verfahrensführung einschließt (Nachweis BVerfGE 53, 30 [72f]). Das Grundrecht der Wissenschaftsfreiheit verpflichtet den Staat, die Pflege der freien Wissenschaft und ihre Vermittlung an die nachfolgende Generation durch Bereitstellung von personellen, finanziellen und organisatorischen Mitteln zu ermöglichen und zu fördern. Dem einzelnen Wissenschaftler erwächst aus der Wertentschei-

dung des Art. 5 Abs. 3 GG ein Teilhaberecht am öffentlichen Wissenschaftsbetrieb in Gestalt solcher staatlichen Maßnahmen auch organisatorischer Art, die zum Schutz seines grundrechtlich gesicherten Freiheitsraumes unerlässlich sind (BVerfGE 35, 79 [115f]).
Aus dem Grundrecht auf Leben und körperliche Unversehrtheit hat das Bundesverfassungsgericht über seine Bedeutung als Abwehrrecht hinaus eine positive Schutz- und Förderpflicht hergeleitet und im Anschluss an sein Urteil zur Fristenlösung gefordert, zum Schutz gegen die Gefahren der wirtschaftlichen Nutzung der Atomenergie seien materielle- und verfahrensrechtliche Vorschriften für die Genehmigung von Kernkraftwerken erforderlich (BVerfGE 53, 30).
Die für lange Zeit strittige Frage, ob Grundrechte nur im Gegenüber des Bürgers zum Staat gelten oder ob ihnen auch eine sogenannte Drittwirkung im Verhältnis der Bürger untereinander zukommt, wurde im Ergebnis mit der Begründung bejaht, dass jedenfalls die für Streitigkeiten zwischen den Staatsbürgern maßgeblichen Vorschriften vom Gesetzgeber und von den Gerichten unter Beachtung der Grundrechte auszugestalten und auszulegen sind.
Für den Bereich des Ausbildungswesens hat das Bundesverfassungsgericht aus der in Art. 12 Abs. 1 GG verkörperten Grundentscheidung in Verbindung mit dem Gleichheitssatz und dem Sozialstaatsgebot ein Teilhaberecht eines jeden »hochschulreifen« Bewerbers auf Zulassung zum Hochschulstudium hergeleitet. In der Begründung des ersten Grundsatzurteils zum Numerus Clausus findet sich der folgende vielzitierte Satz (BVerfGE 33, 303 [333]): »Je stärker der moderne Staat sich der sozialen Sicherung und kulturellen Förderung der Bürger zuwendet, desto mehr tritt im Verhältnis zwischen Bürger und Staat neben das ursprüngliche Postulat grundrechtlicher Freiheitssicherung vor dem Staat die komplementäre Forderung nach grundrechtlicher Verbürgung der Teilhabe an staatlichen Leistungen.«

Die Beziehung zwischen Sozialstaatsgebot und Fortentwicklung der Grundrechte wird besonders deutlich in der Diskussion über sogenannte soziale Grundrechte, die durch die deutsch-deutsche Vereinigung neuen Auftrieb bekommen hat und auf die ich abschließend noch etwas genauer eingehen möchte: Es geht um die Frage, ob nicht das Sozialstaatsgebot des Grundgesetzes durch Aufnahme sozialer Rechte oder genauer: sozialer Staatszielbestimmungen über elementare Lebensbedürfnisse zu konkretisieren ist.
In Betracht kämen als Staatsziele ein möglichst hoher Beschäftigungsstand, eine ausreichende Versorgung mit menschenwürdigem Wohnraum, die

Gewährleistung eines Systems zur sozialen Sicherheit sowie die Förderung von Bildung und Kultur. Wer für eine solche Verfassungsergänzung eintritt, muss zunächst eine Vorentscheidung treffen:

Soll sich der Grundrechtsteil einer Verfassung auf unmittelbar geltende einklagbare Rechte beschränken oder kann er darüber hinaus auch allgemeine Verfassungspostulate in Gestalt von Staatszielbestimmungen und Verfassungsaufträgen enthalten? Das Grundgesetz hatte sich im wesentlichen mit einem Katalog klassischer Freiheits- und Abwehrrechte begnügt, die – wie Meinungs-, Handlungs- und Berufsfreiheit oder die Eigentumsgarantie – dem Staat Grenzen setzen, also festlegen, was der Staat nicht darf und deren Einhaltung notfalls durch Anrufung von Gerichten erzwungen werden kann.
In dieser Selbstbeschränkung hat sich das Grundgesetz sicherlich als handhabbares Instrument für den Aufbau einer freiheitlichen Demokratie bewährt. Damit können sich namentlich solche Bürger zufriedengeben, deren Lebenszuschnitt nichts zu wünschen übrig lässt und denen die Garantie der klassischen Freiheits- und Abwehrrechte genügt, um ein selbstbestimmtes menschenwürdiges Leben abzusichern.
Aber soll sich eine Verfassung stets nur auf das beschränken, was die Staatsorgane nicht dürfen und was einklagbar ist?
Wäre das überhaupt erwünscht?
Dann hätte in allen verfassungsrechtlich relevanten Fragen das Verfassungsgericht, also gegebenenfalls eine Mehrheit von fünf Richtern, stets das letzte Wort.
Für die Verwirklichung der Verfassung sind aber nicht allein die Gerichte, sondern vor allem das vom Volk legitimierte Parlament und die Exekutive verantwortlich!
Es ist durchaus sinnvoll, diese Staatsorgane auch durch positive Zielsetzungen von Verfassungs wegen in die Pflicht zu nehmen und für die Staatspraxis Prioritäten zu setzen. Sie haben zumindest eine wertvolle Impuls-, Integrations- und Edukationsfunktion.

Die neue Brandenburgische Landesverfassung ist diesen Weg gegangen und hat als Staatszielbestimmungen die erwähnten Rechte auf Arbeit, auf Wohnung, auf soziale Sicherheit und auf Bildung anerkannt. Diese Anerkennung ist neben der erweiterten Beteiligung der Bürger an der Staatswillensbildung durch Volksinitiativen, Volksbegehren und Volksentscheid besonders charakteristisch für das Selbstverständnis des Landes Brandenburg und eines seiner

identitätsstiftenden Merkmale. Der brandenburgische Verfassungsausschuss hat sich bei Beratungen an einem doppelten Regelungsziel orientiert:
Einerseits soll dem Gesetzgeber ein ausreichender politischer Gestaltungsspielraum erhalten bleiben und zur Vermeidung von Enttäuschungen dem Irrtum vorgebeugt werden, Staatszielbestimmungen könnten in ähnlicher Weise wie die klassischen Freiheits- und Abwehrrechte als unmittelbar geltendes Recht vor Gericht erzwingbar sein.
Zugleich soll dem umgekehrten Eindruck entgegengewirkt werden, Staatszielbestimmungen seien bloße unverbindliche Programmsätze und uneffektive Verfassungslyrik.
Ein solcher Eindruck hätte fatale Erinnerungen an die marxistische Geringschätzung des Rechts als ideologischer Überbau und als bloßes Instrument des »social engineering« geweckt und an die uneingelösten Verheißungen in kommunistischen Verfassungstexten.
Demgemäß war das Bestreben darauf gerichtet, die objektiv-rechtlichen Staatszielbestimmungen mit einklagbaren flankierenden Ansprüchen zu verbinden:

So wird beispielsweise das Recht auf Arbeit abgestützt durch die Gewährleistung von Berufsberatung und Arbeitsvermittlung sowie durch Ansprüche auf Umschulung, berufliche Weiterbildung und insbesondere auf Unterhalt, soweit eine angemessene Arbeitsgelegenheit nicht nachgewiesen werden kann. Das bedeutet:
Zwar gibt es kein einklagbares Recht auf einen Arbeitsplatz, wohl aber einklagbare flankierende Maßnahmen, welche die allgemeine Pflicht des Landes effektuieren, durch eine Politik der Vollbeschäftigung und Arbeitsförderung für eine Verwirklichung des Rechts auf Arbeit zu sorgen.
Abgesehen von diesen flankierenden Maßnahmen können die Staatszielbestimmungen namentlich dann auch rechtlich relevant werden, wenn der Gesetzgeber bei der Verwirklichung dieser Staatsziele eine verfassungsrechtliche Legitimation für Eingriffe in entgegenstehende Grundrechtspositionen, etwa die Eigentumsgarantie oder das Grundrecht auf Handlungsfreiheit, braucht.

Obwohl die CDU in Brandenburg und auch in anderen neuen Ländern der Aufnahme von Staatszielbestimmungen zugestimmt hat, sind entsprechende Anträge in der Kommission zur Reform des Grundgesetzes an ihrem Widerspruch gescheitert.

Die Anträge fanden zwar eine stattliche relative Mehrheit von 32 zu 21 Stimmen. Die erforderliche Zwei-Drittelmehrheit erreichten aber nur, und zwar mit Mühe und in kastrierter Form, die Staatszielbestimmungen zum Schutz der Umwelt, zur Gleichstellung der Frauen, zum Schutz ethnischer Minderheiten und zur europäischen Integration.
Dies ist um so schwerer verständlich, als weitergehende soziale und kulturelle Staatszielbestimmungen seit langem in mehreren internationalen Vereinbarungen, so in der Europäischen Sozialcharta von 1961 und im Internationalen Pakt über wirtschaftliche, soziale und kulturelle Rechte von1966,ausdrücklich als rechtsverbindlich anerkannt sind.
Es wäre also nur darum gegangen, solche Vereinbarungen auf die Ebene des nationalen Verfassungsrechts anzuheben. Dass dies gescheitert ist, beurteile ich als Versagen meiner Generation. Wären unsere Vorfahren so denkfaul und immobil gewesen wie wir, wäre die rechts- und sozialstaatliche Demokratie hierzulande nie Wirklichkeit geworden.

Ich möchte mit einer verfassungspolitischen Anfrage schließen:
Das vereinigte Deutschland ist – darüber herrscht weithin Einigkeit – keine bloße räumliche Erweiterung des früheren Provisoriums Bundesrepublik, sondern ein neues Gemeinwesen in einer radikal veränderten Umwelt.
Wie und wo soll aber – so fragen nachdenkliche Zeitgenossen – dieses Gemeinwesen seine Identität finden?
Im Tanz um das goldene Kalb des Wohlstandes oder gar im Nationalismus, der derzeit bei uns und anderwärts wieder einmal sein abstoßendes Gesicht entblößt?
Eine denkbare und doch wohl überzeugendere Möglichkeit zur Identitätsfindung wäre eine Kräftigung des eingangs erwähnten Verfassungspatriotismus gewesen. Dazu bestand noch im Zeitpunkt der Veranstaltungen zum 40-jährigen Bestehen der Bundesrepublik eine gewisse Bereitschaft. Diese Bereitschaft ist nach der Wende merkwürdig rasch umgeschlagen. Inzwischen dürften die damals bestehenden Chancen weitgehend verspielt sein. Hat gar der Zusammenbruch des Sozialismus in seiner real existierenden Form die ohnehin bestehende Gefahr bestärkt, dass der weltoffene und emanzipatorische Verfassungspatriotismus, wie er in den letzten Jahren gewachsen war, zu einem selbstgerechten und selbstgefälligen Verfassungspharisäertum erstarrt? Es bleibt zu hoffen und zu wünschen, dass es immer noch genügend streitbare Demokraten gibt, die sich mit einer solchen Entwicklung nicht abfinden.

*

Mein Dezernat im Bundesverfassungsgericht gehörte zu den am stärksten belasteten.
Deshalb plagte Helmut Simon Jahr für Jahr eine nur schwer erträgliche Last an unbearbeiteten Rückständen. Behilflich auch bei deren Aufarbeitung waren ihm dabei seine wissenschaftlichen Mitarbeiter, welche für ihn gleichzeitig auch die ersten und nächsten beruflichen Gesprächspartner waren. Menschen, welche eine gleiche oder zumindest eine ähnliche verfassungspolitische Grundhaltung mit ihm verband, weshalb sie auch nach Helmut Simons Ausscheiden mit ihm in gutem Kontakt blieben.
Da waren zum Beispiel die Vizepräsidentin und spätere Präsidentin des Bundesverwaltungsgerichtes, Frau Eckertz-Höfer, sowie der spätere Präsident des Verwaltungsgerichtes Gießen, Dr. Fritz, denen Helmut Simon die im Prolog beschriebene, imposante Festschrift zu verdanken hatte.
Oder der spätere Vorsitzende Richter am Bundesverwaltungsgericht Albers, der zusammen mit Frau Eckertz-Höfer in deren Laudatio zu Helmut Simons achtzigstem Geburtstag ihren früheren Chef als den Mann würdigten, der »wie kein anderer Richter in den Siebzigern und Achtzigern zum Hoffnungsträger junger Leute wurde, insbesondere solcher, welche die Postulate von Demokratie und Sozialstaatlichkeit nicht hinreichend angestrebt und verwirklicht sahen.«
Oder der spätere Präsident des Verwaltungsgerichtes Freiburg im Breisgau, Joachim von Bargen, der aus Anlass seines eigenen Eintritts in den Ruhestand das Privileg, drei Jahre in der nächsten Umgebung von Helmut Simon tätig gewesen zu sein, als »den großen Glücksfall seines Lebens« bezeichnete:
»Immer wieder, wenn es später (in schwierigen Situationen beruflicher Natur) brenzlig wurde oder es ausweglos erschien, habe ich mich gefragt, wie Sie wohl an meiner Stelle mit der Situation umgehen würden. Ich habe (bei Ihnen) gelernt, niemals ›die Flinte ins Korn zu werfen‹ und auch noch einer eindeutigen Niederlage eine positive Seite abzugewinnen.«
Ein Mitarbeiter eines anderen Dezernates, der spätere Vorsitzende Richter am Bundessozialgericht in Kassel, Ulrich Hambüchen, der mehrere Jahre für die »Entwicklungszusammenarbeit« in Russland, in der Mongolei und von 1994 bis 2001 in Peking lebte, um dort chinesischen Instanzen Zugang zu (einer westlichen Vorstellung von) Demokratie und Rechtsstaatlichkeit zu vermitteln, lud Helmut Simon

nebst Ehefrau gegen Ende der 90er zu Diskussionsveranstaltungen mit der chinesischen Volkskammer ein. Leider musste Helmut Simon diese Reise aus gesundheitlichen Gründen absagen. Vielleicht wäre das Reich der Mitte durch die Anwesenheit des ehemaligen Verfassungsrichters einem Demokratieverständnis wenigstens im Nano-Bereich ein wenig nähergekommen?

*

Verdienstorden, vor allem das Bundesverdienstkreuz, sollen eine besondere Auszeichnung für diejenigen Menschen darstellen, die im Schweiße ihres Angesichts, durch tage- und nächtelanges Denken oder für das Wohl anderer unter Zurückstellung ihrer eigenen Person für ihr Land und seine Menschen eine herausragende Leistung vollbracht haben, sei es auf geistiger, kultureller, wirtschaftlicher oder politischer Ebene. Sie bedeuten einen nach außen hin sichtbaren Dank für diese besonderen Leistungen sowie die Anerkennung der entsprechenden Persönlichkeit durch den Akt der Verleihung.
So jedenfalls war es vom ehemaligen Bundespräsidenten Theodor Heuss gedacht gewesen.
Doch dann wurde Mitte der 90er die Verleihung durch einen Verdienstorden ausgerechnet durch eine (geheim gehaltene) Absprache innerhalb der Bundestagsfraktionen insofern inflationär gehandhabt, als dass man sich dort pro Legislaturperiode und völlig unabhängig von erbrachten Leistungen ein Budget von 30 Orden für Abgeordnete reservierte.
Weiterhin gibt es Berufsgruppen, bei der die Zugehörigkeit per se bereits eine Verleihung beim Ausscheiden beinhaltet, was bedeutet, dass eine außerordentliche Leistung innerhalb dieser Berufsgruppe einfach »präjudiziert« wird. Beim Bundespräsidenten ist dies der Fall sowie bei einem Verfassungsrichter.
Helmut Simon jedenfalls hätte das Bundesverdienstkreuz, das Große mit Stern und Schulterband, am liebsten abgelehnt. Jedoch nicht, weil der Akt der Verleihung einem Automatismus gleicht – den kann er noch akzeptieren. Sondern weil er die Meinung vertritt, dass sich ein Verfassungsrichter von der Exekutive einfach nicht auszeichnen lässt.
Schließlich *ist ein Verfassungsrichter jemand, der über die Handlungen der Exekutive entscheidet.*

Doch an diesem Tag war er nicht der einzige, der aus dem Amt verabschiedet werden sollte. Und er hatte keinerlei Lust, in eine Diskussion über das »Warum« seiner Handlung einzutreten, wollte seinen Kollegen auch nicht in den Rücken fallen. (Sein Kollege Konrad Hesse, mit dem er das Schleyer-Urteil formulierte, hatte das Verdienstkreuz abgelehnt, war allerdings auch als Einzelperson aus dem Amt verabschiedet worden.) Also ließ er den Akt über sich ergehen, für den Richard von Weizsäcker extra nach Karlsruhe gekommen war, und der dann fast schamhaft in einem Nebenraum des Bundesverfassungsgerichtes, gleichsam zwischen Tür und Angel, vonstatten ging.

Solch eine Verabschiedung aus einem langen Richterleben bietet natürlich auch hinreichend Anlass, über den Sinn des eigenen Berufslebens und über das, für was man sich innerhalb dieses Lebens einsetzte, nachzudenken.
In Helmut Simons Fall war dies selbstverständlich das Grundgesetz, die Verfassungsgerichtsbarkeit an sich, sowie sein Auftreten als überzeugter Verfassungspatriot in diesem Land. Er selbst bezeichnet die Verfassungsgerichtsbarkeit als die Krönung des Rechtsstaatsgedankens, welche inzwischen auch in anderen Ländern innerhalb und außerhalb Europas Fuß gefasst habe. Diese Krönung allerdings durchbreche in markanter Weise das ursprüngliche rechtsstaatliche Prinzip der Gewaltenteilung zugunsten der Gerichtsbarkeit.
Denn deren Aufgabe beschränke sich nun nicht mehr allein auf Auslegung und Anwendung derjenigen Gesetze, die von einer anderen Gewalt erlassen wurden, sondern erstrecke sich jetzt auch auf deren verfassungsmäßige Kontrolle.
Damit mindere die Verfassungsgerichtsbarkeit die Gewalt des vom Volk unmittelbar legitimierten Parlamentes!
Hieraus zieht Helmut Simon den Schluss, dass es sich bei der Durchsetzung der Verfassungsgerichtsbarkeit um einen adäquat revolutionären Akt handele wie beim Übergang von der Monarchie zu einem an die Verfassung gebundenen Staat.

Doch hat sich die Verfassungsgerichtsbarkeit in der Bundesrepublik inzwischen voll durchgesetzt? Wo doch deren Beurteilung immer noch zwischen Überschätzung und kritischen Angriffen schwankt. Helmut Simon bejaht:

Selbstverständlich muss Urteilsschelte legitim sein, gerade gegenüber einem letztinstanzlichen Gericht mit einer solch beträchtlichen Machtfülle. Legitim und darüber hinaus auch unverzichtbar.
Besonders auf militärischem Gebiet, das sich bisher als weitgehend resistent gegenüber verfassungsrechtlicher Durchdringung erwiesen hat.
Bereits seit den Anfängen der Verfassungsgerichtsbarkeit hat es an ihr scharfe Formen der Kritik gegeben, so zum Beispiel im Streit über den Wehrbeitrag oder beim Verbot des Adenauer-Fernsehens.
Und er erzählt, dass es in der sozialliberalen Ära sogar Äußerungen im Kabinett gegeben habe, dass man sich von den »Arschlöchern« in Karlsruhe doch nicht die Ostpolitik ruinieren lasse. Allerdings müssten solch emotionale Äußerungen wie die, welche zum Beispiel dazu aufgefordert hätten, die Kruzifix-Entscheidung des Gerichtes einfach zu missachten, zurückgewiesen werden. Trotz aller Kritik sei bisher nirgends empfohlen worden, die Verfassungsgerichtsbarkeit wieder abzuschaffen, oder diese in ihrer starken Position grundsätzlich zu schwächen.
Helmut Simon begründet dies mit einer übergreifenden und generellen Wertschätzung der Verfassung, die schließlich ein Stück weit die Kultur in unserem Land geprägt habe. Bis hin zu einem neuartigen Verfassungspatriotismus, der zeitweise sogar zu einer Art Religionsersatz für eine säkulare Gesellschaft zu führen schien. Als Hüter unserer Verfassung partizipiere das Bundesverfassungsgericht an dieser Wertschätzung. Und es habe wesentlich dazu beigetragen, das Grundgesetz erlebbar und erfahrbar zu machen.
In diesem Zusammenhang erinnert er an die *verdienstvolle Rechtsprechung zur Meinungs- und Pressefreiheit, zur Gleichberechtigung der Geschlechter sowie zur Berufsfreiheit,* doch bescheiden verschweigt er seine Teilnahme daran. Und er hebt hervor, dass eben solche Entscheidungen nicht zuletzt den schwächeren Mitgliedern unserer Gesellschaft, wie etwa Pflegekindern, Strafgefangenen, Ausländern, Andersgläubigen, Schuldnern oder Geisteskranken zugute gekommen seien.
Weiter erzählt Helmut Simon, wie es in der Verfassungsgeschichte Amerikas dazu gekommen war, dass dort ausgerechnet den Gerichten eine derartige Kompetenzfülle anvertraut worden war. Dort war man sich anfangs nämlich überhaupt nicht einig darüber, wie ein solches Kontrollorgan auszusehen habe, wem man dieses wichtige Amt anvertrauen könne.

Schließlich habe man sich dort ganz bewusst deshalb auf die »schwächste« aller Staatsgewalten geeinigt, weil diese weder über nennenswerte Finanzmittel noch über bewaffnete Kräfte verfügte, deshalb also ausschließlich auf durch Weisheit getragene Autorität sowie auf überzeugende Argumentationsfähigkeiten angewiesen waren. Auf diese zwei Säulen gestützt habe es auch unser Verfassungsgericht im Laufe der Jahrzehnte geschafft, ein hohes Ansehen sowie breites Vertrauen innerhalb der Bevölkerung zu gewinnen. Was an den inzwischen weit über 100 000 Verfahren erkennbar werde.

Allein bis zum Millenium habe das Gericht über 500 Regelungen innerhalb von Gesetzen oder Verordnungen als verfassungswidrig beanstandet.

Für den inneren Frieden nicht weniger wichtig dürften allerdings auch diejenigen Fälle gewesen sein, bei denen die Verfassungsmäßigkeit umstrittener Regelungen und Entscheidungen nach gründlicher, gegebenenfalls verfassungskonformer Auslegung bejaht worden seien.

Dass die Erfolgsquote aller Verfassungsbeschwerden lediglich bei nur drei Prozent läge, erkläre sich vor allem daraus, dass viele Bürger auf Grund der Kostengünstigkeit des Verfahrens das Verfassungsgericht auch für Überprüfungen von Streitigkeiten zu nutzen versuchten, die mit Verfassungsverstößen nicht im Geringsten etwas zu tun hätten.

Wenn man bedenke, dass in unserem Land nahezu alle Ereignisse von Bedeutung Gegenstand verfassungsgerichtlicher Entscheidungen waren, könne nach deren Sammlung unschwer eine Nachkriegsgeschichte der Bundesrepublik Deutschland geschrieben werden. Die Art und Weise schließlich, wie Verfassungsrichter in ihr Amt gewählt werden, nämlich durch einen Bundestagsausschuss oder vom Bundesrat mit einer Zweidrittelmehrheit, empfindet Helmut Simon als demokratiekonform. Dies sei richtig so, vor allem, wenn man das hohe Maß an Unabhängigkeit bedenke, das die Richter genössen und mit dem sie arbeiteten. Innerhalb ihrer Funktion hätten sie dann ihre innere, allein der Verfassung verpflichtete Unabhängigkeit zu wahren. Wie sie dies handhabten, wäre allein ihre eigene Angelegenheit. Nach Helmut Simons langjähriger Erfahrung dränge der tägliche Umgang mit der Verfassung sowie der Argumentationszwang, dem er sich innerhalb eines qualifizierten Gremiums unterwerfen müsse, die

mögliche parteipolitische Herkunft eines Richters in den Hintergrund. Er sieht also in einer Parteizugehörigkeit keinerlei Gefahr für ein objektives Verhalten innerhalb eines Richtergremiums.
Problematisch dagegen sei der außerordentliche Arbeitsumfang, der auf den Schultern der Verfassungsrichter laste. Dieser führe zu unangemessen langen Verfahrensdauern.
Das Bundesverfassungsgericht dürfte das einzige Staatsorgan sein, dessen Mitgliederzahl drastisch (von 24 auf 16 Richter) gesenkt wurde, während die Arbeitsbelastung ständig steige.
Und dann erzählt Helmut Simon noch von seinem ersten Fall am Bundesverfassungsgericht, zu einer Zeit, als Gebhard Müller noch Gerichtspräsident war und sich der Neuling und sein Präsident gegenseitig misstrauisch beäugten.
Es ging um einen Nazi-Lehrer, der irgendwo im Ausland verhaftet und daraufhin unendlich lange in Auslieferungshaft gesteckt worden war. Irgendetwas mit der Auslieferung klappte nicht. Dieser Nazi-Lehrer reichte wegen der langen Haftzeit eine Verfassungsbeschwerde beim höchsten Gericht mit der Argumentation ein, dass seine Haft überlang wäre und bereits länger dauere, als die spätere und eigentliche Strafhaft dauern würde.
Wie nicht anders zu erwarten war, gab es bei Gericht keinerlei Sympathie für den Antragsteller.
Doch Helmut Simon argumentierte, dass fehlende Sympathie keine Argumentationsgrundlage darstelle und dies eben ein Musterbeispiel für eine Entscheidung »ohne Ansehen der Person« sei. Der Nazi-Lehrer hat gesiegt.
Und für Gebhard Müller war Helmut Simons Argumentation der Beweis dafür, dass er mit seinem neuen Richter in Zukunft produktiv würde zusammenarbeiten können.

*

Zu seinem Ausscheiden aus dem Bundesverfassungsgericht widmet der »Spiegel« Helmut Simon einen Artikel. Eine Würdigung von derjenigen Zeitung, deren falsch recherchierter Bericht über den vermeintlich von seiner Tochter geohrfeigten Professor zu Beginn von Helmut Simons Laufbahn beim Bundesverfassungsgericht diesem beinahe das neue Amt gekostet hätte.

Weitere Würdigungen erscheinen unter anderem in der »ZEIT« sowie in der »Frankfurter Rundschau«.
Der Tenor ist durch die Bank positiv, das Bedauern, dass dieser so sehr dem Recht verpflichtete Richter aus dem Verfassungsgericht ausscheidet, in allen Medien spürbar.
Das Simon-Zitat »Wer wenig im Leben hat, soll viel im Recht haben« wird hier zu dessen Motto – und die fast »schamhaft« verlaufene Verleihung des Bundesverdienstkreuzes zum Festakt erhoben.
Auch wird auf die Festschrift verwiesen, deren Titel »Ein Richter, ein Bürger, ein Christ« Helmut Simons Engagement und Leben so trefflich charakterisiert. Und auf die lange Liste der Autoren – von Willy Brandt bis Helmut Gollwitzer –, welche in ihr den streitbaren Juristen, den stets wachen Querdenker, den unbestechlichen Anwalt der Schwachen, den präzisen Formulierer sowie den argumentationsstarken Dissenter Helmut Simon ehren.
Karl Barth, der bereits im Dezember 1968 gestorben war, konnte natürlich keine Rede für Helmut Simon schreiben. Doch hätte er die Möglichkeit gehabt, könnte er folgende Formulierung gebraucht haben: dass nämlich Helmut Simon eine »Justitia Viatorum« gelebt habe, also innerhalb der Jurisprudenz immer unterwegs geblieben sei.

Die eigentliche, seine Arbeit am Bundesverfassungsgericht beendende, Feier war für Helmut Simon die Übergabe der Festschrift im novembernebeligen Muffendorf am 5. November 1987 mit all den Persönlichkeiten, die ihn schätzten, und die er verehrte.
Auch seine Frau Eka nahm daran teil, obwohl es ihr gesundheitlich überhaupt nicht mehr gut ging.

Der Kirchentag vor der Wende

Ein Jahr zuvor, also 1986, war von der Union der Evangelischen Kirchen die dann alle zwei Jahre stattfindende Verleihung des mit 20 000 DM dotierten Karl Barth-Preises für herausragende theologisch-wissenschaftliche Arbeiten innerhalb der Ökumene oder aus dem deutschen Sprachraum initiiert worden.

1988 war es Helmut Simon, der mit der zweiten Verleihung geehrt wurde, und der die 20 000 DM seinem Charakter entsprechend als Spende weiterleitete.
Die Laudatio hielt der Preisträger von 1986, der Theologieprofessor Eberhard Jüngel. In ihr bezeichnete er Helmut Simon als »so etwas wie einen Hoffnungsträger im linken Spektrum der Bundesrepublik sowie des deutschen Protestantismus«. Und dass Helmut Simon auf seine spezielle Weise »theologische Existenz heute« verkörpere.
Diese Würdigung basierte auf Helmut Simons schon früh begonnenen Bemühungen um diejenigen Fragen, welche durch die Überwindung des nationalsozialistischen Unrechtes entstanden waren sowie deren rechtsphilosophische und rechtstheologische Klärung. Und auf die in deren Folge ausgelösten Diskussionen und Streitgespräche, die sich – auch im Zusammenhang mit der Diskussion um das Naturrecht – bis in die 60er hingezogen hatten, also der gedanklichen Arbeit, die auch zur Verleihung der Ehrendoktorwürde der Universität Basel geführt hatte.
Wieder ein Jahr später wurde Helmut Simon innerhalb einer Festveranstaltung aus Anlass des vierzigjährigen Bestehens des DGB von der Hans-Boeckler-Stiftung der Hans-Boeckler-Preis verliehen.
Diese Verleihung verlief besonders denkwürdig, meinte Helmut Simon und verwies auf eine Begründung, die am Ende seiner Lebensskizzen steht: Der Preisträger sei ein vorbildlicher Demokrat, der die Grundwerte unserer Verfassung überzeugend vertrete, den Missbrauch von Macht energisch bekämpfe, unerschütterlich für die Rechte von

Minderheiten streite und damit für eine solidarische Gesellschaft lebe. »Und«, so fuhr das Vorstandsmitglied Ilse Brusis fort, »Helmut Simon hat maßgeblich dazu beigetragen, den Dialog zwischen der Evangelischen Kirche und organisierter Arbeitnehmerschaft zu vertiefen.«

Außerdem sei sich der DGB dessen bewusst, dass der Preisträger bei aller Liebenswürdigkeit und Dialogbereitschaft ein streitbarer Christ, ein unbestechlicher Richter sowie ein von keiner Seite zu vereinnahmender und kritischer Beobachter der gesellschaftlichen Verhältnisse sei, und dass dies auch und sicher nicht zuletzt für seine Beziehung zu den deutschen Gewerkschaften gelte.

Mit seiner Dankesrede zum Thema »Sozialstaatsgebot«, (die später publiziert wurde), hatte Helmut Simon – auf eine verbesserte Zusammenarbeit zwischen Gewerkschaften und Kirche spekulierend – ein Zeichen setzen wollen. Diese verbesserte Zusammenarbeit sei mit der Preisverleihung – wie er denkt – wohl auch gemeint gewesen.

Doch da die Pressereferentin des Kirchentages leider versagt habe, konnte diese Geste publizistisch nicht aufgenommen werden.

Und eine dritte Preisverleihung stand an, deren Beginn für das Verhältnis von Johannes Rau zu Helmut Simon bezeichnend war. Seine Einstellung zu solchen Preisverleihungen war durchaus kritisch – was Johannes Rau natürlich nicht verborgen geblieben war. Weil er sich also nicht sicher war, ob der Freund eine Ehrung überhaupt annehmen würde, versuchte er vorsichtshalber diesen vorher anzurufen, wie damals, als er ihn gerne in seiner Regierung als Justizminister gesehen hätte.

Diesmal allerdings war Helmut Simon zu Hause, konnte den Anruf annehmen und seine Annahmebereitschaft bestätigen. Es ging um den Verdienstorden des Landes Nordrhein-Westfalen. Begründet wurde die Verleihung mit Helmut Simons Verdiensten innerhalb seines kirchlichen Wirkens.

Und über diese Ehrung hat er sich richtig gefreut, verstand die Geste als »Zeichen fortbestehender Bindung an sein Heimatland«.

Solche Ehrungen haben mir den Eintritt in den Ruhestand erleichtert.

Wahrscheinlich auch deswegen, weil er durch diese erkennen konnte, dass sein öffentliches Wirken, sein berufliches Engagement, sein konsequentes Denken und seine nicht immer leicht zu ertragende Außenseiterposition im Endeffekt obsiegt hatten.

Aber noch war Helmut Simon Mitglied im Kirchentagspräsidium, und er sollte 1989 aufs Neue Kirchentagspräsident werden, an einen Ruhestand mit Gartenarbeit oder hochgelegten Füßen war also nicht zu denken.
Wozu er im Übrigen auch gar keine Lust verspürte, wo doch die Zeit so spannend geworden war.
Nachdem Michail Gorbatschow die sowjetische Vormachtstellung aufgegeben und diese sich nach außen zu öffnen begonnen hatte und in den Ländern östlich der DDR plötzlich Reformbewegungen zu sprießen begannen, während sich dortselbst bürgerrechtlich orientierte Intellektuelle sowie Mitglieder der Kirchen zu »wahren Protestanten« entwickelten und für Reformen eintraten.
Konnte ein Helmut Simon da ein Rentnerdasein führen?
Von den frühen und danach andauernden Ostkontakten des Verfassungsrichters wurde bereits berichtet, aber noch nicht, dass Helmut Simon schon 1982 an einer gemeinsamen Sitzung der beiden Kirchentagspräsidien (Ost und West) in Potsdam teilgenommen hatte.
Dort, in der ehemaligen Residenz Friedrich des Großen, hatten sich Erhard Eppler, Manfred Stolpe und Helmut Simon zu einem freimütigen Gespräch mit dem damals für Kirchen zuständigen Staatssekretär der DDR getroffen. Diesen bis dahin im Westen wenig bekannten Politiker, Klaus Gysi, kritisierte Erhard Eppler wegen der lächerlichen Hatz auf den Aufnäher »Schwerter zu Pflugscharen«, und Helmut Simon konfrontierte ihn mit der Tatsache, dass es ostdeutsche Kirchentage seien, die unter der Losung »Vertrauen wagen« stattfinden würden. Und er fragte Klaus Gysi in diesem Zusammenhang, ob es nicht langsam an der Zeit wäre, dass der Staat nun seinerseits gegenüber den Bürgern nach eben dieser Losung verfahre (eine Antwort Klaus Gysis ist leider nicht überliefert).
Doch in der Folge konnten wenigstens gegenseitige Kirchentagsbesuche stattfinden. Helmut Simon jedenfalls nahm an den regionalen Kirchentagen in Görlitz, Dresden und Erfurt teil, bis, ja bis er 1989 zusammen mit dem Vorsitzenden der ostdeutschen Kirchentagsbewegung den »Fehler« beging, die Zionskirche zu besuchen.
Welche zu diesem Zeitpunkt von kritischen Umweltgruppen besetzt war, was für Helmut Simon ein Einreiseverbot zur Folge hatte.
Zu Beginn des Berliner Kirchentages sprach er dann auch während einer Pressekonferenz die deutsch-deutsche Problematik an:

Mit dem Mauerbau hat eine lange Phase deutsch-deutscher Entwöhnung und Enthaltsamkeit begonnen, in der auch die Kirchentage in Ost und West ihre jeweils eigenen Wege gesucht haben und gegangen sind.
Diese Grundhaltung war aus der jeweiligen Einsicht heraus gerechtfertigt, dass Glaubensbewährung stets auch situationsgebunden ist, und dass alle gut daran tun, jeweils so gut wie möglich, ihre eigene Aufgabe dort anzupacken, wo sie als Ort ihrer Bewährung hingestellt sind.

Und er schloss seinen Rückblick mit der Frage:
Deuten sich – vielleicht im Zuge derjenigen Bewegungen, die den Ostblock ergriffen hatten – Veränderungen der deutsch-deutschen Enthaltsamkeit an? Sind wir inzwischen unbefangen genug, freimütiger und vielleicht auch ungeduldiger über die Entwicklung im jeweils anderen Deutschland mitzusprechen?

Unschwer ist an Helmut Simons Worten zu erkennen, dass er die Wende vorausgesehen hat. Von unbefangener Entwicklung ist hier die Rede, von Freimütigkeit im Gespräch, aber auch von der Ungeduld. (Die dann im Zuge der Entwicklung alles vereinnahmen sollte.) Und so stand der Berliner Kirchentag unter der trefflichen Losung: »Unsere Zeit in Gottes Händen«.

95 000 Menschen waren gekommen und hörten begeistert Helmut Simons zentrale, alle Grenzen sprengende Botschaft dieses Kirchentages:
Das Zentrum meines Glaubens ist das Bekenntnis, dass Gott als der Schöpfer, Erhalter und Erlöser die maßgebliche Realität im Himmel wie auf Erden, in Zeit und Ewigkeit ist, dass er sich in Jesus Christus der Welt zugewandt hat, dass wir zu seiner gehorsamen Nachfolge berufen sind, dass wir uns dabei – auch gegen allen Anschein – auf ihn verlassen dürfen.
Das sind steile Sätze, die manche allenfalls stammelnd mitsprechen können und die nach Auschwitz niemandem leicht über die Lippen gehen. Auch ich bin oft genug von Zweifeln geprägt. Mir geht es mit dem Glauben wie mit der Musik. Sie lässt sich nicht zureichend beschreiben und ist doch real vorhanden. Auch empfinde ich unseren Protestantismus gelegentlich als recht angestrengt, zumal ich einer Generation angehöre, deren Lebenseinstellung sich am Begriff der Verantwortung ausrichtet, während die Fähigkeit zu Lebensfreude eher unterentwickelt blieb …

Indem ich aber auf die unbeschreibbare Musik vom lebendigen Gott höre, bekommt mein Leben eine andere Tonart. Es gelingt dann ein wenig besser, nun eben nicht zu flüchten, sondern standzuhalten, das mir geschenkte Leben anzunehmen und in aller Vorläufigkeit zu leben, also in Vollzug meines Lebens seinen Sinn zu erfahren und seine Chancen zu ergreifen. Dann gebe ich meine Zuschauerhaltung auf, dann sehe ich nicht weg, wo Unrecht geschieht. Dann lasse ich mich nicht durch Angst vor Katastrophen lähmen. Dann fange ich in Gemeinschaft mit meinen Glaubensgenossen an, das als richtig und geboten Erkannte im Vertrauen darauf zu tun, dass es eine Ernte geben wird.
Dann handle ich nach dem Rat eines unserer ökumenischen Väter:
Wenn Christen die Welt in einem Zustand finden, der der Wahrheit Christi widerspricht, dann sollten sie diesen Zustand nicht erklären und beklagen, sondern ändern.

Die Losungen zu den Kirchentagen hätten – so zitiert die »Badische Zeitung« Helmut Simon – stellvertretend gerade jene Fragen und Themen erörtert, welche zum einen das ganze Land und zum anderen über Länder- und Konfessionsgrenzen hinaus alle Bürger angingen.
Sie hätten in großer Freiheit fern von jeglicher ängstlichen Enge all das thematisiert und diskutiert, was in der politischen Öffentlichkeit in dieser Form nicht mehr angesprochen wird oder ausgetragen werden kann.
Die erhebliche Resonanz der großen Kirchentage der 70er und 80er wurde nicht zuletzt durch die Mitwirkung zahlreicher prominenter Politiker bestätigt. Allerdings hatten diese mitunter einen schweren Stand (siehe Hans Apel) oder empfanden sich manchmal als »Fußmatten der Kirchentage«, denn es wurde dort auch deren Glaubwürdigkeit angesprochen und manchmal in Zweifel gezogen.
Und dann wurden da und dort Stimmen laut, die den Kirchentagen Linkslastigkeit vorwarfen. Weil auf diesen Verständnis und sogar Sympathie für eine Theologie der (revolutionären) Veränderung und der Befreiung spürbar wurde. Oder für »Real-Utopien«, die sich am Reich-Gottes-Gedanken orientierten, für Reformpolitik, Lebensqualität, alternative und experimentelle Lebensstile, Emanzipation, Nöte von Randgruppen, selbst für zivilen Ungehorsam.
Allerdings beachteten diejenigen, welche diese Linkslastigkeit vorwarfen, das Ganze der Kirchentage nicht ausführlich genug. Schließlich

ging es auf diesen um weit mehr als um die Auseinandersetzungen mit gesellschaftlichen Fragen. Zum Beispiel fanden hier auch glaubwürdige Referenten aus wirklich allen politischen Lagern Gehör.
Richtig allerdings sei, *dass sich auf den Kirchentagen überwiegend kritisch-progressive Protestanten versammelten, welche auf den entsprechenden Veranstaltungen Anstöße aus der weltweiten ökumenischen Bewegung hören und aufnehmen konnten.*

In den zahlreichen Berichterstattungen über die Kirchentage herrschte teils Bewunderung, teils sogar Verwunderung über das erlebte Zusammengehen von gesellschaftlichem Engagement, nüchterner Ernsthaftigkeit in den Auseinandersetzungen mit Sachthemen, Gesprächsbereitschaft und Hörfähigkeit, fröhliche Gelöstheit und freundlich-rücksichtsvoller Umgang mit dem anderen.
Dies alles bestimmte die Grundhaltung der meisten Teilnehmer und an dieser Grundhaltung scheiterten letztlich auch vereinzelte Versuche, die Veranstaltungen umzufunktionieren und Gegenmeinungen zu unterdrücken.
Zum letzten Kirchentag in Berlin mit Helmut Simon als Präsident kamen mehr als 150 000 Teilnehmer, auf die, vorbereitet und präsentiert von ehrenamtlichen Mitarbeitern, etwa 3 000 Veranstaltungen warteten.
Innerhalb seines kirchlichen Engagements hat Helmut Simon federführend an vierzehn Kirchentagen mitgearbeitet, dazwischen an Fachkongressen mit Themen wie Arbeitslosigkeit, zur Lage der Ausländer, zur Friedenssicherung oder zur Wiedervereinigung teilgenommen, und zudem war er Gast auf so manchem Kirchentag in der DDR.
Diese Veranstaltungen forderten naturgemäß auch seine Beteiligung an Sitzungen von Gremien, Präsidialversammlungen, Programm- und Auswertungskonferenzen, auch Einführungen von Mitarbeitern, Pressekonferenzen, Verhandlungen mit den gastgebenden Kirchen, und, und, und.
Doch wann war für Helmut Simon der Stress positiv? *Für mein beträchtlich Maß an Mitarbeit wurde ich vielfach durch eine Fülle von Anregungen, Erfolgserlebnissen und durch freundschaftliche Kontakte entschädigt.*
Und so freute er sich über folgenden Brief ganz besonders, den ihm ein früherer Generalsekretär des Kirchentages zu seinem sechzigsten Geburtstag geschrieben hatte:

»Du hast damals, vor mehr als elf Jahren, aus noblen Gründen gezögert, in die Arbeit des Kirchentages in das Präsidium und in den Vorstand einzutreten ... Du hast Dich dann aber doch dazu entschlossen und bist nun eine tragende Säule des gesamten Kirchentages geworden. Es ist fast wie bei den Propheten des Alten Testamentes, wo diejenigen, die zunächst glaubten, sich weigern zu müssen, mehr als andere und hervorragender als andere in den Dienst gekommen sind. Wir stünden mit dem Kirchentag nicht da, wo wir stehen, wenn Du nicht entscheidend dazu mitgeholfen hättest.«

Wenige Monate vor dem Fall der Mauer zog Helmut Simon auf dem Berliner Kirchentag in seiner Schlussansprache vor 95 000 Teilnehmern knapp eine zeitgeschichtliche Bilanz:
Im Kirchentagsjahr 1989 sind fünf Jahrzehnte seit Beginn des deutschen Angriffskrieges vergangen; die beiden deutschen Staaten sind 40 Jahre alt geworden. In dieser Zeit entstand hierzulande ein Gemeinwesen, das sich vom düsteren Hintergrund der Geschichte in klaren Konturen abhebt und in dem eine Verfassungsordnung Gestalt gewann, in der sich die Erfahrungsweisheit der besten unserer Vorfahren verkörpert.
Im Innern konnten Millionen von Flüchtlingen und Vertriebenen integriert werden; nach außen setzte sich trotz ungeheuerlicher Verbrechen der Nazizeit eine Politik der guten Nachbarschaft durch – beides Vorgänge, die in unserer Geschichte doch wohl ohne Beispiele sind.
Aber wir alle wissen, dass in lebenswichtigen Bereichen schwierige Aufgaben ungelöst blieben.
Es ist bisher nicht gelungen, die Ressourcen der Erde haushälterisch zu nutzen; es ist nicht gelungen, die Umwelt vor Zerstörungen zu bewahren; es ist nicht gelungen, eine einigermaßen gerechte Weltwirtschaftsordnung zu errichten; es ist nicht gelungen, wissenschaftliche und technische Entwicklungen auf das Verantwortbare zu begrenzen; es ist auch immer noch nicht gelungen, den wahnwitzigen Rüstungswettlauf zu beenden und die Drohung mit Massenvernichtungsmitteln durch eine Sicherheitspartnerschaft zu ersetzen. Auch haben wir es nicht geschafft, die Dankbarkeit für unseren Wohlstand in praktizierte Solidarität für die Benachteiligten umzusetzen und die Massenarbeitslosigkeit zu beseitigen; ebenso wenig haben wir es geschafft, Ausländer in unserem Land als Mitbürger anzunehmen.

Besonders gefährlich ist die zunehmende Gewöhnung an dieses Versagen. Ich rechne daher mit Ihrer Zustimmung, wenn ich erkläre:

Die hier versammelten Christen werden sich mit den genannten Defiziten nicht abfinden und auch nicht mit der elenden Entsolidarisierung, die sich immer dreister breit macht. Wir wissen sehr wohl, wie schwierig das Regieren heutzutage ist. Auch sind wir zur selbstkritischen Prüfung bereit, was wir selbst zu den Defiziten beigetragen haben und wo wir noch nicht bereit sind die Last der notwendigen Veränderungen mitzutragen …

Was der Kirchentag und dessen generelle geistige Qualität für Helmut Simon emotional bedeutete, hat sich in einem Segen niedergeschlagen, mit dem er die kommunikative Großveranstaltung mit dem Namen »Zwischen Sintflut und Regenbogen« auf dem Kirchentag 1987 abschloss:

Wir stehen am Ende eines langen und bewegenden Kirchentagsabends. Gerade nach solchen Erlebnissen kann es geschehen, dass wir, wenn wir dann heimkehren, in ein Loch von Verzagtheit, Einsamkeit und Unsicherheit fallen.

Dann ist es gut, sich an das zu erinnern, was wir hier miteinander an Trost, Ermutigung, Ansporn und Hoffnung erfahren haben.

Dann ist es gut zu wissen, dass wir auch in den nächsten zwei Jahren mit vielen Gleichgesinnten unterwegs sein werden.

Dann ist es gut zu wissen, dass immer noch der lebendige Gott die entscheidende Realität in dieser Welt ist und dass er, wenn er es denn will, auch den Sinn der Mächtigen dieser Erde wenden und Unerwartetes bis hin in seine Kirche wirken kann. Geht nun heim mit dem Segen dieses Herrn.

Der Herr segne uns, dass wir den Weg, den er uns weist; erkennen und befolgen mögen. Der Herr behüte uns, dass wir nicht verzagen und stets neue Kraft und Phantasie von ihm empfangen. Der Herr lasse sein Angesicht leuchten über uns und sei uns gnädig, dass der Glanz seines kommenden Reiches in unserem Mühen um seine Schöpfung, um Frieden und Gerechtigkeit aufleuchte, wie er es uns zugesagt hat. Der Herr erhebe sein Angesicht auf uns, dass wir das Volk seines Bundes bleiben und in der Welt sichtbar machen, worum wir bitten: Herr, gib uns deinen Frieden. Amen.

Appell eines politischen Protestanten (eine Art Vermächtnis)

Für Helmut Simon bedeutet die positive Funktion eines Politikers die einer im Geiste des Sozialstaatsgebotes handelnden und in diesem Sinne engagiert gestaltenden Persönlichkeit. Wegen dieses Gestaltungsauftrages betrachtet er seine »korrigierende« Arbeit als Verfassungsrichter auch nicht als die eines Politikers.

Nehmen wir allerdings sein Engagement innerhalb der Kirche ein wenig näher unter die Lupe, so verändern sich die Betrachtungsebenen erheblich. Hier beklagt Helmut Simon den späten und mühsamen Zugang des deutschen Protestantismus zu dem, was er politische Mitverantwortung der Kirche nennt, beginnend mit der kühlen Distanz sowie der rückwärtsorientierten Fremdheit, mit der seine Kirche eine Mitverantwortung am Scheitern der Weimarer Republik und damit am ersten Versuch einer Demokratie auf deutschem Boden trage.

Es seien vor allem innere Bindungen an die christliche Monarchie, aber auch die Kirchenfeindlichkeit der linken Revolution gewesen, welche viele Protestanten nach 1918 geradezu in die Arme der antirepublikanischen nationalen Opposition getrieben habe.

Es gäbe Schilderungen von Zeitgenossen, nach denen die Fürbitte für die Obrigkeit damals geradezu den Beigeschmack eines »Erlöse uns von dem Übel (dieser neuen Regierungsform)-Gedankens« gehabt hätten.

Erst im Kirchenkampf sei es mit dem Versuch einer Abwehr staatlicher Eingriffe in die Bereiche der Kirche zu den ersten Anzeichen einer politischen Mitverantwortung der Kirche gekommen.

Diese politische Mitverantwortung zeigte sich auch innerhalb einer Denkschrift der Bekennenden Kirche an Hitler.

Dies alles habe in der Person Dietrich Bonhoeffers Gestalt angenommen, der aus seiner Gefängniszelle schrieb, dass Kirche nur dann Kirche sei, wenn sie für den anderen da wäre.

Die aus dem Kirchenkampf entstandene politische Mitverantwortung des Protestantismus begann sich nach dem Zweiten Weltkrieg kräftig auszubilden.
Plötzlich engagierten sich zahlreiche Christen als praktizierende Demokraten und mit diesem Engagement erblühte eine außergewöhnliche kirchliche Öffentlichkeitsarbeit, die bis hin zu Äußerungen über politische und soziale Probleme reichte.
Hierzu schreibt Helmut Simon in seinen Lebensskizzen:

Anlass und Grund für diese Öffentlichkeitsarbeit und für die politische Mitverantwortung der Christen und ihrer Kirche ist das Bekenntnis, dass Gott als der Schöpfer, Erhalter und Erlöser die maßgebliche Realität im Himmel wie auf Erden, in Zeit und Ewigkeit ist, dass er sich in Jesus Christus der Welt zugewandt hat, dass wir zu seiner gehorsamen Nachfolge berufen sind und uns dabei – auch gegen allen Augenschein – auf ihn verlassen dürfen. Kann man denn die Herrschaft des lebendigen Gottes als die maßgebliche Realität beteuern und gleichzeitig die Konsequenzen aus diesem Bekenntnis auf den Raum der Kirche und die Pflege privater Frömmigkeit beschränken? Wir alle kennen ja die Unsitte, Gottes Realität zwar mit totrichtigen Bekenntnisformeln zu beteuern, aber vorsorglich im Alltag, im Beruf und in der Politik so zu handeln, als ob es Gott nicht gäbe.
Ich bin überzeugt: Das Bekenntnis zur Herrschaft Gottes in unserer Zeit hält uns dazu an, unser Denken und Handeln als Mitarbeiter Gottes auf dessen kommendes Reich auszurichten und schon auf Erden für Gerechtigkeit, Frieden und Bewahrung der Schöpfung zu streiten.

Helmut Simon ist davon überzeugt, dass es in der Konsequenz dieses Bekenntnisses während der Nachkriegszeit gerade innerhalb der Gemeinschaft der Protestanten zu einer weitgehenden Verständigung darüber gekommen sei, dass Glaube und Gehorsam eine unaufhebbare Einheit bildeten. Und er nimmt hier, um den Kontext zu klären, ein Lieblingsbild aus der Mathematik zu Hilfe. Nämlich dass sich die Vertikale eines lebendigen Glaubens in dem Zuspruch der Rechtfertigung hin zu der Horizontalen einer auf Versöhnung ausgerichteten Glaubensbewährung fortsetzen müsse. Und dies nicht allein im privaten, sondern auch im sozialen Zusammenleben.
Und dass aus dem Glauben als Täter somit als Tat die Liebe folge.
Diese Umbesinnung gipfelte in einer bis dahin unbekannten Eindringlichkeit in einen Satz der Weltkirchenkonferenz in Uppsala:

»Angesichts der Nöte der Welt selbstzufrieden zu sein, bedeutet der Häresie (von der offiziellen Kirchenmeinung abweichende Lehre, schlimmstenfalls der Ketzerei) schuldig zu werden.«
Diese Mahnung – so Helmut Simon – gelte nicht nur für den einzelnen Christen, sondern genauso deren Kirche, welche kraft des Öffentlichkeitsanspruchs des Wortes Gottes und daraus folgend einen Öffentlichkeitsauftrag wahrzunehmen habe.
Ursprünglich wurde dieser Auftrag recht vollmundig als das Wächteramt der Kirche bezeichnet, womit allerdings der Eindruck erweckt wurde, als werde vom Dach der Kirche herab zu einer verlorenen Welt geredet. Seit geraumer Zeit wird daher der wohl passendere Ausdruck »politische Diakonie« verwendet.
Um diesen Öffentlichkeitsauftrag – Helmut Simon spricht in diesem Zusammenhang vom »Nutzen protestantischer Einmischung in die Politik« – hatte es in der Folge so manche Auseinandersetzung gegeben. Aufgearbeitet wurden diese in den 70ern innerhalb einer Denkschrift unter dem Titel »Aufgaben und Grenzen kirchlicher Äußerungen zu gesellschaftlichen Fragen«.
Innerhalb dieser Denkschrift wurden die angesprochenen Äußerungen mit dem »umfassenden Verkündungs- und Sendungsauftrag unseres Herrn« legitimiert.

Wörtlich heißt es darin:
Recht verstanden geht es nicht um einen kirchlichen Anspruch, sondern um das Ansprechen der Welt unter dem Anspruch Gottes und in Solidarität mit den Aufgaben und Nöten der Gesellschaft. Diese Solidarität folgt aus dem Gebot der Christusnachfolge, dem durch persönliche Liebestätigkeit allein nicht Genüge getan wird ... Die Verkündigung hat in jeder Situation deutlich zu machen, dass das Evangelium keine wirklichkeitsferne Heilsbotschaft ist ... Christliche Existenz ohne politische Relevanz gibt es nicht. Auch wäre ein Glaube, der die Menschen in den Bedrängnissen des Vorletzten nur auf das Letzte verweist und dergestalt die konkrete politische und wirtschaftliche Verantwortung entwertet, tatsächlich illusionärer Glaube, also Opium fürs Volk.

Zusammenfassend wird in der Denkschrift festgestellt, dass die *Christenheit in den vergangenen Jahren mehr und mehr ein umfassendes Verständnis des Verkündigungsauftrages gewonnen hat und dass dessen Berechtigung im Grundsatz quer durch die kirchlichen Richtungen und quer*

durch die Ökumene in ähnlicher Weise als selbstverständlich anerkannt wird wie etwa die Diakonie.
Zu den Aussagen dieser Denkschrift fügt Helmut Simon hinzu, dass die Ausübung politischer Mitverantwortung sowie die Wahrnehmung des kirchlichen Öffentlichkeitsauftrages innerhalb einer freiheitlichen Demokratie schließlich ein selbstverständliches staatsbürgerliches Recht sei.
Immer wieder würden zwar einerseits Politiker aus allen Lagern über die Einmischung der Kirche in die Politik jammern, womit sie – am liebsten im Stil eines neuen Obrigkeitsdenkens – fälschlicherweise den Eindruck erweckten, dass Kritik an ihrer Politik mit Staatsverdrossenheit gleichzusetzen sei. Andererseits – und jetzt zieht Helmut Simon die Verbindung vom politischen Protestanten zum Verfassungsrichter, indem er ein Urteil des BVG zitiert – vollziehe sich die staatliche Willensbildung in einer ständigen geistigen Auseinandersetzung zwischen sozialen Kräften und politischen Ideen.
Zwar liefere auch dieser Weg als ein Prozess von »Versuch und Irrtum« nicht immer objektiv richtige Ergebnisse, aber er biete die beste Gewähr für einen relativ richtigen politischen Weg, oder *eine richtige politische Linie, als Resultante im Parallelogramm der politischen und gesellschaftlichen Kräfte.* Und er fügt hinzu:
Es bedarf keiner Begründung, dass zu diesen Kräften auch die Kirchen gehören, deren Öffentlichkeitsauftrag in einigen staatskirchenrechtlichen Verträgen sogar ausdrücklich anerkannt worden ist.
Seit die Kirche diesen Öffentlichkeitsanspruch wahrgenommen habe, hat sie sich auch in die Politik eingemischt. Dass sie dabei immer vorbildlich gehandelt habe, das glaubt Helmut Simon nicht unbedingt behaupten zu können.
Doch es gäbe auf jeden Fall eine Reihe von Problemfeldern, auf denen sich der Protestantismus gerade durch seine Einmischung verdient gemacht habe.
Dies beschränke sich selbstverständlich nicht allein auf die Kirche des Westens.
Im Gegenteil.
Denn eben diese musste sich vor der Wende allemal vorhalten lassen, wie eindrucksvoll ihre ostdeutsche Schwester doch unter so viel schwierigeren Bedingungen ihrem Öffentlichkeitsauftrag nachgekommen sei. Noch kurz vor der Wende wäre diese – unter Inkaufnahme von immensen Repressalien – auf der ökumenischen Tagung

in Dresden beispielhaft für Gerechtigkeit, Frieden und Bewahrung der Schöpfung eingetreten.
Und dann folgen sechs Punkte, die Helmut Simon als wichtige Einmischung – auch von der Kirche des Westens – nennenswert bezeichnete:

1. Die Evangelische Kirche bildete bis zur Wende eine gesamtdeutsche Klammer ohne nationalistische Militanz. Sie setzte sich für eine Versöhnung mit den östlichen Nachbarn und für eine Überwindung des Kalten Krieges ein, indem sie die Vertriebenendenkschrift veröffentlichte, ökumenische Ostkontakte pflegte und die Entspannungspolitik unterstützte.

2. Besonders ausgeprägt war das friedensethische Engagement im Streit um Wiederbewaffnung und Abrüstung. Im protestantischen Lager fand die Kriegsdienstverweigerung aus Gewissensgründen, die Ächtung der Massenvernichtungsmittel und die Politik der Sicherheitspartnerschaft breiten Rückhalt.

3. Mindestens ebenso kräftige Unterstützung fand die Hilfe für die »Dritte Welt« und die Integration ausländischer Mitbürger. Das Stuttgarter Schuldbekenntnis hatte der Evangelischen Kirche schon bald nach dem Krieg den Eintritt in die ökumenische Gemeinschaft eröffnet. Diese weltweite Verbundenheit begünstigte das Engagement für Entwicklungspolitik und für eine Entschuldung der Entwicklungsländer sowie den Kampf gegen Ausländerfeindlichkeit und Rassismus.

4. Anfangs vielleicht zu schwach ausgeprägt war die Verantwortung zur Bewahrung der Schöpfung. Aber sie gewann sehr rasch an Priorität und äußerte sich in vielfältigen Unterstützungen des Umweltschutzes, in den Bemühungen um eine haushälterische Nutzung der Ressourcen und auch in verständnisvoller Offenheit für alternative Lebensformen.

5. Ein bevorzugter Ort für die Bewährung des Glaubens in der Welt war von jeher die tätige Nächstenliebe in Gestalt der Diakonie. Dies beschränkte sich aber nicht nur auf Hilfe für Arme und Benachteiligte, sondern erweiterte sich auf das Engagement für soziale Gerechtigkeit und eine soziale Ausgestaltung der Marktwirtschaft.
Im protestantischen Lager war und ist man nicht bereit, sich mit der Arbeitslosigkeit der neuen Armut und der Benachteiligung der Frauen abzufinden;

die kritischen Anfragen der jungen Generation gegenüber der kapitalistischen Ellenbogen- und Wohlstandsgesellschaft fanden hier viel Verständnis.

6. Von großer Bedeutung für das Gemeinwesen ist schließlich der Einfluss auf das allgemeine staatsbürgerliche Verhalten.
Anders als in der Weimarer Zeit lässt sich jetzt im Protestantismus viel Bereitschaft zu einem Verfassungspatriotismus beobachten, der es als Christenpflicht ansieht, die rechts- und sozialstaatliche Demokratie des Grundgesetzes als Angebot und Aufgabe anzunehmen und die staatsbürgerliche Mitverantwortung wie einen Beruf zu begreifen. Einen besonderen Gewinn für die politische Kultur unseres Gemeinwesens sehe ich darin, dass der wache Teil des Protestantismus weder zu unkritischer Anpassung noch zu selbstgefälliger Idealisierung unserer Verfassungsordnung neigt. Er praktiziert seinen Verfassungspatriotismus als kritische Solidarität mit einer verbesserungsfähigen und verbesserungswürdigen Ordnung, er zeigt Gespür für die Kluft zwischen Verfassungsnorm und Verfassungswirklichkeit und für die Notwendigkeit verändernder Reformen.
Auffallend ist ebenfalls das Verständnis für andersdenkende Minderheiten bis hin zu Jugendrebellion und zivilem Ungehorsam sowie die Abneigung gegen freiheitsgefährdende Überreaktionen gegenüber dem Extremismus.

Hier wird deutlich, in welchem Spannungsfeld sich Helmut Simon als politischer Protestant, aber auch als Verfassungsrichter, als streitbarer Demokrat und als Kirchentagspräsident befunden haben musste.
Natürlich hat Helmut Simon als Mann der Kirche an all diesen positiven Entwicklungen nicht nur mitgearbeitet, sondern sie auch maßgeblich beeinflusst, war also kirchenpolitisch gestaltend tätig.
Ohne darauf weder im Gespräch, noch in seinen Lebensskizzen einzugehen.
All diese Einmischungen – sind in den politischen Alltag selbstverständlich nicht einmütig innerhalb der Evangelischen Kirche betrieben worden, sondern eher von den aktiven Minderheiten. Doch seien diese doch gerade auch für protestantisches Denken und Handeln wohl charakteristisch. Wofür die großen Kirchentage der 70er und 80er schließlich gestanden hätten.
Und so wären die dort versammelten Gemeinschaften zu gewachsenen und deshalb auch konsequenten Positionen gekommen:
Die Verwerfung der Apartheid, das Eintreten für Frieden, Abrüstung, Entspannung und Versöhnung, ferner aus dem Gedanken der Schöp-

fungsbewahrung resultierend umweltverantwortliches Verhalten und Ehrfurcht vor dem Leben, weltweite Solidarität mit den Benachteiligten und Schwachen, das Verlangen nach mehr sozialer Gerechtigkeit sowie einem teilnehmenden Miteinander, die Option für teilhabende, freiheitliche und gleichberechtigte Ordnungen des Zusammenlebens, für eine rechtsstaatliche Begrenzung der Machtausübung, eine humane Arbeitswelt sowie ganz allgemein die Bereitschaft zur Umkehr sowie zu zukunftsgerichteten Veränderungen. Hieraus schließt Helmut Simon, dass eine protestantische Einmischung in die Politik gerade für die politische Kultur ein wesentlicher Gewinn war und in Zukunft auch sein wird.
Die ließe sich auch an repräsentativen, typisch evangelischen Persönlichkeiten wie Gustav Heinemann oder Richard von Weizsäcker belegen (und Helmut Simon).
Der Protestantismus braucht auch wegen seiner Beiträge nicht unter Minderwertigkeitskomplexen zu leiden, schließlich ist das verbreitet anzutreffende protestantische Minderwertigkeitsgefühl ebenso wenig angemessen wie etwa der kirchliche Triumphalismus vergangener Zeiten.
Selbst dann, wenn einzelne Sachpositionen als zu einseitig empfunden werden, so bilden diese doch innerhalb eines Kräfteparallelogramms die unverzichtbaren Gegengewichte gegenüber anderen, oft mächtigen Interessen.
Wie wäre es wohl um unser Gemeinwesen bestellt, wenn sich ein durch Angriffe gekränkter, verunsicherter Protestantismus politisch zurückziehen würde, oder sich gar wie in den Zeiten der Weimarer Demokratie verweigern würde? Das könnten sich nicht einmal erklärte Kirchengegner wünschen.

Und er fügt berechtigte Mahnung aus seinem Erfahrungsschatz hinzu: *Nämlich, dass sich kirchliche Einmischungen aus Respekt vor der eigenen Verantwortung vor leichtfertigen und unkundigen Reden hüten sollten. Insbesondere, da sich die Gegenwart sowieso durch Unübersichtlichkeit auszeichne und politische Streit- und Sachfragen per se kompliziert seien.*
Also empfiehlt er den Verantwortlichen, sich in Gremien aus Fachleuten und Theologen zusammenzufinden, um dort die Einmischung – etwa in Gestalt einer Denkschrift – vorzubereiten. Selbstverständlich sollten sich – und hier spricht er aus Erfahrung – die Mitglieder eines Gremiums nicht gegenseitig blockieren, sodass in der Folge nur noch allgemeine Richtigkeiten oder fromme Redensarten abgesondert würden. *Glaubensentscheidungen seien immer konkret und schlössen somit je nach Sachlage eine Parteinahme ein.*

Demgemäß sollte auch die Kirche in ihren Äußerungen so konkret wie nötig sprechen.
Schließlich seien es gerade diejenigen, die von der Kirche lauthals Überparteilichkeit verlangten, welche im Grunde eine unpolitische Kirche wollten. Allerdings erwachse Glaubwürdigkeit nicht aus profilloser Neutralität, sondern aus gewissenhaftem Prüfen und sorgfältigem Entscheiden. Deshalb und in diesem Sinne hat Helmut Simon innerhalb seiner Schlussansprache auf dem Berliner Kirchentag 1989 dazu aufgerufen, weiterhin Einmischung in die Politik als Pflicht zu begreifen und den Evangelischen Kirchentag als selbstbewusste protestantische Bürgerrechtsbewegung zu verstehen.
In der Denkschrift »Aufgaben und Grenzen kirchlicher Äußerungen zu gesellschaftlichen Fragen« heißt es, dass demokratische Ordnung auf dem Dialog zwischen gesellschaftlichen Kräften angelegt sei und dass diese davon lebe, dass sich gerade auch Kräfte ohne besondere Eigeninteressen an der Suche nach der besten Entscheidung beteiligen sollten.
Dann nämlich ist der Beitrag der Kirche gekommen, wenn erstens in Folge konkurrierender Interessenverbindungen konkurrierende gesellschaftliche Gruppen zu sachgemäßen Analysen und Lösungen außerstande sind, wenn zweitens bestimmte Gruppen ihre Belange nicht zu Gehör bringen können und deshalb gesellschaftlich benachteiligt sind, oder wenn drittens die Berufenen untätig bleiben.
Hier und jetzt wird deutlich, dass eine kirchliche Einmischung in die Politik nicht nur wünschenswert, sondern nachgerade unentbehrlich werden kann!
Und nach dieser Schlussfolgerung fragt Helmut Simon:
Befinden wir uns nicht in einer ebensolchen Situation?

Wo doch die Einflussnahme mächtiger Wirtschaftsverbände sowie die Rücksichtnahme auf solche Wählergruppen, deren Stimmen im Kampf um die Macht ausschlaggebend seien, in einer vom Export lebenden und somit der Industrie verpflichteten Demokratie zum Problem werden können.
Deshalb sei es für ein solches Gemeinwesen geradezu lebensnotwendig, dass sich solche Kräfte in die Auseinandersetzungen mit einschalteten, die weniger durch politische oder wirtschaftliche Interessen gebunden seien, sondern welche eher an ethischen Geboten orientiert sind und dafür auch Unpopuläres wagen und einbringen.
Dies könnten und müssten die Kirchen sein!

Voraussetzung hierzu ist allerdings, dass sich diese – wie es in der Denkschrift heißt – von klerikalen Verbandsinteressen freihalten. Interessen, deren Verfolgung dem Dienstcharakter ihrer öffentlichen Wirksamkeit widersprechen. Was dem protestantischen Lager etwas besser gelingt als dem katholischen.
Wurde nicht einmal auf einem Katholikentag die Parole ausgegeben, dass im europäischen Haus die katholische Soziallehre als Hausordnung zu gelten habe?
Und in der Evangelisation 2000 (Allgäuer Glaubenskonferenz 2000) erstreben doch tatsächlich katholische Fundamentalisten sowie papsttreue Priester, dass Europa, besonders die östlichen Staaten, auf christliche Werte aufgebaut werde.

In der bereits mehrfach zitierten Denkschrift heißt es demgegenüber: *(Auch) für Außenstehende muss erkennbar bleiben, dass nicht eine sogenannte christliche Gesellschaftsordnung auf Kosten Andersdenkender erstrebt wird, dass vielmehr das Ansprechen der Welt in der Verkündigung dazu einlädt, sich das Gesagte zu eigen zu machen und als Ratschlag dialogischer Beitrag im Prozess der Entscheidungsbildung sein will. Diese Zielrichtung würde verdeckt und der Vorwurf der Klerikalisierung zu Recht herausgefordert, wenn die Kirche ein Maximum an institutioneller Sicherheit und politischem Einfluss anstreben und zugleich ihre Äußerungen gegen öffentliche Kritik abschirmen wollte.*

Anschließend spricht Helmut Simon noch über die Aufgaben und Nöte in der Zeit nach der Wende, zu denen er sich eine kirchliche Einmischung dringend wünscht, ja, diese sogar für unentbehrlich hält.
Vor allem spricht er hier den Prozess der deutschen bis hin zur europäischen Einigung an, der viel Anlass zu politischer Diakonie böte, bis hin zu der Mahnung, deren Kosten nicht einseitig auf die Schultern der Armen in Ost und West zu verteilen. Aber auch über die eigenen Sorgen nicht die weit größeren, weltweiten Nöte zu vergessen.
Und er hört genau auf die Mahnung aufmerksamer Beobachter, nach der unsere Republik seit der Wende einen dramatischen Niedergang erlebte.
Da würden einerseits wirtschaftliche, soziale sowie politische Herausforderungen nicht nur jenseits unserer Grenzen wuchern. Andererseits schwinde das Vertrauen in die Fähigkeiten der seit der Wende

regierenden Koalitionen sowie in die der gesamten politischen Klasse, die gestellten Aufgaben zu bewältigen.

Man finde sich damit ab, Problemlösungen hinauszuschieben, während die Lösungsversuche an sich auffallend kraftlos ausfielen. Die vorhandenen Kräfte verzehrten sich weithin im Kampf um die Behauptung ihrer Macht oder deren Erwerb, aber auch allzu häufig in der Verdauung ständig wiederkehrender Skandale. Und den Wählern wird nicht gesagt, worauf es ankommt, sondern was ankommt.

Wen wundere es da, dass viele darauf mit Parteiverdrossenheit, Stimmenthaltung oder der Wahl radikaler Parteien reagierten. Dies ginge so weit, dass sogar Zweifel daran laut würden, ob das parlamentarische System überhaupt geeignet und fähig sei, mit den Problemen unserer Zeit fertig zu werden.

Als jemand, der einmal zur Machtelite gehörte, kann ich nicht behaupten, dass diese ihre Sache besonders gut mache.

Als Resultat von dem, was im Moment in der Politik geschähe, dürfe er nicht verschweigen, dass im Moment selbst er von lähmender Resignation und schwindendem politischen Interesse heimgesucht werde. Und dass ihm besonders zu schaffen mache, dass sich die Gesellschaft, dass sich die Bürger teilweise keineswegs besser verhielten, als »die da oben«.

Wo sich doch fast überall eine rücksichtslose Ellenbogengesellschaft breit mache, die der Bereicherungssucht oder – nach biblischem Sprachgebrauch – dem Mammon verfalle.

Ein Beispiel hierfür sei die Wiedervereinigung, die in ihrem weiteren Verlauf kräftig zur Mehrung westlichen Wohlstandes ausgenutzt wurde.

Und Helmut Simon fragt, ob sich nicht ebenfalls auch viele Ostdeutsche auffallend hastig für den schnellen Wohlstand sowie für machtpolitischen Opportunismus anfällig gezeigt hätten. Schließlich hätten sich auch dort nach der Wende viele auf die Seite der Herrschenden geschlagen.

Und die erhoffte »weiche Veränderung« sowie die sozialen Aspekte hätten das Nachsehen gehabt!

In der Hoffnung, dass seine Schwarzmalerei zu drastisch ausfalle, betont er, dass auch er für die angesprochene Problematik keine einfachen Rezepte habe. Vieles hänge davon ab, wie die Gesellschaft reagiere. Helmut Simon allerdings träume von einem wachen und unerschrockenen Protestantismus, der weder dem Herrschenden, noch

dem Volk nach dem Mund rede, sondern alle zu ehrlicher Selbstkritik anhielte.
Und der Enttäuschungen in eine Umkehr nach vorne umsetzt. Ein Protestantismus, der nicht müde wird, beharrlich Fragen nach dem Wesentlichen, dem Bleibenden zu stellen, oder der Orientierungsdaten für das Morgen sucht. Ein Protestantismus, der für eine sozial gerechte und umweltverträgliche Gestaltung der Marktwirtschaft streite und vielleicht sogar Kräfte für einen neuen demokratischen Aufbruch freisetzte. Dass er dies kann, dass er damit nicht überfordert ist, das habe einmal ein Bundespräsident mit seiner Parteienschelte bewiesen.
Für diese Parteienschelte hätte dieser Bundespräsident unsere tatkräftige Unterstützung verdient gehabt.
Breite Zustimmung beim Berliner Kirchentag 1989 hatten in diesem Zusammenhang folgende Sätze Helmut Simons gefunden:

Die hier versammelten Christen werden sich mit den politischen Defiziten nicht abfinden und auch nicht mit der elenden Entsolidarisierung, die sich immer dreister breit macht. Wir wissen sehr wohl, wie schwierig das Regieren heutzutage ist. Auch sind wir zur selbstkritischen Prüfung bereit, was wir selbst zu den Defiziten beigetragen haben und wo wir noch nicht fähig sind, die Last der notwendigen Veränderungen mitzutragen. Zugleich aber stellen wir bohrende Fragen und erwarten plausible Antworten. Wir wollen wissen, weshalb und in wessen Interesse das Notwendige zur Bewältigung der drängenden Probleme unterbleibt oder verdrängt wird. … Einem Gemeinwesen kann weder im Westen noch im Osten etwas Besseres passieren, als wenn seine Bürgerinnen und Bürger sich in dieser Weise in die Politik einmischen.

Helmut Simons intensive Bemühungen um Unterstützung der Entspannungspolitik – innerhalb der Bruderschaften, aber auch durch beachtliches persönliches Engagement – hatten in ihm bewirkt, dass er die friedliche Wende so sehr zu seiner »eigenen Sache« gemacht hatte, dass er es – wie er sagt – fast als eine Art Enteignung empfunden habe, als andere, lautere, solche, die sich vorher allenfalls mit Deklamationen in Sonntagsreden begnügt hatten, die Ostpolitik an sich zogen.
Während dem Osten von Politikern des Westens mit großen Gesten blühende Landschaften versprochen wurden, und diejenigen, die die Mauer nie gewollt, aber deren Öffnung mit friedlichen Mitteln

erzwungen hatten, lang vermisste oder nie gekannte Befriedigung im Kaufrausch fanden, arbeitete Helmut Simon an Kirchentagskongressen mit, innerhalb derer überlegt wurde, wie unter Zuhilfenahme von Erfahrungen aus der Kirchentagsarbeit in der DDR ein gemeinsamer Weg in die Zukunft aussehen könnte und sollte.
Und er nahm als Experte in juristischen Fragen an der Arbeitsgruppe des Runden Tisches »Neue Verfassung der DDR« teil, was ihm für seine spätere Arbeit an der brandenburgischen Landesverfassung wertvolle Anregung bot.
Im März 1990 fand eine in Köln von dem Grafiker und Juristen Klaus Staeck und der Autorin Carola Stern (von der »Aktion für mehr Demokratie«) ins Leben gerufene Veranstaltung unter der Losung »So viel Anfang war noch nie« statt. Innerhalb dieser Veranstaltung sprach sich Helmut Simon für eine – wie von den Gestaltern des Grundgesetzes auch so vorgesehene – zukunftsgerichtete gesamtdeutsche Verfassung aus.
Und auf einem Kongress im Frühjahr 1991 gab er das Votum »Vorstellbares und Wünschbares für das Leben im zukünftigen Deutschland« ab. Innerhalb dieses Kongresses waren sich alle Teilnehmer einig, dass die Jahrhundertaufgabe der deutschen Einigung keinesfalls misslingen dürfe.

Auf Kaufrausch und Freiheitseuphorie folgt für die Bürger des Ostens der große und unvermeidbare Kater.
Der wirtschaftliche Konkurs ihres Staates wurde durch eine Treuhandgesellschaft abgewickelt, und viele mussten mit trüben Augen zusehen, *wie eine Ellenbogengesellschaft den Kuchen unter sich aufteilte.*
Etwa zu dieser Zeit schrieb Tamara Danz (von der Gruppe Silly) ein Lied mit dem Titel »Traumpaar«. Ein Lied, das der Hoffnung Ausdruck gab, dass die wahre Liebe zwischen ungleichen Partnern, sollte sie denn je gelingen, eben Zeit brauche – so wie blühende Landschaften eben auch.

So denkfaul und angepasst wie wir oder: Ein Versprechen wird gebrochen

Dass Westdeutschland zwar auch, aber doch nicht nur, eine Ellenbogengesellschaft war und ist – dafür stehen Männer wie Helmut Simon. Immer wieder hatte er sich darum bemüht, das Sozialstaatsgebot aus seinem Schattendasein zu evakuieren und rechtswirksam zu aktivieren. Und die ererbten Strukturen einer rechts- und sozialstaatlichen Demokratie behutsam fortzuentwickeln.
Für dieses Idealbild einer Demokratie war er wieder und wieder kreuz und quer durch die Republik gereist und hat Vortrag um Vortrag gehalten. Unter anderem auch für dieses Engagement war ihm der Hans-Böckler-Preis verliehen worden.

Vorträge und Referate

Nach der Wende erreichte diese Aufgabe innerhalb der allgegenwärtigen Reformdebatte für ihn einen neuen, einen höheren Stellenwert.
Bereits in früheren Veröffentlichungen hatte er darauf hingewiesen, dass es die verfassungsgerichtliche Rechtsprechung war, die innerhalb der Grundgesetzinterpretation für einige Fortentwicklungen gesorgt habe (und dabei bescheiden verschwiegen, dass er es war, der diese positiven Fortentwicklungen angestoßen hatte, wie zum Beispiel bei der Stärkung des Demonstrationsrechtes oder der Eigentumsgarantie aus sozialversicherungsrechtlichen Positionen).
Und immer wieder hat er daran erinnert, dass eine Verfassung keine zeitlose Heilslehre sei, sondern eben Menschenwerk, das geschichtlich bedingt und immer wieder verbesserungsbedürftig wäre.

Es genügt nicht, wenn wir uns auf das Erbe unserer Vorfahren einen Erbschein in Gestalt unseres Grundgesetzes ausstellen lassen. Schließlich gäbe es die rechtsstaatliche Demokratie überhaupt nicht, wenn unsere Vorfahren so denkfaul und angepasst gewesen wären wie wir.

An der *zunächst hoffnungsvollen Reformdebatte nach der Wende* war Helmut Simon intensiv beteiligt. Im Frühjahr 1990 kritisierte er auf Veranstaltungen und in Interviews, *dass die Wiedervereinigung unter dem Druck konsumhungriger Wirtschaftsflüchtlinge im Stil einer Kanzlerdemokratie geführt werde.*

Vier Monate später forderte er in Zusammenarbeit mit dem Staatsrechtslehrer und Politikberater Hans Peter Schneider innerhalb der »Nohfelder Erklärung« die Verabschiedung einer in freier Selbstbestimmung beschlossenen gesamtdeutschen Verfassung unter Einbeziehung und Fortentwicklung des bestehenden Grundgesetzes.

Weitere vier Wochen später, also im Juli 1990, fand in der Akademie Bad Boll ein Expertengespräch über das Thema »Markierungen auf dem Weg zu einer gesamtdeutschen Verfassung« statt. Helmut Simon hielt das Einführungsreferat, das mehrfach, auch in gekürzter Fassung, in der »Zeit« veröffentlicht wurde. Es begann mit einem Kapitel über »Glanz und Elend des Einigungsprozesses« und wurde mit der Beobachtung fortgesetzt, dass die Versuchung zur Immobilität derzeit deshalb so groß sei, weil der Zusammenbruch des Sozialismus in seiner bisher real existierenden Form dazu verleite, die westdeutsche politische und wirtschaftliche Ordnung zu idealisieren sowie Mängel dieses Systems zu verniedlichen. Auch diesen Vortrag hielt Helmut Simon während seiner Bemühungen um eine Gesamtdeutsche Verfassung nicht nur in Bad Boll, sondern innerhalb weiterer Konferenzen und Tagungen. Ferner engagierte er sich zu diesem Thema innerhalb von Kommissionen der EKD und des DGB.

Und unermüdlich hielt er Referate – wie auch auf der Leipziger Buchmesse –, in denen er folgende Reformprobleme als diskussionswürdig präsentierte:

1. Ist das Friedensgebot verfassungsrechtlich in bestimmter Weise zu konkretisieren, etwa durch ein Verbot der Herstellung und Verwendung von Massenvernichtungsmitteln, durch genauere Vorschriften über den Einsatz der Bundeswehr, durch strengere Regelungen für Rüstungsexporte? Bedürfen die Regelungen über Kriegsdienstverweigerung und zivilen Ersatzdienst der Überprüfung?

2. Lässt sich die Verpflichtung zur Solidarität mit den armen Völkern zum Verfassungsgebot erheben? Ist das innerstaatliche Sozialstaatsgebot durch soziale Rechte auf Arbeitsförderung, Alterssicherung, Wohnraumvorsorge und auf Chancengleichheit im Bildungswesen zu konkretisieren?

3. Wie soll eine Staatszielbestimmung zum Schutz der natürlichen Lebensgrundlagen gefasst werden? Muss sie nicht die gleiche Geltungskraft erlangen wie die Rechtsstaatsidee und das Sozialstaatsgebot und als Grenze für das Individualrecht zur freien Entfaltung der Persönlichkeit und zur Nutzung des Eigentums wirken?

4. Soll der verfassungsrechtlich gewährleistete Schutz des ungeborenen und behinderten Lebens durch das ausdrückliche Gebot besonderer Hilfen gewährleistet werden? Bedarf es eines ausdrücklichen verfassungsrechtlichen Schutzes der Menschenwürde gegen biogenetische Manipulationen unter entsprechender Einschränkung der Wissenschaftsfreiheit?

5. Sollen Formen unmittelbarer Beteiligung des Volkes an der staatlichen Willensbildung durch Volksbegehren und Volksentscheid eingeführt werden? Soll die Verfassung Ausländern das kommunale Wahlrecht gewährleisten? Muss nicht das Staatsvolk auch an der Entscheidung beteiligt werden, welche Hoheitsrechte auf die EG oder andere zwischenstaatliche Einrichtungen übertragen werden?

6. Soll ausdrücklich die Befugnis des Gesetzgebers anerkannt werden, durch Förderungsmaßnahmen für Frauen für eine tatsächliche Gleichberechtigung der Geschlechter zu sorgen?

Etwas später moderierte Helmut Simon auf einer Kirchentagsveranstaltung eine Podiumsdiskussion zwischen Roman Herzog und dem Theologen, Philosophen und Politiker der Grünen, Wolfgang Ullmann, zu der Frage: »Mehr Bürgerbeteiligung in der Demokratie?«. Im Anschluss an diese Diskussion wurde eine Resolution verabschiedet, nach der eine neue Verfassung dem Volk zur Abstimmung vorgelegt werden müsse und die Rechte auf Volksinitiative, Volksbegehren sowie Volksentscheid aufzunehmen seien.
Diese zwei Forderungen hatte Helmut Simon seinerseits innerhalb der bisherigen Vorträge sowie in einem Referat auf dem alternativen Juristentag mit Nachdruck vertreten.

Zur Begründung führte er aus:
In allen modernen Demokratien, die etwas auf sich halten, sind Volksentscheide über die Verabschiedung einer neuen Verfassung selbstverständlicher Ausdruck der Volkssouveränität und gleichsam der Taufakt. Zudem ist es ein Gebot der politischen Kultur, dass eine so bedeutsame Entscheidung wie die deutsche Einigung nicht über die Köpfe des Volkes hinweg allein von den Regierungen und Parlamenten verantwortet wird, dass vielmehr die Bürger wenigstens die Chance erhalten, sich durch eine Volksabstimmung mit der Verfassung des deutschen Staatswesens zu identifizieren. Diese Abstimmung und die damit verbundene Diskussion sind geeignet, die Integration aller Bürger in dem neuen gesamtdeutschen Staat und die Identitätsfindung des vereinigten Volkes zu fördern. Sie könnten ein wenig den Nachteil ausgleichen, dass uns die Dynamik des Einigungsprozesses und die Priorität wirtschaftlicher Schwierigkeiten wenig Spielraum für die Entwicklung eines gemeinsamen Verfassungspatriotismus gelassen haben.
Schließlich waren es nicht die Regierungen und Parlamente, sondern Teile des Volkes, die in der früheren DDR unter der stolzen Parole »Wir sind das Volk« die Umwälzung bewirkten. Schließlich haben wir in der Bundesrepublik seit vierzig Jahren mit dem ausdrücklichen Versprechen in der Präambel des Grundgesetzes und in Art. 146 a.F. gelebt, dass über die Einheit sowie über eine gemeinsame Verfassung das gesamte deutsche Volk in freier Selbstbestimmung entscheiden soll. Es darf nicht sein, dass der Weg in den Gesamtstaat mit dem Bruch dieses Versprechens belastet wird, der sich langfristig als verhängnisvoller Geburtsfehler erweisen könnte.

Das Kuratorium für einen demokratisch verfassten Bund Deutscher Länder hatte schon im Juni 1990 in einem Aufruf, zu dessen Erstunterzeichnern Helmut Simon gehörte, gefordert:

»Auf der Basis des Grundgesetzes für die Bundesrepublik Deutschland unter Wahrung der in ihm enthaltenen Grundrechte und unter Berücksichtigung des Verfassungsentwurfes des Runden Tisches für die DDR soll eine neue gesamtdeutsche Verfassung ausgearbeitet werden. Wir setzen uns dafür ein, dass die Einberufung einer verfassungsgebenden Versammlung zwischen der Bundesrepublik Deutschland und der Deutschen Demokratischen Republik verbindlich festgeschrieben und die neue Gesamtdeutsche Verfassung von den Bürgerinnen und Bürgern durch Volksentscheid angenommen wird.«

Doch das immense Engagement für eine gesamtdeutsche Verfassung von Helmut Simon und seinen Mitstreitern verpuffte fast völlig. Im Gegensatz zu seinen verfassungsrechtlichen Bemühungen, seinem verfassungspolitisch-ethischem Engagement oder seiner jahrelangen Mitarbeit beim Kirchentag und als Kirchentagspräsident hätten die Reformbemühungen nach der Wende einen *nur sehr begrenzten Erfolg gehabt.*
Dabei sah es kurzfristig erst einmal gut aus.
Die Reformdebatte habe nämlich ursprünglich ein positives Echo ausgelöst, die meisten der Forderungen die »Gemeinsame Verfassungskommission« von Bundestag und Bundesrat erreicht, wie zum Beispiel die Anerkennung sozialer Staatsziele oder die Einführung plebiszitärer Elemente.
Doch die CDU verhinderte die verfassungsgebende Mehrheit. Was erreicht wurde, waren geringfügige Verbesserungen, wie etwa die Aufnahme schwacher Verpflichtungen zur tatsächlichen Durchsetzung der Gleichberechtigung oder die zum Schutz natürlicher Lebensgrundlagen.
Zu verantworten hatte dies vor allem ein Staatsrechtler und zeitweiliger Verteidigungsminister. Sein Name: Rupert Scholz.
Diesen habe ich bei wiederholten Begegnungen als ebenso einflussreiches wie unerfreuliches Gegenüber erlebt.
Und damit war das inzwischen 40 Jahre alte Versprechen zu einer gemeinsamen Verfassung in freier Selbstbestimmung gebrochen. Das weitgehende Scheitern war nach Helmut Simons Meinung nicht abzusehen gewesen. Hatte der damalige Innenminister Wolfgang Schäuble doch in Bad Boll und auf dem Kirchentag Offenheit für eine Verfassungsreform signalisiert. Auch ließ die anfängliche Reformbereitschaft der CDU während der Beratungen zu den neuen ostdeutschen Länderverfassungen die Hoffnung zu, dass sich deren Reformbereitschaft auch auf die Bundesebene auswirken würde.
Doch dies ist nicht geschehen.

Helmut Simons Frustration wird umso verständlicher, wenn man einbezieht, dass er sich nach seinem Ausscheiden aus dem Bundesverfassungsgericht dazu entschlossen hatte, seine Frau, die inzwischen einen kräftezehrenden Leidensweg durchleben musste, selbst zu pflegen. Und die er wegen seines rechtspolitischen Engagements nach der Wende immer wieder allein lassen musste. Nach ihrer schweren

Brustamputation 1978 musste sich Eka 1984 sowie 1987 Gehirntumoroperationen unterziehen, 1989 folgten eine Augen-, 1991 eine Hüftoperation. *All dies hat sie tapfer ertragen, war aber verständlicherweise zunehmend geschwächt.*

Um ihrem Helmut die Belastung ihrer Pflege sowie die damit verbundenen starken Einschränkungen seiner Bewegungsfreiheit zu ersparen, hatte sie ihm mehrfach angeboten, sich in einem Heim pflegen zu lassen.

Doch dies kam für Helmut Simon zu keinem Zeitpunkt in Frage. Er war sich sicher, mit dem Spielraum, den ihm seine Pensionierung geschaffen hatte, auch diese Aufgabe meistern zu können.

Dabei war auch er von schweren Krankheiten nicht verschont geblieben.

1979 war dies eine recht beschwerliche Gleichgewichtsstörung, von der er annahm, dass sie durch die Aufregung über eine – nach seinem Rechtsempfinden falsche – Entscheidung des Gerichtes in der Sache des Kernkraftwerkes Mülheim-Kärlich entstanden war. Diese schleppte sich bis zu seiner Pensionierung hin und endete danach mit einem Hörschaden. Es folgte der bereits erwähnte Herzinfarkt 1984. Inzwischen litt er an Durchblutungsstörungen der Herzkranzgefäße, die aus diesem Grund therapeutisch erweitert werden mussten. Doch fühlte er kaum Beschwerden, hielt sich weiterhin für leistungsfähig, schließlich machte er regelmäßig Gymnastik und hatte begonnen, die Sauna zu besuchen.

Und ihm stand kameradschaftlich eine Frau zur Seite, die er bereits Mitte der 70er innerhalb seiner und ihrer Arbeit in kirchlichen Gremien kennengelernt hatte. Heide Ostmann, über die er zu deren sechzigsten Geburtstag, also einige Jahre später, sagen sollte, dass ihre oft bewiesene Hilfsbereitschaft mit einer gewissen Sorglosigkeit in materiellen Dingen gepaart sei. *Sie hat sich als mutiger Angsthase fromm und kirchenkritisch – fix und faul – sanftmütig und unbekümmert freiheitsdurstig – tolerant und respektlos frech – zurückhaltend und hemmungslos spontan – liebenswürdig und undiplomatisch ehrlich – engelhaft und teufelheftig erwiesen.*

*

Wohl auch, weil diese erfolgreicher verliefen als die Reformbemühungen um eine gesamtdeutsche Verfassung, denkt Helmut Simon gerne an die Beratungen zur Brandenburgischen Verfassung zurück. Er war als eines der beiden westdeutschen Mitglieder in den brandenburgischen Verfassungsausschuss gewählt worden und reiste deshalb ab Anfang 1991 häufig am frühen Morgen bis spät in die Nacht zu den Ausschuss-Sitzungen nach Potsdam.

Eka hatte ihn für diese Tage gehenlassen. Sie kannte ihren Mann nur zu genau, um zu wissen, dass ihm die Inhalte einer solchen Arbeit sehr am Herzen lagen. »Dieser Aufgabe darfst du dich nicht entziehen«, meinte sie trotz ihrer schweren Krankheit.

Die Zusammenarbeit innerhalb der Ausschuss-Sitzungen wären ausgesprochen kooperativ verlaufen, das Bemühen um eine möglichst gute, moderne Verfassung praktisch körperlich fühlbar gewesen. Der »Spiegel« (34/1991), der den Entwurf begeistert als den eines wegweisenden Modelles feierte, fasste das Ergebnis zusammen: Hier sei »schier Unglaubliches gelungen«, nämlich »klassische Prinzipien des Staatsrechtes mit Erkenntnissen der modernen Lehre und Impulsen der friedlichen Revolution zu vereinen«.

Leider konnten die fortschrittlichen Ideen der Brandenburgischen Verfassung wegen der eingeschränkten Länderkompetenz und des Vorranges des Bundesrechtes eine nur begrenzte Wirkung entfalten.

Dies galt ganz besonders für die in die neue Landesverfassung aufgenommenen Staatszielbestimmungen, die Helmut Simon in dem von ihm mit herausgegebenen »Handbuch der Verfassung des Landes Brandenburg« behandelt hat. Drei Aspekte, für die er sich schon lange eingesetzt hatte und die ihm besonders wichtig waren, wurden ebenfalls ausdrücklich in die neue Verfassung aufgenommen:

Erstens der kirchliche Öffentlichkeitsauftrag. Das heißt, die kirchlichen Einmischungen – die Helmut Simon so wichtig sind – werden ebenso gewährleistet wie zweitens der Eigentumsschutz sozialversicherungsrechtlicher Positionen – für die er als oberster Richter immer gekämpft hat –, und über die herkömmlichen Grundrechte hinaus drittens ein besonderes Recht auf politische Mitgestaltung, das unter anderem Informationsrechte für Bürgerinitiativen sowie ein Recht auf Akteneinsicht gewährleistet.

Die neue Brandenburgische Verfassung trat am 14. April 1992 in Kraft.

Ein sanfter Abschied

Neben seinen Haupttätigkeiten beim Verfassungsgericht sowie im Kirchentagspräsidium umfasste Helmut Simons Wirken, beginnend in den 60ern bis weit hinein in die 90er und auch darüber hinaus, eine ansehnliche Zahl von Referaten und Publikationen. Über 40 Schnellhefter konnte er damit prall füllen. Und zunehmend war er ein gefragter Gast bei Rundfunk- und Fernsehsendungen. Seine Argumentationsgrundlagen waren eben nicht angelesen, sein Denken und Wissen überzeugte.

Auch gab (und gibt) er sich eloquent, wenn es nötig ist kämpferisch, blieb (und bleibt) dabei im Wesentlichen charmant. Und sein Charisma wirkte – was er immer bezweifelte, zuweilen auf Frauen, was diese anders sahen – betörend.

Darunter waren Auftritte zu verfassungsrechtlichen, kirchlichen oder theologischen Fragen, aber auch Lebensberichte sowie Kommentierungen zu einer Spielfilmserie (»Das Patenkind«). Während er sich an die »Dienstagsredaktion« mit Gerhard Rein (damaliger SDR) erinnert oder an dessen mehrstündige Karfreitags-Sendungen, die mit Passionsmusik unterlegt waren, gerät er regelrecht ins Schwärmen.

Helmut Simon als Gast bei Berlin-Mitte

Gerhard Rein erzeugte ein Gesprächsklima, das zu rückhaltloser Offenheit verleitete.

Doch diese Offenheit konnte angreifbar machen. So ging es Helmut Simon zum Beispiel mit seiner Anregung für einen Straferlass für Hausbesetzer oder für Teilnehmer von Sitzblockaden. Denn er war der Meinung, dass es sich hierbei um verständliche Proteste gegen politische Fehlentwicklungen handelte, auf welche die Rechtsordnung nicht durch Kriminalisierung reagieren dürfe. Und er nennt noch weitere Sendungen, die für ihn denkwürdig waren, etwa ein »Euro-Pallaver« mit Franca Magnani in Baden-Baden, eine ZDF-Diskussion mit Hans Küng über Sterbehilfe oder die Juristenstammtische mit Werner Hill.

Es hat ihn einfach gereizt, über die Medien ein klein wenig Einfluss auf die politische Kultur des Landes zu nehmen, sofern dabei genügend Abstand zu seinen beruflichen Aufgaben blieb.

Im August 1992 fragte der deutsch-französische Sender »Arte« bei Helmut Simon an, ob er zu einer einstündigen Live-Sendung über sein Leben nach Straßburg kommen wolle.

Er sagte zu, auch weil er die lebendigen Live-Sendungen bevorzugte, allerdings mit der Bitte, das Bild »la liberté guidant le peuple« von Eugène Delacroix gut sichtbar im Hintergrund zu platzieren, der man von Seiten des Senders nachkam. Ihn hatte bei Delacroix beeindruckt, dass sich dieser Maler »die Welt im Kopf« erschaffen habe. Helmut Simon glaubte, die Sendung sei recht gelungen gewesen. Reaktionen kamen jedoch keine. Während der gesamten Sendezeit war der Ton ausgefallen.

Seine Frau und Heide Ostmann, die sich seit geraumer Zeit angefreundet hatten, waren nach Straßburg mitgekommen, Heide Ostmann wollte – falls nötig – Eka während der Sendung betreuen.

Über Land fuhren die drei zurück und kehrten gegen Abend in das ein, für was Baden berühmt ist: in eine reizvolle, »ursprüngliche« Schänke. Ein gelungener Nachmittag, dem ein entspannter Abend folgte.

Eine Woche später brach Eka zusammen und fiel ins Koma.

Hieraus ist sie nicht wieder aufgewacht.

Menschen aus der Generation von Helmut Simon, speziell die Männer, tendieren dazu, ihre Trauer zu introvertieren.

Helmut Simon jedoch kann recht offen über die eigene Trauer sowie seine Trauerarbeit reden.

Ich hatte Zeit gebraucht, fast ein halbes Jahr, um auch nur halbwegs mit Ekas Tod fertigzuwerden. Und er spricht über ihren Tod als eine Fügung. Erst in der Zurückgezogenheit um die Weihnachtszeit konnte er sich zu den nötigen Dankschreiben an all diejenigen aufraffen, die an Ekas Tod Anteil genommen hatten.

Innerhalb dieser Zeitspanne hatte er viel Muße, über die gemeinsam verbrachten Jahre zu reflektieren, Jahre, in denen sich Eka freiwillig zurückgenommen hatte, um ihm seine Arbeit samt all seinen Nebentätigkeiten, die ihm so viel bedeuteten, zu ermöglichen. Aber auch an die vielen gemeinsamen Reisen oder an all die Jahreswechsel – also an diejenigen Nächte vor seinem Geburtstag, an denen es jedesmal Käsefondue gab, was er überhaupt nicht mochte. Bis er sich endlich zusammenriss und ihr gestand, dass ihm ein Fleischfondue um so vieles lieber wäre. Und er konnte sich darüber freuen, dass Eka noch an der gelungenen Feier zu seinem siebzigsten Geburtstag und an der Hochzeit von Andreas im Frühjahr teilnehmen konnte.

Im Herbst schrieb ihm ein Freund: für Helmut Simon kämen jetzt wohl die Tage, in denen im Glauben erfahrene Männer der Heiligen Schrift sagten, dass diese ihnen nicht gefielen.
Zu seiner Lebensphilosophie gehöre zwar die Überzeugung, dass das Sterben ein unverzichtbarer Bestandteil menschlichen Lebens sei und dass dessen zeitliche Begrenzung zur Lebensqualität gehöre, doch um wie vieles leichter war es, dies für sich selbst anzuerkennen. Der Abschied von einem vertrauten Lebensgefährten hingegen sei eine gänzlich andere Sache.
Im Frühjahr wagte er mit seiner Tochter Beate und seiner Enkelin Hannah eine Reise nach Zypern – seit 44 Jahren erstmals ohne Eka. Und dort dachte er über die indianische Weisheitslehre von den vier Feinden des Menschen nach, die ihm Heide Ostmann vermittelt hatte:
»Wenn der Mensch die drei Feinde Furcht, Selbstüberschätzung und Macht innerhalb seiner früheren Lebensabschnitte besiegt hat und glaubt, am Ende zu sein, wird der letzte, der grausamste und eigentlich unbesiegbare Feind, nämlich das Alter, kommen und ihn schlagen. Wenn dann aber der Mensch seinem Verlangen nach Ruhe und seiner Müdigkeit nachkommt, wird er bald zu einem alten und schwachen Geschöpf niedergestreckt sein und sein Verlangen, sich zurückzuziehen, wird all das zerstören, was er sich vorher erworben hat.
Schüttelt der Mensch allerdings dann seine Müdigkeit ab und lebt sein Schicksal zu Ende, kann er, wenn auch nur für einen kurzen Augenblick, ein Wissender genannt werden.«

Kritik für den Staat

In seiner Dankesrede anlässlich der Überreichung der Festschrift versucht Helmut Simon sein künftiges Verhalten nach dem Ausscheiden aus dem Bundesverfassungsgericht in Worte zu fassen. Er wolle sich, so gut es eben ginge, weiterhin gesellschaftspolitisch engagieren, auch einmischen. Denn je mehr Jahre er zähle, desto dünnhäutiger werde er gegenüber dem Leid der Welt und den zahlreichen Beispielen nicht gelingenden Lebens.
Schließlich nimmt jeder dieser Menschen sein einmaliges Leben ebenso wichtig, wie jeder aus derjenigen gesellschaftlichen Gruppe, zu der ich mich zähle.
Ihn habe das Hirtenwort nordamerikanischer Bischöfe überzeugt, nach dem die Bibel eine vorrangige Option für die Armen enthalte.
Ich denke, für den Rest meines Lebens gehöre ich nach meiner Herkunft und meiner inneren Einstellung vor allem an deren Seite.
Und er fragt sich selbst:
Habe ich mein Versprechen eingelöst?
Die Inanspruchnahme durch Ekas Krankheit ließ ihm nicht so viel Spielraum für soziales Engagement, meint er, wobei er übersieht, dass er gerade durch seinen Einsatz für Eka seine eigene Haltung praktisch untermauert. Außerdem waren da ja auch noch seine Aufgaben im Zusammenhang mit der Wiedervereinigung. Und es gab verschiedene konkrete Aktionen, an denen er teilnehmen konnte. Wie etwa Gutachten und Vorträge gegen die nach wie vor grassierende Diskriminierung der Sinti und Roma. Welche er am eigenen Leibe zu spüren bekam, als er in die Planung des Förderkreises für das Holocaust-Mahnmal (Stelen-Denkmal) in Berlin eingeschaltet wurde.

Kaum hatte er sich vehement auch für andere Opfergruppen – wie eben die der Sinti und Roma – ausgesprochen, wurde er vom Förderkreis ignoriert und zu den Planungsbesprechungen nicht mehr eingeladen.

Oder er trat nach wie vor als Präsident der KDV (Zentralstelle für Recht und Schutz der Kriegsdienstverweigerer) für jene ein. Dann beurteilte er kritisch die Überleitung der DDR-Renten in die westdeutsche Sozialversicherung oder sprach sich für Solidarität mit Ausländern und Asylanten aus.
Er war in Erinnerung *an das ach so langweilige Deutschtum im »Dritten Reich«* zu einem überzeugten Anhänger einer multikulturellen Gesellschaft geworden.
Für ihn hatte sich Deutschland einerseits ebenso unübersehbar zu einem Einwanderungsland entwickelt, wie es sich mit der Zeit auf der anderen Seite auch zu einem Auswanderungsland verändert hat. Deshalb erschien ihm zudem eine Staatsangehörigkeit nach dem Geburtsland plausibler als nach der Abstammung. Die ursprüngliche Asylgarantie empfand er als die *Freiheitsstatue im Hafen unserer Verfassung.*
Dies war für Helmut Simon der Moment, um von seinen ausländerpolitischen Aktivitäten zu berichten:
Anfangs waren wir vom I. Senat des Bundesverfassungsgerichtes für das Ausländerrecht zuständig.
Und er erzählt stolz, dass sich deren ausländerfreundliche Rechtsprechung im Ergebnis durchaus sehen lassen konnte. Manchmal allerdings nur unter Zuhilfenahme gerichtsüblicher Druckmittel. Zum Beispiel im Falle eines Inders, der seit mehreren Jahren rechtmäßig und ohne jegliche Beanstandung in der Bundesrepublik lebte, der »seinen Fall« allerdings erst gewann, als Helmut Simon und Ernst Benda ein gemeinsames Sondervotum androhten. Zu einer Zeit heftiger Auseinandersetzungen über das Thema Ausländerrecht, etwa um 1980, leitete Helmut Simon auf dem Juristentag in Berlin die dazu stark besuchte Sektion. Dort hielt er ein Referat zu dem Thema: »Welche rechtlichen Vorkehrungen empfehlen sich, um die Rechtsstellung von Ausländern in der Bundesrepublik Deutschland angemessen zu gestalten?«
Seine Ausführungen beendete er unter lebhaftem Beifall mit dem Satz:
Mit dem zentralen Bekenntnis unserer Verfassung zur unantastbaren Würde eines jeden Menschen ist Fremdenfeindlichkeit schlechthin unvereinbar!

Auch innerhalb des Kirchentages befasste er sich 1985 mit der Situation der Ausländer und deren Integration. Diese Veranstaltung fand

unter dem Titel »Miteinander leben – heute und morgen« zusammen mit dem Zentralkomitee der Deutschen Katholiken statt. Des Weiteren wurde das Thema 1986, diesmal in Bad Boll, unter der Überschrift »Ausländer und Asylrecht« vertieft.
Im Herbst 1988 moderierte Helmut Simon die öffentliche Kirchenveranstaltung zur Woche der ausländischen Mitbürger in Berlin und 1992 nahm er aktiv an Diskussionen innerhalb des interkulturellen Festivals »Freundschaft ohne Grenzen« der IG Metall im früheren Eisenhüttenwerk Duisburg teil.
Daraufhin wurde von Seiten der Politik das Asylrecht weitgehend eingeschränkt, was zum Leidwesen Helmut Simons der inzwischen dafür zuständige II. Senat des Bundesverfassungsgerichtes hinnahm. Weshalb er diese Entscheidung innerhalb verschiedener Veranstaltungen kritisierte.
Dass mein Schwiegersohn gebürtiger Kurde ist, empfinden wir alle innerhalb der Familie als Bereicherung.

Weiterhin sollte ihn das Thema der kirchlichen Einmischungen nicht mehr loslassen. Dabei denkt er bis in das Jahr 1970 zurück, als das erste gemeinsame evangelisch-katholische Memorandum zum Scheidungs- und Sozialstrafrecht erschienen war:
»Das Gesetz des Staates und die sittliche Ordnung.«
Es gab von kirchlicher Seite nicht immer hilfreiche und überzeugende Äußerungen, aber dieses Memorandum war geradezu abschreckend.
In einem Rundfunkinterview hatte er es bald nach dessen Erscheinen als das Gegenteil hilfreicher politischer Diakonie sowie als selbstgerechtes Reden vom Dach der Kirche herab beurteilt. Auch auf der nächsten EKD-Synode wurde das Memorandum scharf kritisiert. Und Helmut Simon veröffentlichte zusammen mit weiteren kritischen Autoren eine Gegen-Denkschrift:
»Das Gesetz der Moral und die staatliche Ordnung.«
Solch negative, aber auch die positiven gesellschaftspolitischen Äußerungen der Kirche, veranlassten Helmut Simon zu seiner Arbeit über die notwendigen Einmischungen der Kirche, die er selbst erstmals 1992 auf dem regionalen Kirchentag in Erfurt sowie innerhalb der Karl Barth-Tagung auf dem Leuenberg und auch bei weiteren Veranstaltungen vorgetragen hat. Helmut Simons Fazit:
Der Protestantismus sollte ruhig etwas selbstbewusster auftreten.

Jetzt könnte man zu der Schlussfolgerung kommen, Helmut Simon habe sich nach Ekas Tod durch Arbeit betäubt.
Das war aber nicht so. Sie half ihm nur.
Es gab eben auch zu diesem Zeitpunkt Themen, die ihm zu wichtig waren, als dass er es unterlassen hätte, immer wieder auf diese zu sprechen zu kommen – egal ob in Referaten, bei Vorträgen, im Rundfunk oder im Fernsehen. Da wurden Veranstaltungen wie Kirchen- oder Juristentage, sogar die Beiträge zu Festschriften für seine Kollegen (wie etwa für Ernst Benda oder Ernst Gottfried Mahrenholz) zu Podien seiner Meinungsäußerungen.
Darunter gab es natürlich immer wieder die sozialen Rechte – also die auf Arbeit und soziale Sicherheit, auf Wohnung und Bildung –, welche seiner Meinung nach spätestens in einer europäischen Verfassung so verankert werden sollten, wie bereits in der Brandenburgischen Verfassung geschehen oder im Rahmen der Grundgesetzreform diskutiert.
Oder die Diskussion der verfassungsrechtlich verbindlichen, konkreten Inhalte des Sozialstaatsgebotes und ob diese bei uns verwirklicht sind oder aber nach und nach ausgehöhlt werden.
Des Weiteren stellte er die Frage, ob im Bereich der »Vierten Gewalt« nicht zwischen der gewährleisteten Presse- und Rundfunkfreiheit und der Verfassungswirklichkeit eine Kluft bestehe und wenn ja, was zu deren Überwindung geschehen könne und müsse.
Oder seine Forderung – die er auch bei der Diskussion über die Grundgesetzreform vorgetragen hatte –, dass das Volk an der Staatswillensbildung durch Aufnahme plebiszitärer Elemente stärker beteiligt werde, um damit dem repräsentativen Absolutismus der Parlamente und den damit verbundenen Ohnmachtsgefühlen der Bürger entgegenzuwirken.
Helmut Simon ging es niemals darum, gegen die deutsche Staatsform, sondern kontinuierlich für diese Kritik zu üben.
Es gehört zum Selbstverständnis unserer Demokratie, dass sich von keinem erreichten Zustand behaupten lasse, er stimme mit dem Ideal vollständig überein. Vielmehr seien die jeweiligen Verhältnisse immer wieder verbesserungswürdig, aber eben auch verbesserungsfähig.
Sein Denken halte eine Übereinstimmung von Ideal und Wirklichkeit für unerreichbar, es könne nur dazu auffordern, die Wirklichkeit in Anlehnung an das Leitbild der Verfassung zu verändern. Was eine nie enden wollende Aufgabe impliziere, welche durch stets erneute Wil-

lensentscheidung immer wieder gelöst werden müsse. Somit versteht Helmut Simon die Verfassungsordnung als Angebot, als Aufgabe, aber auch als stets gefährdete Chance.
All dies dürfe keinesfalls von den positiven Aspekten ablenken, die gerade auch durch das Bundesverfassungsgericht und dessen Rechtsprechung versinnbildlicht würden. Und dass die demokratischen, die rechts- und sozialstaatlichen Grundstrukturen sowie die Grundrechte im Besonderen in ihrer Orientierung an der Menschenwürde eine hohe Lebensqualität verbürgten und diese nachhaltig prägten.
Hierzu passend zitiert er die Präambel der Schweizer Verfassung, die auch den Geist unseres Grundgesetzes treffend umschreibt:
Gewiss, dass frei nur bleibt, wer die Freiheit gebraucht und dass die Stärke des Volkes sich misst am Wohl der Schwachen, eingedenk der Grenzen aller staatlicher Macht und der Pflicht, mitzuwirken am Frieden der Welt.
Der friedlichen Konfliktregulierung durch die Macht des Rechtes gebühre der Vorrang vor der Anwendung von Gewalt.
In der Hoffnung, dass dies auch für möglichst viele Mitbürger gelte, stellt er abschließend fest:
In einer so verfassten Gesellschaft lässt sich gut leben.

Zwischen Amor und Agape

Erörterungsbedürftig, schreibt Helmut Simon auf Seite elf seiner Lebensskizzen, *könnte mein Verhältnis zu anderen Frauen sein.*
Dabei geht es in dem auf diesen Satz folgenden kurzen Absatz nicht um »andere« Frauen, sondern hauptsächlich um Helmut Simons Einstellung zu seiner Ehe mit Eka.

Was versteht Helmut Simon im Zusammenhang mit Frauen unter »erörtern«?
Und was versteht er unter »einem«, beziehungsweise »seinem« Verhältnis?
Welche Frauen sind die »anderen«?
Und warum bedient er sich auch hier eines Konjunktivs?
Geht es um partnerschaftliche Verhältnisse, wie das zu seinen Schwestern?

Fest steht, dass Helmut Simon bis zu seinem Abitur – also innerhalb prägender Lebensphasen – hauptsächlich zusammen mit Frauen und Mädchen gelebt hat, erst danach kriegs- und berufsbedingt mehr unter Männern.
Da war die Mutter Setta, der er innerhalb der Familie und im Ort Dominanz bestätigt, und die drei vitalen Schwestern, unter denen er sich zwar als Hahn im Korb fühlte, die sich aber sicher vehement gewehrt hätten, hätte er sich ihnen gegenüber als Macho aufgeführt.

Heute schwärmen Frauen, die mit Helmut Simon privat Kontakt haben, von seiner Aura und seinem Charme. Und davon, wie angenehm sie seine Nähe empfinden.
Und er betont in eben jenem Absatz seiner Lebensskizzen, wie wohl er sich in der Umgebung von Frauen fühle. Also wohl ein rein intuitives Wohlfühlen. Denn auf die Frage nach dem »Warum«, antwortete Helmut Simon verblüfft: *Ja, warum eigentlich?*

Es begann zu der Zeit, als er noch mit Hund Ebbo über Wald und Wiesen streunte, dass sich für ihn der Umgang mit Frauen als Schwestern und Mitmenschen zwar unproblematisch gestaltete, andererseits Frauen im allgemeinen zu Wesen einer schwer greifbaren sowie unerfüllbaren Sehnsucht wurden, weit weit weg von allem Vorstellbaren.

Dies erklärt auch sein heimliches Verschwinden während der Abiturfeier auf einen nahen Friedhof – er war der einzige Junge in der Abiturklasse während des Krieges – oder sein sich Verstecken unter dem Dach der Scheune, als seine Arbeitsdienstgruppe von den BDM-Mädchen besucht wurde.

Einer Fama zufolge war die Hälfte der Mädchen in seiner Klasse – vielleicht mangels weiterer männlicher Mitschüler – in ihn verliebt.

Seine hohe Meinung über Frauen veränderte sich auch nicht, als ihm während der Theaterfahrt mit dem Fahrrad durch den Schwarzwald die Tochter eines Bauern, in dessen Scheune die Jungs übernachten durften, mit den Augen eindeutige Avancen machte.

Das war schon ein sehenswürdiges Stück an Verschlamptheit, versucht er sich zu erinnern.

Den ersten richtigen Kuss erhielt ich mit einundzwanzig, also als Oberleutnant.

Meine Sympathie für Frauen bleibt unausrottbar, damit stilisiert Helmut Simon sie nicht zu Engeln oder reinen Geistwesen.

Frauen können liebevoller sein als Männer, menschlicher.

Während der Marinezeit verflüchtigte sich langsam sein ungutes Gefühl, ihm würde ein Stallgeruch anhaften. Und es ergaben sich diverse Flirtsituationen, unter anderem in Norwegen und später auf der »Ubena«, wie zum Beispiel mit Sylvia, die dort als Schwester arbeitete, und die Helmut Simon besonders attraktiv fand, auch weil er sich einfach gut mit ihr verstand.

Nach ihrer gemeinsamen Zeit auf der Ubena schrieb sie ihm Brief um Brief, die alle unbeantwortet blieben. Doch auch Helmut schrieb ihr fleißig und wunderte sich, dass er keine Antwort erhielt.

Die Schuldigen waren in Ruh zu finden: nämlich Helmut Simons Schwestern, die nach einem Besuch von Sylvia glaubten, eine Verbindung zwischen den beiden nicht gutheißen zu dürfen.

Und bei Sylvia war es die Mutter. Aufgedeckt wurde die beidseitige Unterschlagung erst 40 Jahre später, als Sylvia im Nachlass ihrer Mut-

ter Helmuts ungeöffnete Briefe entdeckte und daraufhin wieder Kontakt zu ihm aufnahm.
Helmut Simon erinnert sich schmunzelnd an seinen Vermieter während der Studentenzeit, den Metzgermeister, der auch Jäger war. In dessen Wohnzimmer hing, dekorativ über dem Sofa platziert und meisterlich in Holz gebrannt, folgender Stoßseufzer: Wie gut, dass in der Liebespein die Menschen nicht wie Hirsche schrein!
In Basel entwickelte sich mit Hedi, der Tochter seines Vermieters, eine Parallelbeziehung zu Eka in der Heimat. Er musste sich entscheiden. Das Ergebnis ist bekannt. Letztlich war die Beziehung zwischen Eka und Helmut auf Lebenszeit angelegt, was für ihn erst recht galt, als sie so schwer erkrankte.
Mit der Geburt seiner Tochter begann der Wunsch in ihm zu reifen, dass – sie und mit ihr die Mädchen und Frauen ihrer und späterer Generationen – auf günstigere Lebensbedingungen stoßen sollten als die Frauen früherer Generationen. Und es folgt in seinen Lebensskizzen ein Satz, über den man schmunzeln mag, der aber eine exakte Symbiose aus Helmut Simons früherem Denken und dem Geist der 50er bildet:
Eka hat mein entschiedenes Eintreten für die Emanzipation dadurch erleichtert, dass sie sich wie viele Frauen ihrer Generation mit einer Hausfrauenrolle begnügte und mir dadurch die wohl unvermeidbaren Emanzipationslasten ersparte.
Er betont, dass Eka für ihn konkurrenzlos im Zentrum seiner mitmenschlichen Beziehungen stand, aber auch, dass die beiden sich darüber nicht einig waren, inwieweit darüber hinaus freundschaftlicher Umgang mit anderen Frauen für Eka tragbar und ertragbar war. Von anderen Männern ist in seinen Lebensskizzen nichts zu finden. Weiterhin waren sie sich nicht darüber einig, inwieweit dieser – also Helmuts Simons – Umgang unbefriedigte emotionale und intellektuelle Wünsche aus ihrem Verhältnis ausgleichen konnte und durfte. Zur Zeit seiner Mitarbeit im Kirchentagspräsidium, während zu den Veranstaltungen der Kirchentage immer wieder interessante Diskussionspartner eingeladen wurden, hatte er auch Alice Schwarzer kennengelernt.
Wir kamen prima miteinander aus, doch unsere Beziehung war nicht logisch.
Nach Helmut Simons Meinung setzt die Fähigkeit zu einer zentralen und beständig liebevollen Partnerschaft die Grundhaltung voraus, auch gegenüber anderen Menschen im weiteren Umfeld zu freund-

schaftlicher Offenheit fähig zu sein. Allerdings, welche Grenzen dabei einzuhalten wären, hat er erst viel später und sehr mühsam gelernt. Eka jedenfalls nahm – so ließ sie ihn jedenfalls glauben – seine Freundschaften verständnis- und liebevoll hin.
Am Abend vor einer lebensgefährlichen Operation schrieb sie an Beate und Andreas:
»Noch etwas ist mir sehr wichtig. Papi wird nicht alleine leben können. Wehrt Euch nicht dagegen! Ich jedenfalls empfinde es nicht als Kränkung.«

*

Am 16. Mai 1995 heirateten Heide Ostmann und Helmut Simon. Die Frau, die Eka während deren Krankheit so hingebungsvoll umsorgt hatte, den Mann, den sie als Patriarchen à la Moses mit intellektueller Bereitschaft zur Partnerschaft bezeichnete und von dem sie noch heute behauptet, dass das Beste an ihm der Bauer sei.
Kommentar zur Hochzeit von Heides Tochter Frauke aus erster Ehe: »Ich habe gedacht, ich hätte eine emanzipierte Mutter und jetzt heiratet sie einen Opa!«
Dieser Schritt hat sein Leben teilweise neu erfunden und *ungemein bereichert.*
Er erzählt, wie er *plötzlich wieder den Regen auf Vordächer trommeln hörte* oder *voll Staunen Tautropfen beobachtete, die viel schöner als Brillanten in der Sonne glitzern.* Und, wie schon als kleiner Junge, faszinierte ihn aufs Neue das Spiel von Licht und Schatten unter altem Gesträuch und er atmete tief den Duft feuchter Erde ein. Er spürte den Kuss von Schneeflocken auf der Haut, während er mit Heide durch den Winter stapfte, versank danach in den Tonfolgen Vivaldis oder Mozarts, las bis tief in die Nacht hinein bei traulichem Kerzenschein im Bett und erfuhr dabei, wie Wände langsam durchlässig werden und die Welt einen Raum erfüllt.

Heide Simon-Ostmann

Hand in Hand streiften die Verliebten durch hügelige Landschaften, machten sich gegenseitig auf den Kontrast des leuchtenden Gelbes

der Rapsfelder zum Grün der Wiesen und Bäume aufmerksam und sogen tief in bunten Herbstwäldern den Wohlgeruch frisch geschlagenen Holzes ein.
Gegen Abend dann besuchten sie eine gemütliche Kneipe, Helmut legte ein Bein über Heides Knie – eine als solche nicht wahrgenommene Erinnerung an seine Kindheit, als er stolz sein Bein über das seines Vaters legen durfte – und sie redeten bei einem Viertel Wein über Gott und die Welt.
Oder samstagnachmittags, wenn er allein in die Sauna ging und sich an der Theke der Saunabar oder auf dem Oberdeck über ein Weizenbier mit einer Haselnusstafel freute – da holte ihn Heide abends von der Straßenbahn ab, und sie schlenderten Arm in Arm nach Hause, flüchtig freundliche Blicke mit völlig Fremden wechselnd.
Und er lernte, dass das gemeinsame Verrichten von Hausarbeiten einfach viel mehr Spaß machen kann. Sie kauften ein, putzten, kochten und spülten ab, führten währenddessen ernste Gespräche oder alberten herum.
Die Hochzeitsreise führte sie über Tutzing ins Tessin. Weitere Reisen folgten; nach Genf, in die Toskana, nach Montegrotto, Prag, in das Burgund, an die Weser und mittels Schiff von Passau nach Budapest, um nur einige zu nennen.
Und gemeinsam besuchten und pflegten sie Ekas Grab.

Es darf auch nicht verschwiegen werden, dass ihre Beziehung keineswegs frei von knisternder erotischer Spannung war. Erst später und aus gesundheitlichen Gründen ging diese in eine Form emotionaler Zärtlichkeit über, was zu Helmut Simons Verwunderung ihren liebevollen gegenseitigen Zuwendungen keinen Abbruch tat, sondern diese im Gegenteil weiter aufblühen ließ. Und umso mehr genossen sie die kleinen Freuden des Lebens, von denen beide, durch ihre Gemeinsamkeit animiert, täglich neue entdeckten.

Zu Heides sechzigstem Geburtstag hatte Helmut Simon vor, nach seinem bewährten Schema eine Laudatio zu halten:
Wo kommst Du her, wer bist Du jetzt, wohin gehen wir?
Doch Heide widersprach. Sie fürchtete, über Gebühr gelobt zu werden. Was ihr peinlich gewesen wäre. Also änderte Helmut Simon seinen Plan, er hielt eine kürzere Rede, die er mit folgenden Worten begann:

Nun, da mindestens heute Deinem Willen Vorrang gebührt, füge ich mich und mache von meinem Grundrecht auf Redefreiheit nur sehr begrenzt durch eine Danksagung Gebrauch.

Weiter betont er in seinem Dank an Heide, dass er großes Glück gehabt habe, in seinem fortgeschrittenen Alter noch eine Frau wie sie gefunden zu haben, und dass er diese Fügung als großes Geschenk betrachte.

Unsere weitgehende religiöse sowie politische Übereinstimmung wird eigentlich nur durch Deine größere Radikalität verstärkt.

Und er gibt seiner Freude darüber Ausdruck, dass ihre gegenseitige Zuneigung seit der Hochzeit weiter aufgeblüht sei und betont seinen Dank, dass sie ihm geholfen habe, Konflikte nicht zu verdrängen, sondern auszutragen, zu ändern, was änderbar sei, sowie Unabänderliches zu akzeptieren. Und dass Heide all dies auch selbst praktiziere. Wie auch ihre geradezu maßlose Liebesfähigkeit. Durch Heide habe er gelernt, dass Liebe das einzige Gut sei, das sich vermehre, wenn man es ausgebe.

Und dass sie ihm geholfen habe, Kinder und Enkel endlich loszulassen.

Weiter betont er ihren ungebärdigen Freiheitsdrang, der sie zu einem unangepassten Menschen gemacht habe, dem jeglicher Machtwille fremd sei, der diesen Freiheitsdrang ihm gegenüber, aber auch mit gelegentlich freundlichem Spott, zu behaupten versuche.

Was sich die beiden erhofft hatten ist ihnen gelungen. Beide erfüllt dies mit Dankbarkeit. Heide ist davon überzeugt, dass es ihrer beider Bestimmung war, zueinander gefunden zu haben.

Seine Zeit überleben

Wir haben diese Welt nicht von unseren Eltern geerbt,
sondern von unseren Kindern geliehen.
(Indianische Weisheit)

Heide Simon-Ostmann, wie sie jetzt heißt, war und ist ähnlich umtriebig wie Helmut Simon. Ebenso, wie ihr theologisches und politisches Denken dem seinen ähnelt. *Nur eben radikaler,* wie er feststellen durfte.
So hatten sie sich schließlich auch kennen- und schätzengelernt.
Also packten die beiden jetzt gemeinsam diejenigen Dinge an, die ihnen wichtig waren oder die ihnen veränderungswürdig erschienen. Angefangen damit, dass er Heide zu ihren Predigten in die Kirche begleitete oder sie beide Arm in Arm der Predigt eines Dritten lauschten. Sie engagierten sich – wie bereits vor ihrer Eheschließung – beim Badischen Landesausschuss des Kirchentages des Projektes »Junge Alte«, bei Veranstaltungen der Friedensdekade oder während der zahlreichen Vorbereitungssitzungen für das badisch elsässische Begegnungstreffen 1994 in Straßburg.
Auch sein rechtspolitisches Engagement hielt Helmut Simon vorerst aufrecht.
So referierte er 1996 innerhalb einer Juristentagung in Bad Boll aus seinen Überlegungen über *Konflikte zwischen staatlichem Recht und religiöser Überzeugung.*
Er begann seinen Vortrag mit Gedanken zum christlich gebotenen Verhalten in und gegenüber der grundgesetzlichen Ordnung und leitete danach über zum Widerstandsrecht gegen symbolhafte Regelverletzungen oder offenkundige Unrechtsregime, welche nicht dem deutschen Grundrechtskatalog unterliegen. Er würdigte Aktionen des zivilen Ungehorsams im Grenzbereich unserer Rechtsordnung und hob in diesem Zusammenhang das Kirchenasyl als eine ehrwürdige

Erscheinung der politischen und christlichen Kultur hervor, ja, er beurteilte dieses als rechtlich zulässigen Beistand im Notstand.
Veröffentlicht wurden diese Überlegungen übrigens in der Festschrift für den auf Sumatra geborenen Theologen Bertold Klappert, eines eigenständigen Interpreten der Theologie der Bekennenden Kirche und intimen Kenners der Christologie Karl Barths.
Seitdem sich Helmut Simon und die Bruderschaften bereits in den 60ern intensiv mit dem Staatskirchenrecht, also mit dem rechtlichen Verhältnis zwischen Staat und Kirche, beschäftigt hatten, seitdem es seine Überlegungen gab, ob nicht das Menschenrecht auf Religionsfreiheit als geeignetes Fundament und zentrales Kriterium für eben dieses Staatskirchenrecht herangezogen werden müsse – seit diesem Zeitpunkt hatten ihn diese Gedanken nicht wieder losgelassen.
Bereits in den 70ern, als die FDP eine Trennung von Staat und Kirche forderte und seitdem über eine freie Kirche im demokratischen Staat nachgedacht wurde, hatten sich die Staatskirchenrechtsgedanken des Verfassungsrichters als hilfreich erwiesen.
Aber erst 1996, nachdem Helmut Simons Denkprozess weitere Fortschritte gemacht hatte und er diese innerhalb unzähliger Vorträge zwischen 1973 und 1995 wieder und wieder publik gemacht hatte, konnte er durch einen Vortrag vor der Akademie Tutzing einen vorläufigen Schlussstrich ziehen (siehe Anhang III).
Noch einmal muss betont werden, dass es in diesem Vortrag um das Staatskirchenrecht und nicht um das Kirchenrecht an sich geht, welches sich mit der inneren Ordnung der Kirchen beschäftigt – ein Thema, mit welchem Helmut Simon sich weniger befasste.
Durch das Drängen weiterer Religionen nach Gleichbehandlung und die *umstrittene Rechtsprechung des Bundesverfassungsgerichtes über Kruzifixe in Pflichtschulen* (BVerfGE 93,1) war zum Zeitpunkt dieses Vortrages bereits ein deutliches Gespür für Veränderungen bemerkbar geworden.
Gleichzeitig zu diesen Engagements begann sich Helmut Simon mehr und mehr aus dem öffentlichen Leben zurückzuziehen. Sein öffentlicher Status war mit der Pensionierung bereits weggefallen, und er sich mit der Frage beschäftigte, wie es sich wohl anfühle, wenn er keine Rolle mehr spiele und »nur« noch er selbst sei.
Dabei habe ihm Heide mit ihrer Interpretation des Märchens vom »Hans im Glück« geholfen: nämlich Stück um Stück das loszulassen, was ihn binde und verpflichte, bis er endlich frei sei »heimzugehen«.

Gewiss, sein Alltag wurde ereignisärmer, aber irgendwie sagte ihm sein langsamer Rückzug zu.
Vielleicht fällt eine solche Umstellung einem gottesfürchtigen Menschen einfach leichter, da für diesen mit dem Tod nicht alles zu Ende ist. Und schließlich bleibt dann ja auch noch die wunderbare Aufgabe als Schutzengel für den Nächsten.

Der langsame Rückzug sah dann so aus, dass Helmut Simon zum Beispiel zusammen mit Ernst Benda, Werner Maihofer und Hans Jochen Vogel das »Handbuch des Verfassungsrechts« schrieb, wobei er den Part über die Verfassungsgerichtsbarkeit übernahm, welche Alfred Grosser bereits 1960 in seinem Buch »Die Bonner Republik« als die zweifellos originellste und interessanteste Instanz des deutschen Verfassungssystems würdigte.
Diese Arbeit führte ihn zu neuen Reflexionen über Geschichte, Funktion, Bedeutung und Wertschätzung dieser neuartigen Gerichtsbarkeit. Die in diesem Buch bereits geschilderte Essenz fasste Helmut Simon 1999 noch einmal für die »Frankfurter Rundschau« zusammen.

Oder er skizzierte in seiner bisher noch nicht zur Sprache gekommenen Funktion als Präsident der Zentralstelle für Recht und Schutz der Kriegsdienstverweigerer im selben Jahr für das Deutschland-Radio folgenden Beitrag unter dem Titel »Zur Gleichstellung von Wehr- und Zivildienst«:
Nachdem die beiden Weltkriege und der Einsatz von Massenvernichtungsmitteln die überkommene Ethik vom »gerechten Krieg« bis in ihren Kern erschüttert hatten, gewann die Verweigerung des Kriegsdienstes aus Gewissensgründen weltweit an Boden. In der europäischen Gemeinschaft wurde sie in allen Mitgliedsstaaten mit allgemeiner Wehrpflicht als rechtmäßig anerkannt. Das Europaparlament bezeichnete dieses Recht Anfang 1994 ausdrücklich als Menschenrecht und würdigte den Militär- und den Zivildienst gleichermaßen als Dienst an der Gemeinschaft.
In der Bundesrepublik konnte sich die Gleichstellung von Soldaten und Wehrdiestverweigerern nur langsam und annäherungsweise durchsetzen. Zwar darf nach dem Grundgesetz »niemand … gegen sein Gewissen zum Kriegsdienst mit der Waffe gezwungen werden«, und »die Dauer des Ersatzdienstes darf die Dauer des Wehrdienstes nicht übersteigen«. Anfangs fehlte indessen die Gelassenheit zum loyalen Umgang mit dieser Grundrechtsver-

bürgung. Die Sorge vor unübersehbaren Scharen an »Ohne-michlern« und vor einem Ersatzdienst, der als bequemer Ausweg vor einem strengen Wehrdienst hätte empfunden werden können, überschattete die nähere rechtliche Regelung und die Praxis.

Das begann damit, dass das Grundrecht der Kriegsdienstverweigerung als eng anzuwendende Ausnahme von einer allgemeinen Bürgerpflicht behandelt und im Entwurf das erste Wehrpflichtgesetz auf Anhänger grundsätzlicher Gewaltlosigkeit beschränkt wurde.

Das ging weiter mit der öffentlichen Diskriminierung der Verweigerer als Drückeberger und mit der Observierung ihrer Veranstaltungen durch den Verfassungsschutz.

Als besonders belastend erwies sich die oft inquisitorische und kleinliche Prüfung im Anerkennungsverfahren, die zur häufigen Anrufung der Verwaltungsgerichte zwang, und ferner die Tendenz, den Ersatzdienst abschreckend auszugestalten.

Erst in den siebziger Jahren begann ein langsamer Wandel.

Die Wehrdienstverweigerer erwarben sich mit ihrem oft harten sozialen Einsatz Ansehen und Wertschätzung. Zugleich wuchs die Bereitschaft, den »Friedensdienst mit und ohne Waffe« gleichermaßen zu respektieren. Auch der Gesetzgeber bemühte sich um eine Gleichstellung. So änderte er 1973 die Bezeichnung »Ersatzdienst« wegen des diskriminierenden Beigeschmacks in »Zivildienst« und er sorgte für eine effektive Organisation dieses Dienstes und erweiterte dessen Aufgabenbereich, um sicher zu stellen, dass alle Verweigerer trotz ständig steigender Zahlen einberufen werden konnten. Das mit Grund kritisierte Anerkennungsverfahren wurde hingegen erst Jahre später erträglich gestaltet, nachdem eine zwischenzeitliche noch weiter gehende Vereinfachung vom Bundesverfassungsgericht als verfassungswidrig verworfen worden war.

Inzwischen hat sich die Wehrdienstverweigerung in der Bundesrepublik vom Ausnahmefall zur Massenerscheinung entwickelt, die um so bereitwilliger toleriert wird, als andernfalls im Sozialbereich empfindlicher Kräftemangel zu befürchten wäre und der begrenzte Bedarf an Soldaten zu krassen Ungerechtigkeiten führen würde. Seit 1956 haben mehr als 1 800 000 Wehrpflichtige den Wehrdienst verweigert; in den letzten Jahren waren es jeweils über 30% der Wehrdienstfähigen.

Geblieben ist das Ärgernis, dass der Zivildienst – entgegen dem Wortlaut der Verfassung – immer noch länger dauert als der Grundwehrdienst. Das Bundesverfassungsgericht hatte dies 1985 damit gerechtfertigt, dass zwar die Zivildienstleistenden weder besser noch schlechter gestellt werden dürften als die Wehrdienstleistenden, dass aber bei der zeitlichen Berechnung des Wehrdienstes auch die rechtlich möglichen Reserveübungen berücksichtigt werden dürften. Dies wurde von einer Minderheit überstimmter Richter schon damals als realitätsfern beanstandet und ist jedenfalls inzwischen überholt. Ebenso erscheint mit dem klaren Wortlaut der Verfassung die Erwägung unvereinbar, die Bereitschaft zu einem verlängerten Zivildienst diene als »Probe des Gewissens« und als Ausgleich für das erleichterte Anerkennungsverfahren. Es dürfte an der Zeit sein, dass die derzeitige Regierungsmehrheit ihr Wahlversprechen einlöst und für die verfassungsrechtlich gebotene gleiche Dauer von Wehr- und Zivildienst sorgt.

Auf einem Hearing des Weltrates der Kirchen, zu dessen 17 Mitgliedern Helmut Simon gehörte, war 1981 nach Befragung von Zeugen sowie Sachverständigen die Produktion, die Aufstellung und der Gebrauch von Atomwaffen als Verbrechen gegen die Menschlichkeit verurteilt worden.
Im Jahr 1996 kam eine *eindrucksvolle Mehrheit des Internationalen Gerichtshofes* zu dem Ergebnis, dass die folgenden zwei Punkte gegen das Völkerrecht verstoßen:
Der Einsatz von Atomwaffen und auch die Androhung eines solchen. Allerdings blieb ungeklärt, ob nicht in einer extrem existenzgefährdenden Notlage Atomwaffen zur Selbstverteidigung eingesetzt werden dürften.
Doch wer definiert im Notlagenstress den Passus »extrem existenzgefährdend« und trifft dann auch noch die Entscheidung für einen Einsatz?
Zu den entsprechenden Zeiten waren Wiederbewaffnung, atomare Aufrüstung sowie die Nachrüstung heftig umstritten. Vielleicht mag es verständlich gewesen sein, dass mit dem Fall der Mauer als Symbol für das Entfallen des Kalten Krieges und der Spaltung von Ost und West – die in Berlin, praktisch in zwei Ländern gleichzeitig, mit der Aufführung von »the wall« (Roger Water, Pink Floyd, Scorpions, Sinead O'Connor, Bryan Adams …) frenetisch gefeiert wurde, am Ende voller Hoffnung auf eine bessere Zukunft mit »the tide is turning« – dass in dieser Situation und dem »gefühlten Verschwinden« der akuten Bedrohung die tiefgreifende militärpolitische Veränderung kaum noch diskutiert wurde. Ein Fehler war dies allemal. Jahrzehntelang sollte die gegenseitige Aufrüstung, manifestiert im »Gleichgewicht des Schreckens« den jeweiligen Gegner von einer Aggression abhalten. So

wurde das Gleichgewicht des Schreckens zum »Modus operandi« der Vermeidung von Kriegen. Verfassungsrechtlich herrschte jahrzehntelang Einigkeit darüber, dass die Bundeswehr ausschließlich zur Verteidigung des eigenen Landes, eventuell noch zu der des Territoriums der Verbündeten dienen solle. Obwohl das gesamte Waffenarsenal des Schreckens nach wie vor im Verborgenen lauerte, verblasste mit dem Zusammenbruch des kommunistischen Machtbereichs die Angst vor einem atomaren Inferno. Und das bis dahin als friedenssichernd geltende Prinzip der Nichteinmischung in innere Angelegenheiten anderer Staaten mutierte zu sogenannten Interventionen zum Schutz vor Menschenrechtsverletzungen.

Auch die Semantik hatte sich verändert. Die Verhinderung eines Krieges mittels Abschreckung wurde durch neue Strategien zu Kriegsführung im Rahmen oder im Auftrag der Uno ersetzt. Man sprach sogar von »vorbeugenden Angriffskriegen« oder »vorbeugender Verteidigung«.

In Anknüpfung an Kants »Zum ewigen Frieden« beschäftigte sich Helmut Simon 1996 im Rahmen der Osnabrücker Friedensgespräche mit genau diesen Themen.

Er referierte dazu unter dem Titel »Verweigerung des Kriegsdienstes als Friedenskonzept?«.

Im Jahr 2000 setzte er sich in Bad Boll mit denselben Themen innerhalb seines Vortrages »Die Friedenspflicht des Grundgesetzes« auseinander.

Diese auf dem Fundament seiner Überlegungen aus den 50ern ruhenden und über die Jahrzehnte gereiften Inhalte trug Helmut Simon kurz vor Beginn des Irak-Krieges in Berlin im Bundeskanzleramt vor. Er unterzog sie dort geradezu einer verfassungsrechtlichen Würdigung.

Dass der damalige Bundeskanzler Gerhard Schröder kurz darauf eine militärische Beteiligung im Irak abgesagt habe, führt Helmut Simon auch auf dieses Gespräch zurück. Seine verfassungsrechtlichen Überlegungen erschienen kurz darauf im »Spiegel online«.

Nach Beendigung des Irak-Krieges wurden in der »Frankfurter Rundschau« folgende Gedanken Helmut Simons gedruckt, welche er kurz zuvor auf der Jahrestagung der Gustav Heinemann-Initiative vorgetragen hatte:

In der deutschen Diskussion um Entscheidungsverfahren für bewaffnete Einsätze der Bundeswehr »out of area« kommt – unbeschadet einer Manda-

tierung durch den UN-Sicherheitsrat – immer wieder die entscheidende Vorfrage zu kurz: nämlich die Frage, ob und wieweit solche Einsätze verfassungsrechtlich überhaupt zulässig sind. Dazu enthält auch der Koalitions-Entwurf eines sogenannten Entsendegesetzes keine Vorgaben. Eine unmissverständliche Klärung hätte spätestens aus Anlass des Irak-Krieges nahe gelegen, doch ist damals die verfassungsrechtliche Beurteilung ganz hinter der politischen Entscheidung zurückgetreten. Hier rächte sich, dass bereits die Selbst-Mandatierung der Nato im Kosovo nicht diskutiert worden ist. Statt klare verfassungsrechtliche Regelungen für Recht und Grenze von Krisenreaktionseinsätzen zu schaffen, sind entgegenstehende Verfassungsnormen bis zur Bedeutungslosigkeit verdünnt worden, insbesondere die ungewöhnlich klare Vorschrift des Art. 87 Abs. 2 GG: »Außer zur Verteidigung dürfen die Streitkräfte nur eingesetzt werden, soweit dies das Grundgesetz ausdrücklich zulässt.«
Maßgeblich ist dabei nach Auffassung des Bundesverfassungsgerichts das Friedensgebot, wonach die grundsätzliche Zweckbestimmung von Systemen gegenseitiger kollektiver Sicherheit im Sinn des Art. 24 Abs.2 GG auf Friedenssicherung gerichtet sein muss.
Obwohl aber das Friedensgebot im Grundgesetz sehr viel deutlicher zum Ausdruck kommt als etwa das Sozialstaatsgebot oder das Rechtsstaatsgebot, ist bisher versäumt worden, dieses ähnlich, eben wie die beiden anderen Gebote, konkret herauszuarbeiten und anzuwenden. Vor allem die Folgerungen für zivile Konfliktbearbeitung und deren Vorrang vor militärischer Gewaltanwendung wurden vernachlässigt.
Ich halte es für nachgerade unerträglich, dass für diese Aufgabe lediglich ein verschwindend geringer Teil der Mittel zur Verfügung steht, wie wir sie für das Militär aufwenden.
Die Finanzierung der Friedensforschung ist sogar mehr und mehr eingeschränkt worden. Das ist umso weniger zu verantworten, als nach Ende der Ost-West-Spaltung die herkömmliche individuelle und kollektive Selbstverteidigung gegen bewaffnete Angriffe immer unwahrscheinlicher geworden ist, während die Krisenreaktionseinsätze zur Konfliktbearbeitung und Konfliktbewältigung an Bedeutung gewonnen haben. Bereits in der Vergangenheit habe ich wiederholt beklagt, dass sich der militärische Sektor immer noch recht resistent gegenüber verfassungsrechtlicher Durchdringung verhält, obwohl hier das Schutzbedürfnis der Bürger und Völker gegenüber staatlichem Machtmissbrauch größer ist.
Inzwischen ist die Verfassung im militärischen Sektor immer stärker strapaziert worden. Es sei daran erinnert, dass ursprünglich die Aufgabe der Bundeswehr in der Verteidigung gegen bewaffnete Angriffe und in der Kriegs-

verhütung durch Abschreckung gesehen wurde und dass dies als der »eindeutige und unmissverständliche Wille des Verfassungsgebers« galt (BVerfGE 48, 127, 160). Inzwischen geht es um die weltweite Beteiligung der Bundeswehr an militärischen Interventionen in Drittländern außerhalb der Verteidigung. Obwohl es sich dabei um tiefgreifende, außerordentlich folgenreiche Veränderungen handelt, ist diese erweiterte Aufgabe in der Öffentlichkeit weit weniger diskutiert worden als etwa die Nachrüstung. Diskutiert wird dazu – im Anschluss an die insoweit verdienstvolle Rechtsprechung des Bundesverfassungsgerichts – lediglich, ob und inwieweit für Einsätze die grundsätzlich vorherige konstitutive Zustimmung des Bundestages erforderlich ist. Entscheidend bleibt aber die Grundfrage, ob und wieweit solche Einsätze verfassungsrechtlich überhaupt zulässig sind.

*

Was Helmut Simon damals unter »ereignisärmer« verstand, was er gleichzeitig aber auch als seine neuen Schwerpunkte bezeichnete, waren jetzt gemeinsame Unternehmungen mit Heide wie die Teilnahme an Kirchentagskongressen und Kirchentagen, an Präsidialversammlungen oder Konferenzen der Landesausschüsse sowie an Sitzungen und Vortragsveranstaltungen. Interessante Themen für beide waren zum Beispiel die Grundrechte, die Rolle des Protestantismus in unserer Gesellschaft, die Verfassungsgerichtsbarkeit, der Pluralismus, die Medienfreiheit, Friedensthemen oder Staatskirchenrecht. Aber auch ein Sommerfest beim Bundespräsidenten oder familiäre Kontakte nach Ruh, Essen, Schwäbisch Hall, Heilbronn, Freiburg und Stuttgart.
Besonders freute ihn, dass die damals noch amtierende Präsidentin des Bundesverfassungsgerichtes, Jutta Limbach, zu seinem achtzigsten Geburtstag für ihn als Pensionär ein Essen ausrichtete, zu dem sie alle amtierende Richter, aber auch den ehemaligen Präsidenten Ernst Benda sowie Ernst Gottfried Mahrenholz, eingeladen hatte. Solch eine Einladung war neu in der Geschichte des Bundesverfassungsgerichtes. Sie verdeutlichte ihm die fortdauernde Wertschätzung seiner Person und den anhaltenden Respekt vor seinem Wirken. Mit diesem achtzigsten Geburtstag und drei Jahre nach dem Stuttgarter Kirchentag sowie nach seinem Hamburger Vortrag »Abschied vom Protestantismus« begann Helmut Simon, mit seinem Rückzug aus dem öffentlichen Leben wirklich ernst zu machen.

Er glaubte zu spüren, dass seine Kräfte und seine Leistungsfähigkeit langsam nachließen. Dieses Gefühl wurde sicher auch dadurch verstärkt, dass er seit dem Sommer 1996 in der Herzklinik Bad Krotzingen nach und nach fünf Gefäßweitungen über sich ergehen lassen musste.
Doch 2001 konnten die Ärzte diese Prozedur wieder einstellen. Sie hatten festgestellt, dass sein Körper im Zuge eines Selbstheilungsprozesses eine neue Herz-Kranz-Ader gebildet hatte, die jetzt die Arbeit der alten, verstopften Ader übernommen hatte.
Nach wie vor war er als Denker und Redner gefragt, galt als gut – doch er selbst fand sich nicht mehr gut genug. Er begann den Aufwand zur Vorbereitung von Vorträgen im Verhältnis zu deren Ertrag als nicht mehr lohnend zu empfinden. Also lehnte er Anfragen mit der Begründung ab, dass er sich jetzt ein Sabbatjahr verdient habe.
Heide unterstützte ihn mit der klugen Argumentation, seine Engagements doch zu dem Zeitpunkt zu beenden, wo die Menschen dies noch bedauerten, anstatt solange zu warten, bis dieselben fragten, wann er denn endlich aufhöre.
Scherzhaft resignierend antwortete er:
Die Welt ein wenig zu verbessern ist mir bisher nicht gelungen, also wird mir dies während des verbleibenden Rests meines Lebens wohl auch nicht mehr gelingen.
Gleichzeitig dachte er darüber nach, dass »seine politische Klasse« ihr öffentliches Wirken ohnehin für wichtiger gehalten habe, als es dann tatsächlich war. Und dass er sowieso nie der Meinung war, dass sein Wirken über seine Zeit andauern müsse, dass es allerdings schon viel bedeute, wenn die Verhältnisse einigermaßen erträglich seien, solange man an deren Gestaltung beteiligt und dafür verantwortlich sei.
Als eine seiner letzten Veröffentlichungen schrieb Helmut Simon 1999 einen Beitrag für das von den Behindertenverbänden herausgegebene Weißbuch zum Thema »Soziale Sicherheit für behinderte Menschen«.

Danach zog er sich wieder ein Stück weiter zurück und begann, sein Haus zu bestellen.
Was nicht bedeutet, dass es wegen der verbleibenden Defizite nicht gute Gründe für weitere Einmischungen gäbe. Zum Beispiel: Globalisierung mit Börsenspekulationen und Unternehmensverlagerungen, US-Imperialismus mit Militarisierung bis hin zu vorbeugenden Angriffskriegen, hemmungslose

Bereicherungssucht im Neokapitalismus, schwindende Bereitschaft zu solidarischen, gemeinwohlorientierten Reformen für das kranke Sozial- und Bildungssystem, Festhalten an der Ideologie des unendlichen Wachstums, Abbau von Arbeitsplätzen trotz Milliardengewinnen, drohende Klimakatastrophen als Folge von Umweltsünden, Brutalisierung der Konflikte in den Notstandsgebieten und des Terrorismus, Ideologisierung von Religionen durch einen militant fanatischen Fundamentalismus, Verlust visionären Denkens in der Spaß- und Eventgesellschaft oder die stürmische elektronische Revolution mit ihren unabsehbaren Auswirkungen.

Für mich gibt es zwei Faktoren, von denen ich glaube, dass auch sie folgenschweren Veränderungen ausgesetzt sind.
Ich fürchte zum einen, dass die Leuchtkraft des christlichen Glaubens blasser – und zum anderen, dass die rechts- und sozialstaatliche Demokratie unansehnlicher geworden ist. Die daraus folgenden Aufgaben werden aber die nachfolgenden Generationen lösen müssen, die über wohlfeile Ratschläge der Alten um so weniger begeistert sein werden, als wir die genannten Veränderungen haben geschehen lassen. Uns bleibt nur noch, die nachfolgende Generation zu drängen, sich den Aufgaben und Nöten zu stellen und – nach einer zutreffenden Mahnung von Sloterdijk – mit der Jammerwut der verwöhnten Deutschen aufzuhören, die immer noch zu den reichsten Nationen aller Zeiten mit einem beispiellosen kollektiven Luxus gehörten.
Irgendwann werden sich die genannten Tendenzen als Irrwege erweisen und das Pendel wird wieder umschlagen.
Jedenfalls ist es für Christenmenschen, die an die Realität Gottes glauben, verwehrt, sich lähmenden Depressionen und Zukunftsängsten auszuliefern.
Und:
Mich als Verfassungspatrioten plagt zunehmend die Sorge, wir könnten die Wohltaten der rechts- und sozialstaatlichen Demokratie verspielen. Dabei stellt sich die Frage, ob ich vielleicht in der Wertschätzung der rechts- und sozialstaatlichen Demokratie und der Einschätzung ihrer Chancen zu optimistisch war und die reaktionären Gegenkräfte unterschätzt habe, welche die Leuchtkraft der Verfassung durch übermäßige Schutzvorkehrungen verdunkelten, deren Grundentscheidungen für Rechtsstaatlichkeit, Demokratie und Sozialstaatlichkeit gegeneinander ausspielten und unmerklich aushöhlten, den Verfassungspatriotismus in ein selbstgefälliges Verfassungspharisäertum verkehrten und nach der Wende eine echte Verfassungsreform verhinderten. Selbst der »Spiegel« scheute sich nicht, im Jahre 2004 einen Artikel über »Das verstaubte Grundgesetz« zu veröffentlichen. Jedenfalls wächst bei mir

die Befürchtung, die Strukturen der rechts- und sozialstaatlichen Demokratie, insbesondere das Sozialstaatsgebot, seien im Zuge von Globalisierung, Deregulierung, Sozialabbau, Privatisierung und Raubtierkapitalismus zunehmend einer Ausdünnung ausgesetzt mit der Folge, dass ein Weg in eine andere Republik begonnen haben könnte. Umso nachdrücklicher ist daran zu erinnern, was als unaufgebbar festzuhalten ist. Reduzierungen der verfassungsrechtlichen Ordnung sind darauf zu beschränken, die Willensbildung im föderalistischen Aufbau zu verbessern.

Trotz dieser ständigen Überlegungen nahm er sich jetzt tatsächlich mehr Zeit für Frau, Freunde und Familie. Er bezeichnete diese Lebensumstellung als echten Gewinn.

Er half Heide bei ihren mannigfaltigen Aufgaben, die sie neben ihrer beruflichen Tätigkeit ausübte, traf sich mit Kindern und Enkeln, freute sich über die Hochzeit von Beate und Shera sowie darüber, dass Andreas als ein *verlässlicher Grüner im Grünflächenamt Heilbronn geschätzt* wird, und er half seinem Enkel Jan, der tatsächlich Jura studiert hatte, nach dessen glänzend bestandenen Examina quasi als Doktorgroßvater mit einer intensiven Durchsicht seiner Dissertation. In Ruh durfte die Familie 2004 den neunzigsten Geburtstag von Käthe feiern, kein »dinner for one« also für Helmuts zweitälteste Schwester.

Mit Andreas fuhr Helmut Simon 2009 mit dem Zug in Richtung Norden, die alte Heimat zu besuchen, eine Reise, die Muße bot, sein reiches Leben zu reflektieren.

War er glücklich und erfolgreich?

Welche vielfältigen Erfahrungen konnte er als Querdenker und Außenseiter machen?

Und was für ein Glück er gehabt hatte, dass ihm Chance und Angebot angetragen wurden, sodass es für ihn nicht nötig gewesen war – wie heute üblich –, aktiv »Karriere betreiben« zu müssen. Dass er lediglich die ihm sich bietenden Möglichkeiten ergreifen und nach Kräften nutzen musste, so wie es die 95 Urteile aus seiner Feder bewiesen. Die unzähligen, oft sehr arbeitsintensiven Nichtannahmebeschlüsse nicht mitgerechnet. Oder dass seine Generation – soweit sie den Krieg überlebte – wirklich das Gefühl hatte, gebraucht zu werden.

Sein Richterkollege Ulrich Hambüchen, derjenige, der ihn nach China eingeladen hatte, bezeichnete Helmut Simon 2002 nach seiner Rück-

kehr aus Asien in einem Gespräch mit den Düsseldorfer Nachrichten als »Vorbild und Helden«. Daraufhin schrieb er ihm, dass ihm wirklich niemand Besseres eingefallen wäre.
Keine Frage – der Ex-Verfassungsrichter und Ex-Kirchentagspräsident ist stolz auf seine Arbeit und seine Nebenbeschäftigungen, ohne all dies überzubetonen. Auch auf die meisten Auszeichnungen, die er im Laufe seines Lebens erhalten hat. Und darauf, dass die Diakonie des Landes Rheinland-Pfalz unter der Schirmherrschaft von Kurt Beck den mit 10 000 Euro dotierten Helmut-Simon-Preis gegen Armut und soziale Ausgrenzung ausgeschrieben hat. Doch er denkt auch daran, wie oft er inzwischen den schwarzen Anzug anziehen musste, um frühere Freunde und Mitstreiter – zuletzt Ernst Benda – zum Grab zu begleiten. Und er fragt sich dabei, ob er nicht im Begriff sei, seine Zeit zu überleben.

»Bald ist unsere Frist abgelaufen. Bis dahin werden wir weiter träumen. Und wir werden das wundervolle Altersprivileg genießen, dass niemand uns für ganz wichtig nimmt, nicht einmal wir uns selber. Lasst uns in Heiterkeit diese Narrenfreiheit genießen.« *(Aus »Andacht für alt gewordene Träumer« von Fulbert Steffensky.)*

Epilog

Am 5. November 2009 eilte gegen Abend eine in dunklem Blau gewandete, junge Frau nach einem mit Vorlesungen und Seminaren gefüllten Tag in Mannheim zum Bahnhof, erreichte ihren Zug noch rechtzeitig, fuhr mit diesem etwa 40 Kilometer in Richtung Süden und tauschte in der Stadt der höchsten Gerichte den Zug gegen die Straßenbahn.
Dort, in Karlsruhe, ihrer Heimatstadt, fährt fast jede zweite Straßenbahn vom Hauptbahnhof ins Zentrum – sie musste also nicht lange warten. Das war auch gut so, denn sie war spät dran und wollte doch unbedingt an der Verleihung des Ludwig Marum-Preises teilnehmen, die gegen 18 Uhr im Ständehaus stattfinden sollte, also genau an der Stelle, an der sich früher der Badische Landtag – übrigens das erste deutsche Parlamentsgebäude, das von 1820–1822 eigens zu diesem Zweck errichtet worden war – befunden hatte.
Hier wirkte Ludwig Marum nach Ausbruch der Novemberrevolution 1918 als Justizminister und war als Mitglied der verfassungsgebenden Kommission maßgeblich an der Ausarbeitung der Landesverfassung beteiligt.
Hier kämpfte er auch als Vorsitzender der SPD-Fraktion bereits in den 20er Jahren des vergangenen Jahrhunderts gegen die Todesstrafe, für die Rechte unehelicher Kinder, gegen die Diskriminierung unverheirateter Mütter sowie für gleiche Löhne von Frauen und Männern.
1928 wurde er als Abgeordneter für Karlsruhe in den Reichstag gewählt.

Yvette M., die junge Frau in Dunkelblau, ist gerade mal zweiundzwanzig Jahre jung. Sie entstammt einer Familie, die sie einerseits sozialdemokratisch prägte – bereits ihr Großvater hatte sich nach seiner Flucht aus Ostpreußen in der SPD engagiert – andererseits wurde sie im Vertrauen auf den Glauben erzogen und fand eine Heimat in der Katholischen Kirche. Ihr Abitur machte sie am katholischen Mädchengymnasium St. Dominikus, an dem sie zur Kritikfähigkeit erzogen wurde.
»Sie müssen alles hinterfragen.«

Diese Worte ihrer Direktorin hallen noch immer in ihr nach, werden wohl für immer haften bleiben. Ihr Lebensglück erfährt sie aus Freude am Engagement für andere.
Sie hat sich für ihre Mitmenschen im Rahmen der katholischen Kirche eingebracht, Jugend- und Firmgruppen geleitet und seit ihrem vierzehnten Lebensjahr bei den Jusos engagiert, eine junge Frau, deren Lebensglück aus den Augen blitzt, fernab von Prada und Gucchi, Tatoos und Piercing.
Auf die Frage, warum sie sich mit vierzehn Jahren bei den Jusos engagierte und mit achtzehn in die SPD eintrat, und ob die Grünen bei ihrer Lebenseinstellung nicht eine Alternative wären, antwortet sie:
»Die SPD ist die Partei, die am Ehesten mein Verständnis von Werten und Normen vertritt. Außerdem kann keine Partei die eigenen Vorstellungen zu hundert Prozent abdecken. Als Jugendliche war ich noch nicht so gemäßigt.«
Erzählt sie dann von den Zielen ihrer Partei und was sie selbst mit der SPD erreichen möchte, gerät sie regelrecht ins Schwärmen. Doch stets steht für sie das Engagement für andere dabei im Vordergrund.
Mit diesen festen Vorstellungen betritt die junge Stadträtin, Vorsitzende der Arbeitsgemeinschaft sozialdemokratischer Frauen und Studentin der Fächer Politik und Germanistik kurz nach 18 Uhr das Ständehaus zur Verleihung des Ludwig Marum-Preises an Dr. Dr. hc. theol. Helmut Simon.
Noch ist sie sich nicht sicher, was sie an diesem Abend erwartet. Für sie ist die Verleihung des Preises an sich wichtig, denn hier werden einmal im Jahr Bürger geehrt, die sich für andere eingesetzt haben, ohne dabei ihr eigenes Ansehen im Blick gehabt zu haben.

Neben seiner politischen Tätigkeit engagierte sich der 1882 in Frankenthal geborene Ludwig Marum als Jurist in einer Gemeinschaftskanzlei in Karlsruhe mit zwei Kollegen für sozial Unterprivilegierte.
Von 1915 bis 1918 diente er als Landessturmmann, wofür er 1917 mit dem Kriegsverdienstkreuz ausgezeichnet wurde.
In diversen Prozessen gegen Nazis lernte er deren Denk- und Argumentationsweisen kennen und so bezog er zum Ende der Weimarer Republik hin gegen die Nationalsozialisten eindeutig Stellung.
Kein Wunder, dass Ludwig Marum für die Nazis im Reichstag der falsche Mann an der falschen Stelle war.
Sein Engagement gegen sie, seine Parteizugehörigkeit und dass er von Geburt an Jude war, machten für diese »Herrschaften« das Maß voll.
Da half auch kein Kriegsverdienstkreuz.

Da nützte es auch nichts, dass er bereits 1910 aus der jüdischen Gemeinde aus- und 1912 der Freireligiösen Gemeinde beigetreten war.
(Wie viele jüdische Intellektuelle zu dieser Zeit – Sigmund Freud, Gustav Mahler – machte auch Ludwig Marum wegen seines Glaubens eine Identitätskrise durch. Sie brachten die europäische Art zu leben und zu denken mit ihren Glaubensgrundsätzen nicht mehr in Einklang.)
Doch Identitätskrisen waren zu subtil für die Nationalsozialisten. Ein deutscher Mann hat so etwas nicht. Außerdem blieb ein Jude sowieso immer ein Jude.
Sie bastelten aus Ludwig Marum einen badischen Rathenau und konnten so ein Exempel statuieren.
Sie nahmen ihn in »Schutzhaft«, da half auch die parlamentarische Immunität nichts.
Aber sie brauchten zudem noch etwas Spektakuläres.
Sie bereiteten eine Schaufahrt vor, Erniedrigen war angesagt. Dabei karrten sie ihn zusammen mit sechs weiteren Opfern auf der Ladefläche eines LKW durch die Karlsruher Innenstadt. Die SA-Horden warteten schon und grölten und pöbelten zum Geleit. Dann brachten sie ihn in das KZ Kislau bei Bruchsal, ein Vorzeige-KZ, in dem Journalisten herumgeführt wurden. Marum musste ein Interview geben, zensiert natürlich. 1934 wurde er dort von drei Nazischergen ermordet.
Wären die Umstände nicht so traurig, könnte man fast sagen, dass Ludwig Marums Beerdigung zu einem kleinen Triumph wurde.
Über dreitausend Personen nahmen daran teil, trotz der allgegenwärtigen Gestapo.

Die SPD stellt sich in dem Flyer zur Preisverleihung als Bollwerk gegen den Faschismus und für Demokratie und Rechtsstaatlichkeit in Deutschland vor und sie will mit der Verleihung des Ludwig Marum-Preises einer selbst auferlegten Verpflichtung nachkommen.
Und diese Verpflichtung heißt: NIE WIEDER!

In dieser Tradition versteht auch Yvette M. die Verleihung des Preises und ihre Arbeit innerhalb und für die Partei.

*

Der Festsaal ist fast gefüllt, das Licht bereits abgedunkelt, doch die Verleihung hat noch nicht begonnen.

Das Protokoll ist bestimmter als bei der Verleihung der Festschrift, doch auch heute gibt es soften Live-Jazz vor und zwischen den Reden, ein Umtrunk erfolgt erst im Anschluss. Yvette M. sieht den Preisträger vor der kleinen Bühne des Saales stehen, sie sieht, wie er jeden persönlich begrüßt, den er kennt und wie er vergnügt mit Gratulanten plaudert. Sie sieht einen würdevollen alten Herren mit leicht geröteten Wangen und schlohweißem Haar, das das Licht eines Scheinwerfers reflektiert, kaum nutzt er seinen Stock, um sich aufrecht zu halten.
Sie weiß nichts von der gerade überstandenen Prostata-Operation und dem Herzinfarkt, den er während der Rekonvaleszensphase im Krankenhaus erlitt.
Ein Herr, von dem trotz aller Freundlichkeit, die er ausstrahlt, gefühlte Autorität ausgeht.
Fast glaubt man sich nach Österreich versetzt, als der erste Redner Helmut Simon zu seinen rechtmäßig erworbenen Titeln auch noch einen Professorentitel andichtet, doch lobt dieser dann ganz ohne Schmäh den unermüdlichen Einsatz des Preisträgers für Demokratie und Rechtsstaatlichkeit im Dienst an allen Bürgerinnen und Bürgern des Landes.
Es folgt die Laudatio, die einen Blick auf das Leben und das Lebenswerk Helmut Simons freigibt, sowie auf die Rechtsstaatstradition, für die dieser so vielfältig und heftig gestritten hat.

Dass Helmut Simon gerührt ist und sich wieder einmal wundert, dass es Menschen gibt, die so viel von ihm wissen, bringt er in seiner Dankesrede zum Ausdruck:
Die Verleihung eines Preises mit dem Namen eines Mannes, der von den Nazis wegen seiner Überzeugung und seiner Abstammung umgebracht wurde, hat mir zu schaffen gemacht.
Das ist mir vor Jahren schon einmal passiert und zwar bei der Verleihung der Carl von Ossietzky-Medaille durch die internationale Liga für Menschenrechte. Denn auch Ossietzky wurde von den Nazis ermordet.
Schon damals hätte ich am liebsten zur Verleihung des Preises geschwiegen. Aber das war und ist wohl nicht akzeptabel.
Als Preisträger muss man andererseits aber auch der Versuchung widerstehen, die Danksagung als Gelegenheit zur Auseinandersetzung mit den Problemen der Zeit zu nutzen.
Demgemäß verzichte ich darauf, im Rückblick auf 60 Jahre Bundesrepublik mehr Dankbarkeit für ein Gemeinwesen einzufordern, das sich vom düsteren Hintergrund unserer Geschichte in klaren Konturen abhebt und

das uns an Lebenserfüllung weit mehr ermöglicht hat, als wir nach der Überwindung der Nazi-Zeit auch nur zu träumen gewagt hätten.
Ebenso werde ich auf die gefährlichen Defizite der Nachkriegszeit eingehen, auf all das, was meine Generation an Zukunftsaufgaben für Weltfrieden, mehr Gerechtigkeit und für die Bewahrung der Schöpfung nicht geschafft hat und darauf, dass wir dem Raubtierkapitalismus und dem Profitstreben bestimmter (führender) Kreise zu viel Raum gelassen haben.
Am liebsten würde ich angesichts der schmerzlichen Stimmungslage der Sozialdemokratie nach den letzten Wahlen eine Erfahrung meines langen Lebens ansprechen, nämlich die Erfahrung, dass man in der Minderheit bestehen und in ihr sinnvoll wirken kann. Schon während des »Dritten Reiches«, aber erst recht in der Folgezeit habe ich wiederholt erfahren, dass es sich lohnt, auch in der Minderheit durchzuhalten und dass es sich ebenfalls lohnt, notfalls gegen den Strom zu schwimmen.
Mit der Ermutigung in diesem Sinne verbinde ich meinen herzlichen Dank an all jene, die sich für die Verleihung des Ludwig Marum-Preises an mich eingesetzt haben.
Gewiss werden Sie nachempfinden können, wie sehr ich mich über die Verleihung freue.
Danken möchte ich insbesondere Herrn Dr. Fischer für seine einfühlsame und verständnisvolle Laudatio.
Ich bin beeindruckt, was er alles aus meinem Leben herausgeholt hat, wobei ich es dahingestellt sein lasse, ob seine Laudatio nicht zu freundlich ausgefallen ist.
Ich schließe mit der Bitte, andere nicht im Stich zu lassen, nicht zu resignieren und auch nicht in Pessimismus zu verfallen, sondern sich weiterhin für das Gemeinwohl engagieren zu wollen.

*

Eine Woche nach der Verleihung treffen wir Yvette M. zu einem Gespräch. Anfänglich wirkt sie etwas verspannt, aber das liegt wohl daran, dass sie sich, wie sie erklärt, trotz wichtiger Prüfungsvorbereitungen für dieses Gespräch Zeit genommen hat.
Wir trinken Kaffee und sie plaudert ein wenig aus ihrer Vita, über die Preisverleihung und die Dankesrede von Helmut Simon. Auf ihre Bitte hin gebe ich ihr eine Abschrift derselben und kann beobachten, wie sich ihre Züge beim Lesen entspannen.

Ihr Resumee zeigt, dass die Gedanken, die Arbeit, der Einsatz, also die gelebte Existenz von Helmut Simon sowohl für die jetzige als auch für kommende Generationen Gewicht haben. Sie, die zweiundzwanzigjährige Studentin und Stadträtin, freut sich, dass Helmut Simon nicht nur für den Ludwig Marum-Preis vorgeschlagen wurde, sondern dass er ihn auch angenommen hat.

»Das Lesen der Rede hat mich gleich wieder zum Lächeln gebracht, denn ich kann mich daran erinnern, dass er es mit nur wenigen Worten geschafft hat, uns zu beeindrucken.

Ich habe mich nach der Verleihung mit Parteifreunden unterhalten, bei ihnen und bei mir sind so viele Punkte haften geblieben. Man spürt während Dr. Simons Rede förmlich seine Verantwortung als Christ und Demokrat für unsere Gesellschaft.

Er ist für sein Eintreten für die eigenen Werte ein Vorbild für uns.

Gleichzeitig spürt man auch seine christliche Überzeugung, was mich als gläubige Christin wiederum tief beeindruckt hat.

Er hat sich selbst zurückgenommen und gleichzeitig Mut gemacht. Ihm liegt unsere Gesellschaft am Herzen und die Gerechtigkeit in derselben.

Er hat uns Sozialdemokraten Zuversicht gegeben und darin bestärkt, trotz der Wahlschlappe weiter unsere Überzeugung zu leben.

Bemerkenswert fand ich es, dass er diesen Preis eigentlich nicht annehmen wollte, weil er sich selbst nicht in der Tradition eines Menschen sieht, der sein Leben hingegeben hat.

Aber das kann ja nicht der Sinn sein!

Schließlich muss man ja nicht sein Leben geben, um sich für eine Gesellschaft einzusetzen.«

Anhang I

Helmut Simon: Die drei Dimensionen

Hier gibt Helmut Simon darüber Auskunft, weshalb er viele Jahre lang gerne beim Kirchentag mitgearbeitet hat – eine Liebeserklärung:

Meine Bereitschaft zur Mitarbeit beruhte vor allem darauf, dass drei unverzichtbare Elemente christlichen Glaubens, nämlich seine geistliche, seine politische und seine festliche Dimension als Einheit aufgenommen und mit ökumenischer Aufgeschlossenheit, intellektueller Redlichkeit und kreativem Einfallsreichtum entfaltet worden sind. Diese drei Dimensionen möchte ich rückblickend beleuchten und daran jeweils einige zukunftsgerichtete Fragen anschließen.

1. Fundament und Herzstück des Kirchentagsgeschehens waren von Anbeginn und sind bis heute Wortverkündigung und theologisches Nachdenken in Gottesdiensten von mancherlei Gestalt, wie in Bibelarbeiten, Vorlesungsreihen und in allen Arbeitsgruppen, von denen sich in der Regel eine besonders mit Glauben und Kirche befasst. Indem der Kirchentag diese geistlich-theologischen Veranstaltungen in anregender Vielfalt gestaltete, bewährte er sich als Vorhut und Experimentierfeld der Kirche, als Kirche zum Anfassen. Gewiss wird auf Kirchentagen ebenso wie im Lager seiner Kritiker auch theologisch Ungereimtes und Fragwürdiges geäußert. Die Angriffe, denen der Kirchentag gerade in diesem Zusammenhang ausgesetzt war, und die bis zum Vorwurf pluralistischer Verfälschung des Evangeliums gingen, erscheinen mir höchst ungerecht; es ist gut, dass sich der Kirchentag dadurch nicht hat beirren lassen. Seine Frömmigkeit spiegelt sich bis in die Losungen wider, etwa die Losungen »Die Erde ist des Herrn«, »Unsre Zeit in Gottes Händen«, »Es ist dir gesagt, Mensch, was gut ist« oder »Ihr seid das Salz der Erde«. Im Einklang mit diesen Aussagen hatte ich in meiner Schlussansprache auf dem Berliner Kirchentag kurz vor der Wende ausgeführt:
»Die zentrale und alle Grenzen sprengende Botschaft dieses Kirchentages ist das Bekenntnis, dass Gott als der Schöpfer, Erhalter und Erlöser die maßgebliche Realität im Himmel wie auf Erden, in Zeit und Ewigkeit ist, dass er sich

in Jesus Christus der Welt zugewandt hat, dass wir zu seiner gehorsamen Nachfolge berufen sind und uns dabei – auch gegen allen Anschein – auf ihn verlassen dürfen.«

Wird sich der Kirchentag auch in Zukunft an einem solchen Bekenntnis orientieren?

Oder wird das je länger desto mehr als orthodoxe Rarität empfunden und wird sich ein halbes Jahrhundert nach Ende des Kirchenkampfes ein neuer undogmatischer Kulturprotestantismus ausbreiten?

Wohl verstanden: Es ist nichts Vorwerfbares, wenn jemand zu einem solchen Bekenntnis redlicherweise außer Stande ist. Glauben kann nicht vorgeschrieben werden, und auf dem Kirchentag ist selbstverständlich Platz für redliche Zweifler. Wer unter uns wäre denn nicht von Zweifeln geplagt?

Muss nicht nach Auschwitz jeder Theologie vollmundiges Reden schwer fallen?

Aber für die künftige Rolle des Kirchentages erscheint es wesentlich, mit welcher Gottesvorstellung wir in das nächste Jahrtausend hineingehen werden. Vielleicht könnte es für die nächste Zeit am ehesten hilfreich sein, die geistliche Dimension verstärkt als biblizistische Theologie zu vermitteln und biblische Vergewisserung anzustreben. Schon in der Vergangenheit war für die Frömmigkeit des Kirchentages charakteristisch, dass zu den am stärksten besuchten Veranstaltungen die Bibelarbeiten zählten. Das ist für einen politisch engagierten Kirchentag nicht verwunderlich. Denn angesichts der Ohnmachtserfahrungen, der Ratlosigkeit und der Versuchung zur Resignation, die heute mit politischem Engagement verbunden sind, dürfte am ehesten der in der Bibel gegründete Glaube an die lebendige Realität Gottes den langen Atem zum Durchhalten verleihen.

2. Damit sind wir bei der zweiten für den Kirchentag kennzeichnenden und unverzichtbaren Dimension. Es ist das gemeinsame Mühen um sinnvolle Lebensbewältigung und insbesondere um konkrete politisch-gesellschaftliche Weltverantwortung. Ich bin dankbar dafür und habe als Weltkind gerne beim Kirchentag mitgearbeitet, weil die Laienbewegung des Kirchentages von je her mit unbeirrbarer Selbstverständlichkeit an der Einheit von Glauben und Gehorsam, Dogmatik und Ethik, der Vertikalen des Gottesglaubens und der Horizontalen der Glaubensbewährung festgehalten hat. In dieser Sicht und in der reformatorischen Erkenntnis, dass der Glaube als Täter die Liebe als Tat freisetzt, sieht der Kirchentag geradezu sein Proprium (Identität, Selbstgefühl). *Auch insoweit hat sich der Kirchentag Kritik gefallen lassen müssen. Aber wir können doch unmöglich die Herrschaft des lebendigen Got-*

tes als die maßgebliche Realität im Himmel wie auf Erden bekennen und gleichzeitig die Konsequenzen dieses Bekenntnisses auf den Raum der Kirche und die Pflege des persönlichen Heils beschränken. Und muss uns nicht die verbreitete Unsitte bekümmern, Gottes Realität zwar mit törichten Bekenntnisformeln zu beteuern, aber insgeheim den Vorbehalt zu machen »man weiß ja nicht so genau« und für alle Fälle im Alltag, im Beruf und in der Politik so zu handeln, als ob es Gott nicht gäbe?

Indem die Kirchentage zugleich fromm und politisch waren und ihre Losungen als Zeitansagen wirkten, sind sie zum Forum des deutschen Protestantismus und zugleich zu einem gesellschaftspolitischen Seismographen geworden. Auf diesem Forum sind in den vergangenen fünfzig Jahren nahezu alle wichtigen politischen Gegenwartsfragen behandelt worden. Das geschah nach dem Kontroversprinzip in offener Auseinandersetzung zwischen unterschiedlichen Auffassungen, also in einem Lernprozess, der den Teilnehmern zu eigenen Einsichten und Entscheidungen verhelfen sollte. Dabei hat sich gezeigt, dass die Offenheit des Kirchentages keinesfalls grenzen- und richtungslos ist. Vielmehr haben sich in der Abfolge der Kirchentage sogenannte gewachsene Positionen herausgebildet, die als kirchentagsgemäß bezeichnet werden können und auf die sich zumindest die Teilnehmer gegenseitig ansprechen dürfen und werden. Derartige Positionen hat die erwähnte Gemischte Kommission 1988 ausdrücklich anerkannt und als Beispiele die Verwerfung der Apartheid, des Antisemitismus und von Menschenrechtsverletzungen genannt. Nach meiner Erfahrung gehören zu ihnen ferner die Option Abrüstung, Versöhnung und friedliche Konfliktbewältigung, für umweltfreundliches Verhalten und Ehrfurcht vor dem Leben, das Eintreten für partizipatorische, freiheitliche und chancengleiche Ordnungen des Zusammenlebens, für eine rechtsstaatliche Bändigung der Machtausübung und für eine humane Arbeitswelt; für weltweite Solidarität mit Benachteiligten und Schwachen, die Absage an Fremdenfeindlichkeit und Rechtsradikalismus und für Handeln nach der Erkenntnis, dass nicht alles Machbare erlaubt ist. Die freimütige öffentliche Behandlung all dieser Streitfragen hat die politische Kultur unseres Gemeinwesens außerordentlich bereichert. Dass dies bis hin zu entschiedenen und eindeutigen Positionen führen konnte, hat sich an der Kündigung der Kirchentagskonten bei Banken, die in Südafrika investierten, gezeigt.

Was bedeutet es für die Zukunft des Kirchentages, dass inzwischen anscheinend wachsendes politisches Desinteresse und ein Rückzug in Privatheit um sich greifen?

Müssen wir damit rechnen, dass der Kirchentag dem Zeitgeist mit seinem Verzicht auf reale Utopien und soziale Gerechtigkeit nachgibt, dass auch er in seinem politischen Engagement nachlässt, also auch insoweit zum politischen Seismographen wird?
In der erwähnten Schlussansprache auf dem Berliner Kirchentag hatte ich dazu aufgerufen, auch künftig Einmischungen in die Politik als unsere Pflicht anzusehen und den Kirchentag auch als selbstbewusste protestantische Bürgerrechtsbewegung zu verstehen. Das mag eine Überschätzung gewesen sein, wie das einem Liebhaber leicht passieren kann. Aber ich wünsche mir weiterhin einen Kirchentag, der nicht immer nur Forum sein will, sondern auch bereit ist, profilierte Akzente zu setzen und notfalls entschieden Partei zu ergreifen. Ich wünsche mir auf dem Kirchentag einen Protestantismus mit Biss, der sich nicht durch die Unübersichtlichkeit und Komplexität der Probleme einschüchtern lässt. Gibt es denn nicht reichlich klar einsehbare Aufgaben, die nur auf ihre Verwirklichung warten?
Ich erinnere lediglich daran, dass der Reformierte Weltbund schon 1997 auf seiner Generalversammlung in Debrecen die Kirchen zu einem Prozess des Bekenners gegenüber wirtschaftlicher Ungerechtigkeit, ökologischer Zerstörung und zunehmender Gewalttätigkeit aufgerufen hat. Wird es demgegenüber dem Kirchentag wie dem Weltrat der Kirchen gehen, der auf seiner letzten Vollversammlung nur noch zu einer politisch farblosen Botschaft fähig war?

3. Das dritte Element der Kirchentagsarbeit wird seit einigen Jahren als lebendige Liturgie bezeichnet. Es ist die Wiederentdeckung und Erfahrbarmachung der Verheißung, dass Christen zu den ersten Freigelassenen der Schöpfung gehören und dass das Evangelium wirklich eine frohe Botschaft ist. Der Kirchentag hat mit der mehr rationalen, oft recht angestrengten und etwas freudlosen deutschen Frömmigkeitstradition gebrochen. Er hat ernst damit gemacht, dass der christliche Glaube neben verbaler Wortverkündigung und ethischer Anstrengung als dritte Dimension die Fähigkeit zu gefeierter Versöhnung in Musik, Spiel, Fest und Feier einschließt. Im Vertrauen auf positive ökumenische Erfahrungen habe ich mich von Anfang an für diese dritte Dimension eingesetzt und darüber gefreut, dass sich begabte Kreative fanden, die sie verwirklichen konnten.
Dass sich in den liturgischen Nächten, den Beatmessen, dem Feierabendmahl und einer Fülle weiterer kommunikativer Veranstaltungen etwas von dem ereignete, was ein Beobachter als die ganzheitliche Lebensfreude einer politisch engagierten Frömmigkeit beschrieb, und was Heinrich Böll einmal die

Theologie der Zärtlichkeit genannt hat, das hat nicht nur mir eine neue Dimension des Christseins erschlossen.

Angefangen hat das alles 1973 auf dem Düsseldorfer Kirchentag mit der unvergesslichen, damals als Wagnis empfundenen liturgischen Nacht und einer Beatmesse mit Liedern, die eine Ahnung davon vermitteln, wie intensiv in der dritten Dimension Kopf und Herz angesprochen werden:
»Wenn das rote Meer grüne Wellen hat …, wenn unsre Träume Früchte tragen, dann bleiben wir hier, weil sich das Land gewandelt hat.«
Inzwischen spielt die dritte Dimension zu Recht eine maßgebliche Rolle auf den Kirchentagen. Es gilt aber weiterhin, was Heinz Zahrnt schon 1973 klargestellt hat: Die Zukunft des Protestantismus lässt sich nicht nur ertanzen. Einer der Väter der lebendigen Liturgie, Henning Schroer, hat bei den später eingeführten Liturgischen Tagen immer wieder den Zusammenhang von inhaltlichen Sachthemen mit Fest und Feier betont. Ich hoffe und wünsche dem Kirchentag, dass er nicht dem Sog zur Erlebnis- und Spaßgesellschaft zum unterhaltsamen Event und zum bloßen Festival erliegt. Das Element von Fest und Feier kann doch wohl auf Kirchentagen nicht Selbstzweck sein, sondern soll als dritte Dimension dazu verhelfen, die beiden anderen Dimensionen ganzheitlich, gleichsam mit allen Sinnen, zu entdecken und auch emotional einladend zu präsentieren.

Außer den drei Dimensionen ließe sich noch manches andere nennen, weshalb ich gerne beim Kirchentag mitgearbeitet habe. Dazu gehörten nicht zuletzt seine ungewöhnliche Wagnisbereitschaft, seine Offenheit für partizipatorische (teilhabende und teilnehmende) *Mitarbeit und seine ansteckende Streitkultur. Ich schließe meine Liebeserklärung mit einem herzlichen Dank an die vielen, die den Kirchentag zu der Kostbarkeit gemacht haben, die zu beschreiben ich versucht habe. Auch der Kirchentag ist freilich Teil der noch unerlösten Welt und daher verbinde ich diesen Dank mit der Bitte, Enttäuschungen in konstruktive Kritik umzusetzen, sich aber nicht in der Treue zum Kirchentag irre machen zu lassen.*

Anhang II

Helmut Simon: Das Vermächtnis

Die folgenden Grundsatzrechte* hat Helmut Simon bei mehreren Gelegenheiten in der zweiten Hälfte der 90er öffentlich vorgetragen. Man kann sie als langlebiges Plädoyer für den wahren Rechtsstaat verstehen – für Helmut Simon ist sie fast eine Art Vermächtnis:

Wie halten wir es mit Recht und Gerechtigkeit? – Eine Gretchenfrage in unserer Zeit.
Vielleicht erinnern Sie sich an die Gretchenfrage in Goethes Faust – »Wie hast Du's mit der Religion?«. Stimmen Sie mir darin zu, dass die Gretchenfrage unserer Zeit auf dem Gebiet des Rechts lautet: Wie halten wir's mit der Gerechtigkeit? Diese Frage möchte ich weniger verschwommen und ausweichend und dann allerdings auch angreifbarer beantworten als Faust die Frage Gretchens.
Es gibt zumindest im kirchlichen Bereich deutliche Anzeichen für ein wachsendes Verlangen nach mehr Gerechtigkeit. Das gemeinsame katholisch-evangelische Wort zur wirtschaftlichen und sozialen Lage trägt den Titel: Für eine Zukunft in Solidarität und Gerechtigkeit. Der Kirchentag, dessen Losungen als Zeitansage gelten, stand vor wenigen Monaten einzig unter der Losung »Auf dem Weg der Gerechtigkeit ist Leben« und fand damit breite Resonanz.

Meinerseits möchte ich im Hauptteil meines Vortrages das Gerechtigkeitsdenken der Nachkriegszeit in seinen verschiedenen Stufen auf das prüfen, was weiterhin festzuhalten ist. Zuvor soll aber in einem ersten Kapitel unser Umgang mit dem Recht angesprochen werden. Gemeint sind damit die vielerlei Spielregeln für unser Zusammenleben, mit denen wir allenthalben als Bürger oder Politiker, als Eheleute oder Eltern, als Arbeitnehmer oder Unternehmer, als Mieter oder Verkäufer, als Erben oder Steuerzahler, als Lernende oder Berufstätige zu tun haben.

I.

Dass die von Menschen gesetzten Spielregeln des Rechts und die Gerechtigkeit nicht deckungsgleich sind, ist eine vertraute Vorstellung. Die Menschen haben in ihrer Geschichte häufig beides gegeneinander ausgespielt und dabei einseitige Extrempositionen bezogen:
Da gibt es die einen, die sich gegen die Ungerechtigkeiten dieser Welt auflehnen, die stürmisch nach Gerechtigkeit drängen und sich dabei über die Spielregeln des geltenden Rechts hinwegsetzen.
Wir lesen davon schon in der Antike bei Antigone, die entgegen des Verbots des Königs ihren Bruder nach dem »heiligen Recht der Götter« bestattet und dann dem König entgegenhält: »Und so erhaben hielt ich deine Verkündung nicht, dass höher als des Himmels ungeschriebene unwandelbare Rechte sei solch Menschenwort«.

Diesen Rebellen gehört unsere Sympathie, wenn und soweit sie davon getrieben sind, die Verhältnisse auf Gerechtigkeit hin zu verändern. Aber immer wieder beobachten wir, dass diesem Eifer nach Gerechtigkeit ein zerstörerisches Sendungsbewusstsein innewohnt. Schon die Römer kannten die Parole: »Fiat justitia, pereat mundus«, es werde Gerechtigkeit, mag auch die Welt dabei zugrunde gehen.
Wer sich nämlich im Vollbesitz der Gerechtigkeit wähnt, wird blind für menschliche Fehlbarkeit und für eigene Irrtümer und verfällt leicht einer Intoleranz, die schließlich in Unmenschlichkeit gegenüber Andersdenkenden endet. Wir sehen das bei Michael Kohlhaas ebenso wie bei den Ketzerverbrennungen im Namen des mittelalterlichen Naturrechts, im marxistisch-sowjetischen Versuch, die Welt über eine Diktatur des Proletariats in eine gerechte klassenlose Gesellschaft umzuwandeln, ebenso wie in der Unduldsamkeit der Studentenrebellion, die in Teilen schließlich zum Terrorismus pervertierte.

Im anderen Extrem finden wir jene, die am menschlichen Vermögen zur Gerechtigkeit überhaupt verzweifeln. Sie wiederholen die skeptische Pilatusfrage: »Was ist Wahrheit, was ist Gerechtigkeit?«
Sie verweisen auf den herrschenden Wertepluralismus, der keine allseits verbindliche Ethik kennt. Müssen wir uns nicht – so fragen sie – darauf beschränken, mit Hilfe unvollkommener menschlicher Spielregeln für eine einigermaßen erträgliche Ordnung und für Rechtssicherheit zu sorgen?

Wer länger Richter war, fühlt tiefes Verständnis für diese Haltung, so sehr er auch abwägt und sich plagt – gerade der erfahrene und ehrliche Richter wird in aller Regel nicht behaupten, sein Urteil schaffe Gerechtigkeit. Er ist schon erleichtert, wenn sein Urteil den Streit der Parteien beendet und wenigstens den Rechtsfrieden wieder herstellt. Diese resignierte Skepsis ist namentlich in der westlichen Welt heimisch und kann mit dem Satz karikiert werden:
Weil es keine Gerechtigkeit gibt, behelfen wir uns mit der Justiz.
Hier verschreibt man sich dem sogenannten Rechtspositivismus, der Gehorsam gegenüber dem staatlich verordneten Gesetz fordert. Um die Jahrhundertwende hat dieser Rechtspositivismus bei uns eine Blütezeit erlebt und Hervorragendes in der systematischen Durchdringung und Kodifizierung des positiven Rechts geleistet. Spätestens unter dem Nazi-Regime wurde aber erkennbar, dass das positive Recht Ungerechtigkeiten keineswegs verhindert und dass förmliche Gesetze geradezu zum Vehikel des Unrechts werden können.

Ich selbst habe mich in meinem langen Richterleben zwischen der Treue zum geltenden Recht und dem Verlangen nach mehr Gerechtigkeit oft genug hin- und hergerissen gefühlt und fühlte mich durchaus geistesverwandt mit Gustav Radbruch. Bei mir hat das schließlich zu einem theologisch geprägten eschatologischen Gerechtigkeitsdenken und einer Rechtsethik des relativ Besseren geführt.
Dies Denken geht einerseits von der Erkenntnis aus, dass die eigentliche, die vollkommene Gerechtigkeit dem Reiche Gottes vorbehalten ist, dass sie für uns Menschen unerreichbar und unverfügbar ist und dass unsere Anstrengungen allenfalls ein relativ Besseres bewirken können. Diese Einsicht macht uns bescheiden und tolerant und bewahrt uns vor der falschen Hoffnung, wir könnten durch revolutionäre Veränderungen auch nur annähernd ein Paradies endgültiger Gerechtigkeit schaffen. Andererseits erweist sich jede menschliche Rechtsordnung gerade im Licht der kommenden Gerechtigkeit Gottes als stets verbesserungsbedürftig. Die Ausrichtung auf die eschatologisch verstandene göttliche Gerechtigkeit als Fernziel verbietet es, dass wir uns beim status quo des Erreichten beruhigen; sie mahnt uns, dass die Gestaltung der Rechtsordnung ein zukunftsgerichteter Prozess bleiben muss, der in zähen und tapferen Schritten ein Mehr an relativer irdischer Gerechtigkeit und ein besseres menschliches Recht anstrebt.

---

*Abgedruckt nach dem Dokumentarband zum 10. Gustav-Radbruch-Forum 1997.

Es fällt auf, dass hierzulande eine verbreitete Geringschätzung des Rechts herrscht, die sich nicht auf das Steuerrecht und die Verkehrsregeln beschränkt. Zwar wird im demokratischen Verfassungsstaat viel Mühe darauf verwendet, unter den komplizierten Bedingungen des technischen Massenzeitalters sachgerechte Lösungen aufzufinden: Gesetzesvorentwürfe durch sachkundige Ministerien, Hearings mit unabhängigen Sachverständigen, öffentliche Diskussion der Vorhaben, Beratung und Verabschiedung durch das vom Volk unmittelbar gewählte Parlament und gegebenenfalls gerichtliche Kontrolle der Regelungen auf ihre Verfassungsmäßigkeit.

Dieses Verfahren ergibt auch durchweg hilfreiche Regelungen zur Konfliktbewältigung. Trotz aller Vorkehrungen leiden wir aber allzu oft unter missratenem Recht, verfehlten Urteilen und bürokratischen Reglementierungen.

Recht ist geronnene Politik und bei seiner Setzung spielt neben den erwähnten positiven Faktoren auch der Einfluss von Lobbyisten und die opportunistische Rücksicht auf mächtige Interessengruppen eine erhebliche, häufig ausschlaggebende und schädliche Rolle.

Zudem genügt es nicht, Recht zu haben, man muss es auch bei staatlichen Behörden oder im Rechtsstreit bekommen, was Reichen mit teuren Anwälten besser gelingen kann.

Das alles begünstigt die verbreitete Geringschätzung des geltenden Rechts. Diese erscheint am ehesten bei jungen Menschen verständlich, die Gesetz und Recht vielfach als kalte, erstickende Reglementierung erleben. Ich kann auch nachempfinden, dass unsere Rechtsordnung auf manche Bürger der früheren DDR undurchsichtig und übergestülpt wirkte und von ihnen schmerzhafte Anpassungsprozesse erforderte, zumal bei der Wiedervereinigung die Chance für eine Volksabstimmung über eine gemeinsame Verfassung ungenutzt blieb und eine Erkenntnis der Lernpsychologie vergessen wurde: Fremdes lässt sich leichter aneignen, wenn Eigenes hinzugefügt werden kann.

Aber bei allem Verständnis sollten wir uns bewusst sein, dass Geringschätzung des Rechts hierzulande eine schlimme Tradition hat. Sie war und ist tief beim Bildungsbürgertum verwurzelt, das mit Mephisto in Goethes Faust Gesetz und Recht gerne als »arge Krankheit« abtut und das kein Verhältnis zu der Schrift des sonst so verehrten Immanuel Kant »Vom ewigen Frieden« und zu der darin behandelten zentralen Rolle des Rechts als Mittel zur Friedenswahrung gefunden hat. Ebenso folgenschwer hat sich die marxistisch-kommunistische Vorstellung ausgewirkt, das Recht gehöre zum ideologischen Überbau und sei ein bloßes Instrumentarium des Social Engineering in der Hand der Machthaber. Als Folge davon existierte im kommunistischen Herrschaftsbereich eine verbreitete Unkenntnis und Gleichgültigkeit gegenüber

dem Recht; die rechtsstaatliche Vorstellung, dass die Staatsmacht ihrerseits an das Recht gebunden und durch das Recht begrenzt ist, konnte sich hier gar nicht erst entwickeln.
Geringschätzung des Rechts lässt sich nicht zuletzt in protestantischen Kreisen beobachten und dürfte sich hier durch die überlieferte protestantische Rechtsfremdheit erklären lassen und insbesondere durch das verquere Verhältnis, in dem Recht und Liebe, Recht und Macht jeweils im Verhältnis zueinander gesehen werden.
Geistesgeschichtlich besonders interessant ist das falsche Verständnis des Verhältnisses von Recht und Macht.
In der evangelischen Ethik wird der Staat seit der Reformation als eine Notordnung gegen den Einbruch des Chaos und des Bösen aufgefasst. Da man ein kräftiges Gegengewicht gegen die Macht des Bösen für nötig hielt, gelangte man zwangsläufig zur Überbetonung von Ordnungsdenken und Staatsgewalt und zu einer erstaunlich unnüchternen Ermächtigung des staatlichen Schwertamtes bis später hin zur Anfälligkeit für den starken Führerstaat.
Wo aber derart betont von Macht und Staatsgewalt her gedacht wird, kommt das Recht als eigenständige Größe kaum in den Blick. Recht ist im Grunde nichts anderes als gerechtfertigte Macht oder wie Pascal es formuliert: »Weil sie des Rechts nicht mächtig werden, erklären sie die Macht für rechtens.«
Bemühungen um Überwindung dieser Fehlentwicklung und um eine theologische Würdigung des Rechtsstaates haben im protestantischen Lager erst nach dem letzten Weltkrieg begonnen und schließlich dazu geführt, dass in der EKD-Denkschrift »Der Staat des Grundgesetzes als Angebot und Aufgabe« für eine Ethik der Rechtsbefolgung plädiert wird.
Für eine Geringschätzung des Rechts liefert auch die praktische Politik genügend Beispiele, wobei man in eigenartiger Weise diese Geringschätzung mit law and order-Forderungen an die Untertanen verbindet.
Bismarck rechtfertigte die Enteignung der Fürsten von Hessen und Hannover mit dem Machtanspruch: »In dieser rein politischen Frage wird die Königliche Regierung nicht über juristische Zwirnsfäden stolpern.« Den Rechtsfeind Hitler honorierten gerade auch bürgerliche und christliche Abgeordnete mit dem Ermächtigungsgesetz, nachdem er die kommunistischen Abgeordneten durch Notverordnung ausgeschaltet hatte. Als Adenauer in der »Spiegel-Affäre« in einen Abgrund von Landesverrat zu blicken glaubte, tolerierte man nachsichtig, dass seine Minister ein wenig außerhalb der Legalität gehandelt hatten und sich damit herausredeten, sie könnten schließlich nicht immer mit dem Grundgesetz unter dem Arm herumlaufen. Die modische Parole der Deregulierung schließlich verrät alles andere als Respekt vor dem

Recht, soweit sie sich nicht im Abbau überflüssiger Reglementierungen erschöpft, sondern auf freie Fahrt für rücksichtslose Interessensdurchsetzung hinausläuft.
Angesichts dieser schlimmen Tradition möchte ich dringlich dafür appellieren, an der verbreiteten Geringschätzung des Rechts nicht mitzumachen. Wenn es mir doch gelänge, uns mit unseren Mitbürgern für die Tugend der Rechtschaffenheit zu erwärmen, die unmodern erscheint und zu gerade noch dem Seufzer verkümmert »ich bin rechtschaffen müde«. Unser Land braucht doch wohl vor allem Persönlichkeiten, auf deren Rechtschaffenheit wir uns verlassen können, die das Rechte tun und nicht wegsehen, wo Unrecht geschieht.
Ich denke und hoffe, dass inzwischen unsere Gesellschaft insgesamt etwas von der Wohltat einer funktionierenden Rechtsordnung begriffen hat.
Recht bändigt die Gewalt, dämmt Willkür und Rücksichtslosigkeit ein!
Es schafft Rechtssicherheit und Schutznischen der Freiheit und verdient in seiner friedenstiftenden Funktion auch dort Achtung, wo es noch unvollständig ist!
Auf internationaler Ebene gibt es keine Alternative zu der Aufgabe, die Macht des Stärkeren auch im Zusammenleben der Völker durch die Stärke des Rechts zu ersetzen. Innenpolitisch gehört zu den unaufgebbaren Kostbarkeiten unserer Rechtskultur vor allem die Rechtsstaatsidee. Deren hoher Lebenswert wird leider immer noch durch Fehldeutungen geschwächt und kurzerhand mit dem Gehorsam der Bürger gegenüber staatlichen Vorschriften gleichgesetzt. Auf junge Menschen wirkt sie dann wie eine Einrichtung, die schlechtes Recht mit Polizeigewalt durchsetzen will; Bürger der früheren DDR erlebten sie allzu oft als eine Ordnung, die vor allem Alteigentümer begünstigte. Richtig gesehen zielt aber die Rechtsstaatsidee auf die Bindung zuerst und vor allem der staatlichen Organe an das Recht, auf Begrenzung und Bändigung der Staatsgewalt durch konkrete rechtsstaatliche Vorkehrungen wie Gewaltenteilung, Bindung staatlichen Handelns an förmliche Gesetze, Rechtskontrolle durch unabhängige Gerichte mit Recht auf Gehör, einklagbare Grundrechte, Grundsätze der Verhältnismäßigkeit und des Vertrauensschutzes. In seinem richtigen Verständnis verdient der Rechtsstaat unsere entschiedene Zustimmung.
Bei allem bleibt unbestreitbar und unbestritten, dass Recht fehlerhaftes Menschenwerk ist. Die richtige Reaktion darauf ist aber nicht nörgelnde Missachtung. Wir sollten die vorfindliche Rechtsordnung auch nicht mit überhöhten Erwartungen überfordern oder gar gescheiterte frühere Ordnungen nostalgisch verklären. Was unsere Rechtsgemeinschaft braucht, ist kritische Solida-

rität mit einer verbesserungsbedürftigen und verbesserungsfähigen Ordnung und damit das Engagement für die Reform fehlerhaften Rechts. Das schließt die Bereitschaft ein, Rechtsfortschritte notfalls durch Anrufung der Gerichte herauszuprozessieren und bei Wahlen diejenigen abzuwählen, die notwendige Verbesserungen unterlassen.

In besonders gelagerten Grenzfällen kann solche Solidarität sogar Widerstandsrecht, gewaltfreien zivilen Ungehorsam und Kirchenasyl umfassen. Deren sorgsam zu prüfende Voraussetzungen und das mit ihnen verbundene Risiko kann ich hier nicht näher erörtern. Hier muss die Andeutung genügen, dass die grundsätzliche Pflicht zur Rechtsbefolgung jedenfalls dort zumutbar ist, wo die politische Kultur derart oppositionelle Verhaltensweisen für Ausnahmesituationen nicht ausschließt.

II.

Wesentlicher Ansporn für die Reform fehlerhaften Rechts war seit jeher die Gerechtigkeitsidee. Gerechtigkeit gehört zu den Kardinaltugenden des klassischen Altertums, sie ist ein Schlüsselbegriff der biblischen Überlieferung und war Gegenstand jahrtausendelangen philosophischen und theologischen Nachdenkens. Hier möchte ich jedoch über die drei Phasen berichten, in denen sich dieses Nachdenken seit Kriegsende vollzogen hat.

1. Die Naturrechtsrenaissance zur Überwindung des NS-Unrechts.

Die erste Phase war bestimmt von der Erwartung, Rechtsphilosophie und auch theologische Ethik könnten verbindliche inhaltliche Kriterien zur Beurteilung ungerechten Rechts, insbesondere zur Überprüfung nationalsozialistischen Unrechts liefern. In dieser Phase übte die Rechtsphilosophie einen außerordentlichen Einfluss auf die Rechtspraxis aus. Es kam zu einer Abkehr vom Positivismus der Jahrhundertwende und zu einer Wiederbelebung des Naturrechtsgedankens, also des uralten Glaubens an eine höhere, auch den Gesetzgeber bindende Gerechtigkeitsordnung, deren Leitsätze sich als sachgerecht aus der Natur der rechtlich zu ordnenden Sache herleiten lassen, als wertgerecht aus der Welt der Werte oder als vernunftgerecht aus der vernünftigen sozialen Natur des Menschen.

Aber schon bald zeigte sich, auf welch schwankenden Boden man geraten war, einen Boden, den Erkenntniskritik, Historismus und Existentialismus reichlich unterhöhlt hatten. Am schwierigsten erwies sich die Doppelfrage: Woraus leiten jene überstaatlichen Naturrechtsprinzipien ihre höhere Ver-

bindlichkeit und Allgemeingültigkeit ab, und wie können wir den Inhalt dieser Prinzipien sowie ihre Rangordnung untereinander zuverlässig erkennen? Verfällt nicht jedes Naturrecht allzu leicht jenem ideologischen Zirkelschluss: Man geht von Anfang an mit bestimmten Vorstellungen an die Natur heran, holt hernach aus ihr heraus, was man zuvor hineingelegt hat, und projiziert dann das Ergebnis als allgemeingültig an den Himmel?

Wie irrtumsanfällig der Rückgriff auf das Naturrecht ist, wurde nicht zuletzt durch einige berüchtigte Entscheidungen des BGH, namentlich den Kuppelei-Beschluss aus dem Jahr 1954 offenkundig. In diesem Beschluss ging es um die Frage, ob Geschlechtsverkehr zwischen Verlobten stets unzüchtig ist und ob sich eine Kriegerwitwe wegen Kuppelei strafbar gemacht hatte, weil sie ihre schwangere Tochter und deren in Scheidung lebenden Verlobten nicht daran gehindert hatte, gemeinsam im Elternhaus zu übernachten.

Immerhin: In einer Zeit wie der unsrigen, in der die Korruption bis in die Führungsschicht vorgedrungen ist und in der Werte bevorzugt als Wertpapiere geschätzt werden, erinnert man sich mit Wehmut an das hohe sittlich Niveau der Naturrechtsrenaissance.

Ihre eigentliche Heimat hatte diese Renaissance im Katholizismus, der immer schon weniger rechtsfremd war als der Protestantismus. Auch der BGH urteilte anfangs auffallend naturrechtsfreundlich, zog sich aber später schrittweise auf ein weniger angreifbares Kulturrecht zurück, ein ius gentium, nämlich auf übereinstimmende Rechtsüberzeugungen aller gesitteten Kulturvölker, die von den Wertvorstellungen fremder Kulturkreise abzugrenzen sind. Schließlich folgte man Gustav Radbruch, der schon 1946 in einer der wichtigsten rechtsphilosophischen Nachkriegsschrift empfohlen hatte, dass im Konflikt zwischen Gerechtigkeit und Rechtssicherheit das positive Recht grundsätzlich auch dann den Vorrang haben müsse, wenn es inhaltlich ungerecht und unzweckmäßig sei.

Etwas anderes solle ausnahmsweise gelten, wenn der Widerspruch des positiven Gesetzes zur Gerechtigkeit ein so unerträgliches Maß erreicht, dass das Gesetz als unrichtiges Recht der Gerechtigkeit weichen muss. Diesen Grundsatz hat auch das Verfassungsgericht im Mauerschützen-Verfahren angewendet und es abgelehnt, die Vorschriften der DDR zur Verhinderung von Grenzüberschreitungen als Rechtfertigungsversuch für Tötungen zu behandeln.

Die Kritik am Gebrauch und Missbrauch der Radbruch`schen Formel, wie sie auch auf dem Radbruch-Forum geübt wurde, hat mich nachdenklich gemacht. Insbesondere empfinde ich die Doppelzüngigkeit in ihrer Anwendung auf das Nazi- und das DDR-Unrecht als unerträglich. Ich habe mich nach dem Krieg intensiv mit der Naturrechtsrenaissance befasst und darüber

promoviert. Die Radbruch`sche Formel habe ich für einen Durchbruch in ein Jenseits von Positivismus und Naturrecht unter Festhalten an der Richtschnur Gerechtigkeit als höchst hilfreich empfunden. Auch in Zukunft sehe ich in der Formel einen unverzichtbaren Ertrag der Naturrechtsrenaissance. Darüber hinaus ist zu fragen, ob nicht die Naturrechtsgegner zu weit gehen, wenn sie den Naturrechtsgedanken radikal verwerfen. Sollten und müssten wir ihn nicht als das – gewiss fehlbare – »Gewissen des Rechts« erkennen, da er das Empfinden dafür wach hält, dass der staatliche Gesetzgeber nicht schrankenlos alles und jedes darf?
Vor diesem Hintergrund habe ich durchaus Verständnis für die menschenrechtsfreundliche Rechtsprechung des Bundesverfassungsgerichts. Ist es denn nicht unerträgliches Unrecht, wenn ein Staat seine Bürger durch Todesschüsse am Verlassen seines Gebietes hindern will? Davon abgesehen: Judenmorde, Kriegsverbrechen, Rassismus, Euthanasie und die Anwendung von Massenvernichtungsmitteln und der Todesstrafe sollten uns die Augen dafür geöffnet haben, dass es jedenfalls ein Naturunrecht gibt, welches äußerste, unüberschreitbare Grenzen und schlechthin ausgeschlossene Möglichkeiten für menschliches Handeln markiert. In diesem Zusammenhang möchte ich Sie auf ein Rechtsgutachten des Internationalen Gerichtshofs in Den Haag aus dem Jahre 1996 hinweisen, wonach nicht nur der Einsatz von Atomwaffen, sondern bereits dessen Androhung generell gegen das Völkerrecht verstößt. Ist es nicht ein Ärgernis, dass diese Entscheidung in der deutschen Öffentlichkeit kaum diskutiert worden ist und in der militärischen Strategie bislang keine Konsequenzen ausgelöst hat?

2. Der wertethisch motivierte Grundrechtspositivismus im Verfassungsstaat.

Nach Ermatten der Naturrechtsrenaissance fehlte der Rechtsphilosophie Mut und Kraft zu Gerechtigkeitskonzeptionen. Dafür bestand in der zweiten Nachkriegsphase auch wenig Bedürfnis. Denn inzwischen waren Gerechtigkeitspostulate in weitem Umfang in Gestalt der Grundrechte in das positive Recht überführt worden. Mit dieser Positivierung entfielen die früheren Unsicherheiten darüber, welchen Inhalt die höheren Rechtsgrundsätze haben, wie dieser Inhalt zuverlässig zu erkennen ist und worauf ihre Verbindlichkeit beruht. Inhaltlich verkörperten diese Grundrechte den Niederschlag der Weisheit eines durch schwere Erfahrungen geläuterten hohen und späten Menschentums unseres Kulturkreises, wobei man sich auf das beschränkte, was allen Richtungen unserer pluralistischen Gesellschaft als ethisches Minimum zugemutet werden konnte.

Als besonders folgenreich erwies sich in Westdeutschland die Ausgestaltung der Grundrechte als unmittelbar geltendes, einklagbares Recht, dem gegenüber dem sonstigen positiven Recht ein höherer Rang gebührt. Kraft dieser Grundrechte und anderer Verfassungspostulate hat das Bundesverfassungsgericht bis Mitte 1996 insgesamt 480 Regelungen in Gesetzen und Verordnungen als verfassungswidrig beanstandet. Nach dieser Rechtsprechung garantieren die Grundrechte, »dass dem einzelnen Bürger eine Sphäre privater Lebensgestaltung verfassungskräftig vorbehalten ist, also ein letzter unantastbarer Bereich rechtlicher Freiheit, der Einwirkung der gesamten öffentlichen Gewalt entzogen ist«.

In einer Serie denkwürdiger Entscheidungen ist es gelungen, klassische Verbürgungen wie Glaubens- und Gewissensfreiheit, Meinungs- und Medienfreiheit, Berufsfreiheit, Recht auf Leben und körperliche Unversehrtheit, Gleichberechtigung, Schutz vor Freiheitsentziehungen und Eigentumsverletzungen Geltung zu verschaffen und sie auch in wichtigen Punkten fortzuentwickeln, etwa in Gestalt des Persönlichkeitsrechts und eines informationellen Selbstbestimmungsrechts über die persönlichen Daten sowie durch Ausdehnung der Eigentumsgarantie auf Rentenansprüche. Insgesamt ist durch Auslegung und Aktivierung der Grundrechte in dieser zweiten Nachkriegsphase Großartiges geleistet worden. Lebensqualität und politische Kultur unseres Gemeinwesens haben dadurch erheblich gewonnen. In Ostdeutschland wurden die Menschenrechte zur Basis der Bürgerrechtsbewegung.

Aber denken wir daran: Trotz ihrer Geltungskraft ist die Grundrechtsordnung kein sicherer Besitz, sondern Angebot, Aufgabe und stets gefährdete Chance. Ihre Gefährdung beschränkt sich nicht auf die Aushöhlung politisch unbequemer Grundrechte wie Asylrecht oder Unverletzlichkeit der Wohnung. Gefahren können für die Grundrechte sogar von ihren Hütern, dem Bundesverfassungsgericht, drohen. Das gilt nicht nur für einzelne Fehlurteile, wie sie in einer von Menschen verkörperten Institution unvermeidlich sind. Zu Recht ist kritisiert worden, das Bundesverfassungsgericht habe auf dem Gebiet der militärischen Verteidigung und des Staatsschutzes zu weitgehende Einschränkungen der Grundrechte toleriert und nicht genügend beachtet, dass eine streitbare Demokratie am verlässlichsten durch streitbare Demokraten geschützt wird. Entschieden zurückzuweisen sind hingegen die maßlosen Angriffe, denen das Bundesverfassungsgericht wegen seiner Entscheidungen zum Tucholsky-Zitat, zu Sitzblockaden und zum Kruzifix ausgesetzt war, also zu Regelungen, die zu seinen vornehmsten Aufgaben gehören.

Im Streit um die Kruzifix-Entscheidung haben konservative Kreise sogar ein fundamentales Verfassungsverständnis in Frage gestellt: Bislang nämlich war es anerkannt, dass in der rechtsstaatlichen Demokratie zwar grundsätzlich die demokratische legitimierte Mehrheit über die Ordnung des Zusammenlebens entscheidet, dass aber andererseits auch die Mehrheit nicht alles kann und darf, dass vielmehr ihre weitreichenden Befugnisse im Rechtsstaat bei dem enden, was die Verfassung in Gestalt der Grundrechte als das Unabstimmbare der Mehrheitsentscheidung entzieht und was demgemäß vor allem Minderheiten zugute kommt (Minderheitenschutz). Das sollte im Streit um die zwangsweise Ausstattung staatlicher Pflichtschulen mit Kruzifixen nicht mehr gelten. In bester Stammtischmentalität wurde verlangt, dass der Staat die Ausübung der Religionsfreiheit nach Mehrheitswünschen selbst dann erzwingen dürfe, wenn dadurch die religiöse Überzeugung von Minderheiten verletzt wird. Dieser Auffassung ist das Bundesverfassungsgericht zu Recht entgegengetreten. Aber hat sich hier nicht angedeutet, dass der Verfassungskonsens brüchig geworden ist, dass die Phase des Grundrechtspositivismus ausläuft und dass wir mittlerweile auf dem Weg in eine andere Republik sind?

Rückblickend lässt sich die zweite Nachkriegsphase geradezu als das goldene Zeitalter des Verfassungspatriotismus auf der Grundlage einer sozial geprägten und insoweit auf Gerechtigkeit angelegten erfolgreichen Marktwirtschaft beschreiben. Mitunter frage ich mich, ob die Menschen unserer Tage eigentlich wissen, was sie aufs Spiel setzen, wenn sie nachlässig oder gar gleichgültig mit der im Grundgesetz verbrieften Grundrechtsordnung umgehen.

Ich selbst halte mich für einen Verfassungspatrioten, der bereit ist, die Grundrechtsidee mit Zähnen und Klauen zu verteidigen und auch für ihre Durchsetzung im Bereich der Europäischen Union zu streiten. Dieser Verfassungspatriotismus ist frei von der Tendenz, die Verfassung zu idealisieren oder gar zum Religionsersatz für eine säkularisierte Gesellschaft hochzustilisieren, die stets vorhandene Kluft zwischen Verfassungsnorm und Verfassungswirklichkeit zu bagatellisieren und Kritiker des Bestehenden in der Art von Ketzern zu behandeln. Ebenso schließt dieser Verfassungspatriotismus die Bereitschaft ein, die ererbten Strukturen der rechtsstaatlichen Demokratie behutsam in soweit fortzuentwickeln, dass sie auch den neuen Herausforderungen der Gegenwart gerecht werden. Dazu besteht Anlass. Die Mütter und Väter des Grundgesetzes hatten sich nämlich bewusst darauf beschränkt, die klassischen Abwehr- und Freiheitsrechte, also etwa Berufsfreiheit, Pressefreiheit und Eigentumsgarantie, zu garantieren. Das kommt all denen zugute, die über genügend Mittel verfügen, solche Rechte wahrzunehmen. Grundrechte sind aber – so heißt es in einem Verfassungsgerichtsurteil zum Ausbildungsrecht – wertlos ohne die tatsächlichen Voraussetzungen, sie in Anspruch neh-

men zu können. Insoweit erweist sich der Gerechtigkeitspositivismus der zweiten Nachkriegsphase als unvollständiges Gerechtigkeitskonzept. Das ist am Ende der wirtschaftlichen Schönwetterperiode empfindlich spürbar geworden. Unvollständig und entwicklungsbedürftig ist der Grundrechtspositivismus der zweiten Nachkriegsphase auch insoweit, als er auf die Grenzen der Nationalstaaten abgestellt ist und daher je länger desto weniger den grenzüberschreitenden Herausforderungen gerecht werden kann, von Umweltschutz über das Kommunikationswesen und die Verbrechensbekämpfung bis hin zum internationalen Finanzwesen.

3. Der gegenwärtige Streit um soziale Gerechtigkeit.

Vieles spricht dafür, dass inzwischen eine neue dritte Phase des Gerechtigkeitsdenkens mit der Aufgabe begonnen hat, wirksamer für soziale Gerechtigkeit zu sorgen und für deren Durchsetzung weltweit rechtsverbindliche Strukturen zu schaffen.

Die beiden ersten Nachkriegsphasen habe ich persönlich intensiv und aktiv erlebt; was ich aus ihnen als erhaltenswert darlegen konnte, beruht auf Erfahrungen. Das kann nicht annähernd für die derzeitige dritte Phase gelten. In dieser Phase befinden wir uns mitten in einem Prozess von trial an error, in dem niemand über unbedingt gültige Lösungen verfügt. Nur eines weiß ich ziemlich sicher: Je länger desto mehr besteht ein drängendes Verlangen nach einer Wiederbelebung der Gerechtigkeitsidee; es wächst jedenfalls das Gefühl, dass es bei uns und anderswo vielfach ungerecht zugeht. Am liebsten möchte ich diesem dritten Zeitabschnitt die Überschrift geben: »Auf der Suche nach der verlorenen Gerechtigkeit«. Dass unsere Gesellschaft einen Ruck braucht, ist allgemeine Einsicht. Aber in welche Richtung müsste dieser Ruck gehen?

Unser Grundgesetz kennzeichnet die Bundesrepublik in Art. 20 und 28 ausdrücklich als sozialen Bundesstaat und sozialen Rechtsstaat. Das darin verankerte Sozialstaatsgebot verkörpert nach der verfassungsgerichtlichen Rechtsprechung in umfassender Weise die Idee der sozialen Gerechtigkeit und verpflichtet den Staat, für einen Ausgleich der sozialen Gegensätze und damit für eine gerechte Sozialordnung zu sorgen. Diese Sozialordnung dient in besonderer Weise dem Schutz der Menschenwürde und damit dem obersten Wert unserer Verfassungsordnung. Ihm geht es um Hilfe für ein gelingendes Leben und eine verlässliche Lebensplanung von Menschen, die ihr jeweils einmaliges Leben genauso wichtig nehmen wie jeder unter uns.

In der Vergangenheit ist erfreulicherweise viel geschehen, um das Sozialstaatsgebot zu verwirklichen, ganz im Sinne jenes Satzes aus der Präambel für eine neue Schweizer Verfassung: »Die Stärke des Volkes misst sich am Wohl der Schwachen«.

In der Welt des Rechts hat das Sozialstaatsprinzip allerdings immer schon eher ein Schattendasein geführt. Bestrebungen, es ähnlich wie das Rechtsstaatsgebot inhaltlich zu konkretisieren und es beispielsweise als grundsätzliches Rückschritts- und Verschlechterungsverbot auszulegen (vgl. dazu Art. 31 Europäische Sozialcharta), sind bislang gescheitert. Nach der Wende hatte anfangs manch einer auf neue soziale Impulse gehofft. Nach deren Überzeugung bestand nach dem weltweiten Sieg der Marktwirtschaft und dem Scheitern realsozialistischer Gerechtigkeitsutopien sogar ein vermehrtes Bedürfnis, die soziale Ausrichtung unserer Rechts- und Gesellschaftsordnung zu stärken und verfassungskräftig unzweideutig abzusichern. Demgemäß sollten in das Grundgesetz als Staatszielbestimmungen ein Recht auf Arbeit, auf Wohnen und auf soziale Sicherheit aufgenommen werden. Das ist trotz deutlicher Mehrheit in der Verfassungskommission am Widerstand konservativer Kräfte gescheitert.

Wären unsere Vorfahren so reformunwillig und denkfaul gewesen wie wir, gäbe es die rechts- und sozialstaatliche Demokratie des Grundgesetzes überhaupt nicht.

Inzwischen ist das Sozialstaatsgebot zum Gegenstand heftiger Auseinandersetzungen geworden. Weltweit gesehen ist die wirtschaftliche und soziale Entwicklung gerade nicht in Richtung auf mehr Gerechtigkeit verlaufen. Nach einem UNO-Bericht über menschliche Entwicklung entspricht das Vermögen der 358 reichsten Milliardäre der Welt dem Gesamteinkommen der ärmsten 45% der Weltbevölkerung (abgedruckt als Dokumentation in der FR vom 6.11.1996). In den USA haben nach einer Analyse des früheren Präsidentenberaters Goodwin »die Reichen den Klassenkampf gewonnen« und die soziale Gerechtigkeit ist »auf der Strecke geblieben«. Immerhin ist hier anscheinend in Gestalt des Kommunitarismus (kritische Reaktion auf den Liberalismus, etwa 1980 in den USA entstanden) *eine Gegenbewegung entstanden, die sich am Gemeinsinn und auch an der Gerechtigkeitsidee orientiert.*

Bei uns haben die beiden Großkirchen Anlass gesehen, in dem gemeinsamen Wort zur wirtschaftlichen und sozialen Lage eindringlich davor zu warnen, den Sozialstaat als nachgeordnetes und beliebig zu verschlankendes Anhängsel der Marktwirtschaft zu betrachten und derart auszuhungern, dass er seinen Aufgaben nicht mehr gerecht werden könne. Nach Meinung kritischer Beobachter verrät die tatsächliche Entwicklung Züge eines gnadenlosen sozialdarwinistischen Neokapitalismus. Ich bin immer wieder fassungslos, mit welcher dreisten Rücksichtslosigkeit dieser Prozess vorangetrieben wird. Dazu holzschnittartig ein paar Schlaglichter:

Entsolidarisierung und Bereicherungssucht gelten neuerdings als clever und grassieren allenthalben nach der Devise »Nimm, was Du kriegen kannst«, während der Sozialstaat als Sozialklimbim, soziale Hängematte und kollektiver Freizeitpark von solchen geschmäht wird, deren eigener Lebensstil nichts zu wünschen übrig lässt.

Massenarbeitslosigkeit und Staatsverschuldung wachsen scheinbar unaufhaltsam und ebenso die Ungleichheit der Lebenschancen zwischen einer noch wohlhabenden Mehrheit und einer verarmenden Minderheit, während die Aktienkurse klettern, der Export boomt, die Vermögenssteuer entfällt und der Spitzensteuersatz für die Einkommenssteuer gesenkt wird, ohne dass dies von der Schaffung neuer Arbeitsplätze durch Inlandsinvestition oder Innovationen abhängig gemacht würde.

In der Wirtschafts- und Sozialpolitik dreht sich alles um Wettbewerbsfähigkeit, Globalisierung und Aktionärsinteresse nach dem shareholder-value-Prinzip; multinationale Unternehmen und ein durch die Welt vagabundierendes vaterlandsloses Kapital können auf der Suche nach höheren Profiten weitgehend im rechtsfreien Raum agieren und sehen sich sogar durch Steueranreize und Sozialabbau umworben. Von sozialer Gerechtigkeit, Gemeinwohl, Gleichwertigkeit von Arbeit und Kapital, Sozialpartnerschaft und vom Primat der Politik ist kaum noch die Rede.

Ich spreche das nur ungern aus, weil ich fürchte, es könnte als polemisierende und polarisierende Schuldzuweisung empfunden werden. Dazu habe ich aber keinerlei Neigung. Polemik und Schuldzuweisung helfen in der gegenwärtigen verfahrenen Situation ebenso wenig weiter wie das übliche Gerangel um Machtpositionen und Besitzstände. Lieber wären mir gemeinsame Vorstöße gegenüber unseren politischen und wirtschaftlichen Führungskräften, endlich tatkräftig und nachhaltig für eine gerechte Verteilung der Lasten und Lebenschancen zu sorgen. Dabei verkenne ich natürlich nicht, dass wir in tiefgreifenden weltweiten Veränderungen stecken, deren Auswirkungen schwer zu bewältigen sind und die sicherlich auch dazu zwingen, eine Überforderung des Sozialstaates zu vermeiden. Gerade in der Sozialpolitik zeigt sich zudem erneut die alte Schwäche aller Gerechtigkeitspostulate, nämlich ihre inhaltliche Unbestimmtheit. Soziale Maßnahmen müssen in doppeltem Sinn gerecht sein: Sie sollen einerseits auf Seiten der Leistungsempfänger verteilungsgerecht sein und andererseits zugleich denen als gerecht einleuchten, welche die Mittel aufbringen müssen.

Aber geschieht wirklich genug zur Bewältigung der Schwierigkeiten? Geschieht wenigstens das Mögliche zum Abbau von Ungerechtigkeiten? Hier habe ich große Zweifel.

Nehmen wir als Beispiel die unterschiedliche Behandlung von drei Eigentumspositionen, nämlich des Bodeneigentums sowie des Aktienkapitals einerseits und der Renten andererseits, die nach der verfassungsgerichtlichen Rechtsprechung ebenfalls Schutz als Eigentum genießen. Wolfgang Zeidler hat schon 1980 in seinem denkwürdigen Festvortrag auf dem Deutschen Juristentag in Berlin kritisiert, in welchem Ausmaß Bauland durch öffentliche Maßnahmen wie Stadtplanung und Erschließung unverdiente Wertsteigerungen erfahren hat und durch realitätsfremde Einheitswerte sogar steuerlich privilegiert worden ist. Der Wert des Aktienkapitals hat sich binnen kurzer Zeit durch steuerfreie Gewinne ohne jede Leistung der Aktionäre um mehr als 50% vermehrt. Es gäbe ein großes Geschrei in unserem Land, wenn diese beiden Eigentumspositionen auch nur annähernd so behandelt würden wie Renten und Rentenanwartschaften. Diese sind bekanntlich durch Leistungskürzungen, Beitragserhöhungen und Belastungen mit versicherungsfremden Leistungen zunehmend Eingriffen ausgesetzt, obwohl sie für die Masse der Staatsbürger der wichtigste Vermögenswert zur Sicherung einer menschenwürdigen Existenz im Alter sind und im Unterschied zu Bodenwertsteigerungen und Aktiengewinnen mühsam erarbeitet werden mussten. Wann endlich machen wir ernst damit, dass die soziale Sicherung der älteren Generation der gesamten Gesellschaft obliegt und dass bei ihrer Finanzierung alle Einnahmequellen durch einen ergänzenden Wertschöpfungsbeitrag heranzuziehen sind und nicht so einseitig wie bisher der Faktor Arbeit alleine. Das wäre zugleich ein Weg, die viel diskutierten Lohnnebenkosten zu senken und damit Arbeit bezahlbarer zu machen und der Arbeitslosigkeit wirksamer entgegenzutreten. An diesem Beispiel sehen wir, dass unsere Zukunft keineswegs bedrohlich wie ein unausweichliches Schicksal verlaufen muss. Die Probleme sind auch nicht derart unlösbar, wie uns manche Interessenvertreter weismachen wollen.

In amerikanischen Führungskreisen wird die These propagiert, nach dem Zusammenbruch des Ostblocks und dem Sieg des westlichen Systems sei das Ende der Geschichte erreicht.

Es wird Sie nicht überraschen, dass ich solchem vermessenen Gerede nicht folgen kann. Ich bin vielmehr überzeugt; dass der gegenwärtige Neokapitalismus nicht das letzte Wort in unserer Zeit haben wird. Die großen Aufgaben der Gegenwart sehe ich darin, in einer Zeit verknappter öffentlicher Mittel und weltweiter Mobilität neue und funktionierende Modelle für soziale

Gerechtigkeit zu entwickeln und zumindest erkennbare Ungerechtigkeiten zu beseitigen. Das schließt die Schaffung einer weltweiten oder wenigstens europäischen Rechtskultur mit rechtsverbindlichen Strukturen ein. Das ist sicherlich keine einfache Aufgabe; immerhin ist sie auf dem Gebiet militärischer Gewalteindämmung in einem gewissen Umfang gelungen. Warum sollte es unmöglich sein, das derzeitige internationale wirtschafts- und finanzpolitische Faustrecht in ähnlicher Weise mit dem Mittel des Rechts einzudämmen und der Globalisierung der Märkte und des Kapitaltransfers mit einer Globalisierung rechtswirksamer Rahmenbedingungen zu begegnen?

Ich schließe mit einem Appell: Lassen wir uns das Sozialstaatsgebot ebenso wenig zerreden und schlecht machen wie die beiden anderen elementaren Strukturprinzipien unserer Verfassungsordnung, die Rechtsstaatsidee und das Demokratieprinzip. Es hat in den vergangenen Jahrzehnten wesentlich zur sozialen Gerechtigkeit und damit zur inneren Stabilität des Standorts Deutschland und seiner Vorzüge beigetragen. Wo aber Gerechtigkeit als richtungweisend gilt, fühlen sich die Menschen auf Dauer wohler als unter der Vorherrschaft einseitigen Gewinnstrebens. Halten wir uns an die Devise aus der Studie »Zukunftsfähiges Deutschland« des Wuppertaler Umweltinstitutes:

»Lieber gut leben als viel haben.«

Anhang III

Helmut Simon: Freie Kirche im demokratischen Staat

Betrachtungen von Helmut Simon zur Neuordnung des Verhältnisses zwischen Kirche und Staat auf einem Symposium der bayerischen Kirchenleitung anlässlich der Kruzifix-Entscheidung:

Haben wir Anlass, die Regelungen über das Verhältnis von Kirche und Staat, also das »Staatskirchenrecht« zu überprüfen und fortzuentwickeln? Nach Meinung sachkundiger Beobachter hätte ein solcher Anlass spätestens im Zeitpunkt der Wiedervereinigung und der dadurch ausgelösten Diskussion über eine Reform des Grundgesetzes bestanden; denn dieses hatte sich darauf beschränkt, in der Übergangsvorschrift des Art. 140 als Verlegenheitslösung die kirchenpolitischen Artikel der Weimarer Verfassung zu übernehmen. Auch die europäische Integration wirft die Frage auf, ob das deutsche Staatskirchenrecht mit seinen Eigentümlichkeiten in der Europäischen Union wirklich unverändert fortgehen kann. Auf dieser Tagung wurde bereits gestern vor einer Wagenburgmentalität gegenüber der europäischen Integration gewarnt. Das bedeutet aber auch, dass wir nicht alles und jedes verteidigen, was bei uns gilt, sondern prüfen, worauf wir notfalls im Interesse der Integration verzichten könnten. Bislang sind die beiden Großkirchen indessen allen Gelegenheiten zu einer Neubesinnung ausgewichen. Daher hat sie der Streit um die Kruzifix-Entscheidung unvorbereitet getroffen mit der Folge, dass sie den Streit weithin in einer Art und Weise ausgetragen haben, der ihrem Ansehen nicht wenig geschadet hat.

Verfassungsrechtlich war die Kruzifix-Entscheidung unausweichlich und überzeugend. Sie stimmt überein mit der Rechtsprechung des obersten Schweizer Gerichts. Wie schon das Schweizer Bundesgericht, so hat auch das Bundesverfassungsgericht ernst damit gemacht, dass Grundrechte zuerst und vor allem zum Schutz von Minderheiten erkämpft worden sind und dass gerade der religiös-weltanschauliche Bereich frei bleiben muss von staatlichen Zwängen und freiheitswidrigen Reglementierungen für Andersdenkende. Dies gehört zu den erlittenen Erfahrungen der abendländischen Kultur

und müsste eigentlich in der Kirche der Reformation breite Zustimmung finden.
Das Bundesverfassungsgericht hat ebenfalls damit ernst gemacht, dass das Kreuz das markante Symbol des christlichen Glaubens ist, während es im Streit um die Ausstattung von Schulen auf ein neutralisiertes Brauchtumssymbol reduziert wurde. Um das Kreuz in den Schulzimmern zu retten, wurde sein Inhalt verleugnet! Eine wirklich selbstbewusste Kirche hätte dem Gericht dafür gedankt, dass es einer solchen Abwertung zentraler Glaubenssymbole durch staatliche Organe entgegengetreten ist. Stattdessen haben sich nicht nur Vertreter der katholischen Kirche an maßlosen Ausfällen gegen das Bundesverfassungsgericht beteiligt, die erschreckender waren, als wir das bislang von Lobbyisten in eigener Sache je erlebt haben.
Dieses Verhalten kann ich mir nur als Angstreaktion erklären, die auf der Befürchtung beruht, das für die Kirchen so überaus vorteilhafte derzeitige kirchenpolitische System freundschaftlicher Partnerschaft mit dem Staat könnte zu Ende gehen und von einem System radikaler Trennung abgelöst werden. Die Kruzifix-Entscheidung wird als Alarmsignal für solche Veränderungen empfunden und als solches heftig bekämpft. Die Kirche hätte aber viel gelassener darauf reagieren können, hätte sie sich rechtzeitig mit der Frage auseinandergesetzt: Was ist die legitime Rolle einer freien Kirche in und gegenüber einer demokratisch verfassten, pluralistischen und mündigen Gesellschaft angesichts einer Entwicklung, die auf längere Sicht von der herkömmlichen Volkskirche in die Minderheitensituation führt und für die das Nebeneinander mehrerer Konfessionen und Religionen kennzeichnend ist?

Ich habe seit langem auf eine Klärung dieser Frage und eine daraus folgende Neuorientierung gedrängt. Wenn der leidige Streit um die Kruzifix-Entscheidung zu dieser Klärung Anlass geben würde, dann könnte er sich doch noch als Gewinn erweisen. Jedenfalls verdient die bayerische Kirchenleitung unser Lob, dass sie dieses Symposium veranstaltet. Die Kirchen könnten sich – das darf ich als ein Ergebnis des Referates vorwegnehmen – auf die gebotene Neuorientierung durchaus einlassen. Denn diese führt nicht zwangsläufig zu radikaler Trennung zwischen Staat und Kirche und einem Abbau aller günstigen Regelungen oder zu einer gleichgültigen Distanzierung, wohl aber dazu, das Verhältnis von Staat und Kirche konsequent auf der Grundlage des allgemeinen Menschenrechts der Religionsfreiheit und seiner umfassenden Verwirklichung im demokratischen Rechtsstaat zu bestimmen. Im Rahmen einer solchen zukunftsweisenden Neuorientierung bliebe der Kirche alles erhalten, was sie zur Ausrichtung ihres Auftrags braucht; sie behielte weiter-

hin breite öffentliche Wirkungsmöglichkeiten und ein Selbstbestimmungsrecht über eigene Angelegenheiten; es bliebe Raum zur Kooperation mit dem Staat zugunsten des Gemeinwesens und auch für eine staatliche Förderung der Kirchen als wesentlicher Faktor unserer Kultur. Die Grenzen wären erst erreicht, und dann allerdings strikt einzuhalten, wo sich der Staat mit einer bestimmten Religion identifiziert oder diese einseitig privilegiert und insbesondere dort, wo der Staat in religiösen Fragen Zwang auf Andersgläubige ausübt, wie das bei der Ausstattung von Pflichtschulen mit Kruzifixen geschieht.

Meine weiteren Überlegungen zur staatskirchenrechtlichen Neuorientierung möchte ich in bewährter Weise in drei Abschnitte gliedern:

Wo kommen wir her? Wo stehen wir? Wohin gehen wir?

1. Zunächst in verzweifelter Kürze: Wo kommen wir her?

Die Umwälzungen der Reformation hatten entgegen der eigentlichen Absicht Martin Luthers in seiner Lehre von den beiden Regimenten zu einer engen Verflechtung von Kirche und Staat geführt, zum vielbeklagten Bündnis von Thron und Altar in Gestalt des landesherrlichen Kirchenregiments mit dem Landesfürsten als Summus Episcopus (oberster Bischof). Im Blick auf dieses System muss die sehr pauschale Würdigung genügen, dass es letztlich mehr den Interessen der damaligen Territorialstaaten gedient hat, denen die Religion als Stabilisierungsfaktor und die Kirche als Anstalt der Staatsräson höchst willkommen waren. Die Kirchen der Reformation mochten diesem System zwar anfangs ihr Überlegen verdanken. Doch geschah dies um den Preis einer jahrhundertelangen, mal strengeren, mal milderen Babylonischen Gefangenschaft. Von dem Freiheitlich-Emanzipatorischen der reformatorischen Theologie wird in diesem System jedenfalls so wenig sichtbar, dass einer seiner besten Kenner, Karl Holl, zu dem Ergebnis kommt: »Der Preis, den die Evangelische Kirche für die Vorteile dieser Einrichtung zu zahlen hatte, war hoch, allzu hoch. Die besten Kräfte der Reformation sind durch sie hintangehalten oder gezwungen worden, sich neben der Kirche zu entfalten.«

Der Sturz der Monarchie im Jahre 1918 und das gleichzeitige Ende des landesherrlichen Kirchenregiments war die Geburtsstunde des modernen Staatskirchenrechts. Dies ist gekennzeichnet durch eine deutliche Distanzierung auch der Evangelischen Kirche vom Staat, die das Ergebnis eines langen geistesgeschichtlichen Prozesses war, der sich parallel mit der Verweltlichung der Welt vollzogen hatte. Als kirchenpolitisches System dieses Prozesses schälte sich nach 1918 zunächst ein Kompromisssystem der Sonderung von Kirche und Staat heraus, das in der Weimarer Verfassung kodifiziert wurde und das in wesentlichen Punkten heute noch geltendes Recht ist. In seiner Tendenz entsprach dieses System der schon im vorigen Jahrhundert erhobenen Forderung nach der freien Kirche im freien Staat; denn es beruht auf der Grundlage persönlicher Glaubensfreiheit, religiöser Neutralität des Staates, paritätischer Gleichbehandlung der Religionsgemeinschaften und der Garantie eines eigenen kirchlichen Selbstverwaltungsrechtes. Seine nähere Ausgestaltung in der Weimarer Verfassung bezeichnete man allerdings zutreffend als »hinkendes Trennungssystem«, denn es hielt weiterhin an der öffentlich-rechtlichen Stellung der Kirche fest, an ihrem Besteuerungssystem, an den Staatsleistungen, an den theologischen Fakultäten, an der Anstaltsseelsorge sowie am Religionsunterricht als ordentlichem Lehrfach einerseits und an gewissen staatlichen Aufsichts- und Mitwirkungsrechten bei der Ämterbesetzung andererseits.

Eigentlich wäre zu erwarten gewesen, dass sich der Protestantismus mit einem solchen System alsbald angefreundet hätte. Denn eine Kirche, deren Situation von Anfang an durch das Nebeneinander mehrerer Konfessionen und den Kampf um Gleichberechtigung gekennzeichnet war, muss doch eigentlich offen sein für Toleranz, Parität und staatliche Neutralität. Eine am Verkündigungsauftrag orientierte Kirche des Wortes und der Diakonie findet, was sie braucht, in einem Gemeinwesen, für das Glaubens-, Meinungs- und Vereinigungsfreiheit grundlegend sind und das weiten Spielraum für soziale Liebestätigkeit lässt. Eine Kirche schließlich, die sich von päpstlicher Oberhoheit freikämpfen musste, die das Priestertum der Gläubigen lehrt, die den zur Freiheit berufenen sowie Gott unmittelbar verantwortlichen mündigen Menschen entdeckt und die eine synodale Kirchenverfassung entwickelt, müsste doch ein positives Verhältnis zu einem demokratisch verfassten Staat finden, der um der religiösen Freiheit des einzelnen willen religionslos wird.

Tatsächlich ist es zu einem solchen positiven Verhältnis zum Weimarer Staat nicht gekommen. Unter dem Einfluss außertheologischer Faktoren verweigerte der Protestantismus weithin der jungen Republik die für sie lebenswichtige, heute so vielbeschworene freundschaftliche Partnerschaft. Er sah sich – wie es in einer Rede des damaligen Rheinischen Synodalpräses heißt – »umwittert von tiefem Misstrauen, bitterer Enttäuschung und offenkundiger Feindschaft«. »Man fand kein positives Verhältnis zur Demokratie«, so beschreibt Gustav Heinemann die protestantische Distanz zur Weimarer Republik, »begegnete ihr vielmehr mit Reserviertheit, ja sogar mit Abscheu. Alles, was sich über ihre Gefahren sagen ließ, wurde gründlicher ausgebreitet als das, was über ihre Bedeutung in der Gegenwart zu sagen gewesen wäre.«

Bei allen verhängnisvollen Folgen hatte diese distanzierte Haltung allerdings etwas Gutes: Sie beschleunigte die erst 1918 begonnene staatspolitische Selbstfindung des Protestantismus und trug auf diese Weise indirekt dazu bei, die Auseinandersetzungen mit dem nationalsozialistischen Staat nach anfänglichem Schwanken einigermaßen leidlich durchzustehen. Dieser Staat versuchte bekanntlich zunächst die evangelischen Kirchen mit Hilfe der Deutschen Christen und unter Ausnutzung der staatskirchenrechtlichen Möglichkeiten im Finanzwesen zu einer Nationalkirche gleichzuschalten und später durch planmäßige Entchristlichung des öffentlichen Erbens in das Ghetto interner Kultuspflege abzudrängen. Im Wartegau enthüllte er seine langfristige Absicht, die Kirche unter der Parole der Trennung vom Staat auf die Ebene eines privaten Vereins unter strenger Staatsaufsicht herabzustufen und auf diesem Wege zum Aussterben zu bringen.

Im Widerstand gegen solche Bestrebungen beschloss die Synode der Bekennenden Kirche 1934 in Barmen ihre »Theologische Erklärung«, die erstmals in der jüngeren Kirchengeschichte auch einige programmatische, nach wie vor richtungsweisende Aussagen über Kirche und Staat und ihr Verhältnis zueinander wagt. Unter Anlehnung an diese Erklärung lässt sich als kirchenpolitischer Ertrag des Kirchenkampfes dreierlei festhalten:

Erstens geschieht ein Durchbruch zur Selbstfindung und Kirchwerdung der Evangelischen Kirche, die sich nunmehr endgültig vom Staat emanzipiert.

Zweitens erfolgt eine nüchterne Anerkennung des Staates und seiner Aufgabe, für Recht und Frieden zu sorgen. Unter gleichzeitiger Abgrenzung von staatlicher Totalzuständigkeit und kirchlichem Klerikalismus wird die falsche Lehre verworfen, »als solle und könne der Staat über seinen besonderen Auftrag hinaus die einzige und totale Ordnung menschlichen Lebens werden« oder »als solle und könne sich die Kirche über ihren besonderen Auftrag hinaus staatliche Art, staatliche Aufgaben und staatliche Würde aneignen«. Hier stimmt die Barmer Erklärung mit Grundanliegen der lutherischen Zwei-Reiche-Lehre überein, nämlich mit der Absage an Vermengungen zwischen staatlichen und kirchlichen Aufgaben sowie mit dem Interesse an unbehinderter Selbständigkeit der Kirche einerseits und an Eigenrecht und Weltlichkeit des Staates andererseits. Schließlich wurden im Kirchenkampf drittens über die Abwehr staatlicher Eingriffe in die Kirche hinaus erste Anzeichen für eine politische Mitverantwortung der Kirche erkennbar. Diese schlugen sich bereits 1936 in einer Denkschrift an Hitler nieder und manifestierten sich namentlich in der Person Bonhoeffers, der aus seiner Gefängniszelle schrieb: »Die Kirche ist nur dann Kirche, wenn sie für andere da ist«. Dass man diese Ansätze als unzureichend empfand, wurde später im Stuttgarter Schuld-

bekenntnis und dem Darmstädter Wort des Bruderrats der Bekennenden Kirche zum politischen Weg unseres Volkes selbstkritisch eingeräumt.
Diese dritte Linie wurde nach dem Krieg in Gestalt des sogenannten Öffentlichkeitsauftrages kräftig ausgezogen und erwies sich als besonders charakteristisch für die Verhältnisbestimmung zwischen Staat und Kirche. Im Rahmen dieses Öffentlichkeitsauftrages entwickelte sich eine außergewöhnliche und vielgestaltige kirchliche Öffentlichkeitsarbeit, die sich insbesondere in zahlreichen Äußerungen zu politischen und sozialen Problemen niederschlug. Am bekanntesten und wirksamsten war wohl die Ost-Denkschrift.
Während die politische Mitverantwortung der Kirche und ihr Öffentlichkeitsauftrag bis heute beliebter Gegenstand innerkirchlicher Diskussion geblieben ist, wurde das staatskirchenrechtliche Verhältnis von Kirche und Staat im engeren Sinn im Wesentlichen nur im Kreis der Fachleute reflektiert. Wie hat sich dieses Verhältnis in der Nachkriegszeit entwickelt? Womit wir uns beim nächsten Abschnitt befinden:

2. Wo stehen wir jetzt?

Die Katastrophe des »Dritten Reiches« hatte das Staatsbewusstsein bis in seinen Kern erschüttert. So standen nach Kriegsende den Trümmern des verunsicherten staatlichen Apparats die Kirchen mit vermehrtem Prestige und gestärktem Selbstbewusstsein gegenüber, sie hatten anscheinend weniger versagt und galten als Repräsentanten eines besseren Deutschlands und als Fürsprecher gegenüber den Siegern. Aus dieser Ausgangslage erwuchs ein für die Kirchen höchst vorteilhaftes kirchenpolitisches System, das durchgängig als partnerschaftliche Koordination bezeichnet wird. Das kam rechtlich vor allem in mehreren Verträgen der Länder mit evangelischen Landeskirchen zum Ausdruck, die »im Bewusstsein der gemeinsamen Verantwortung« abgeschlossen wurden und in denen »Übereinstimmung über den Öffentlichkeitsauftrag der Kirchen und deren Eigenständigkeit« festgestellt wird. Das Grundgesetz hatte zwar in Art. 140 als Verlegenheitslösung die kirchenpolitischen Artikel der Weimarer Verfassung übernommen, also neben dem Grundrecht der Glaubens- und Bekenntnisfreiheit insbesondere die Garantien der religiösen Neutralität des Staates, der paritätischen Gleichbehandlung der Religionsgemeinschaften, des eigenständigen kirchlichen Selbstverwaltungsrechts, der öffentlich-rechtlichen Stellung der Kirchen und ihres Besteuerungsrechts.
Diese Regelungen wurden aber unter maßgeblicher Mitwirkung evangelischer Staatskirchenrechtler auf dem veränderten verfassungspolitischen Hintergrund neu und durchweg zugunsten der Kirchen ausgelegt. Im Ver-

gleich zu Weimar hatte sich ein tiefgreifender Klimawechsel vollzogen: Das Verhältnis zwischen Staat und Kirche wird nicht durch beziehungslose Gleichgültigkeit bestimmt; sondern durch loyal freundliche Zusammenarbeit und gegenseitige Respektierung der beiderseitigen Aufgaben. Im freundlichen Klima dieser Partnerschaft entfaltete sich die schon erwähnte vielgestaltige kirchliche Öffentlichkeitsarbeit.

Dieses Denkmodell der freundschaftlichen Partnerschaft hat bis zum Ende der 50er Jahre breite Zustimmung gefunden. Vom dunklen Hintergrund des Kirchenkampfes und vorangegangenen Fehlentwicklungen hebt es sich optimal ab. Mir persönlich erschien es ebenfalls als gute und sachgerechte Lösung. Da es den katholischen Vorstellungen über eine gleichrangige Koordination von Kirche und Staat entspricht, hält man anscheinend dort weithin bis heute daran fest. Auf evangelischer Seite ließ sich hingegen bei aller Dankbarkeit für die Vorteile dieses Systems hier und dort schon vor längerer Zeit eine gewisse Bereitschaft zum Nachdenken darüber beobachten, ob das gegenwärtige und zukünftige Verhältnis zwischen Staat und Kirche wirklich angemessen und auf Dauer als »partnerschaftliche Koordination« begriffen werden kann, oder ob dieser Begriff ein Durchgangsstadium kennzeichnet und zur Ideologie zu werden droht.

Ich bin mit dieser Frage erstmals in den sechziger Jahren auf Initiative eines Arbeitskreises rheinischer Kirchenjuristen befasst worden. Danach zeichneten sich in der Öffentlichkeit erste Veränderungen ab. Damals schrieb einer der besten Kenner des Staatskirchenrechts, Konrad Hesse, im Evangelischen Staatslexikon, die Großkirchen hätten nach dem Krieg die günstige Ausgangslage mit der Tendenz auf ein Maximum an institutioneller Sicherheit und politischem Einfluss genutzt; sie hätten sich dabei weitgehend gleichförmig verhalten und – begünstigt durch das Streben großer Parteien nach kirchlicher Unterstützung – an der eingeschlagenen Richtung auch dann noch festgehalten, als die nachkriegsbedingten Verhüllungen der Problemlage entfallen seien. Demgegenüber regte sich in den 60er Jahren zunehmend Unbehagen über eine wirkliche oder vermeintliche Konfessionalisierung des öffentlichen Lebens. Mit der Eingliederung in die Ökumene wuchs zugleich innerkirchlich die Einsicht in die Minderheitensituation, in der sich die Weltchristenheit zunehmend inmitten einer gleichgültigen oder gar feindlichen Umgebung erlebt.

Schließlich erhob sich – das ist kaum beachtet worden – in der Wissenschaft Widerspruch gegen das Denkmodell von der partnerschaftlichen Koordination. Verleitet dieses nicht zu der Vorstellung, Staat und Kirche seien bei aller Wesensverschiedenheit vergleichbare Größen und stünden gleichsam als die

maßgebenden polaren Brennpunkte – im Mittelalter benutzte man das Bild von Sonne und Mond – über dem gesellschaftlichen Geschehen? Handelt es sich aber bei solchen Vorstellungen nicht letztlich um Denkschemata, die der obrigkeitlichen Monarchie angemessen sein mochten, deren Übernahme aber schon der tiefgreifende Wandel im Verständnis des »Partners« Staat entgegensteht? In einer freiheitlichen Demokratie mündiger Staatsbürger jedenfalls ist schon der Partner Staat nicht als eine über der Gesellschaft schwebende herabregierende Obrigkeit zu begreifen, die sich über die Köpfe der Bürger hinweg mit anderen Partnern über die Belange des Gemeinwohls verständigt. Seine Integrierung geschieht vielmehr in einem ständigen Prozess dialogischer Willensbildung unter Beteiligung der in der Gesellschaft wirksamen Kräfte und Ideen. Was die Kirche anbelangt, so darf ich kommentarlos zitieren, was ein Redner auf der Weltkirchenkonferenz in Uppsala mit breiter Zustimmung sagte: »Die Kirche ist nicht Arzt am Krankenbett der Gesellschaft, der Rezepte verschreibt und von Zeit zu Zeit Besuche macht. Wir sind in der Gesellschaft, sind krank mit ihr, kämpfen mit ihr, geben uns auf mit ihr und werden vom Wort Gottes in und mit ihr angesprochen.«
Es liegt durchaus auf der Linie dieser Veränderungen, dass der kirchliche Öffentlichkeitsauftrag in neuerer Zeit bevorzugt mit Begriffen wie »politische Diakonie« beschrieben wird, während man den anfangs üblichen Begriff »Wächteramt« der Kirche lieber vermeidet. Denn dieser Begriff erscheint – so heißt es in der Denkschrift über »Aufgaben und Grenzen kirchlicher Äußerungen zu gesellschaftlichen Fragen« – »problematisch, wenn er das Verhältnis von Staat und Kirche nur als statisches Gegenüber beschreibt und den Eindruck erweckt, es werde nur nach draußen zu einer verlorenen Welt geredet«.

3. Wohin gehen wir, oder besser: Wohin sollten wir gehen?

Die erwähnten Veränderungen im Verhältnis zwischen Kirche und Staat bedeuteten zunächst einmal eine Normalisierung, nämlich das Abflauen der überhitzten kirchlichen Nachkriegskonjunktur. Sie reichen aber tiefer und lassen sich in Anlehnung an einen richtungsweisenden Beitrag von Konrad Hesse in die bereits eingangs aufgeworfene Frage kleiden: Was ist die legitime Rolle einer freien Kirche in und gegenüber einer demokratisch verfassten pluralistischen und mündigen Gesellschaft? Und dies angesichts einer Entwicklung, die auf längere Sicht von der herkömmlichen Volkskirche fort in die Minderheitensituation führen dürfte und für die das Nebeneinander mehrerer Konfessionen und Religionen kennzeichnend ist?
Das in den 60er Jahren begonnene Nachdenken über diese Frage und ihre staatskirchenrechtlichen Folgen ist leider seit längerer Zeit ins Stocken gera-

ten. Während der sozial-liberalen Ära traute man sich nicht so recht an diese Problematik heran, nachdem die unzureichenden FDP-Thesen zur Trennung von Kirche und Staat eine verschreckt aufgeregte Reaktion ausgelöst und die beiden Großkirchen erstmals in einer gemeinsamen Schrift »Das Gesetz des Staates und die sittliche Ordnung« gegen Pläne zur Reform der Scheidungs-, Abtreibungs- und Sittenstrafrechts protestiert hatten.

Nach der Wende ist zwar der Einfluss kirchlicher Sozialethik auf die Politik nach Meinung aufmerksamer Beobachter spürbar zurückgegangen, auch klagen Politiker aus allen Lagern vermehrt über Einmischung der Kirchen in die Politik und setzen sich dem Verdacht aus, sie möchten am liebsten unter Rückfall in eine neue Obrigkeitsmentalität wieder der Kirche die Vorbereitung auf das Jenseits und dem Staat die Gestaltung des Diesseits zuweisen. Aber irgendeine Bereitschaft und Fähigkeit zu einer grundsätzlichen kirchenpolitischen Neuorientierung ist auch im Zusammenhang mit der deutsch-deutschen Vereinigung nicht erkennbar geworden. Dazu hatte auch die staatskirchenrechtliche Rechtsprechung der Gerichte wenig Anlass gegeben, die sich, abgesehen von einigen Entscheidungen zur Religionsfreiheit, weiterhin auf der früheren wohlwollenden Linie bewegte und erst mit der Kruzifix-Entscheidung das in den 60er Jahren begonnene Umdenken aufgenommen hat.

Innerkirchlich ist noch weniger Bereitschaft erkennbar geworden, an dieser Problematik zu rühren und etwa Erfahrungen der Kirche in der früheren DDR zukunftsgerichtet aufzuarbeiten. Anscheinend fehlt schon das, was in der Jugendrebellion der 60er Jahre als Problembewusstsein bezeichnet wurde. Das dürfte mit den Annehmlichkeiten des derzeitigen kirchenpolitischen Systems zu erklären sein, aber auch mit Unsicherheiten darüber, wie denn nun die legitime Rolle einer freien Kirche im demokratischen Gemeinwesen auszusehen hätte. Daher gerät man ins Stammeln, wenn gefragt wird, was denn von der privilegierten Stellung der Kirche als Körperschaft des öffentlichen Rechts zu halten sei, von der Kirchensteuer, vom Religionsunterricht als ordentlichem Lehrfach, von den theologischen Fakultäten, vom Subsidiaritätsprinzip in der Jugend- und Sozialarbeit, von der Militärseelsorge, von der kirchlichen Vertretung in Rundfunkräten, vom Einfluss der Moraltheologie auf das weltliche Recht, von staatlichen Zahlungen an die Kirche und dergleichen mehr. Diese Unsicherheit dürfte letztlich auf der Befürchtung beruhen, es bleibe lediglich die Wahl zwischen dem gegenwärtigen, für die Kirche so angenehmen System der Partnerschaft oder einem Trennungssystem, wie wir es etwa in den USA und Frankreich vorfinden.

Was dieses Trennungssystem anbelangt, so wird es heute als Prinzip allenthalben, selbstverständlich auch in der Kirche, anerkannt und findet hier viele Sympathien. Problematisch ist nicht dies Prinzip als solches, wohl aber die Art und Weise seiner Verwirklichung im Einzelnen. In seiner konkreten Ausgestaltung durfte auch dieses System eher in die Landschaft des vorigen Jahrhunderts passen. Zudem sollten seine Verfechter Verständnis dafür aufbringen, dass die Trennungsparole immer noch traumatische Befürchtungen weckt, die durch Vorgänge im Frankreich der Jahrhundertwende und zu Beginn der Weimarer Republik ausgelöst und durch Erfahrungen im nationalsozialistischen wie auch in kommunistischen Staaten erhärtet wurden. In Europa ist der Trennungsgedanke nämlich mit der Vorstellung belastet, er beruhe auf historisch zwar verständlichen, heute jedoch überholten kirchenfeindlichen Motiven, und seine Durchsetzung führe zu praktischen Konsequenzen, die weder der Kirche, noch dem Staat, noch den andersdenkenden Gliedern der Gesellschaft dienen. Ernst Troeltsch hatte schon 1907 bei aller Offenheit für das Trennungsprinzip darauf hingewiesen, dass dieses Prinzip auch in seiner amerikanischen Spielart nicht unbedingt der Freiheit dient, sondern die Kirche von einflussreichen privaten Geldgebern abhängig machen kann und eine enge Komplizenschaft zwischen kirchlichen und staatlichen Kräften keineswegs ausschließt. Aber bleibt denn wirklich nur die Wahl zwischen den Systemen der Partnerschaft oder der distanzierten Trennung? Ließe sich nicht ein gangbarer Weg nach vorn finden, indem wir uns gedanklich von beiden Denkmodellen lösen? Und das Staatskirchenrecht entschlossen aus dem in Artikel 4 des Grundgesetzes und in der Europäischen Menschenrechtscharta garantierten allgemeinen Menschenrecht der Religionsfreiheit im Rahmen einer demokratischen Verfassungsordnung entwickeln? Die konsequente Verhältnisbestimmung zwischen Staat und Kirche auf der Grundlage der Religionsfreiheit und ihrer umfassenden Verwirklichung im demokratischen Rechtsstaat, dies könnte die gebotene Richtung sein, und nicht eine geschichtslose Erzwingung lupenreiner Trennung oder die Beschwörung von Partnerschaft. Ein solcher Denkansatz dürfte zu Ergebnissen führen, die von der gegenwärtigen Regelung in den meisten Einzelheiten gar nicht weit entfernt sind.

Aber diese Ergebnisse ließen sich überzeugender begründen als bisher; sie würden nicht mehr wie ein unzeitgemäßes und kleingläubiges Festklammern an Privilegien der Vergangenheit wirken, sondern es der Kirche erleichtern, aus ihrer derzeitigen beklagenswerten Defensivhaltung hinaus zu gelangen und auch der europäischen Entwicklung getroster zu begegnen. Zudem würden wir wohl besser damit fertig, dass neue Religionen auftreten und etwa im

Schulbereich Gleichbehandlung anfordern, die man ihnen auf Dauer nicht vorenthalten kann. Wohl verstanden: Es geht mir nicht darum, ein neues Ordnungssystem für das Verhältnis zwischen Kirche und Staat zu entwerfen, aus dem sich alle Regelungen für Einzelfragen ableiten ließen. Es geht um weniger, nämlich um Testkriterien für die Prüfung, was von den bestehenden Einzelregelungen noch zeitgemäß und auch für andersdenkende Staatsbürger annehmbar ist und was wir im Rahmen der europäischen Integration guten Gewissens verteidigen können.
Die Evangelische Kirche könnte auf der Linie dieses veränderten Denkansatzes nach meiner Überzeugung mit den sich anbahnenden Veränderungen fertig werden, ohne dabei Essentielles eines für sie akzeptierbaren Verhältnisses von Kirche und Staat aufgeben zu müssen. Aus evangelischer Sicht dürfte jedes kirchenpolitische System annehmbar sein, das erstens auf voller Religionsfreiheit gründet, das zweitens Eigenständigkeit und drittens öffentliches Wirken der Kirchen respektiert. Weitergehende, vom Staat zu verlangende Privilegien hingegen können für die Kirche nicht grundsätzlich unverzichtbar sein; oft genug wurden sie zum Vehikel staatlichen Einflusses und haben die christliche Botschaft nicht selten verdunkelt. Dass solche Gefahren nicht von der Hand zu weisen sind, bestätigt beispielsweise ein Vortrag von Rupert Scholz über das System der partnerschaftlichen Koordination, der zu dem erstaunlichen Ergebnis führt, die Christen und die Kirche schuldeten dem demokratischen Rechtsstaat »unbedingten Gehorsam und unbedingte Loyalität«.

Lassen Sie mich abschließend auf die genannten drei Essentialien kurz eingehen.

a) Für die Religionsfreiheit als Fundament und zentrales Kriterium des Staatskirchenrechts spricht vor allem, dass sie von staatlicher Verleihung unabhängig ist, dass sie kein Privileg allein für Christen, sondern eines der vornehmsten vorstaatlichen allgemeinen Menschenrechte ist. Die Ökumene hat schon seit langem die zentrale Bedeutung dieses Menschenrechts für das Verhältnis zwischen Staat und Kirche anerkannt. Hier weiß man, dass dieses Recht auf die Dauer für die Kirche umso lebenswichtiger wird, je mehr die Weltchristenheit in die Minderheitssituation gerät. Auch die Kirche in der DDR hatte davon mehr begriffen als wir im Westen. Religionsfreiheit muss allerdings in dem umfassenden Sinn verstanden werden, wie ihn das Bundesverfassungsgericht herausgearbeitet hat. Danach schützt dieses Grund-

recht nicht allein die Freiheit der persönlichen Glaubensüberzeugung, sondern auch deren aktive und kollektive Betätigung in Wort und Tat. Mit dieser Begründung wurde beispielsweise ein Verbot als verfassungswidrig aufgehoben, das Kanzelwerbungen für eine Altmaterialsammlung zugunsten unterentwickelter Länder als wettbewerbswidrig untersagt hatte (BVerfGE 24, 236).

Auf der anderen Seite gebietet dieses Grundrecht, dass der weltanschauliche Bereich von Zwängen und Benachteiligungen für Andersdenkende frei bleiben muss. Darauf hat die verfassungsgerichtliche Rechtsprechung immer wieder gedrungen, insbesondere in Entscheidungen zur Besteuerung bei Kirchenaustritten, in denen die Freiheit Andersdenkender sorgsam respektiert wird (BVerfGE 44,37; 44,59; 55,32). Auf der gleichen Linie liegen die Entscheidungen über die Ausstattung von Gerichtssälen und Schulräumen mit Kruzifixen (BVerfGE 35,306; 93,1). Andere Entscheidungen zur christlichen Gemeinschaftsschule und zum Schulgebet (BVerfGE 41,29; 41,65; 41,88; 52,223) dürften sich hingegen unter Überbetonung der positiven Bekenntnisfreiheit eher an der Grenze des Vertretbaren bewegen. Sie erklären sich aus Besonderheiten des Schulrechts, für das der Staat nicht alleine zuständig ist. In ihnen wird aber nicht deutlich genug, dass die positive Religionsfreiheit ein Recht der Schüler und Eltern ist und nicht etwa den Staat berechtigt, seinerseits die Glaubensüberzeugungen der Mehrheit zum Nachteil andersdenkender Minderheiten durchzusetzen, wie dies in fundamentalistischen islamischen Staaten geschieht.

Mit der entschlossenen Ausrichtung an der Religionsfreiheit wäre es sicherlich unvereinbar, wenn sich der Staat seinerseits mit einer bestimmten Religion identifizieren würde. Demgemäß hat das moderne Staatskirchenrecht den Grundsatz der Nichtidentifikation entwickelt. Darin ist der Verzicht auf eine spezifisch christliche Prägung der für Christen und Nichtchristen gleichermaßen verbindlichen Rechtsordnung eingeschlossen. Das wird übrigens in der Evangelischen Rechts- und Staatstheologie nirgends bezweifelt; denn für sie ist die seit der Reformation vorherrschende Auffassung von einem eigenständigen weltlichen Mandat des Staates grundlegend geblieben. Nicht ein christliches Verhalten wird vom Staat als der Heimstatt aller Bürger erwartet, sondern ein solches, das die ungehinderte öffentliche Verkündigung des Evangeliums in Wort und Tat nicht ausschließt. Demgemäß heißt es in einer Denkschrift:

»Für Außenstehende muss erkennbar bleiben, dass nicht eine sogenannte christliche Gesellschaftsordnung auf Kosten Andersdenkender erstrebt wird, dass vielmehr das Ansprechen der Welt in der Verkündigung dazu einlädt,

sich das Gesagte zu Eigen zu machen, und als Ratschlag ein dialogischer Beitrag im Prozess der Entscheidungsbildung sein will.«
Wo dies missachtet und der Eindruck kirchlicher Bevormundung nicht vermieden wird, meldet sich alsbald in der Kirche selbst Widerspruch. Das hat sich beispielsweise in der scharfen Kritik gegen die erwähnte gemeinsame evangelisch-katholische Stellungnahme »Das Gesetz des Staates und die sittliche Ordnung« gezeigt. Ich habe auch erhebliche Zweifel, ob die derzeitige Ausgestaltung der Militärseelsorge, insbesondere deren weitgehende Eingliederung in die staatliche Organisation, mit dem Grundsatz der Nichtidentifikation vereinbar ist.

b) Ferner gehört zu einem System, das auf umfassender individueller wie kollektiver Religionsfreiheit gründet, geradezu selbstverständlich die für die Kirche unverzichtbare Freiheit, über eigene Angelegenheiten, insbesondere über den Glaubensinhalt und dessen sozialethische Relevanz, über Organisationsstrukturen und Ämterbesetzung, ungehindert von staatlichen Einflüssen selbst zu entscheiden. Das kirchliche Selbstbestimmungsrecht entspricht spätestens seit dem Kirchenkampf so sehr allgemeiner Auffassung, dass jede andere Regelung anachronistisch wäre. Es steht damit in Einklang, dass der freiheitliche Staat keine totale Zuständigkeit für alle menschlichen und gemeinschaftlichen Äußerungen beanspruchen kann, dass vielmehr dem Bürger allein und gemeinsam mit anderen ein unantastbarer Kern autonomer, von staatlicher Verleihung unabhängiger Selbstbestimmung gebührt. Konsequenterweise wurden nach dem Krieg manche dem Staat verbliebenen Einflussmöglichkeiten auf die Kirche abgebaut. Andererseits kam es dort zu Spannungen, wo die Kirchen – wie im sozialen Bereich – stellvertretend verdienstvolle Aktivitäten entfaltet hatten und wo nunmehr dem modernen Sozial- und Kulturstaat im Interesse seiner anspruchsberechtigten Bürger wachsende Gesamtverantwortung zufällt. Hier sehe ich noch keine befriedigenden Lösungen. Hier lässt sich dem Wunsch nach kirchlicher Eigenständigkeit und freiheitlichen Strukturen vielleicht am ehesten durch »Experimentierklauseln« für exemplarische kirchliche Modelle gerecht werden.
Das kirchliche Selbstbestimmungsrecht steht übrigens gemäß Art.137 III Weimarer Verfassung unter einem sogenannten Schrankenvorbehalt. Denn nach dieser Norm ordnet und verwaltet jede Religionsgemeinschaft »ihre Angelegenheiten selbständig innerhalb der Schranken der für alle geltenden Gesetze«.
Dieser Schrankenvorbehalt ist legitim, wenn damit ein Staat sicher stellen will, dass die in seinem Gebiet geltenden elementaren Wertentscheidungen,

insbesondere die Grundrechte, auch von autonomen Institutionen respektiert werden. Damit hat sich die verfassungsgerichtliche Rechtsprechung wiederholt befasst. Sie hat dabei das kirchliche Selbstbestimmungsrecht außerordentlich großzügig anerkannt und dem Schrankenvorbehalt nicht immer das Gewicht beigemessen, das ihm zum Schutz betroffener Bürger und kirchlicher Mitarbeiter gebührt. So hat es abweichend vom Bundesarbeitsgericht Einschränkungen des kirchlichen Kündigungsschutzes für kirchliche Arbeitnehmer (BVerfGE 70,138) und des gewerkschaftlichen Zutrittsrechts zu kirchlichen Einrichtungen gebilligt (BVerfGE 75,220), statt darauf zu drängen, dass sich die Kirchen in der Respektierung von Grundrechten vorbildlich verhalten. Es dürfte nicht ausgeschlossen sein, dass die europäische Rechtsangleichung zu Änderungen führen und die Gleichbehandlung von Arbeitnehmern in kirchlichen und profanen Arbeitsverhältnissen erzwingen wird.

c) Schließlich noch ein Letztes, das für eine zukunftsgerichtete Verhältnisbestimmung zwischen Kirche und Staat besonders wichtig sein dürfte. Schon mit dem Grundrecht der Religionsfreiheit und dem daraus folgenden kirchlichen Selbstbestimmungsrecht wäre es nicht vereinbar, die Kirchen wie irgendeinen privaten Verein zu behandeln und als solchen staatlicher Aufsicht zu unterwerfen.
Können die Kirchen darüber hinaus sogar eine hervorgehobene Stellung im öffentlichen Leben, einen sogenannten Status publicus beanspruchen, und zwar selbst dann, wenn dies verfassungsrechtlich nicht ausdrücklich vorgesehen wäre?
Auf einen solchen – nicht notwendig rechtlich abgesicherten – Status wird die Kirche von sich aus nicht verzichten können.
»Weil das Evangelium seinem Wesen nach öffentlich ist« – so hieß es in einer Entschließung der EKU-Synode zum Weg der Kirche in der DDR aus dem Jahre 1957 –, »ist das Leben der evangelischen Christenheit untrennbar mit der freien Verkündigung des Evangeliums in der Öffentlichkeit und in alle Bereiche des individuellen und gesellschaftlichen Lebens hinein verbunden.«
Hier nun, bei der öffentlichen Stellung der Kirche, wird erkennbar, wie sehr es auch für ihr Verhältnis zum Staat bedeutsam ist, dass Religionsfreiheit nicht irgendwo, sondern innerhalb einer rechtsstaatlichen Demokratie verwirklicht wird. In einer solchen Demokratie ist es geradezu selbstverständlich, dass sich am dialogischen Prozess demokratischer Willensbildung die verschiedensten gesellschaftlichen Ideen und Kräfte und damit auch religiös bestimmte Kräfte wie die Kirchen beteiligen und sich im Rahmen ihres Öffentlichkeitsauftrages zu politischen, sozialen und gesellschaftlichen Pro-

blemen äußern. Hier trifft selbst die rechtliche Anerkennung eines besonderen Status publicus der Kirchen in einem Verbandsgesetz auf keine unüberwindlichen Schwierigkeiten. Mit Recht hat es Ulrich Scheuner als eine Paradoxie bezeichnet, wenn in einem Augenblick, in dem wesentliche soziale und geistige Gruppen, wie etwa die Parteien und Gewerkschaften in eine hervorgehobene Stellung im Leben einrücken, die Kirchen zur gleichen Zeit in den Raum privater Vereinigungen zurückverwiesen würden. Gerade in einem demokratischen Gemeinwesen kann Religionsfreiheit nicht gleichbedeutend sein mit kulturblinder, geschichtsloser Gleichgültigkeit oder gar mit einer Negation der für die eigene Kultur wesentlichen Faktoren. Sie verbietet, wie erwähnt, eine Identifikation des Staates mit einer bestimmten Weltanschauung und insbesondere freiheitswidrige Zwänge und Benachteiligungen für Andersdenkende. Innerhalb dieser sorgsam zu beachtenden Grenze aber bleibt Spielraum für eine verständnisvolle Zusammenarbeit zwischen Kirche und demokratischem Staat und auch für eine Förderung gerade solcher Kräfte, die sich ohne unmittelbare politische und wirtschaftliche Eigeninteressen am Bemühen für ein menschenwürdiges Zusammenleben beteiligen. (Darüber sollten wir am Beispiel der Kirchensteuer, des Religionsunterrichts und der theologischen Fakultäten näher diskutieren.) Schließt nicht gerade eine konsequente Ausrichtung des Staatskirchenrechts am Grundrecht der Religionsfreiheit in einer freiheitlichen Demokratie auch die Bereitstellung adäquater Organisationsstrukturen ein, die für die Ausübung dieser besonders leicht verletzlichen Freiheit den nötigen Atemraum schaffen?

Vielleicht setzt sich auch in den Kirchen die Einsicht durch, dass ihr ungestörtes und unverfälschtes öffentliches Wirken auf die Dauer um so verlässlicher gewahrt ist, je nachhaltiger der weltanschaulich neutrale Staat seiner weltlichen Verantwortung für eine funktionierende demokratische Gesellschaftsordnung nachkommt und je entschlossener er sich dabei im weltanschaulich-religiösen Bereich vom allgemeinen Menschenrecht der Religionsfreiheit leiten lässt.

Bibliografie

(Auswahl)

Monographien, Quellen

Bender, Bernd (Hg.): Rechtsstaat zwischen Sozialgestaltung und Rechtsschutz. München 1997.

Buchwald, M.: In bester Verfassung. Anmerkungen zum 40. Geburtstag des Grundgesetzes. Gerlingen 1989.

Busch, Eberhard: Karl Barths Lebenslauf. Nach seinen Briefen und autobiographischen Texten. München 1986.

Däubler-Gmelin, Herta u.a. (Hg.): Gegenrede. Aufklärung – Kritik – Öffentlichkeit. Baden-Baden 1994.

Denecken, Harald u.a. (Hg.): »... ihr dürft ihn nicht vergessen!« Der Ludwig-Marum-Preis 1988–1999. Karlsruhe 2000.

Düwell, Franz J.: Anwalt des Rechtsstaates. Köln 1997.

Franke, Dietrich / Sachs, Michael / Simon, Helmut: Handbuch der Verfassung des Landes Brandenburg. Boorberg 1994.

Gollwitzer, Helmut / Traub, Hellmut: Hören und Handeln. Festschrift für Ernst Wolf zum 60. Geburtstag. München 1962.

Haffner, Sebastian: Anmerkungen zu Hitler. Frankfurt 1983.

Herbert, Karl (Hg.): Christliche Freiheit im Dienst am Menschen. Deutungen der kirchlichen Aufgabe heute. Zum 80. Geburtstag von Martin Niemöller. Lembeck 1972.

Herzog/Jüngel/Simon: Christen in unserer Demokratie. Beiträge aus der Synode der Evangelischen Kirche in Deutschland. Gütersloh 1986.

Hildebrandt, Dieter: Was bleibt mir übrig. München 1986.

Klein, Eckart / Gebauer, Eckart / Kreuzer, Karl (Hg.): Grundrechte. Soziale Ordnung und Verfassungsgerichtbarkeit. Heidelberg 1998.

Listl, Joseph / Pirson, Dietrich: Handbuch des Staatskirchenrechts der Bundesrepublik Deutschland. 2 Bände, 2. grundlegend neubearb. Auflage. Berlin 1995.

Millman, Dan: Die Lebenszahl als Lebensweg. Wie wir unsere Lebensbestimmung erkennen und erfüllen können. München 2005.

Moltmann, Jürgen (Hg.): Bekennende Kirche wagen. Barmen 1934–1984. München 1988.

Nemitz, Manfred (Hg.): Notstandsrecht und Demokratie. Notwendigkeit oder Gefahr? Stuttgart 1963.

Pfeiffer, Martin (Hg.): Auftrag Grundgesetz. Wirklichkeit und Perspektiven. Leipzig 1991.

Posser, Diether (Hg.) / Wassermann, Rudolf: Freiheit in der sozialen Demokratie. 4. Rechtspolitischer Kongreß der SPD vom 6. bis 8. Juni 1975 in Düsseldorf. Karlsruhe 1975.

Riemenschneider, Matthias / Thierfelder, Jörg (Hg.): Gustav Heinemann. Christ und Politiker. Mit einem Geleitwort von Manfred Kock. Karlsruhe 1999.

Schneider, Hans-Peter / Steinberg, Rudolf: Verfassungsrecht zwischen Wissenschaft und Richterkunst. Konrad Hesse zum 70. Geburtstag. Heidelberg 1999.

Wolf, Carola (Hg.): Zwanzig Jahre Kirchentag. Der Deutsche Evangelische Kirchentag zwischen 1949 und 1969. Stuttgart 1969.

Würtenberger, Thomas (Hg.): Rechtsphilosophie und Rechtspraxis. Frankfurt 1971.

Und als Enzyklopädie – hie und da ... ein wenig Wikipedia.

Artikel und Aufsatzsammlungen

Anmerkungen zum Berliner Kirchentag 1989. Evangelische Sammlung Berlin 1989.

Bensheimer Hefte Nr. 16: Katholisierung des Rechts! Zum Einfluß katholischen Rechtsdenkens auf die gegenwärtige deutsche Gesetzgebung und Rechtsprechung. Göttingen 1962–1965.

Der Spiegel: »Bedingt abwehrbereit«, Nr. 41/1962.
»Sie kamen in der Nacht«, Nr. 45/1962.
»Da ist ein Nerv getroffen worden«, Nr. 38/1983.
»Bürgerschützer und Staatsschützer«, Nr. 47/1987.
»Land ohne Geheimdienst«, Nr. 34/1991.
»Spiegelgespräch«, Nr. 35/2004.

Deutscher Evangelischer Kirchentag Berlin 1977: Dokumente, Band 17.

Die Zeit: Dokumentarband Hamburger Kirchentag: »Welches Europa wollen wir?«, 1995.

Evangelische Kommentare: »Demokratie in der Kirche – was ist das?«, Nr. 4/1969.

Frankfurter Allgemeine Zeitung (FAZ): »Sozialpolitik auf dem Kirchentag«, veröffentlicht am 20.06.1987.

Frankfurter Rundschau: »Simons Maß ist das Wohl der Schwachen«, veröffentlicht am: 07.11.1987.

Greive: Die Rolle der Richter. Zwischen Rechtsprechung und Politik, in: Loccumer Protokolle Nr. 14/1994.

Katz, Anne-Rose: »Signal für den Berliner Kirche«, in: Die Zeit. Veröffentlicht am: 19.10.1973.

Kühnen, Hanno: »Mittler auf dem Kirchentag«, in: Die Zeit. Veröffentlicht am 12.06.1981.

Osnabrücker Jahrbuch Frieden und Wissenschaft. IV/1997.

Schmid, Carlo / Gustav Faber in: Merian. Karlsruher Heft Nr. 2/XVII.

Schueler: »Die Freiheit, nein zu sagen. Vom Recht der Kriegsdienstverweigerer, 1957–1982«, in: Zentralstelle für Recht und Schutz der Kriegsdienstverweigerer aus Gewissensgründen.

Sprenger, Gerhard: »50 Jahre Radbruchsche Formel oder: Von der Sprachnot der Juristen«, in: Neue Justiz, Heft 1/1997.

Weigand: »Der Kirchentag setzt Ziele«, in: Stuttgarter Zeitung. Veröffentlicht am: 10.06.1985.

Anmerkung zum Geleitwort

Prof. Dr. Dr. h.c. Wolfgang Huber war von 1994 bis 2009 Bischof der Evangelischen Kirche Berlin-Brandenburg. Sechs Jahre lang, von 2003 bis 2009, repräsentierte er als Ratsvorsitzender der Evangelischen Kirche in Deutschland (EKD) die 24,5 Millionen Menschen evangelischen Glaubens. Von 1983 bis 1985 war er Präsident des Deutschen Kirchentages – Dr. Dr. h.c. Helmut Simon war sein vierter Vorgänger und zweiter Nachfolger.

Schlussbemerkung

Ohne Zuspruch, der uns aufrichtete, und ohne Skepsis, die unseren Widerspruchsgeist förderte, wäre dieses Buch nicht entstanden. Deshalb möchten wir hier all denen danken, die in den letzten drei Jahren sein Entstehen mit wohlwollenden und kritischen Anmerkungen begleiteten.

Unser besonderer Dank für Durchsicht und explizite Kommentare geht an Frau von Peter und Sibylle Jankowsky.

Philippa-Sophia Werz hat uns mit ihren Bemühungen um akademische Ordnung sehr geholfen. Und Constanze Grimm hat neben der aufreibenden Lektoratsarbeit das angestrebte Erscheinungsdatum nie aus den Augen verloren. Die stets anregenden Gespräche mit ihr werden wir vermissen.

Almut und Wolf Röse